中国当代民间史料集刊 18

华东师范大学中国当代史研究中心 编

陈修良工作笔记（1957年4月—1958年2月）

本集刊出版获得东方历史学会资助

中国出版集团 东方出版中心

出版说明

《中国当代民间史料集刊》是一套记录1949年以来中国历史的资料丛书，由本中心组织编辑。这套丛书收录的是流散于社会的各种民间文献，包括日记、笔记、记录、信函、小报、表格、账册、课本等等。与已经出版的许多中国当代史资料不同，这套丛书以反映社会底层的政治、经济、文化状况和日常生活、人际交往、家庭关系、个人境遇等为内容，为读者提供记录底层历史变迁的原始资料。

相对于中国古代和近代各种民间史料，中国当代民间史料数量更大，种类更多，抢救、发掘的难度理当比前者要小得多。但实际的情况却颇不乐观。由于在相当一段时间里政治运动频发，特别是经历过“文化大革命”以后，许多私人记录性史料大量抄没、毁坏或遗失。而各种运动过后，尤其是改革开放初期“拨乱反正”，也曾将大量个人材料交还个人处理，或由组织代为销毁。再加上单位变动频繁，过去曾经保存在单位里的各种油印资料或个人记录材料，也不断地被处理或销毁。所有这些都使得原本应该浩如烟海、取之不尽的当代民间史料，如今竟成急需抢救的“国宝”。

近十几年来，意识到并重视当代史料搜集和抢救工作的民间人士和专业研究者，已不在少数。但十分遗憾的是，这方面的工作迄今为止仍处于一种分散游击、割据自守的状况。由于收藏者多将自己搜集到的史料藏诸深山、秘不示人，从而使得原本就显得十分稀少的民间史料愈显其缺。

历史研究，关键在史料。当代史料通常有几类，一是官方档案文献；二是口述或回忆；三是影像或录音；四就是民间记录的各种文字材料了。在所有这些史料当中，官方档案的形成、留存和开放，都难免会受到时政的极大影响，因而具有很大的片面性；口述回忆史料因时过境迁，加之当事人的主观意向和记忆误差，也极易造成对历史的误读。至于影像录音之类的史料价值，自然局限更为明显。因此，当代史料当中最大量的，也是最能够真切反映社会当时各种情况的，恰恰是这些民间史料。如今，当代中国历史的研究正方兴未艾，已有越来越多的学者和学生开始关心和研究当代历史的问题了，但因为民间史料查找不易，除极少数近水楼台者外，真正能够利用民间史料来做研究的学者和学生，还寥寥无几。

本中心成立不久，但深信应该在这方面有所建树。因而不惜大家动手，不取分文，费时费力并以极为有限的财力资源，编辑出版这样一套丛书，以利推动民间史料的整理与出版，进而逐渐打破现在史料收藏过于分散、难以利用的情况。

必须说明的是，本中心在民间史料搜集上着手较晚，故我们所推出的史料无论从面上，还是从点上，都不成系统。同时，由于整个当代史料的整理和出版工作在全国范围也都还只是处于起步阶段，无论编辑还是出版工作都还有一个摸索适应和逐渐规范的过程，因此，在许多方面都难免存在着缺失甚或不当之处。凡此种种，还有望各方读者包括原文作者及时提醒和指正。

华东师范大学中国当代史研究中心

2010年7月

编校说明

一、本辑资料为陈修良工作笔记及所附之件，部分为陈秘书笔记。除标题中具体标明为他人讲话、报告或某部门文件者，一般均为陈所撰所记。少数无法确定记录人或主撰人的篇目，亦保持原状，不做推测和辨析。

二、本辑资料多为陈当年的草稿和速记稿，文中原有涂改、添加、省略和不确定、无规则的大小序号甚多，导致阅读困难之处比比皆是。为了在保持原文原意基础上使今人阅读不致产生太多歧义和疑惑，编者在编校时对原文做了以下三类加工处理。特说明如下：

（一）代码处理。原文中的代码除个别量词作者在一篇文稿中混用时统一改为一种形式外，一般基本保持原状，只在第一次出现时加括号说明。

为方便读者查找，正文中作者经常使用的代码列表备查。

（二）旧式用法处理。原文使用的多是繁体字，遣词造句多为旧式用法，有些不改容易造成歧义；有些不改不易造成歧义，修改反而数量太大太多。故此项处理采取了下述两种办法：

1）直接改成今日用法。凡旧用法容易产生歧义，统一改成简体字及新用法更便于阅读理解者，均直接改过，不加标示说明，如：

“狠”（程度副词），直接改成“很”；

“底”（助词），直接改成“的”；

“回报”，直接改成“汇报”；

“行叶”、“工叶”、“农叶”、“商叶”等，直接改成“行业”、“工业”、“农业”、“商业”等；

“什志”、“什货”、“什粮”等，直接改成“杂志”、“杂货”、“杂粮”等；

“智识”及“智识分子”等，直接改为“知识”及“知识分子”等；

“介释”、“介决”、“介放”等，直接改为“解释”、“解决”、“解放”等；

“正风”、“挨正”、“正顿”等，直接改为“整风”、“挨整”、“整顿”等；

“史(大林)”、“史大林”、“史达林”，直接改为“斯大林”。

2）保持原状不动，一般旧用法不妨碍理解的，不做修订或修改。这一类字词数量较多，仅列几种以供了解：

旧式用法	新式用法
那(那个，那里，那时等)	哪(那个，那里，那时等)
二(二个，二种等)	两(两个，两种等)
他(中性、女性)	它，她
须(须要)	需(需要)
份(如成份、份子)	分(成分、分子)
付(如付业、付部长)	副(副业、副部长)

(三) 一般坚持原文照录的处理原则，不改变原文的体例、格式、文字。但篇目标题，除部分原有且保留不变者外，多由编者依据内容所拟或改拟。正文遇下列情况，亦照下述办法加工处理：

(Ⅰ) 原文中的错、漏、衍字和难以辨认的字做了如下校订：

1. 错别字以〈　〉符号订正，错别字在符号内，正确的字置于错字符号之后。

2. 漏字以[　]符号填补，漏字在符号内，置原位。

3. 衍字以□符号注明，衍字在符号内，置原位。

4. 难以辨认的字以■符号标明，一字一符，置原位。

5. 语句缺漏、不通，又需加说明之处，用页下注的方法在需要说明的文字或语句之后标注说明。

(Ⅱ) 原文无标点，或仅黑点，或缺标点且读不通者，均重新断句并标点。

(Ⅲ) 对原文繁杂不一的序号做了如下处理：

1. 序号不连接的，如缺序号、重复序号等，一般应加注说明；只有一个孤立的序号的，删除不影响文意的，一般予以删除。

2. 序号为两层且意思明白者，保留原序号。

3. 序号为两层，但序号的数字用法（如汉码、阿拉伯码、罗马码）不一，且层次不明者，应按大小层次调整为统一用法的序号。

4. 序号层次超过两层者，不论原文序号的数字如何，一律使用单一数字用法的序号；序号基本上是汉码数字者，全文应统一使用汉码数字，非汉码数字均改为汉码数字；序号为罗马数字者，全文应统一使用罗马数字；余类推。

5. 序号层次过多，大小倒置，容易发生歧义或按原标注序号无法继续延伸者，应按下列序号层级重新编排：以汉码数字一、二、三为一级序号；以汉码数字(一)、(二)、(三)为二级序号；以阿拉伯数字 1、2、3 为三级序号；以阿拉伯数字(1)、(2)、(3)为四级序号；以英文字母 A、B、C 为五级序号；以 a、b、c 为六级序号。原文中个别非序号排列，而使用实心圆点符号者，可保留，但应与正文字号大小相同。中文数字序号后应使用顿号“、”；阿拉伯数字和英文字母后应使用小圆点符号“.”，置数字后右下角。

6. 凡序号过多，须造字才能解决者，应照(5)项办法处理。

7. 序号数字经改动者，应标题注，即在本文标题后加 * 号注，并在页下注中注明：“本文序号数字为编者统一编排。”

正文代码查询表

ブル　或指资产阶级，或指资本家，或指资本主义。

ブロ　指无产阶级。

インチリ　指知识分子。

CP　指共产党。

CCCP　指苏联。

K、KMT　均指国民党。

UF　指统一战线。

M　指群众。

MAX　指马克思。

Tob　指同志。

Stalin　指斯大林。

Sovet　或指苏维埃，或指苏联。

Fascist　指法西斯。

Ton　量词，指吨。

KW　量词，指千瓦。

E　量词，指亿。

TB　指肺病。

No. 1　指拿摩温，亦即领班。

目　录

嘉兴市委宣传部、文教部谈话记录

1957 年 4 月 1 日

冯：

干部思想情况 扩大会议思想上有转化。

转业干部（粮食局）与协理不安心，得过且过。（大尉）不要提级，后来后悔。

有一个干部打算脱离革命，买照相机，自谋生活。计较地位待遇[的]比前多。

中层干部思想——厂长，经理这些干部[工作有]畏难情绪，对增产节约无办法，原料不足。计划指标有困难。群众向领导要办法。原料问题已解决，销路成问题。

原因：① 干部新调去的。

② 后来生产工人。

③ 用轰的办法已经习惯。

支部团结，思想不一致，原因：

① 支部领导对集中与民主不大懂。

② 作风不民主，骄大思想。

③ 家大业大——公方代表的思想，机构要求扩大，要增产，就要增加投资（大东粉丝厂），增加行政人员。

职工机关干部思想：

思想因整编很混乱，猜测，估计很多。

① 无所谓的，有能力的，认为不要紧。

② 不求上进，反正是办事员，调来调去一样，“提拔不想，精简不怕”。

③ 想趁此机会调动的，有业务的，不想在机关，特别是税务局工作，看不清自己的前途。

④ 怕的——下放，面子问题，“回汤豆腐干”，国营的怕到公私合营认为是降级，待遇不够好，政治待遇也不同。

工人干部技术追不上，机关干部怕自己没有技术吃不开，实习生怕解雇，妇女怕回家，怕到农村去。

⑤ ブル分子，一部分人希望精简，可以搞自由市场好，不如小商小贩钱多，要求政府还给招牌，到上海开店。

⑥ 一般干部对增产节约思想。（工厂企业）

科室干部认为与己无关，现在还停留在领导干部，忙一阵子事情就过去了，[与]我们无关。

⑦ 勤俭方针认识不清——大约是因为计划完不成，国家有困难临时任务。如一家生活很好，是不是还要勤俭。

警卫员回家结婚，花了一千多元钱。

炊事员三十几，祝寿庆祝。

女人谈恋爱先问每月有多少工资。一个木器业工人同一个女工谈恋爱，一看是工人，不是干部，就不要了。手工业工人认为找对象有困难，青年工人不安心工作。

向公家要东西。有一个营业员，评了四级，要求调动，拔一级。不满的申请补助，以资补充。我的工资改革没有结束。

农村来的干部家属不愿回农村去。

对团中央组织部对干部政策态度怀疑——能不能调动积极性？老的干部党籍没有解决，没有提到。说如在基层一定已经提拔，在机关内没有提拔，感到不安。

物价调整很有意见——各都看为自由市场开放结果，伙食由九元提高到十二元（十五元）。豆腐浆由五分涨到七分，豆腐干少了一半，猪肉也涨了，油每月四两（去年六两），副食品有调整 20%消息，意见很大。

印刷厂年生产，国营自动降价印刷，向农村记工账来生产，公私合营厂资金少，有困难。

不相信工人群众——针织厂。一个保健厂，忙不过来，工人要求发一个小灵[①]，厂长不同意，说工人闹事。

文教部章××：

知识分子政策问题。

① 原文如此。

去年有过一些讨论，检查了一些执行情况，现在可分三种类型：

1. 很显得积极的，如医生、教员……本来是好的，更积极。肃反运动后有些人发生了顾虑。

2. 本来比较消极的，现在也比较好些，对立的只有个别的。1955 年肃反时见了我们的人，根本不作声。业务上好，政治上是自悲的。

重业务轻政治思想比较大，每周八小时自修仍不满意。在学校内部增产节约不大重视。一个教员在自修时，有人打门，便把政治书放在桌上。业务好的评工资比较高，政治上只要跟跟靠。

青年的说，政治运动参加多了吃了亏，有埋头搞业务倾向，教师团支部有半年不开会。

科学文化近年提出后，努力方向不明，同当前业务联系差，教师进了函授后，多数时间在进修，矛盾很大。[有]当专家思想，不想与当前工作结合，不安心工作。有的要到大城市去，城市小业务水平提不高。上海第二医学院调来的，要求到上海去，(女的)一定要回去。

生活问题——要求过高的多，勤俭节约思想薄弱，要上[级]照顾的很多，工资提高的反而不满。二中教学主任(政协常委)，因为批为六级，补发的[钱]还不要。

以知识分子自居，医生提出意见，打开水问题闹到院长室。

肃反中没有谈论很大不满，到处多谈。

对社会制度，物价问题，合作化问题，有一部分人没有解决。认为农民生活不好，有意见，对优越性有怀疑。匈波问题发生后动摇，有人要到平湖去玩，说时局紧张，沿海更不平安。有些问题不通：

① 铁托为什么威信很高，崇拜尼赫鲁。有一学生说，如示威游行首先报名。对当前社会改革也有一些意见，苏联干涉内政。

一中学生说青年因为什么是 CP 后备军，为什么不是其他党派的后备军？

② 升学问题——对教学事业怀疑，多与少的问题不满，按比例发展不明确，要求学校办得多。一年一小变，三年一大变。小学升初中时也是收缩，是不是过去有盲目性，不是“盲目收缩”？

对去年动员干部考学校，今年为什么少，很不满。

技术学校招生很不满，三中初中知道不招生。

③ 劳动生产，在家自修，高中学生最有意见，思想上没有打算过。过去认

[为]投考大学决无问题。

教师有可惜思想,高中生去搞农业,认为可惜。

学生不去的地方——农村、小学教师、服务性行业(小产业),要去的大工厂。在家自修更不打算。

准备闹事的:现在没有什么好讲的,考不上时再说,卖大饼油条,身上挂中学生[校徽],给外国人看。要求政府包下来。

④ 党内思想——党员干部觉得知识分子政策更难做了。[有]"为难"思想,怕批评教员。物质上照顾多,思想教育少。

⑤ 文化艺术方面的。"齐放"问题,积极性比较高,整理传统节目很积极。京剧团搞了八个剧目,[如]"火焰关"。

对各种艺人组织很少。(吹笛、书法、昆曲……)

国画出路不大,做戏,说唱生意好。

民丰[造纸厂],党委书记谈话:

全厂 1 500 人[1],有 600 多工人负债。工人平均工资 100 多,有一个工人每月赚一百多,负债 500 多,大部分是吃喝掉了。

一个转业青年工人,挑煤的,已婚,借住三个月,同萧山农民做生意。后来因财起杀心,在市公安局偷枪一枝 又在厂内偷枪一枝,在〈加〉嘉兴北门外杀了农民。与许多转业者有组织的偷税漏税,骗取合作社资金。在案发后被税务局所发现,公安局发现枪被偷,物证是脚踪,擦枪布,钞票上有血。

技术人员对工资不满,说:"十年寒窗,不如车间五年专。"老年工人积蓄多,青工对生活还是不满意。现在工会已注意教育,买公债已超额完成七万多元,开始时叫苦连天。

[嘉兴]地委机关党委谈话

党群党委:

工资调整问题意见很多,听了刘少奇报告,心里恼火。"稳定提高"不高

---

① 原文记为 150 人。

兴，悲观情绪。转业同志资格老，不高兴，没有功劳也有苦劳。（一百多人）有要求回家的。

增产节约学习二星期。“大势所趋”——是倒霉，不是社会主义！

① 思想集中在精编方案——个人利益问题考虑多，但整体考虑不足。

② 对运动本身认识——看为每年一次的突击运动，对长期利益认识不足。

③ 好的方面——朴素作风有改变，义务劳动。但对“艰苦”二个字理解不足，对中央指示看来是没有办法了，所以要节约；是行政部门的事，与己无关。

教育科：

学习八大文件干部对实际联系差，不理解实质内容，理论学的多。

根本性胜利后干什么，生产力落后如何克服不理解。

对国家建设，增产节约问题的意义认识差，中央指示是具体措施多，资金积累觉得老一套。

中央指示只有一个警钟作用，到底如何提高，没有办法，要文件看。陈云报告传达过一次，没有很好组织学习。市场为什么紧张不理解。

正面教育不充分，因此：

① 看为只是减少行政费，认为机关没有什么好节约。个人检讨目标不正确，为什么要批判个人主义思想，马上来搞效果不好。特别是企业部门，地委也没有决定。

② 八大文件对经济政策部分没有学好，突出的是自由市场与统一战线政策，思想不通。对ブル是财富思想不通，［认为］知识分子与ブル吃得开，中央干部政策有毛病。宗派情绪大，我们宣传也是片面性，好像只靠他们。

地委统战部报告说：“干部没有用处，只是ブル与知识分子有用。”对比起来说，大家听了不服气。

干部大部分对ブル政策思想不通。

③ 自由市场问题。物价高了很不好，有钱的人好。

食品公司有些东西同自由市场价格一样高。

票涨一半（二元），工资增加了实质收入少，救济的更多。也有拿去浪费的，一个女同志领了救济费，用香水泼马桶，做衣服。

去年省人事局强调照顾干部，强调用光福利费。

④ 八大文件领导干部没有很好学，中级组尚未学“再论ブロ专政”。

要求回忆历史，教育青年，过去革命如何艰苦。生活好不需要宣传。不穿好是“落后于形势”。

（文件编号：R114）

嘉兴第一中学座谈会

1957年4月3日

学生对不能升学思想的问题。

① 去年宽，今年紧，是不是犯了错误。

② 国家对高中生为什么不安排，国家不照顾个人，个人也不要照顾国家。

③ 到哪里去方向不明，说不具体——只说是不愿到生产中去。

问题的原因：

① 不明白为什么要读书，有的认为是为了谋生，受家庭影响大。

② 科学进军的影响很大，想掌握技术，到工厂去没有工资也可以，去开拖拉机也好。

③ 求知识的方法——就会到学校去读书，对知识是生产力的认识与阶级斗争二种不理解。

④ 到农村去不要怕吃苦。这条路根本不考虑，现在是抓紧时间再说。一心一意准备功课，更不要在家自学。到农村至多是当个会计。现在农村不需要高中生。

（学校做了一些大报告，仍然不很通，有问罢课是不是犯法的。）

⑤ 怕人说笑——家中认为高中毕业后是“出山”了，回农村是吃不开。

⑥ 过去原来同现在不一样，过去吃苦应该，现在不同了。

劳动教育很少，教师思想也不通，[认为学生]到农村去的“可惜”。到农村是不是用得上，教师要求材料去讲。

办法：是应当到农村去体会。特别是教师。农村的前途要懂得。说明读书目的是为了生活。不能所有青年都去读书，国家普及教育的作用。

⑦ 国家统一分配影响很深，现在仍要求统一分配。

（文件编号：R114）

嘉兴纸筋厂访问记

1957年4月3日

叶星(开办工人):

1954年三月开始筹备,十个工人,劳动科贷五百万旧币,工人自己出六百万多。本想做煤球,后来有一家纸筋厂关闭,买了生财,花去150万,租了一部引擎,救济性质。

销路困难,摸不到门路,到上海去打听,第一批销到青浦。

下了三个月雨,资金运转困难,工资发不出,大家回到家去吃饭,没有专人负责。后来天晴了,有了办法,产量低,不知道经营,叫桐广农民来教,每月四十七元。料有时供应不上,工商业改造后,有一个厂合并过来,生产逐步好起来,销路也打开了。

十个工人,店员失业工人,机关精简下来的。

去年四万六千多利润,今年十一万多。

车间是祠堂,大家困在里面,点油灯,自起灶头。困难时间是1954—1955年。

1954年合并时,曾派了一个厂长去。(五丰厂)

1955年下半年好转,1956年更好。

销路——尚有自由市场性质,原料直接向农民买的。一元一担,卖出四元六角半,每担赚30%—50%。

销路——同上海建筑公司,合作社订合同,现在这个厂是全国第一。现在已经有人打算开厂,海盐等地已经在打算。

现在开始搞纸浆。(开始试制)自己学习来的。[到]民丰与海盐去学习,现在共150工人。

行政分工——厂长、支书一人,党员七人,团员六人。支书脱离[生产]。

支书的工作——开会,上党课,搞运动。

会计一人,出纳一人。

<u>增产节约委员会</u>——十一人,由各方面人组成,生产计划也在这里讨论。去年第四季度开始,支部书记当主席,厂长任付职。一个是工会主席。有关厂

内重大问题都讨论，通过生产小组去贯彻，去和工人商议讨论。过去是叫做厂务委员会。

合理化[建议]，宣教，保卫、福利（增产委员会下面的各委员会）。

问题同工会分工有重复，目的是为了减少各种会议。

增委半个月或一个月开一次会议，开会时小组长参加。

扫盲工作——三班制不好学习，办了一个三班级，搞一二个扫盲，教员是义务的。住厂内约有十余人，都住在家中。

福利，劳保集体合同，保健箱，劳务保护，一个借书箱，篮球场，乒乓，象棋。

工人都是失业工人（一百人为临时工人），因为工资难固定，以雇临时工为宜。按日、按时计算。生产主要看天吃饭。如用烘的办法，成本要增加。

工资。男工 1. 30 元，女工 78 分。女工专门晒纸，男工力花得多（临时工）。基本工人 47. 6 元，支书 83 元，厂长 71，杂务工人 21，平均 37 元。女工多是工人的家属。

五丰厂有五个多元的私人资本，最大二千元，资金在几百元的已参加了工会。二千元的给了六百多元（按四马分肥）。全年按定息（1956 年起），资方自己参加劳动。（1955 年）

过去是做银贩子的，夫妻店。没有参加工会，劳保也享受，他要求请假仍发工资。

（文件编号：R114）

南湖布厂访问记

1957 年 4 月 3 日

增产节约运动前思想。

大厂思想(从十四人到三百人)。调出二十多个练习工,任务小了,心里不高兴,[以为]没有前途。

科室干部埋怨领导,盲目增加人与机器,厂方领导上级,给了二十四部机器,带来了许多困难。找来找去找主流,找不到好处,24 部车就是主流。他使人员增加加,质量不好,亏了 2 万多元钱。

工人思想不通的是:三班改二班,增来增去,节约有什么好节约[的],对运动有怨恨。一部分练习生无所谓,每月拿二十多元。老工人怕减产,怕工资少。

家属情况好的,停工不停工与他无关。

领导上思想找上级,找商业部门想办法,各方已无潜力可挖。

后来召开群众座谈会,想出了许多办法。

① 福利金,花了三万元,给国家的只有六千元。托儿所、卫生室、宿舍、保温保冷,电扇,现在还不知道能赚多少钱。

② 改善质量。

③ 减少行政开支。

④ 减少机物料。

⑤ 减少原料。挡车工纱的浪费每月至少一斤。(棉花每斤一元多)

科室干部思想:

有ブル代理人、三青团、兵痞、地主、富农、来路不明的。一个技术人员对社会主义制度不满,过去做生意比现在生活好,跟ブル吃的开,现在当小职员。

车间主任地主家庭成分,丈夫下落不明。她进厂依靠她的妹夫投资(当时困难时拉来的),工人说是买来的,现在工作不好。

供销科长历史复杂,是一个特务。

计划科二个人历史不清。

工人工资愈来愈多,要求补助的也更多。

一个女工，每年补助几百元，买绸衣花了 50 元多。家里没有饭吃，又要补助，[绸衣]在旧货店卖出三元钱。

托儿所的保姆大家都不满足，认为对她们不关心。经过对比回忆，思想稍通了一些。

老工人说：你们的孩子都很幸福，我们的孩子没有赶上，青年没良心。

新的指标：

一个小组浪费 136 两纱，现在规定一阵不超过二寸，回丝，挡车工有畏难情绪。

党员三十九人。一个老党员，不起作用，不要脑子，一用就头痛。听说书，现作总务科长，原来是厂长，现在在大灶房作管理员，很不满。

党员只起个人作用，不能起群众作用。

党章没有按系统上课，常常看什么就讲什么问题，内容不固定，怕打乱中心任务。

市委对各厂没有进行讲课，厂内干部有困难。

重中心，不重基本教育。

时间太少，星期日还要教他。厂长支书都要上文化课。

二个老工人谈话。(保〈健〉全工)

从抗战后一直没有复工，本为××布厂，1950 年一月十四个工人开始发起复厂。

第一阶段：要求政府与工会，要求办厂，老板在上海。厂内有许多木材与废铁，厂内材料被偷得很多，不知道如何办，一天跑几次到政府与工会，上面只要求清理保管。

十四个人成立一个小组，推一个人为组长，收集破旧。

经过了几个月，政府重新成立筹备会，和ブル讲不拢。

政府以为是被资方所拉拢，八月间开筹备会，专区出面打电话给资方，才答应清理。拍照存案，限八月十八日清理好。

十一月份开标，集中废铁出卖——拍卖，得九千多万(旧币)。二间房子倒下来，修理了一些房子，用了三千多元，尚余六千多。政府请示省工业厅，1951 年一月份，正式复工。

二十六只车头，五十四个工人，“保本保值”，借民丰福利资金一万元作为流动资金。工资特别少，吃饭没有桌子，赊米吃。(清理时)十四人每月吃三担米，没有工资，三千元小菜吃二天。

第二〈天〉年赚了九千多元。

原料从南通去买，还订二千匹布([为]七十二师加[工])，解决了流动资金。在洗澡时谈起来，部队帮助他们的。做了一批绒布，生意很好。工人只要有工作就好，不管自己的生活。那时已经有五十多工人了。每天青菜豆腐，工人不叫苦，只要二只手所够做。

1951 年上海派了人到工厂来工作。

车间里都是青年。

老工人过去有三怕：怕饿、怕失业、怕生病。

(文件编号：R114)

各界人士对“八大”讲座第九讲“关于学习《再论无产阶级专政的历史经验》的体会”的反映

1957 年 4 月 5 日

根据民革社会人士 27 个学习小组和宗教界、文史馆、参事室、工商界及其家属等等方面的部分听讲人员的反映，普遍称赞陈修良副部长的报告“生动有趣、轻松愉快、内容丰富、明确易懂，解决了不少思想问题”，文史馆林端甫说：“她这次报告比她以前讲的两次还要好。”工商界说：“她讲的问题是明确又亲切。”社会人士说：“陈部长的报告真是入情入理，这样好的报告，可惜能听到的人太少了，最好能到居民区去传达一下。”在报告结束时，全场上响起热烈鼓掌声，他们认为：“这样一个女共产党员，博学多才，真真难得。”

一、在报告中大家特别感兴趣的问题

1. 就业问题：社会人士王昌元说：“我们解放初对共产党、对国家前途是看不清楚的，现在这个问题是看清楚了，但觉得自己没有前途，想要就业，遇到各方面的歧视，心里很是难过的，这次陈部长说：‘你们不能就业的心情是可以理解的。’使我们感到亲切，在感情上对她的话就听得进去，她又说：‘绝大部分人是爱国的，在座的有许多是很有学问和才干的。’第一次听到领导同志肯定我们也有好的，心理很服帖；而且她是部长，又是沙省长的爱人，几次的说你们就业问题将来肯定就可以解决的，鼓舞了我们的信心。”社会人士鲍有苏说：“过去我们不能就业，干部动不动就说‘这是你自己思想落后，历史复杂，能不能解决看你自己是否创造了条件’，我们一听就反感，这次陈部长讲明了客观环境，也指出了我们的前途，真是入情入理。”社会人士张慕槎说：“陈部长最后一部分对就业问题的讲话，打动了大家的心，真是皆大欢喜。”

2. 肃反问题：社会人士说：“陈部长说‘有反必肃，有错必纠’，特别是后面四个字我们最听得进去，我想过去肃反时，早就采用政协、民主党派的和风细雨的办法，效果一定更大，对立情绪也就会减少。”有的说：“过去我认为肃反扩大化，这次才解决了这个思想。”

3. 理论联系实际问题：许多人对于陈部长的报告中联系实际的问题感到生动，特别是反复说明“共产党是不是两副脸孔问题”，认为讲得很透彻。宗教界张灵光过去一提到辩证法就是讳莫如深，这次说：陈部长分析问题有两点论，确有道理，也符合我们圣经，我想以后学习学习辩证法倒是不错的。

此外，大家认为两类矛盾的区别、民主与集中的关系问题，都比过去进一步明确了。

二、个别反映

1. 社会人士说："既然第三条普遍经验是无产阶级对地主、资产阶级的专政，陈部长说根据中国的特殊情况，民族资产阶级可以不作为专政对象，似乎这个普遍性在中国就不普遍了。"

2. 民建干部说："陈部长只说明了共产党支部的作用，但他对民主党派支部是不是领导作用没有明确的讲清楚。"

中国人民政治协商会议浙江省委员会秘书处(印章)

1957 年 4 月 5 日

（文件编号：R128）

工青妇座谈会

1957年4月5日

青年团：

青年认为农村无前途，想到城市[的]去。

① 过去想[有]拖拉机，现在还是艰苦，工农联盟看工厂，青农觉得一年辛苦不如工人一次奖金。[工人]所以生活[高]，因为有机器。[自己]想贡献也无办法。

② 去年四十条时很积极，要求改善生活，税收后因收入不多而消极的，郊区青年到城市修马路，想逐步移到城市。

③ 要求提高文化想到城市。

④ 怠惰倾向——赌钱风气比去年多。打扑克的很多，赌香烟，赌工分，赌钱，劳动纪律不够好。

⑤ 当家作主思想差，对合作社不大关心，吃黑心饭，认为自己没有经验，说话人家不相信，当干部的积极，不当干部的不关心。

学生方面：

海宁中学连一个学生都不想到农村去工作，教师觉得无法说服。

青年团在团干部中进行一次教育。

妇联：

农村妇女二种倾向：好的与坏的。

农村妇女干部不安心工作，95％妇女[干部]开始不〈宜〉愿当[妇女]干部。

妇女干部无前途，妇女工作无人管，入党年纪老，讲来讲起无前途。工作困难莫见老，妇女社长使用上有问题，倒茶烧饭，上有社长，下有队长，她在中间不管账。

有职无权，开会不记工，家属又骂。

主要是对比回忆教育，比男的体会较深，有十六条变化。

合作社到底好不好，通过回忆，大家明白了。受过训练的妇女干部，大部分稳定下来，决定干下去。

① <u>安排劳动时间问题</u>，眼前与长远利益问题。

② <u>个人与集体利益问题</u>。

偷东西很多，主要是偷粮食、偷春花。吊起来打，结果自杀。养鸡生蛋是自己的，种稻面积肥是社的。每天打五双军鞋值一元，田间劳动只有几角［钱］。思想不通。

③ 农村业安排问题。妇女原住在家里，现在提出办法——青年妇女下田头，中年一半在家，一半到田间，老年妇女在家劳动。

〈加〉嘉兴地区妇女在田间劳动习惯，宣传与经济问题都要解决。

④ 包工包产问题——包了质量不好，不包也有问题，如养猪，积肥。

⑤ 家庭问题——青年妇女不管老年人情况很多，青年人吃饭，老人吃粥。建设银行一个干部，双亲已经失明，二个儿子，一个已牺牲，十三年不见面，到了〈加〉嘉兴，要他摸媳妇穿的衣服，一摸是呢的，就叫双亲不要穿棉花，每餐只许吃一碗粥。双亲是从社会调查中来的，十三年不管双亲。现在母亲只好回去。

抚养子女。溺婴弃婴问题很严重——原因是：怕缺勤，怕负担。

定量有问题——一年一定，中间缺粮，封建思想，到城市去做奶妈。（27 元一月）

桐乡有一个镇，几个县几个省都去，交换孩子，送孩子。（三省七县）有的抛在路上。（每月初一，十五日）公安养了四十多个孩子。

〈加〉嘉兴现在已取消育婴室。海宁还有一个，办事人员还存在，老百姓还是送。

还一个办法，送给别人，再到那家去吃奶。这种办法很多。

婚姻问题——桐乡县委书记同人私通，闹离婚问题。

城市附近封建主义现在很大，山区还有早婚，封建制度。

避孕——吃蝌蚪的很多，有吃奎宁的，新式方法开始宣传。有二种反映，老太要反对，说是绝子绝孙。青年妇女认为方法不好。

吃蝌蚪方法地方上本来有的。

五好［家庭］在农村中推行情况还好。

工会情况：

油脂工业原料很困难，增产节约运动后，工人想许多办法，能渡过困难，作副业，代替品。

老年工人教育青年工人的作用很大——南湖与纸筋厂，各厂公债任务都超额。

女工做衣服之风已大减。开始树立勤俭办企业与个人勤俭思想。

工人闹事的很少，与去年大不相同。过分“关心人”的片面性已有多转变。

问题：

① 公私合营工厂工资问题很大，同国营厂距离大，行政人员工资不能超过很大，情绪不安。科室人员增加20%觉得太少。

合并的工厂，同一工程工资不同，意见很大。

今天工改吃亏了。

② 工人怕福利要减少，教育工作做得不够，如医药费。

③ 粮食问题——粳米较贵，出饭率低。海盐2个工厂买黑市。

④ 新工人重技术轻政治，缫丝厂有许多是初中生。(53%青年)开会不参加，报告不要听，师徒团结不大好，合同订不下去，你没有理论，要求到级。

⑤ 文教卫生方面宣传较差。

⑥ 铁工厂工人要求大民主，技术人员有反对党领导倾向，如选举问题，有二个党员被选为工会委员，反映对支部与党的不满。

⑦ 党政不分，支书包办行政相当严重。

增产节约委员会代替行政与工会的组织(如纸筋厂)

思想混乱原因：

① 改善生活定时片面。

② 青年新工增加很快。(53%〈加〉嘉兴铁工厂)

③ 行政人员过大(27.5%)。〈加〉嘉兴铁工厂，绢纺厂1/3。

④ 国营的问题比私营多，因为过去教育多，新工少。

⑤ 一部分领导干部闹个人主义，影响工人。如油厂，厂长。支书拿了很高的薪水，工人只拿25元。工会不好教育工人。商业系统问题更大，经理还要请求救济。工资高，还不够，经理多是支书，救济费容易拿，救济费买了手表、胶鞋等等。

工会福利费与行政的合并，工人认为吃了工人的钱。

(文件编号：R114)

新加镇办事处访问记

1957年4月6日

地址设在庙内，与公安派出所合署。主任姓陆，访问谈话如下：

全镇一万多人，多数是摊贩。公私合营后，店员工作主要归工商联担负教育工作。每半月有一次讲演会，内容是“伟大的祖国”、“社会发展的规律”，收效很好。

办事处下设了十个居民委员会，其下分小组，五组或十组。

工作任务：婚姻登记、油票、调解、迁移、文化教育、卫生工作。主要是文教与宣传工作。每项运动都得进行宣传工作，现在市委宣传部颇为关心他们，有时也常常召开一些会议。

宣传工作经验：报告只能一小时至一时半，地方谈好懂，要生动具体，不要抽象与数目字。

过去居民开会是“哑巴会”，现在水平提高了，大家都会讲话了。

妇女干部占90%以上，公私合营后店员划归专业公司，办事处原有干部都划出了，现在几乎全由家庭妇女来担任了。她们也都能报告一些东西了。

讲道理很重要。如油的供应定量由十两减到六两，事先没有进行宣传，大家不满。宣传以后，便没有意见，居民说，政府办事处要与人民商量才好。

增产节约运动宣传作用很大。如去年买丝棉抢购，各种东西都抢购。现在已大为好转了。大家正在设法来组织生产。如养鱼、养猪，日用品小生产事业都在进行中。

通过妇联——妇代会议进行五好宣传作用很大，现在妇女不大要求到工厂去了，过去都要“前途”，宁可雇保姆，也要找职业。现在不再发生这类问题了。

学生教学问题市政府方面还没有布置宣传，如早一些进行，可以减少许多问题。初中学生问题小，小学生在家要玩，双亲不放心，如何组织学习是一个问题。

办事处过去领导头多，现在已由市府办公室统一领导，每个方面要布置工作都要先经办公室的介绍才行，各局工作早一个月先通知办公室，然后再统一起来，这样麻烦就少了许多。

平湖农村调查记录

1957 年 4 月 6 日

宣传部干部科长谈平湖农村情况：(三类社)

(一) 农村阶级路线问题。

三三户小社，干部不敢领导，生产情绪不高，干部有做生意的。

中农靠近半地主。拉了一批干部与富农。赌钱做生意。“积极的不好”，原因是因为统购问题上发生过问题。80％的人听他们的话，贫农无法说话。打击干部，因干部自己也有错，没有威信，他们希望搞垮合作社。

办法是喊粮食不足，其实有余粮。“十斤半吃不完”。五四年存粮还有。

贫农的顾虑：怕生产搞不好，没有生产工具，土地少，没有资金，对富裕农民与干都有意见，说你们忘记了贫农，只有土改时要贫农。

其次怕贫农怕政府不支持，说话不响亮。

五[人]管理委员有三人是中上农民。

分配上有问题——透支户问题，稻草分配有力气的可以多挑。农具贷金没有按期还清。

各种农民的关系问题弄不清。

(二) 党员情况。

共有十九个党员。(三百四十八户)

比较好的党员只有三个。(能积极工作的)

工作上不很积极九人。

资本主义思想严重的。(做生意的，有宗派主义，男女关系不好，生产比较落后)七人内有一个是副社长，其他是管理委员。

党的基础教育差。

只有二个正式党员，其他为后备党员。

主要问题是闹宗派问题。——以村为单位闹，做生意与不做生意的有派别；争权夺利要求当干部，领导上不民主，有些干部“有职无权”觉得不服气。

(三) 个人与集体问题(三类社)。

① 以社为家思想不多，对公物不爱护——烂了五百多斤草子种，[怪]不可

惜(一百多元)。

② 生产质量普遍下降——不合标准的占20%。(耕田情况)春花达到标准的只有20%。

原因是争工分,定额不合理,包工不合理。如一家二个妇女要包七亩田。思想问题——检查制度不好。公共财物没有保管好,粪桶都坏了。

减产后领导没有检讨。

多种油菜大有意见——每亩成本九元,草子只要一元。油菜十九元三角,草子一担二十元。(黑市是七十元)

(四) 党群关系,普遍地存在不讲真心话。

[对]粮食分配有意见,[骂干部认为]政府的屁是香的。农民的话是真的。

作风不民主——插稻过密,秧苗不够,再[加上]虚谷,去年减产,群众不满。

群众要求种西瓜、老姜,干部要多种水稻。(姜每担一千元)每亩成本六百元,赚钱很大。

强迫命令严重,干部有贪污的,扣大帽子,打人骂人。开会的都拿"八分",称为"八分干部"。

账目不公布。

见了社干唤"狗"——"鞋子忐忑多,工分比人多"。

(文件编号:R114)

在地市委宣传部的谈话

1957年4月8日

（一）八大文件学习不下去，如何办法？计划学到六月底。

市党委要求学增产节约，书记要求停止学习八大文件。

工业、商业系统干部学得不好，没有进行过辅导工作。工厂支部反而要求学习，宣传部力量不足。理论与实际联系成问题，只抓制度。

（二）党委抓思想工作体会不深，宣传部搞什么？

每次总结是思想工作不够，但是不知道抓什么？

（三）中心工作思想党委抓，日常思想工作是积极的。

问题：

① 党委的思想工作任务不明，搞中心，挤掉其他工作。

② 学习与工作——宣传工作做什么？

（文件编号：R114）

在湖州市委宣传部的谈话

1957 年 4 月 9 日

1. 文艺问题。

文教部同志认为哪种戏有毛病，要上级发公文阻止演出，如“欧阳德”，自己没资本不能批评。

2. 湖州市本来有三万多元赤字，在增产节约运动后，大致可以增产 190 万元。

但有偏向——什么都要节，应办的事也不办了：

如湖州市的自来水。据〈碘〉淀粉厂的需要，自来水是非常需要的。

又据嘉兴纸筋厂看，小车应当买，生产工具可以机械化，工业部门也不许买了。

二个市的人民公园倒是仍在建设，花钱很多。

对文物没有很好保管。

3. 科学进军问题。

新华书店的广告“知识就是力量”——向月球进军，对学生的引诱力很大。学生不能升学，思想不通。科普的广告有问题。

学生不愿到生产中去，主要是可惜大材小用，怕吃苦。到农村去没有前途。教师有惜才思想。

一中校长被定为肃反对象，老妻自杀（五十余岁）。至今没有纠偏，做结论。不愿干下去，领导上主动提出。一般的教员在暑假中搞。

4. 湖州郊区一个农业合作。

情绪不高原因——去年提出 90％以上农户增加收入，预支多了，下半年减产，农民心理变化，退社的多了，田地懒得种，油菜的畦留着一个桌面宽，以为对抗。现在大为后悔。

解决方法：主要是通过回忆对此，对ブル思想作了批判。老中农被当做典型斗了一下。

今年养了一千七百只鸭子，六百多只猪，双季稻占 30％（去年 10％）。今年每工分可以有二元。

闹做临工的没有了——主要是工厂不要临时工了。

去年宣传上有偏向——改良生活，没有宣传好生产的重要。农民用钱大增，浪费的很多。

现在问题：

① 虽有钱没有地方买口粮，不够吃是一个主要问题。其原因是余粮〈买〉卖过头的，政府没有妥当及时办法解决，现在还是在闹，说党有二好一坏（粮食不够吃）。

② 农民对商业部的有意见：

猪的价格不合理，卖出去时要分大小好坏；买进来的猪大小一律同样价格。

蛋价，农民卖出四角四分一斤；国家卖出五角三分，悬殊太大。

③ 饲料有问题——糠不好，农民要代做的米，政府规定95%，细糠很少。

养鸭的饲料，向收购机关订合同，该行虚报多领，农民有意见。

④ 布票不够，有意见。

⑤ 脱产的有四人，（260多户）农民有意见。

⑥ 教育问题没有很好解决，党的组织作用不大。党员只有个人作用，有时还起坏作用。

5. 文物保管工作。

没有专人负责，一切要求省文管会来办。如千人塔倒了以后，许多东西没有人管。

所存文物没有整理，石〈牌〉碑满地抛，菅夫人的石刻都给打坏了。

文物展览没有地方，流通图书阅览占了很大地方。其他都是房屋有作为宿舍与托儿所的。（人民公园内部）

> 共计参观工厂七所，合作社二处，街道办事处一个，中学一所，文教馆一个，座谈会十次左右，个别谈话不算。看戏三次。

吴兴县委宣传部谈话：

一、改变土地面积40%，已不成问题，目前主要是肥料不够，每亩要四百担，最多是二百五十担，水利问题。

二、下放问题——共计 209 人，委员七人，二个副县长，认为是“多了他”，情绪不好。上面作用大还是下面作用大，他认为在上面作用更大。待遇地位顾虑大。

业务部门干部认为垂直系统即要他回去，临时观点。下去后乡要看他的成绩，搞不出千斤稻，怎样办？家庭问题，不愿去远的地方。“以社为家”思想不牢。

下去地方干部。95％是原来农村来的，现在怕吃苦。

乡的干部认为他们人已经多了，“我们又失业了”。但因此争地位待遇问题倒解决了。对下面情况了解多了。

三、农村党员，与整党问题。

共四千多人，支部教员没有一个。

整党——据说是为了清理组织，这个问题值得研究。

文化娱乐很少，俱乐部有些停顿了(50％)，因为活动时间没有，花样不多。

爱国日——今年还只开始搞。

四、干部情况(副县长)。

与干部学文化的多，超龄团员不安心。

享乐思想——要他买公债，他要[申请]救济(付县长)。一个局长在机关内要猪肉四十斤，公债一钱不买。“吃光用光，身体健康”。

提拔干部——大家叫做“拔”，关系人——一提是二级。

老干部多，地方干部少，新老干部都有意见，不能协调。干部多了，不好安排。六个书记，九个县长。工作很困难，实际上县长代理了科长的工作，为了照顾干部情绪，提拔了干部，结果弄得许多人不满意。增加二个副县长是不是合法，很有意见。其中有一个是非党员。半个人是来搞司法工作，原来也有人，本人不安心。

五、部门工作三条路。

第一，参加县委会议，不能谈部门问题，走不通。

第二，都自己组织力量搞重点，现在人少了，走不通。

第三，偷偷摸摸，偷工减料。即搞中心工作中稍微抓一些。

宣传工作没有头绪。什么都要宣传，什么都没有搞。

县委就是搞农业，工业部长也去搞农业。

（文件编号：R114）

毛主席在南京、上海录音讲话记录

1957 年 4 月 15 日

有些问题要答复，南京过去也来过，国民党在这里搞了二十年，现在给人民干倒了，我看还是好的城市。

合作化使资本主义失了根据地，改变了经济关系，社会政治经济制度面貌改变了。阶级斗争改变上层建筑，仅仅是为了发展经济开阔道路。

要有一个文化革命，还有一些人还不大清楚。

人民闹事，二个矛盾要分清，几十年来是解决敌我矛盾，现在要解决人民内部矛盾。

把农业国改为工业国我们文化还不高。

什么是社会主义制度——生产关系是社会主义的关系，生产在进行，关系还没有搞好，用什么关系来进行生产。这个关系不解决就不能增加生产。人民生活就不能改善。要稍微好点，要过几年，过一百年就[会]了不起。

我国优点是人多，缺点也是人多。粮食不够吃。

要对人民，特别是青年进行艰苦奋斗的教育。

不能说还有很多反革命，隐藏的还有，我们与匈〈亚〉牙利不同，我们是肃清了的，说还有许多反革命是不合情况的。

意见现在还不一致，经过研究后，才能一致。有左也有右，对人民闹事没有精神准备。

美国好是好，因为钢多，但这是美国的，不是我们的，不是你的。

蒋介石倒是有道理的，搞了二十年只有几万吨钢，不是我们把他打倒的。他们钢多了，我们不高兴，知识分子在那里吹美国钢多，要说服他们。

我们离不开几百万知识分子，没有他们一步都不能走。文学艺术，报纸都要关门。大学教授也没有。技术人员也很少，所以知识分子是人民的教员，不要唯成分论。马克思、列宁也是地主、ブル出身。

民主党派都是知识分子，所以党要提出新的方针，是有理由的。

“百花齐放，百家争鸣”——是要放，党外人士说放得不够，我们同志有一些想收兵了。中央意见要放，不是收，错误思想要批评。要用说服方法，不能用压服方法。有些同志手有点痒，用阶级斗争办法去压，简单方法，用行政命令方法。

戏剧可能有怪鬼出现，看看也好，见见世面。神话不同，不要禁止，可以加以适当改变。他们是要逐步改造，硬动是不灵的。

政策问题党内外都可以讲，有些材料可以印发给他们看，有些会议党内外人一齐开，不搞二套。

艰苦奋斗，不必禁止穿花服，二套不同，反而花钱。花衣服便宜，有些同志精神不振作，打扑克到天亮，养成懒习惯，不要太多。

一部分人有阶级斗争意志衰退，拼命三郎石秀的精神要提倡。缺乏热忱给人影响不好，有的是机关太大，没有工作好干。军队同志现在不打仗，是不是可以开党代表会议，给老百姓批评机会。先做一些报告，承认自己的缺点。

为什么要"长期共存"？"我们革命时，你在哪里?"不要靠职位、资格，要靠"正确"。

解决问题不正确，资格老也无用，就不摆老爷架子。

对代这一代，只有依靠现有的知识分子。教授 80%，高中 60%地富出身；小学也有 20%—30%。改变要有二十年，要争取他们接受 MAX 主义。要向他们学习。整个阶级都是革命的，三个五年计划后将有许多知识分子接受 MAX 主义，鲁迅好还是高岗好？一部分党外人士比党员好。

在上海毛主席讲话。

在国内范围上说，阶级斗争基本上结束了。由革命到建设——文化与技术革命，也是革命，即向自然界的斗争。

ブロ与ブル的斗争在思想问题上还没有解决。用老办法来解决人民内部矛盾，还有一些人不大清楚。十条中只讲敌我问题、社会问题，还没有讲人民内部问题，到了去年下半年才讲了。

所以现在要讲这个问题。

社会主义有没有矛盾，列宁说过，矛盾是存在的，斯大林事实上不承认这个矛盾。党内批评不得，政府也批评不得。要说假话，〈讲〉将批评的人看为敌人。

他在社会主义经济问题上也说过有矛盾，生产关系与生产力有矛盾，但没有说，经济基础与上层建筑还有矛盾。

人民闹事是经常有的，我们没有整风，官僚主义问题没有解决，避免可能发生闹事。怎样看法，还是正常的现象。一闹就解决为什么要闹事，自然也不要贴广告。闹也没有什么要紧。

八大以后问题还很大。

第一，有一些人因为没有想到人民还要来反对我们。另一种人是很怕，人民政府要倒了。龙卷风把我们卷走。不会吹走马列主义、CP的，所以没有什么可怕。闹好还是不好，有闹的原因，闹的反而好。

第二，六亿人口没有安排好。包括失业的人，有一批知识分子，大约五百万人很有用处，ブル知识分子十分之一的加入了CP，还有许多党外人士，马克思主义者15%，还有少数有敌对情绪的。

安排不好，就要骂CP，所以我们任务要争取30%的知识分子(150万)，改变他的世界观。他们是半条根，CP不能领导科学，也是他们讲的。

有没有人办教育？我们要学科学，要有教授，我看是可以学好的，不比政治困难，在斗争中学好他，而且是打了许多败仗学好的。我看不要28年，有十五年差不多了，可以当教授了。

“百花齐放，百家争鸣”口号，意见不一致，收还是放？压服与说服？

“互相监督”也不一致，民主党派不好意思。

压而不服，怎样办，只能用说服方法。会不会敌[对]与闹[事]？我说不会的。有毒素的东西不要怕，马克思思想是从敌对态度中发展起来的。

马克思主义不能“〈贯〉灌”，只能自愿地学好，不能“〈贯〉灌”教条主义者不加分析，肯定一切。党的成绩很大，但也很大缺点。整风三年，采取延安方法，整顿三风，不用大民主，小组范围内搞。有多少毛病的给以帮助。“团结——批评——团结”。

农工民主党没有农工，都是知识分子。

党内外关系有区别，可以沟通，同他们讲真话，不要讲一半，他们很高兴，不要守秘密(指他所讲的)。

一部分革命意志退化的同志，要教育。

(文件编号：R113)

团结统一与反宗派主义问题

——理论教员训练班讲稿

1957 年 4 月 16 日

（一）党的团结与统一的重要。

1. 党是工人阶级先进分子的统一的集中的组织。团结是党的生命，是马列主义的基本原则，是革命胜利的保证。（1934 年以前的党不团结的，所以革命失败了。）七大以后，党达到空前的团结，所以革命很快的胜利。“七大”决议说，快接近胜利的党。可见党的团结是取得胜利的先决条件。

团结的目的：“正是为了巩固地团结［整个］工人阶级和全国人民群众。”（少奇报告）

知识份子的重要——人民教师，五百万人，教授，民主人士，技术人员，文化艺术家在社会上有重大作用。不能不团结改造。例如团结知识分子是为了六亿人民，宋朝昏君不要白居易、苏东坡、元稹，他们就做诗反对。现在知识份子发牢骚。所以党的总方针是：“团结国内外一切可能团结的力量，动员一切积极因素，为建设一个伟大的社会主义的中国而奋斗。”宗派主义就与此背道而驰。

所以马克思说：“宗派现象的发展与真正工人运动的发展始终是成反比的。”（致波尔特信）先锋队伍的分裂，宗派主义，就不能领导工人阶级事业的胜利，工人阶级统一集中性与大工业集体生产发展有关系，团结统一是工人阶级的特点，先锋队团结好，才能更好地团结群众，二者相互有关系。

2. 在什么基础上达到团结与统一的目的？

第一，要在马列主义思想一致的基础上团结。

所以四中全会决议说：“党的团结必须是，也只能是在马列主义基础上的团结，在正确的政治原则和正确的组织原则上的基础上的团结。”

为什么？个人独断就不能有什么真正的团结，这是党的组织原则。例如说：马列主义者要承认人民在历史上的作用，党的集体的作用。所以不能夸大个人的作用，自然也不否认个人在历史中一定作用。斯大林迷信个人的权威（斯大林宪法），王明——伟大的××，所以都错误了。

团结必须是在政治与组织原则上的团结——例如国际主义的团结，南斯拉夫的错误之一是中立主义，就不能团结社会主义国家。政治目的反帝的一致政治要求，连印度也要团结，组织原则团结——一致行动，纪律性。

什么是原则？从理论上说：即是事物发展的一般规律。

特殊事物有特殊发展规则。也就是立场，观点与方法问题，例如匈〈亚〉牙利问题，要不要苏联出兵，是一个立场观点问题。不出兵是复辟，这是发展规律。至于出兵的时间地址，这一次、那一次就不是原则问题，南斯拉夫说第一次不要出兵也是不对的。

又例如，学习马列主义要“理论与实际必须联系”——是对待马列主义的基本原则。但如何教法，则可以有所不同。不必多加干涉。千篇一律的东西就是违反原则。

又如文学的创作，风格形式可以不同，但必须是现实主义的文学（因时代不同而不同，如《红楼梦》是封建时代的），公式化的作品不是现实主义。

第二，在民主集中制组织原则上的团结。

民主是手段——所以八大说：“力求党的领导工作符合于客观实际，便于集中群众的经验和意见，减少[犯]错误的机会。”

“只有这样，才会有真正的而不是形式的集体领导，才会有真正而不是形式的党内团结。”（政治报告）

所以民主是加强党的领导，不是削弱，有些人不懂得，以为今后事情难办，那只是因为他们认为领导就是“少数人发号施令”。把个人放在党的组织与群众的上面。这样想法就不能达到团结目的。“办事要与群众商量”——就是为了团结。政协今后要发挥他的作用，因为里面绝大多数是知识份子，社会贤达。协商有斗争，但为了团结。

第三，对犯错误的，要采取正确的态度。

人犯错误有二个根源：

一方面是：社会根源；另一方面是思想认识（方法）根源。

斯大林在“再论我们党内的社会民主主义倾向”一文，只谈前一根源，没有谈后一根源。所以他要强调“阶级斗争愈斗愈尖锐”。把一切错误都只看为阶级斗争，是非变成了敌我问题。他的哲学思想是只矛盾对立没有同一性，这就是形而上学的思想方法。所以我们要针锋相对的提出这个问题（再论ブロ专政一文),认为几万年后还有矛盾,坏人与好人,善与恶的分别。

社会根源:目前中国还是小ブル的王国(五亿农民,五千万地[主]、ブル,五百万知识分子),思想斗争是不能放松的。斗争是绝对的,统一是相对的。党内唯利是图思想有很大发展,不是偶然问题,正好反映了这个社会根源。人民内部矛盾的一种,个人与集体发生了矛盾,如现在有许多人都在说个人前途唯利是图。

阶级基本上消灭了,但思想斗争没有消灭。所以党内斗争是必要的,目的是为了巩固团结。马克思说:"任何工人政党,只有在内部斗争中,只有在完全符合于一般辩证法发展规律的情况下,才能发展起来。"马列主义是从斗争中发展,学了马列主义是为了与一切非无产阶级思想作斗争,斗争的目的是为了团结。所以毛主席认为党内斗争的公式应当是:"团结——斗争——又团结。"

团结与自由主义必要有分别。(只要团结不要斗争是右倾表现。)

什么是自由主义?毛说:"自由主义是取消思想斗争,主张无原则的和平,结果是腐朽庸俗的作风发生,使党和革命团体的某些组织和某些个人在政治上腐化起来。"(自由主义表现参看毛选)

例如目前"唯利是图、个人义气有很大的发展"——如闹个人地位待遇,因为很少有人批评,闹一下得了便宜,使一部分人思想蜕化起来。

党内斗争问题的二条路线:党的正确方针便是从团结出发,反对不正确的思想斗争。首先自己要正确立场观点与方法,"必先正己,然后才能正人"。办法是批评与自我批评。"与人为善","治病救人",重点是思想教育,犯了极严重错误的要处理,也为了团结。

党内斗争"首先要严格地区别党内的是非问题,同反革命分子中蜕化分子与其他坏分子问题的界限。"——人民内部矛盾是突出的矛盾,是非界限与敌我界限要分清。

斯大林与王明过去在这个问题上犯了最明显的错误。(十七次大会的代表杀了一半以上,王明博古在苏区杀了许多干部)造成严重的损失。

① 左的路线——为斗争而斗争,"无情打击,残酷斗争"。这条路线是违反党章的,不是思想斗争,目的是整人。他们采取的手段是乱加政治帽子,一棍打死。

"斗争会"方式是要不得的——预先布置好,斗张三李四,实质是同志审判会。主要的是不打算从思想上解决问题。而从组织上去解决，压倒不同意见的人。

斗争会“是党内宗派主义对同志实行错误打击的一种具体表现形式”（刘少奇）。其结果是助长宗派主义的发展，加强党内不团结。无原则的纠纷。（例如王明在莫斯科所进行的，对何孟雄同志的办法）

另一种是惩办办法——即不论大小错误，不管其是否改正，一律给以最大的处分，〈只〉即使承认了错误，还是惩办。王明当时用这种办法去“推动工作”，“杀鸡给猴子看”。强迫命令，打骂，往往从这个思想出发：如“三八节”“传达八大决议，有绑人来听的，罚跪，罚站（加压）。”

② 右倾路线表现也要反对，如自由主义，为团结而团结，只团结不斗争。所以七届四中全会决议说：“对于那种与党对抗，坚持不改正错误，甚至在党内进行宗派活动，分裂活动和其他危害活动的分子，党必须进行无情的斗争，给予严格的制裁。直至在必要时将他们驱逐出党，因为只有这样才能维护党的团结，才能维护革命利益和人民利益。”

邓小平说：“目前党内也有一种值得注意的情况，就是对于犯错误的同志，采取包庇姑息态度，不给以应有的处分，而且也不进行思想斗争。”——例如目前争地位争待遇的恶劣作风，熟视无睹。对“一看二帮”有片面的解释，党内纪律问题多起来了。

正确的处理，如对高饶问题。——他们是毫无原则的个人主义，两面手段，企图夺取领导权，分裂党的阴谋。例如饶漱石喜欢一批坏分子，投机拍马分子，拉拢一些人，打击一些人，表面上是谦恭的，实际上是争权夺利。

对待错误的方针：“分别对待”，“鼓励从下而上的批评”，反对压制批评的作风，对这要进行尖锐斗争。

组织问题上对左右倾思想的分析。

左倾——

他们认为不民主所造成：少数人的意见为至高无上的，个人第一，领袖第一，所以否认党内民主。例如斯大林与王明是典型的，现在是书记说了就算了。

他们认为党内只有斗争，不要团结。（斯大林的辩证法）否认“党内和平”。

他们认为党可以包办一切，否认工会，青年团等群众团体有相对的独立性——事实上是不要群众路线，如目前合作社，工厂里党员个人包办作风，往往过左。

他们否认党员的个性，只要一般的党性，不认为党员还要主动性与创造性——因此他们要犯命令主义，不许发表不同的意见。一切工作都按命令地机械执行，不必多样化。文章也要八股化的才好，只能"人云亦云"，不许有创造性的意见。

这一切做法要脱离党员与人民——这就是不良的党风。

右倾思想的认识根源。

他们认为：既然同为党员，当然是马列主义的了，当然没有真假之分。所以不必分析与斗争了。其实马列主义有三派，有真假之分。

他们认为：得罪了人，对自己不利，不论如何，"人不犯我，我不犯人"。

他们对团结问题的认识，不是马列主义思想上的团结，看为只是一种普通的人事关系，他们不了解，党内没有思想斗争，是不能工作与团结的，根本问题是缺乏正确的立场与观点。同时党在歪风领导之下，要助长右倾。

思想方法与思想意识互有关系——立场，观点与方法的一致。

总的说：他们都代表了各种非无产阶级思想，意识不好的人，不能有正确思想方法（对个人要作别论），同时立场稳定，也要犯思想方法的错误，如斯大林。所谓："好人办坏事。"——其原因是：马列主义教育少，调查研究少，对党的组织原则认识不足。

特别要注意的问题是骄傲自满思想，在党内的滋长。所以四中全会提出："党内相当多的一部分党员滋长着一种极端危险的骄傲自满情绪，他们因为工作中的若干成绩就冲昏了头脑，忘记了 CP 所必须具备的谦虚态度和自我批评精神，夸大个人作用，强调个人的威信，自以为天下第一，只能听奉承赞扬，不能受人监督。对批评者实行报复和压制，甚至把自己所领导的地区和部门看为个人的资本和独立王国。"——现在有许多人对"各党派长期共存，互相监督"方针不同意，主要原因是从职位、资格老等出发来看别人的。"你过去干什么，那能来监督[我]！"

"历史上曾经有过无数的事例，表明胜利者的骄傲怎样危害着他们的团结而得了可悲的结果。"——骄兵必败，当权者更要小心。王明因为有第三国[际]的支持，十分自大，实际工作没有经验，"墙头芦苇"。

骄傲的〈为〉危害——“可以[引]导到个人主义，可以引导到党的团结的损害和破坏，就可以导致党的事业的严重失败。”（四中全会决议）

历史的事实很多——张国焘、王明、高饶都是例子。我们自己也可以想一想有哪一些。所以毛说“虚心使人进步，骄傲使人落后”。要永远记着这个真理。

“温故而知新可以为师矣。”——理解问题要知道历史，而又要面对现实。

（二）为了团结必须反对宗派主义。

党的经验充分说明了宗派主义以王明、博古领导的时期，对党的危害极大，整风运动才纠正了这个重大路线错误，胜利以后由于党的队伍扩大，成了执政党，主观主义、宗派官僚主义有很大的发展（同前些时比），所以毛在八大开幕词中说：目前党内还有严重的错误与缺点，就是三个主义。——否定的否定。

党的历史充分说明了为了党的团结，获得胜利，必须克服思想错误，反对三个主义。宗派主义是分裂党的行为，对党的危害最大，所以要坚决纠正。根据历史经验，提出这个问题是有历史性意义的。为什么要整风，为了社会主义的发展。

什么是宗派主[义]？一种不正确的党的作风，主观主义在组织问题上的表现，即毫无原则的排斥一些人，团结一些人。这种作风是对团结统一很不利的作风。

他同党的民主集中制、群众路线是对立物。宗派主义要使党脱离群众，造成党内生活死气沉沉，离心离德，是直接违反党的总纲的。总纲——“这就是民主基础上的集中和集中指导下的民主，党必须采取有效的方法发扬党内民主，鼓动一切党员，基础组织和地方组织的积极性和创造性，加强上下级之间的生动活泼的联系，只有这样，党同人民群众的联系才能有效地扩大和加强。”

由此可知，为了党内外的团结就要加强党的民主与集中制，反对宗派主义是首先决定的条件。首先重要的是正确的干部政策，“用人唯亲”就是宗派主义思想。历史上帝王因为用内戚与太监而亡国的很多，我们现在只重视党团员，歧视非党干部是不好的，喜欢奉承的干部是宗派主义的表现，老同志老部下，同乡同学……都不能例外地重用。

宗派主义的表现是多样的，“因地制宜”，有大小的不同，各个时期的表现形态有所不同，王、博时期是一个典型。回忆历史在现实的意义（少奇报告、八大文件所以常常提到)，现在的残余是有的，中央提出来不是“无的放矢”。为了惩前毖后，我们还是要借重历史，以便以后再来整风。

八大文件讲的对党外的宗派多对党内问题，对过去清算多，对目前讲得少，因为还没有检查与总结，但不是认为党内已经没有这个问题，有种片面的感觉，好像宗派主义只是对外群众说的，那是不对的。合作社内部就有宗派问题，村落不同，亲戚朋友谁做临时工，做生意的，就不团结。内外不能机械分，有许多形态是有同一性的。

我所以仍然从党内到党外说起，这不是说党内比对外还要严重，没有比较过，不能这样说。就目前现状看对党外问题是相当明显的、突出的，这也不能否认。执政党的党员骄[傲自]大了，发生宗派主义有所发展。这方面的材料大多比较多，我们是上课，不是工作总结，为了说明原理，不妨笼统地说一些形态。

根据整风时期(一九四二年整风)中央所提出来的表现谈谈：

第一，“只看局部，不看整个利益。”首先是闹独立，只要局部的好处，不要集中。闹独立性的人同个人主义分不开。所以问题是个人利益与集体利益的关系放得不适当。——不是忠心地为人民服务，是忠于自己个人利益而服务。例如高饶反党联盟。他们以为自己地区的成绩是他们个人领导来的，因而一步步地计较地位，名誉，争权，夺利，拉拉扯扯，发展小集团的活动，直走到帮助敌人来破坏党、分裂党的罪恶道路。饶漱石对上海市委还要争功，如对工业问题，市委搞了，说是没有执行二中全会决议，自己搞了，说是典型创造成功，实际上是谎报成绩。

例如饶在华东一贯来打击陈毅(他的资格老，先要打倒。“莫须有”的罪状，不要他回华东)，夺取军政委员会主席地位，然后打击刘少奇，夺取中央领导权，他在上海提了一批坏干部，打击了许多好干部，“打下基础”。可见个人主义的发展结果，一定要在组织问题上发生宗派问题。

他把自己的地区看为独立王国，不许中央检查，不许批评，“顶回去”办法。

陈独秀革命失败后，在党内成立反党组织，后来与托派合流，叛党而去。

秦桧为了做“宰相”，与金主和，也要拉一帮奸贼，杀了岳飞，排〈击〉挤忠良。古今都一样。

[在]独立王国里——他的特点是，不但是个人独断，有时也要利用所谓“集体”、“委员会”名义打击异己。这如王明、博古，利用四中全会，打击了大批

的干部。加上反党右倾的帽子，如对瞿[秋白]、邓中夏、林育南、李求实等老干部，都是“莫须有”。终要一批人无原则的提拔干部，助长自己宗派地位的巩固。

第二，盲目的山头主义倾向——或者如毛主席在整风文件所讲的，对待不同出身，不同地区，新老干部，军队与地方干部之间的摩擦。

整风之前刘少奇同志说山头主义有一段描写很好。

他说山头主义是一种特殊的宗派主义。（中国式的宗派）

“只了解自己部分的光荣历史，而不了解或者忽视其他部分的光荣历史，只了解自己那个部分的成绩，而不了解自己的缺点，……他们在自己内部，相互之间有说有笑，生活融洽，照顾周到，甚至无话不谈。而对其他部分的人，则格格不入，表示生疏，冷淡和漠视，没有应有的尊重和照顾，他们在党的关系上表现他们有特殊的关系，甚至相互联合，压制其他部分的人，某些人常常是盛气凌人的，而其他某些人就不得不心存戒惧，比如外来干部与地方干部，军队干部与地方干部，这个地区与那个地区干部之间的问题发生不良现象，因而使党的各部分之间不能很好团结，发生不应有的纠纷与摩擦。”（刘少奇《论党》）

这种表现不单在党内，对党外也有表现。如不愿接近党外人士，只照顾自己同志，不照顾群众，自己人什么都谈，同群众不能谈心，党外人士看到我们怕，也不敢接近。党员只计较自己有过去光荣历史，不看群众的功绩，人家的特长与优点，党团员可靠，对无党派的民主人士看不起。他们不知道不要同党外人士合作，就等于不要群众，对工人阶级不利。

第三，不一定要有政治纲领，常常是无原则的多（如高饶联盟）。但也可以有共同的政治意见，如王明、博古的宗派集团、拉科西、葛罗之类。宗派主义在党内外表现出来，会有家长制制度的可能。往往是颂扬个人的结果。（见刘少奇《论党》）。

第四，违反群众路线——主要是对党外的排斥性。

其表现为：

看不起群众，看不起党外人士，似乎做了党员，就高出一头，喜欢以领导自居，站在群众头上发号施令，遇事不同群众商议，是狭隘的宗派主义的表现。他们忘记了“CP 只有与群众合作的义务，而无排斥别人垄断一切的权利”（毛）。

现在包办代替、命令主义到处风行，其主要思想是由于“高出人上”的思想。“单纯的任务观点”有好的一面，但也有坏的一面，即是“以领导自居”，不管三七二十一。不要同群众商量。这种也包含了主观主义的成份在内。二者俱全。党委统一领导，原则运用不妥，往往会代替行政与群众组织，党与群众关系不好，这个问题，值得注意。

有几点思想要解决：

第一，完成任务，要不要政治思想工作？还是只要布置任务就好了。有二种不同看法。

一种是用行政命令，简单化的办法，不要同群众商量，——这是宗派主义思想的萌芽，因而事实上与群众对立起来的。无意识的做，要变为有意识的“排斥”。如演越剧男女合演，就有隔阂，互相忌视。（要以王道治天下，不要以霸道治天下。）

一种是群众路线，要研究思想的多样性、复杂性，所以要民主，要调查研究，要讨论。归纳起来就是政治思想工作，就是要说理，“以理服人”，不是压服。

第二，通过什么关系去完成任务？

正确的一种做法是通过上中下，左中右，多数，直接间接关系去完成共同任务，中右是多数，所以不能只抓左派。不能只抓少数的，不能只管垂直，还要有块块的结合。统一战线的左倾，表现在不要中右。

不正确的做法——是只要垂直的，只要少数的，只做上层的，只做左派的工作，所谓只要积极份子，脱离广大群众，在评模问题上常犯这个毛病。在条条块块问题上常常互不配合。垂直系统少数人一商讨，就即下命令，决定一切，这都是不对的。

宗派主义的危害性——根据《论党》——少奇同志。

① 破坏党的团结与统一，造成干部消极情绪。

② 可以使党内邪气上升，使投机分子有机会来争夺地位，为了维持自己少数人的权力，又必然要陷害一些好人，使党内是非不明，正确的意见不能抬头。党的方针政策不能实现执行，党的政治路线要犯错误，如左右摇摆。

③ 党的民主集中制要受到破坏，因为宗派主义一定要压制民主。

其结果又必然要以命令主义、家长制度来代替民主集中制，造成党内盲目服从，个人崇拜的倾向，使马列主义僵化，教条主义要发展（如斯大林）。“百家争鸣”是破教条主义的一条妙策。“互相监督”是解决同民主党派的关系，解决人民内部矛盾的最好方法，是民主的扩大。

④ 可以助长一部分人的骄傲自大的情绪，因为有了宗派，必然有些人会觉得“有恃无恐”。在小圈子里总是有人支持的，他可以任意作为，犯了错误还可以有人撑腰。

⑤ 可以使反革命分子有所利用。

宗派主义的根源：

第一，是社会根源——中国社会的落后，行会帮口、宗法社会的影响要长期的存在。小资产阶级的思想意识，在组织上的反映。

第二，从认识上来的根源。——“一切宗派主义都是主观主义的”（毛主席），对人的看法是“情人眼里出西施”、“癞利〈痢〉头儿子自己[的]好”。

主观主义本身是对客观事物认识的错误，即与实际不相符合的东西。但本身并非宗派主义，但在一定条件下要转化为宗派主义。即用在组织问题上时要有结果。其理由是：

第一，由于主观主义政治上一定要犯错误，在一定条件下，如果不能批评，不能改正，为了支持错误，势必要拉拢一部分人，反对一部分人。相反的情况，如党内展开了批评，加以及时纠正，主观主义也可以不变为组织上问题，王明、博古时代，党很幼稚，因为党在困难的工作条件下，使他有可能吓唬到人，形成少数人的把持。现在党的水平高了，中央有正确的领导，所以不可能重复过去的历史，但局部地方还会发生问题，有的甚至相当严重。（如高饶问题，山东向明问题）

七大决议说：“在[反对]一切错误路线的同时，也就必然要出现了错误路线。”（匈〈亚〉牙利事件的教训也如此，为了反对异己者，不惜用对待反革[命]分子[的办法]摧残自己的同志）。

[对]四中全会时王明路线，七大决议说：“仗着四中全会所造成的形势”以“反对右倾的调和态度下”，“继续发展了宗派主义的过火斗争与打击政策”。当时的对象是一批老干部，甚至加以诬害，在肃反问题上，苏区被杀了许多人。同时轻率的提拔干部，造成党的严重损失。

第二,主观主义对人的问题上终是不会正确的,久而久之就要逐步成为宗派倾向,排斥一部分人。他以个人的好恶作为标准,自然不能知人,不能大公无私,对人终是抱有成见,不能从人的发展过程中去看的。肚量也一定很狭小,不能容人。这样的人来掌握干部政策,无有不失败。如工厂里面,有些同志看不起老工人,不要他们为党员,不要党外的技术人员,他们只爱派进去的干部年轻的,听话的人。

克服宗派主义的方法:

要从思想上着手,要以团结为目的与其斗争,否则自己也成了宗派。

要从组织上加以保证,贯彻党的民主集中制,与群众路线。

要从全党政治水平的提高着手,同时也要发扬扩大群众中的民主。

必须全党进行教育,谨防弄〈扒〉手。整风要解决这个问题。

在党中央的领导下,我们相信党会更加在马列主义的旗帜下加强团结,宗派主义思想必然要被打垮。

党内团结是一个复杂的问题。

1. 注意知己知彼,互通声气,平易待人,不要使人望而生畏,成为知心朋友,才能巩固团结,如对待党外人士说是很难接近,敬而远之,实际上往往是自己先看不起别人的特点,言语粗暴,怎样团结?诚恳很要紧。“真主意假商量”做法最坏。

2. 克己虚心,先人后己,先吃苦后享福,大公无私,才能团结人。

“责人宽,责己严”,“责己宽,责人严”——所谓缺少自我批评的,往往同别人关系搞不好。

3. 说话要看场合——对方,时间条件很重要,不能说的时候,暂时不说,有伤团结的话不说。如毛主席在遵义会议时,只说是军事路线的错误,不说政治路线的错误,为了团结。

4. 少记别人的过失,多反省自己的主观方面问题,团结关系也会更好一些。主观要求对方适合自己的尺度,往往要弄出问题。

5. 批评别人,要怕又要不怕,不通过批评,有些人也难以达到团结目的。

这主要是对不自觉的人,需要这样做。被批评的人应当是闻过则改。批评的方式要注意,意气要避免,无原则的技术批评要避免,无事实根据的不能批评,批评要有“治病救人”的态度,用药要不重不轻。

总之，干部的四个条件，做到了团结问题就不难了。自然内部矛盾是仍然要“层出无穷”。

① 为人民服务。

② 有事与人民商量。

③ 吃苦在前，享乐在后。

④ 批评与自我批评。

医学院：

① “有饭大家吃”，吃光了如何办？学生满足了，各阶级人民不同意如何办？去年学生闹事，是年青无知，不知道天高地厚，不知辛苦艰难，是人民内部的事。官僚主义也要克服，如交代不清，生活上不注意。

② 什么是自由？没有抽象的，只有阶级的自由。

ブル的自由——如侵略殖民地，偷盗奸淫也是自由，三K党杀黑人也是自由。

ブロ的自由——如对外部自然界的支配，不能凭主观办事，不能用强迫命令做事，对人民不能采取压服的手段。要讲法律与道理，比如对宗教问题，就不能强制人家不信教，也不能强制我们不相信马列主义。

自由不能绝对，是相对的，自由的一面还有不自由，如听报告，就有一些不自由，同时又有自由的。集中过多要出问题，如永远不散会，也不可能。

③ 人民内部矛盾如何处理？这是一个新的问题。

我们认为人民内部矛盾是不能消减的。阶级矛盾——对抗性矛盾是有时间性的，可以逐步消灭，现在还存在。这是说：未来社会中，阶级矛盾消灭了，人民内部还要有矛盾。主要是思想问题，解决办法是教育与批评，协商等。

矛盾可以互相转化——如中国ブル与ブロ的矛盾，本来是对抗的，但由于ブル接受改造，所以变为非对抗的，不是“前后不一致”，“二副面孔”的问题，是从事实出发。人民内部矛盾弄得不好，也要转化为对抗性的矛盾——这一类例子很多，如匈〈亚〉牙利人民的反拉科西领导，夫妻反目。封建时代，君君臣臣，父父子子的矛盾，所以孔夫子他提倡礼。问题是要善于处理，不要变为对抗，所以还是要走群众路线。要有批评与自我批评的精神，“要治病救人”，不要随便用反官僚主义的帽子，到处是“牛科长”也不见得。要互相帮助，互相监督，批评建议，目的是团结。如教员与学生，行政人员与教员学生的关系。会有一定的矛盾，这要在同志的关系中来纠正错误，不是对抗。

（文件编号：I63）

会议讨论记录[①]

1957年4月21日

镇海县小组：

1. 过去怪CP多变，每一运动不是手携手，“抓懒学精”(付县长)。

2. 民主与专政还不了解。各种委员会都是党方提出，不是民主，农村情况不大了解，社干是半官方消息，要求直接多去[听]。资本主义改造，师生都满意，觉得安排不当。陈万丰老板(小大烟纸店)每月收入有几百元。觉得太多，比县长还多。

知识分子问题——提高太慢，时间〈化〉花得多，学得不多。

要求系统学政治。

失学学生是不是都能去农村，要政府安排。

美术工作者当教导主任，不适当。

“放存”方针学校里没有什么研究，理解为对行政提意见，就是争鸣“造成意见分歧”。

怕学生闹事(镇中校长)。

① 政治学习，从科学进军，评级标准提出后政治不明显，业务是“实货”，搞工会工作是很危险的。

现在有衰退现象，政治运动无兴趣，现在又有一些转变。要求学哲学。如对优点与缺点看为是矛盾，折中。

辩证法——辩正法

② 政治与业务矛盾。

吴珍德原为小学教师，进修五年，当高中教员，当了代表、委员，名利双全。

时间不够——文化学习要每周十小时，七小时政治学习意见多，实际为思想扭不转。课堂授受能力是评级标准，大家都为这个问题担心。(文教局长)

“政治是灵魂”，但是不讲解，讲不出，也是无效。

(方法是一个问题?)

---

① 原文无标题。此标题系编者根据内容自拟。

人民医院：

卫生部门对政治学习问题。

1. 中午学一个钟头，形式主义。

2. 升学问题——考护士一个也没有，都想当医士，实，名好。

护士苦，像老妈子。

3. 防疫与医疗有矛盾。

付县长，宣传部长：

1. ブル存在不存在？叫他什么？

2. “放”的问题，为什么过去不许看黄色小说，是不是对，现在是不是可以随便给青年看黄色小说？自由泛滥？

3. 知识分子作用问题。

文化与技术革命没有知识分子做不好。

现在是技术革命为中心吗？

4. 知识分子——不同意 MAX 主义的，能不能全心全意为人民服务？

5. 知识分子要与工农交朋友，不同工农交朋友的，就不能起作用？

6. 自由与民主认识问题？师生都不大懂。

7. 前途问题——有技术就是有前途，入党现在不重要。如吴镇明（三十六岁）现在人家让他入党（教学已有大学程度），政治空气因此薄弱。

干部也如此，没有提拔，工作不积极。

八大教导：（团员）

① 对人民内部不要粗暴，有认识。

解放以后，公讲的就好了。

五三年以后对上提意见终是认为不好的干部。因此现在不太〈干〉敢提意见了，一压子就压下去[了]。

上面不提出，不认为是问题，要求领导上不要怕，问题反而大了。

② 党内外问题。

对党外看为外人，要当心。什么都要保密。现在渐渐觉得自己成为局外人。说教师不是“内部的人”——领导上说的，现在自己也当了教师，也变为外部人了。

③ 放与收问题。

人民没有觉悟，青年能力好，可不可以允许看不好的书？自由让他们搞？

④ 吴明达问题——刺激很大，52—53 被批判，现在大捧特捧。是不是捧个人，宣传过份。

吴说：是不在党的领导下，与环境斗争中得来的成绩。

县文化科：

1）现在还没有工业化，阶级已经基本消减了，总路线算不算完成！

2）人民内部矛盾与八大文件有矛盾，先进制度是什么意思？

放与收的问题。

1）有党的领导放的特多，如学生看不好小说要指出。

2）放了后文艺所以发展，不好的批评。

3）反对放，怀疑的——

肃反问题（宣传部长）：

① 大反革命分子为什么不杀，小反革命为什么要镇？

② 生育问题，为什么有六十亿人口要提前消灭，过去说一百年后要有 170 亿。

要求统一计划，每人生多少，农村没有办法，又不讲纪律，有二种意见。

党员认为没有什么错，非党干部认为“有错必纠”须要努力。

政权工作问题。

① 人民代表会议只讨论农业，代表不起作用如何办？

② 如何充分发挥民主的作用？

③ 非党员县长不起作用，不如当校长。

④ 文化水平很低的派去当校长，如何能办学校？

谈起来只会谈农业生产（校长训练班），这是宗派主义表现，因为他是党员。（如慈溪三中，团干部当了副校长）大胆提拔干部，造成不满。

第二医院因为是党员，文化水平很低，如何能领导医院。这个问题造成

"党能不能领导科学问题"。(即宁波华美医院)

护士学校校长也不合适。

党外意见很多,平日不谈。

⑤ 民主问题。

实际上是"知而不言",党内外不太融洽。

解放以前情绪很高——人民当家作主,解放以后有了不同的感觉。工会主席一定是党员,校长一定是党员。

"只能讲好,不能讲坏"思想上实际上不通。如统购统销问题,现在对学校领导还是不肯讲,教师有清高思想。有一句话"领导路线"到教育局多跑跑,就认为是上层路线。"大王好见,小鬼难见"。"中央是好的,坏在下面干部"。

党员见了非党员不好讲。

对知识分子批评关注很难划清,许多问题是非难定,批评一关很难走过去。

(文件编号:R113)

在地市县书记联合会议上传达周总理报告

1957年4月24日

人民大会堂

周总理：

一、人民内部矛盾问题

问题的提出：

问题不是突然，而是形势变化适时提出的。

二个革命的完成。革命同时——开辟了社会主义建设道路，从革命到建设是历史发展的规律。

回顾一下，也〈何〉曾经过艰苦的道路。毛说："在建设时，不要再如第一个革命是一样，再犯这样的多与重复的错误。"希望年青的人要避免过去的错误，认清现在的形势，教正确的办法。年青人没有认清而犯错误，有了过去的经验，有了中央的正确的提出，才能少犯错误。

民主革命，经过了三十年才取得胜利。做了英勇斗争，也犯了严重错误。

党的历史以分四个时期来看。

大革命——是光荣的一个时期，但党在初推时期中，方针拿不稳，犯了右的错误。1927—1937年[更是]犯错误的时期，八年内犯了四次路线错误。

1935—1945起纠正了错误——正确时期。纠正错误不是容易[的]，有群众的关系。广大干部执行错误，撤换干部容易，总结经验不容易。几乎用七年时间来纠错。

遵义会议，1938年六中全会纠[正]政治路线。

整风进行，[检讨]思想错误，七大作出决议。

八年错误，十年才认识。

思想批判最重要，党团结了才走向了胜利。

苏联四十年还有很大错误，我们更要想一想，提出这个问题有三个有利条件：

① 马列主义的群众路线，建设中也有——经验之一。

② 自己少经验，可以向兄弟党取得经验。如建党、人民专政、武装斗争，

建设更多了。他们有成功与失败经验，使我们吸收其中好的方面。认真去学，可以少犯错误。但必须动员人民一起来认识，逐步地提高。

二、新形势社会主义胜利后中央不断提出了问题

如十大关系问题，总结建设，也谈人民内部问题。如是非问题，五个是建设问题，其余是内部关系。只有[一条]敌我[问题]，九条都是内部问题。（一又三分之一是敌我）

八大提出阶级斗争基本结束了：是说把另一个阶级推倒了。当然还有残余，工商业家与工人还有阶级矛盾，但不用对抗性斗争方式解决。思想上还有自觉与不自觉的斗争，还有封建思想，所以需要用教育方法来解决。斗争是永远存在的，因为矛盾是永远存在的。

从国际形势来说，也是客观条件。苏联二十次大会后引起许多问题，许多事变有二重性。斯大林错误许多人不了解。匈〈亚〉牙利事件会这样严重，波兰党还能领导，但一度很乱，南有修正主义思想，不要天真，CP 是有错误的。

教条主义有二面，一是要人[家]抄；一是自愿抄。王明路线也如此。七八决议都是自责[①]。匈〈亚〉牙利的错误是民主与专政都很差，教条很严重，没有原料发展工业。人民苦恼，这是错误的根源。

斯大林问题发生后，思想大乱。反革命分子利用。苏联出兵是唯一出路。

南国是社会主义。因为国有化了，农村是走向合作化。一个党领导，没有其他党派，工人阶级领导的工人党。问题是有很严重的修正主义的错误，有浓厚的民族主义思想，中立主义。斯大林死了后有骄傲思想，想代替斯大林的领导。

这些是不愉快的事，但有好的一面。取得教训，对中国有极大的意义。别的国家也警惕起来，波兰也如此，“因祸得福”。

错误是历史积累起来的，早暴露有好处，社会主义阵线更加巩固。[②]

ブル世界怎样？总的趋势走向缓和。我同日本社会党说，美国不敢在朝鲜挑战，日内瓦会议没有破坏印度支那停战。台湾——美不要他进攻大陆，大陈撤兵。日内瓦还在谈判，匈〈亚〉牙利解体，苏联出兵后，美国停止援助纳吉，

① 原文如此。
② 此处略去一俄语单词。

国务院还检讨了自己的冒失。是打反而出了毛病。英、法出兵埃及,美国赞同打倒纳赛尔,但不同意恢复英、法势力,所以主张国际干涉。五件事都可以引起大战,但都没有。

美国不愿永久和缓,否则没有借口反苏反共了。不[用]紧张,小国家要求独立,包括日本,西欧也要退出北大西洋协定。这是美国所恐慌的,他还要紧张,不要和缓。到了战争边缘,他又停止。已是世界形势的特点。他还要反复地挣扎,和平力量如增大,战争就可以推迟。不要看到一件事就觉得紧张,也不要轻视。约旦方面想打开缺口,就是一例。

社会主义国家要争取缓和形势,孤立美帝,分化帝国主义的阵营,便于建设。今天的建设为了争取和平时期的延长,社会主义制度应该影响大,因此要团结六亿人口,社会主义也要求同存异。马列主义可以相同,但道路可以不同。一般说大同小异。我们争论问题,也存大同小异。教条主义的想法是完全永远一致,这是形而上学的思想。民族主义国家要不断争取,美国人民反对战争,把团结面要扩大。所以说:团结一切国内外的积极因素。包括反革命分子在内,化无用为有用。

对自然的斗争,现在是开端。

三、正确处理人民内部矛盾问题

首先要区别两个矛盾,国内敌我矛盾还有残余,敌人还在,台湾与其后台老板,这个是事实。占大量的是人民内部问题。但是问题内部矛盾尖锐时反动分子要利用,但反动思想与真正反革命分子又要区别。

犯法与反动要有区别。如打死敌人,打领导人,不一定是反动。问题是内部矛盾,犯法要法律处理。如驾驶员压死人,不是说服问题。原理要以证据为主,分析案情来源。所以毛说,最好不闹,如闹了要认真解决问题。让他闹,闹够,才能弄清是非。

处理不好有转化的可能。好的例子是ブル与ブロ的关系。在民主革命时的联合,社会主义革命时代,引到和平改造,从对抗的引导到非对抗的矛盾。

三反五反是必要的,同时ブル还不服气。

还有肃反。

以后才有好的转化——如百家齐放。

不好的转化——如匈〈亚〉牙利事件。

内部矛盾的根源是什么?

客观的矛盾的存在,同自然现象一样。

整个社会之阶级问题——生产力与生产关系问题(无阶级社会中也有这个问题),有阶级社会表现在二个阶级的对立;后者表现在落后与前进的矛盾。

生产力是动力,前进的。生产关系落后了,不改变就要妨碍。所以说社会中矛盾是生产力与生产关系的矛盾。

生产关系——如领导者不自觉,生产力就要落后。领导群众退化,就要被人民打倒。不能说 CP 一定行,领导不好,就要被生产者所推翻。不一定要有反革命分子,将来社会也有,所以随时要进步。CP 先锋,要带路,才能使生产力进步,斯大林不强调这个矛盾,只提出一个原则,不强调,“不至于发生冲突”? 如果处理不好,要转化为对抗性的矛盾。各级领导要提出这个问题,官僚主义十分严重,有可能要被推翻。

还有其他矛盾,如上层建筑物与经济基础如不适应,也要成问题。

人的关系问题又是一类。无阶级社会也有人的关系,领导者与群众,终有区别;合作社主任与队员,支书与党员,教员与学生,行政人员与工人,各级政府人员与人员的关系。领导人长处容易看到远的,短处[是]忽视近的。劳动者的长短处不同,问题常出于这方面。毫无问题,出了事责任在于领导,被领导者要求解决,领导者不去解决他有责任。具体问题不解决,可以使他不能前进。所以领导人犯了错误比群众犯错误严重得多。主要责任要分清。

矛盾是客观存在的,但要在主观上努力,解决矛盾。解决不好,就要闹事。主观不努力矛盾要扩大与尖锐,但不是一劳永逸。苏联百科辞典说,矛盾不能调和,如战争与和平。这是形而上学。战争是政治的继续,政治斗争化为战争,战争也不能永远继续,矛盾是有统一性的。

新社会的困难不会比旧社会少,但性质不同,办法不同。

因此要求对二种矛盾要有分析区别,以及态度与方针与方法。

首先要求 CP 解决三个主义,有不怕麻烦的艰苦精神。如首先把党员弄清,实行整风。这次不完全与过去相同。

[相]同的——思想联系实际。

不同的——过去从历史之风,批判路线问题,所以要把历史[账]算起来。

离职整风,当时情况是许可的。

现在这二点不同了。因为是建设时期,错误多少,还要总结,工作时间没有空。并且因为要联系工作,所以不能离职,就时就地的搞,绝大多数不能离职。如粮食问题是客观的还是主观的?终有主观的原因。最要紧的解决工作问题。从上到下,从党内起,党外自愿。

四、各党派长期共存问题

这是一个历史问题,苏联在革命初期在十四个国家包围中,各党派都反动了,只留下一个CP。所以没有实现列宁的理想,走国家资本主义道路。中国实现了列宁的理想。

中国ブル在民主革命中得不到发展,五个党派因此反国民党,结成统一战线。这是历史发展的有利条件。问题在于领导的正确。遵义会议后,才能解决历史的有利条件。

解放战争胜利后,怎能设想可以不与他们[不]在一起?党内有一部分人有教条主义思想:社会主义只要一个党。民主党派在兄弟国家也有,就应大家团结下去,到共产主义社会时不能说CP可以多久,其他党派存在多久。如这样想真是十足的宗派主义。不能说谁先结束,谁先开始。没有理由说,哪一党可以先革命,先结束。

有人说:都参加了CP,不是[更]好吗?但为什么不能参加其他党呢?可以听到各方面的意见。

有各种不同意见很好,不要说同样的话。CP也要有一天消灭,不承认是主观主义。

监督,首先要CP先提出,因为是执政党。有经验是有利,但有危险。战争胜利后,就有骄傲的危险。个人主义滋长了,或大或小都存在的。最好有人监督,才能小心一生。

不〈复〉服气就是骄傲,最危险。敢于面对错误的人,不怕监督,没有本事的人,才怕人监督。政权机构要有监督,官僚主义才能避免,省政协要与政府唱对台剧,上下关系也要监督,这就是承认矛盾。

这个方针,定为扩大民主。

五、"百花齐放,百家争鸣"问题

放早与放迟问题。

党员入党后也要改造,私有制改变后,党内外都要改造思想。但不能强迫,现在提出正适时。

是不是晚了？也不晚,因为社会制度还未改变,物质存在,思想必然还存在。放得早,思想要混乱。如兄弟国家有些人还要恢复私有制,波兰的思想很混乱,知识分子思想很混乱,找一个当编辑也困难。说明以色列不是侵略。党报如此,其他不说了。

越南也如此,拿了我们的口号去了。

放多了放少了？鸣多少?

放得太少了。有人说没有成绩。另一种人说：好的东西少了。应当说因为[放得]不够多,更要放,而且时间短。

比较中才能说明好坏,才能出真理。丰富正确的东西,小圈子内也要说,不如公开,可以说明更好些。

毒草也是客观存在的,罂粟花可以做药,也可毒死人。

“避免毒草,力争鲜花”,不科学。如何能避免,只〈要〉能说不看见,或者装成香花,主观上是怕。

六、各种关系都要衡量一下

党与非党有同有不同,要打破界限。

劳动者之间,脑力与智力劳动,又要区别又要相同。高中学生都要劳动,大学生也要劳动。体力劳动者要提高文化。

新的关系——新青年知识很少,也要与老的结合。旧的要去掉坏的,保存好的。新青年不能否定老的,否定根[本]。

先进与后进的——老革命的说:“老革命不如新革命。”是不对的。

（文件编号：R113）

江华在扩大会议上的结论

1957 年 4 月 27 日

这次会议是学习的会议，主要文件：毛主席在国务会议与宣传会议上发言，不论党内外都要学，特别是党内。

今天下午三时中央要通过整风的指示。对象以上干部学习文件不要太多，主要是二个。

党内矛盾——不同意见，是非问题。ブル思想与非ブル思想，存在着矛盾是主观的。

处理内部矛盾过去有错误，有的根本错误。在文中反驳的错误不敢承认错误："我的成绩还是基本的。"不能勉强承认自己的错误。

我们是落后的，对新鲜事物缺少敏感性，解决矛盾不是短时期内事情。

会议缺点：

① 学习文件不够。

② 还有顾虑。

第一，领导与群众。

干部思想混乱（区乡干部）是少数，干部是讲道理的，群众可以说服。

这二点很重要，我有信心，能够贯彻方针。

第二，"手段"问题。

（文件编号：R113）

在宣传工作会议发言

1957 年 4 月

~~（一）说服与压服——对内对敌的问题要在界限。~~

~~“说服”——就是说理，或“道理”，主要是政治道理，“政治思想工作”根据是一般的马列主义普遍真理，还有人民内部小道理——特殊性问题，因此理论工作今天要放在主要地位上来看。~~

~~其次从发展生产力现在来看，上层建筑——思想形态、观念问题的教育很重要，否则“八百件”就难以完成任务，工业化也很难。~~

~~所谓“思想落后于实际”，就是不大了解今天阶级斗争形势的改变，人民内部矛盾是突出的问题——改善领导与群众的关系，加强思想工作是今天主要问题。（如像该报告中所说的。反三个主义问题，实际上“整风运动的良好开端”。）~~

~~我们要把理论与实际在当前问题中具体联系，才有说服力量。~~

（一）关于地市委干部学校问题。

根据与省组织干部协商的共同意见：

（1）训练对象——去年对象很乱，有肃反干部、农业技术经济干部、妇女……今后应确定，是不是以乡支书、党员乡长、地委一般干部为主（即不进专业学校，省党校不训的干部）。

（2）干部要配好的干部进去，人民教师要重质量。

具体办法：

① 调出一批安插性的干部，为文化过低的，家属，安插性的，占了许多编制。

② 骨干少动，还要抽调一批得力能做工作的。

（3）名称问题，除温州地委外，都是“专区干校”，因此训练对象就难以确定，我们提议改为“地委干校”，现由宣传部统一训练对象与教学内容。

（4）教学方针与任务问题：

A. 方针，有人提议：“学习理论”改为“政治”；“增强党性”改为“提高工作”。

我们认为不必改，因为调来多是党员，可以与党校方针一致。而是同义语的〈翻〉反复，没有多少实际作用，"政治"也是"说理"，都是谈实际思想，不要把理论看为空头东西，"党性"——反三风，工作就能提高。

B. 地委干校教什么？

以八大文件为主体，突出讲人民内部矛盾问题，具体由各地考虑，我们提出一个范围，不要照省训练班办法讲十三课。

八大文件与新党章应包括一些下列的问题，不能太多太死。

八大文件——以十大问题为中心，实际上是降了敌我问题外，是讲内部矛盾，对乡级干部通俗易懂，短少精干一些。

第一，国内阶级形势的变化，人民内部矛盾为什么是突出的？

第二，如何对待与处理人民内部矛盾问题——一主要说明说服与压服问题。二个办法哪一个好？对知识分子问题要谈。

第三，群众路线问题——为什么当前严重任务是扩大民主。二个方针问题要通俗地讲。

第四，三个主义要通俗地讲。

第五，社会主义经济建设与劳动分配问题——个人与集体利益问题，劳动与分配，工业与农业问题，合作经济的前途。

新党章问题：不能照课本，要精简，不要重复八大文件。

第一，党的性质与目的。

第二，党的组织原则。

第三，党的权利与义务问题。

（5）理论教员问题：

来了许多位，有几个共通问题。

① 打杂工作太多。

② 经常调动工作。

③ 缺少培养与教育。

④ 宣传部不大管他们的具体工作与问题。

⑤ 质量不高，有些人苦闷，要求调整。如初中生去教中学教员。

建议：

① 先抓起来，了解他们的存在问题。

② 质量不够好要调整，这支队伍要锻炼与组织，不要成为长期的游击

队员。

（二）在职干部的理论学习。

（1）按自愿进行，理论课照常，但必须与学习人民内部矛盾问题结合进去，为整风打下思想基础，是开端。

（2）教什么东西，各地要研究一个范围。是〈不〉否可以参考一下地委干校的课目。多讲一些当前问题。八大文件与ブロ专政，事实上大家还没有学好，如方针问题不通，县委宣传部长首先不通，这个问题性质值得重视，理论与实际终要结合，如毛主席的报告，有许多是理论问题，同时也是工作问题，这样大家的兴趣会高起来，工作动力也大为提高。

（3）干校与在职干部的教课，希望宣传部全体出马。不能只要理论教员去做，我们如何到党内外干部中去宣传，可以用讲课方式去进行，这样人家也许不以为我们是“突击运动”，不是为了怕闹事，如讲“再论无产阶级专政”，就可讲自己的体会，宣传我们的政治主张，也可同时讲理论问题。

要学会游泳，要自己动手，不能把主要问题放给教员去做，去掉“怕”是一个先决条件，这样才能打破“墙”的问题。

（三）勤俭办学——人力与物力问题很多，这个问题要向大家去说明，理论教员对此大有意见。教学问题还要考虑。没有对象，不固定，没有钱，是不是到支部去上课，这个问题需创造一些方法。

（文件编号：I67）

文艺工作座谈会

1957 年 5 月 1 日

1．堂楼县，一个合作社同志写了一篇杂文，批评工作。领导人找谈话，问他名是谁，他否认。他听他心是不是跳动，后来党的小组会开会展开批评。

2．杭县对会写东西的同志，要他们写总结等，当秘书用，弄得无法创作。

3．一篇文章弄了三年，从浙江日报到人民日报、中国青年报，都不能登。

（一个青年作者发言）

潘天寿：

国画只能描人物，不能画山水花卉——说是有毒素。

“春风不度玉门关”——[对]民族遗产不重视。

为工农兵服务，[就]不能写风景。“推陈出新”，问题太大，不许讨论。中国画系[名称]不能用，改为彩墨画系名称。中国画有毒素？

郑伯永：

东海[杂志]——方针没有，经费没有，房子不够。

<u>关键在省委不重视。</u>

业余作者 400 人，参加作者协会的 40 人，只有陈学昭一个在搞创作。

先肯定是闹事，陈其通文章发表后，大家怕坐牢。说与匈〈亚〉牙利事件联系起来。

王参如：

文艺界如“老马破车”，问题在于领导不重视，只要经济建设，不要文化建设。

宣传工作会议，文艺工作者不参加，黄源是不是害羞？

一切问题到黄源同志那里就停止了，搁在他的身后。

宗派主义——小小的知识分子来领导大知识分子问题。我觉得说对了一点，但还不知应当说到本质问题，现象还不够。本质是能不能正确领导问题，还不去提文化程度。

转业军人：

关键是领导，问题不解决。

党员关系不好说话，为真理应说话。郑伯永如能带路，我们可以摇旗呐喊。上面顶得不多，对下面要求高。

……①

要看大楼的气候。

出版问题。

纸张不够，又要自给自足，又要百家齐放，这个矛盾要解决。

邵荃麟：

教条主义的文艺上反映出来的问题。

1. 为政治服务的机械唯物论，如不允许画国画，口号标语化的文学。

宗派主义的墙要拆掉。

2. 官僚主义，如房子、经费、捆[住]艺人。“一旦权在手，便把令来行”。

3. 文学艺术地位没有排好。

4. 外行能不能领导。

（文件编号：R119）

---

① 原文这里缺页。

高教界座谈会

1957 年 5 月 4 日

姜白名(农):

1. 人事科长说对党外人士看为敌人,偶然走过,说是"私听"。

2. 青年与老年——改造与被改造的关系,一言难尽。"只可意会,不可言说,要改造到什么程度?""一方面是洋洋自得,一方面是愤愤不平。"

3. 太死太严——

熊同和(师):

1. 内部矛盾就是思想改造问题,反ブル思想太广泛,连英文书也不许[看],只能看俄文的。俄文也没有学好,不看就不是学苏联。学哲学先要听报名,规定时间,不是启发方式。时停时学,现在学时事。原因是呆板规定时间。

2. 各系照顾不平等,有畸重畸轻现象。

杨耀德(浙):

"折臂翁"诗[①]是反映矛盾,对矛盾过去不大认识,[以为]一治一乱而已。历史的黑暗只知道事实,不了解理论基础。解放后,有一个简单的理想,以为天下太平了。

王漠显:

科学研究工作,在物理系存在问题——

人力问题,青老教师看法不同,指导力量薄弱。

吴向:

1. 党对旧知识分子的特点是否了解还成问题。

知识分子希望了解与信任他们。

---

① 指白居易《新丰折臂翁》一诗。

很敏感，过分怀疑他们。

2. 政治上要具体帮助，因为出身不同。

3. 自尊心。

4. 党对知识分子“又怕又怀[疑]”，在演“三岔口”。

江希明：

浙江是文物之邦，现在新的人才少，四十岁以下的就数不出来。

讲师当助教，本校是助教一〈个〉大批，没有人培养。

不重视教育表现在院系调整上，省要负责。

高级领导机关还没有看出有所接触。

行政人员比教授[官]大，教授吃不开。校长到底有多大？好像是同省县各级去比较，院长级别不高。

张树森：

新老教师就如地主与贫雇农，要合作有困难。

对学校党干部不满，就是反党，反动思想。“畅所欲言”，现还有很多顾虑。

江华：

文教工作是一个最薄弱一环，是无知，见了知识分子如大姑娘出轿子。

对知识分子问题有宗派主义情绪，不商量又不处理。如浙大在肃反搞错了人，但不宣布。迅速处理，才能调动积极性，不整风不能解决。

① 对知识分子问题。 ② 马列主义学习问题。 主观主义——不理解知识分子是讲理性的，“士可杀，而不可辱”，武断粗暴最使人反感。①

舒鸿：

1. 人事要调整一下。

---

① 方框里的话似为陈修良补注。

2. 新老教师问题，学习苏联有教条主义倾向，说我是保守，用英文写提纲，说是"崇美"。

3. 本省的首长不重视体育人员，不如……[1]

科联秘书长：（朱福耀）

对科联工作排斥在外，中学教师要参加，不准请假。

科学工作者是"孤芳自赏"的，与生产如何结合起来。教授占全国第二位，助教占全国末位。

青年对科学研究只了解为"学位"，不知道要多方锻炼，不只是看书、写论文，也要包括事务性工作。这些工作压在老科学家的身上了。

陈立：

1. 学会问题在社会科学方面还没有，是否可以成立"科联"一类组织，做事务工作很需要。推给师范学院不妥当。

2. 可否同外国教育家通讯？没有明确答复。

3. 时间安排问题。

4. 处长科长不同意的事，院长厅长很难办。

1）对农民缺粮户要解决，领导干部报喜不报忧，不增产的事实没有反映，老百姓不满。[2]

江华：

从师范学院的规划与前途看来，文化科学缺少统一领导。一个是领导，一个是协作问题，体制问题要解决。地方提出意见，中央〈确〉却不同意，对省的意见要打问号。中学不能由国务院管，如讲历史只会讲全国的，本省的不知道，地理也如此。中等技术学校效果如何值得研究。省不能管，连机关干部中央都指名调动。

---

① 原文缺。

② 这句话上下不相衔接，原文如此。

王仲侨：

1. 党政不分，行政与党不分，二办是属那里的？那一个省长管？迎接伏老[①]停课，由省委发通知，很不妥。

2. 九头鸟式的领导。

一个交通车要改名卡车，交通局不肯。

医学院人多，办事不好，上面头多。

刘长香：

1. 几年来医生吃冷饭，院长不能解决。因为一个管饭的人不能调，说他斗争性强，能展开批评与自我批评。

教育不能解决问题。

学生来研究，没有〈橙〉凳子坐，总务科根本不管。

2. 病区图书管理人不适当，由行政决定，院长无权问。办公条件很坏，没有实验室，十多人挤在一起办公。

（文件编号：R119）

① 指来华访问的前苏联部长会议主席伏罗希洛夫，下同，不另注。

干部哲学班讲稿

1957 年 5 月 13 日

辩证法问题

关于量与质，否定的否定。

（一）发展观——宇宙观

1. 宇宙万物如何发展，在会中外的哲学家专说这个问题，MAX 以前的哲学家有辩证思想，但限于科学与阶级观的限制，不能作出科学的发展观。

例如《易经》："刚柔相推，变在其中矣"——变化的根源在于阴阳相推。没有作用。

但他们不能从唯物论上来说明，阴阳五行是后来发展的。

《易经》：他们不能说出精神与物质的相互关系。"形而上者谓之道，形而下者谓之器。"——形而上是说事物形成以前，"形而下"搞成了形，具体东西两说。形而上学的名称，MAX 主义的辩证法是与形而上学观点斗争中发展起来的。形而上学的观点对事物的发展，看是孤立的，不联系的。"矛盾统一"就是互相联系的。所以往往是片面与静止的，马克思主义的基本特点是要承认互相联系，互相依靠。

十八世纪唯物者一个主要缺点是形而上学观点，从静止中看问题。只能看到个别的，不能看到其互相联系。"其全部混乱在于质与量的问题上"（恩格斯）。他们的观点：不承认互相联系，只承认互相并存。因而认为：

（1）世界上一切的运动都作为场所的移动与数量的减少或增多，没有质的变化。实质上否定内部矛盾是发展的根据，那么只有外部条件才能引起变化。

恩格斯说"最简单的机械运动本身也是矛盾的运动"。——机械的运动如人的行走，或静坐，是指物体在地面上的平衡状态而言。

（力学）

"可是他并不妨碍这一物体参加地球的运动以及全部太阳系的运动，同样也并不妨碍他的物理的最小部分经历他的温度所引起的振动，也并不妨碍这一物体的原子经历一定的化学的变化过程。"（《反杜林论》，61 页）例如上课也在矛盾变化中。所以“运动不能被创造，只能被转化”。

形而上学因为不能说明事物内部的互相联系，所以也不能说明事物的多样化。例如二只猫生出来的第二代猫为什么不同样子。而又有相同形态，猫不会生一只鸡，既相同而有不同？

又如各国ブロ与ブル斗争结果，可以产生不同的ブル专政形势。（教条主义者懂得这个道理）但又有社会主义革命的基本相同道路？

形而上学观点应用在历史问题上，往往认为“历史只是多样事件的反复”。如胡适理论。众即是“周而复始”的哲学体系。（老子）

胡适认为中国社会现象变化的原因，归纳为一大串的纷乱因素，没有一个决定的因素。他认为小脚、辫子、鸦片、吐痰都是原因，这即是把社会发展的原因，看为各种个人因素在数量上的增减问题。同时如只是“多样事物的反复”，又会落入因果报应的唯心论中。如他反革命，只要改良一些不良现象。不承认质变的可能与必然性。

他的主要办法是“读书救国”论。正如 MAX 说的“必然导致于他社会分成二部分人，其中一部分人是高出上的人”，亦就是中国古话：“上智下愚不移”，“劳心者治人，劳力者治于人”，“万般皆下品，唯有读书高”的特权阶级思想反响。

历史的绝对偶然性——如吐口痰可以亡国灭种。

他们不能理解前进与后退的变量的永久作用，事物的整个是这样的变化过程。

（2）形而上学认为物质是不能转化的，永远如此的，也没有互相联系，所谓“天不变，道亦不变”。这个论点在中国统治思想上占有大优势，“皇上万岁”。封建帝王很高兴他。清末时代的哲学思想。康梁反对他们。

胡适认为：人种有优劣之分，永远不变。有色人种是劣种，白种人是优种。所以中国不亡，是无天理！

（3）形而上学观点看事物的性质，只能经其表面现象去把握，不能从其本质的内在联系与变化中去把握。

现象与本质往往互为表里，统一的存在，但又有区别。没有现象也就没有本质，无本质也没有现象。

本质——就是事物的内部矛盾，也即是内容、根据、存在、实质……现象是各种形式、属性、表面形态、象征、表现……

把握本质的实际作用——如人民闹事，要有分析，不能看为都是反革命分子。所谓“好人不闹事，闹事非好人”的论调是不对的，农村中有些干部对待闹事的人——一样不都打了，这是不对的。刑事犯与反革命要分清，领导上错误与群众的错误要分主次。如一个乡支部书记吊打农民，后被打死，如何处理，要看具体情况。

这个观点与斯大林有巧合的地方——“个人崇拜”。

机械唯物论者形而上学的一元论——十七世纪英国培根。

他认为：物质的多样性，只是因为物质内部数量多少而已。因而认为自然界是由有限数目的物体组成的，这些物体的各种不同的配合，才产生自然界的多样性。所以他说：“物质的形态与属性是永久的，他们偶然互相结合，不依据任何特定的规律。”

(4) 马克思主义的发展观——“认识事物主要从他们的互相联系中去把握”。

与此相反：

① 不把运动看为单纯的场所的移动，而把他看为无限的，物质多样性的运动与变化。某一物体一瞬在那里，一瞬在这某处，其实是同时在某处，同时又不在某处。所谓在某处，所谓“不动”，只是运动的一种特殊情况，他根本上还是在运动，不过是被限制在一定的时间与空间内的运动。例如上课时间大家坐着不动，只是被限制在某时其他的运动。地球与每个人的细胞在动。

这就是空间和时间的不间断性——黑格尔。

② 运动是由于内部矛盾的斗争与统一。有规律的运动。互相联系与限制着运动，他不是独立的，偶然的进行运动，是按一定的规律地在运动。矛盾的事物互相联系——如资本主义与社会主义制度，工人与ブル，地主与农民，死与生……都有联系。斗争的结果是否定的否定(新东西)否定的否定的东西。解决了原有新旧事物的矛盾。列宁：他物是自己的他物，是向自己的对立面的发展(笔记 266)，不断的矛盾与斗争时而统一，时而分裂无限的发展。斗争是绝对的，统一是暂时的。所谓“天下无不散的宴会”、“物极必反”。这就是所谓“转化”。——转化的含义，不是整一套，而是新的质的转化。这就是所谓“量变质”的规律。质变就是斗争，含义是根本改造其特性，属性。如二个制

度的改变，基本上消灭阶级，改变生产关系。

运动的形态不是最初的，也不是绝对最后的，他在永久的长流中，无始无终的长流中。——所谓“无常”，老子曰：“知常则明。”了解规律地发展。

③ 运动是按螺旋式地前进的，不断的前进，有时也后退。曲折地前进。他不是直线式的发展。（还是形而上学的观点）

列宁说：在高级阶段如上重复低级阶段的某些特征、特性等等，并且仿佛是向旧东西的回复，“否定的否定”。（第十三、十四特征）

这里有一个重要意义是：历史不会重复，但是新的物质又必然要保存着旧的因素，特别在新事物初生不久的时候，要被大量的保存下来不能“一蹴而就”。新东西是从旧事物中发展出来的，两者有相互的而不是截然的不同。（如社会主义改造后表面上还有许多相同，公私合营是质变。）

更重要的是：认为新事物的诞生，是量变到质的过程中“质变”而出，是由运动的连续性的中断，即经过冲突而飞跃出来的。但新旧之间不是绝对地破裂了任何关系。

以上是ブロ宇宙观的一个基本的轮廓。归纳起来，称为辩证法的三条规律。这三条规律是互相统一，而又有区别的，不承认他，就无法说明事物的全部发展过程与事物的所有多样性。

（二）三大规律的统一与其主要区别，相互关系问题

① 矛盾规律是说明，事物发展的内在因素的。形而上学者认为是决定于外部的原因。我们认为内因是决定的，在一定条件下外因可以起决定作用（如匈〈亚〉牙利问题），单外因又必须通过内因而起作用。“木腐而后虫生”。“流水不腐”。内因是矛盾，所以称为客观存在。

② 量与质的规律，说明：事物发展的具体形态及其过程，即矛盾发展过程。世界上没有一成不变的东西，任何东西都是不断的发生与不断毁灭。承认了这原理，我们才能懂得对立物互相转化的可能的原理。

量变与质变在整个发展过程中，不是互相矛盾的进行的。恩格斯说：“自然界中，质的变化，只有由于物质或运动的量的增加或减少才能发生。”量与质是矛盾的统一体，而又不断分裂。

“没有物质或运动的增加或减少，即没有有关物体的量的变化，要变化他的质是不可能的。”（《自然辩证法》）

自然界是试金石，如水的加热到百度就要沸腾。

社会现象：1955 年下半年我国私营企业事实上差不多基本上由国家加工订货了。工业大城市 16 人以上工厂，93％是由国家加工订货的 22 个省 78％的私营企业是加工订货。商业，全部批发占 96％，〈另〉零售国营与合作社占 61％，经代销 10％。这是量变到一定限度，所以可以有一个“高潮”，所谓“水到渠成”、“瓜熟蒂落”，资方知道大势已去，一半是被迫的。

农业情况也一样，60％农民参加了合作社，为什么？要有实际经验，不能呆板。如人命不能推算。

③ 否定的否定：说明矛盾的永久存在性与发展的无限性，新事物是如何产生的，新事物比旧的完美性。“每次新的否定，都增加这种完善性”。

统一的理解三大规律后，方能知道；对立的事物有互相转化的可能，这是辩证法的核心问题。对立物的转化的可能，自然还要有一定条件的。如人不能变桌子。但人可以做肥料，因为人是蛋白质构成的，他会腐化被植物所吸收。

事物的转化问题对实际工作的关系很大，是反对思想硬化，反直观主义的重要思想方法。例如：（要宣传不强迫）反对宗教，反而助长宗教；党包办行政，反而变为行政管理员。强命令，要造反。

化敌为友：俘虏政策，ブル分子改造为自食其力的劳动者，反革命分子劳动改造，地主富农入社问题，“如党派长期共存，互相监督”问题。——许多同志认为他们是地主，资产阶级分子及其知识分子，有些是国民党员，不同意。为什么要“统筹安排，适当照顾”思想不变等，五反前是敌人，五反以后是人民内部矛盾。

人民内部矛盾有对抗性问题，不仅是敌我矛盾。

人民内部矛盾不很好解决，如对抗矛盾也要转化为对抗性矛盾——如匈〈亚〉牙利、波兰问题。现在为什么强调解决人民内部矛盾问题。为什么要反对三个主义。就是为了防止转化。

上层建筑领导改造不好，生产工具通过人要起来反抗。军队叛变也是一例。

为什么要增产节约？——节约为了增产，才能改进生活，节约本身有转化的作用。

人民内部闹事为什么不能用镇反方法？因为是内部非对抗矛盾，镇压要转化。

理解斯大林的“悲剧”——“敌我不分”、“认友做贼”反被贝利亚利用，引起国内绝大反感，破坏法制，破坏团结。如“仇者怕，亲者痛”。适得其反的效果，所以我们要“有反必肃，有错必纠”。（好事变坏事）

（三）关于量变质的规律

（1）什么是质？

毛主席：“事物的性质主要地由取得支配地位的矛盾主要方面所规定。”可是所谓“质”，就是指的事物的主要矛盾，俗称为“特质”。

质通过他的属性所表现出来。事物的属性有共同性，也有区别性，如说“人”的共性是会吃饭，有大脑，会劳动。但人又有男女之分，如何分？要有比较才行，即根据生理不同，如女人有子宫。——子宫是女人取得支配地位的主要属性。其他与男子一样。

美国心理学者说男女不同是心理不同，所以女人只能服侍男人，富于感情，不能做理性工作，这就错了。

所以要知道事物是什么质？要首先弄清它的特殊性。

毛主席说：“尤其重要的，成为我们认识事物的基础东西，则必须注意它的特殊性，就是说：要注意他和其他运动形式的质的区别。只有这一点，才能区别事物。任何事物，其内部都包含着本身的特殊矛盾。这种特殊矛盾，就构成一事物区别于其他事物的特殊的本质，这就是世界上诸种事物所以有千差万别的原因，或者叫做根据。”

列宁：“表现物质内在本质的那个特殊东西，是认识不同事物的方法。”

为什么要了解质，又要有比较？

恩格斯说：“质只有在自己的相互关系中才有意义，每一个质对自己来说，都没有意义。”例如正和负，南与北，简单与复杂，好与坏，香与臭。香花与毒草，好人与坏人……

这里又说明了同一性与区别性问题，“相生相克”的道理。不是冤家不对头。同时又使我们理解不可一般地看问题。“差不多”。

例如：要看南斯拉夫是什么性质的社会，就要看他生产工具属于哪个阶级，不能由于铁托说了“斯大林分子”的错误，就否定了他的社会性质。

又如对知识分子问题：只看出身成份，不看基本变化的一面，轻视了。"如对待地主ブル分子"看待。二者[有]尚有区别。过去中国历史上出过笑话不少。

（中央有知识分子决定）

中国ブル的特殊性，因为他与我们在民主革命中建立过统一战线，五反后投降了，所以与美国ブル比较起来，中国ブル要进步的多。

（2）什么是量？

量是事物内部客观存在，物质不论是大小无量，量与质又是统一体。（同一地存在于内部）同时又有区别与斗争。

（3）质与量的关系的统一，表现在"度"上面。容忍有限度，"狗急跳墙"。度即是交错点、关节点、转折点、焦点……

到了一定的度，就要引起质的变化，如水的沸点。任何事物变化都有他的度。

到了一定的"度"时候，事物要起"飞跃"。——即渐进的过程中断了，量变停止了，质变开始——所谓"飞跃"。

量变和质变是同一发展过程的二种形式：

即他们是互相依存的，不能分割，而又互相交错的变化。

量变过程——是相对静止状态的过程，发展处在不显著变化的阶段时的现象。所以也叫他为渐进过程。——历史是"随着基础的变化和异变，或快或慢地发生上层建筑的变革"，上层建筑不能"一下子消灭"。

量变过程很重要，往往被人们忽视。如我们要防止倾向的发展。疾病要预防。静止是相对的，运动是绝对的，因为矛盾发展是无限的。

"政治要有预见"——在静止中要看发展的趋势。如"坚决收缩"，就是看不到合作化高潮的突变过程的到来。

又如人民内部矛盾问题，中央在"说ブロ专政问题"已提出了矛盾问题，大家过去不觉得，这是真正的"思想落后于实际"。过去往往前面理解为凡是要快要多就好，不然就是落后于形势，有些事情是搞得太快了一些，太多了一点的，如提拔干部，增加工资，扩大机关，合营，造房子等不是一例吗？

又如现在干部下放问题，思想又不通。社会主义要搞生产与教育，提高生活与文化思想革命。这是社会主义改造胜利后的一个新的演变过程。列宁说:"大规模生产基础上自然会是任何官吏机构逐渐'消亡',日益简单化的盟需和报告职薪,将由大家来轮流执行,然后将成为习惯,最后,便将不仅成为特殊阶层的特殊职能。""ブロ革命实现时,而且应当从此开始这个起点,这就是ブロ的任务"。(《国家与革命》)

(现在干部只想提升,学生想"一官半职",不能生产,这是背道而驰。)又说:"简单到现在的登记,填表,检查的手续,以致每一个识字的人都能完全执行,以致给以通常工人工资,就是以执行这些职能,把任何特权性的长官制影子都取消。"

这就是为什么要消灭特权,下放与减薪的参加劳动理由,闹地位与待遇的,不理解社会主义的前途,因此只好闹个人前途问题了。

质变过程完以后,量也要发生变化。

在新质基础上,量可以多,也可以少。

例如:社会主义改造基本完成,可以增加生产,也可以减少一些东西,如遗传物。

又如:"组织起来就是力量"——群众路线的重要性。"民主基础上的集中制"。

"百家齐放"繁荣文化比打腰鼓、扭秧歌有趣。"百家争鸣"比一家独唱要生动,学术上可以发展,教条主义可以限制发展。所以是好办法。是扩大社会主义民主的重要方法。

为什么民主党派互相监督,因为比一党专政有利,ブロ扩大同盟军——KMT 的失败经验。苏联早期也有许多党派,被斯大林消灭了。

(4) 质变问题——飞跃。

(A) 质变:"渐变过程的中断"。一种迅速的变化。或称根本性的变化。"面目全非",对旧事物的改变。

新的变化与旧的东西有一定的联系。不能完全否定旧的。(以下还要说说)所以要继续文化的遗产,在旧有的工业基础上发展工业。不能理解为绝对地"全非"。

人的旧思想要改造——有新的思想,还有旧的思想。

落后与前进的斗争——二者一前一后,不能并进,终有一个是落后的。

(B) 质变不是偶然的,是有一定规律的——偶然与必然性的问题。

“必然性”是他的发展规律，如人要老死。必然性起决定作用。是由于内在原因所引起。如七大决议“这个党是将要接近胜利的党”。因为党内整了风，团结一致了。主观主义，宗派主义路线取消了，党内团结一致好了。

必然性与偶然性不能互相排斥，必然性又通过偶然性而实现。辩证法“唯一重要一点，是不要把二类彼此对立起来”（恩格斯）。

只要必然性，不承认偶然性，要变成宿命论。“天敌”。

马克思：“偶然性如果不起任何作用，那末历史就具有非常神秘的物质。”所以讲必然发展的东西又要承认有偶然性，如豆荚的多少不同。

例如：中国为什么不走上帝国主义道路。日本为什么明治维新成功了，中国康梁失败，这是多少有偶然性的，有西太后要造密室，袁世凯告密。

包达三为什么突然死得那样快——四月七日时，因为晚上东西吃多了，有必然性，也有偶然。但一定要死是有必然性的。

因此胜利与成功：要有必然的预备，也要防止偶然事情的发生。自然必然性是决定，偶然性只起次要的辅助作用，如战争，天灾，“天有不测风云，人有旦夕祸福”。

偶然性是必然性的补充和表现形式：

因为必然性是发展规律，偶然性是有特殊性的，所以是补充性的。

恩格斯说：“恰巧某个伟大人物在一定时期出现于一国家，这一情况完全是偶然的，但是如果我们把这个人除掉，那时就会需要有另一个人来替代他。”形而上学者认为不能是偶然的，又是必然的。“非此即彼”，国民党杀了许多先烈，到底还有毛主席。（杀不完革命党人）及许多党员，匈、波还有哥木尔基与卡达尔同志，也不是完全偶然的。

“偶然性同样在历史现象的领域中支配着。不过凡表面上看去是偶然性的地方，其实这种偶然性本身总是服从于内部的、隐秘的法则，所以问题就在于发现这些法则”。（《古典哲学的终结》）

（C）飞跃的形式问题。

斯大林言语学问题中提出了飞跃有二种形式——爆发与渐进形式。他又说：“新质的逐渐积累和旧质成分的逐渐消灭。”似乎否认了飞跃，以中国革命与言语学为例。现在还有不同的意见，值得研究，我们现在只能按经典著作来谈一下。

① 恩格斯反对过“自然界没有飞跃”的意见(达尔文),他认为各种自然物是逐渐地,缓慢地发生和发展的,如地质的形成。

② 他也反对过无规律的“爆发”,即不经过量变的质变。认为是反科学的观点。即牛顿关于“原始抗动力”的学说。他认为上帝给出是一个抗动力,于是行星就绕着太阳走了。牛顿说太阳系的形成是由于特殊性的“爆发”,给了一次有决定意义的打击而产生的。牛顿似乎也有点“个人崇拜”的味道!

③ 他反对过形而上学的观点,认为发展是简单的量变增加或减少过程,即纯粹的量的渐近过程,平稳的进化,完全没有质变。(矛盾消灭了)

恩格斯对飞跃问题的几个主要论点:

① 任何事物的变化,都有质变,不管怎样缓慢。从一种形态到另一种形态的飞跃有一种过渡。过渡的,中间形态存在愈短,飞跃愈快,相反的就愈慢。但是飞跃到底是飞跃。

可以理解的例子。中国从新民主主义到社会主义有过渡期,不论长短,到底是飞跃。因此这仍然是革命,不是改良主义。

② 从一个极端的形式到另一个极点的飞跃,可以通过一系列的较小的飞跃来完成。

例如:是从猿到人的进化,从用手劳动、直立、发音、制造工具。

中国的解放,通过小根据地到全国大陆解放,是通过小飞跃的。每次革命的高潮,也意味着小飞跃。(如五四、五卅、129、抗战……)

③ 飞跃可以有二种途经。

恩格斯以磨擦和碰撞为例。

碰撞——某一物质经过实然的碰击,如打枪,发热很快。

磨擦——时间拉得很长,如野蛮人取火。所以他说:“磨擦是缓慢的碰撞,碰撞是激烈的磨擦。”

④ 旧质要素如何消灭?用所谓“爆发”式的,一下子消灭他,还是逐渐地消灭他,这要看旧的抵抗力,与新生力量的强弱性如何。

恩格斯:“如果旧的很英明,不加抵抗,即到死亡,使和平地代替,如果看到抵抗过程必然性,便暴力地代替。”(《古典哲学的终结》)

这一原因说明资产阶级和平改造的现实可能性。世界革命能不能和平过渡还要看二个力量检验对比。十月革命是一下子打垮了沙皇政权的,但过去有过很多的磨擦与斗争，过程也是很长的，从武装发动作为爆发式来说，似要过去没有质变，没有很多曲折，还可以研究。首先从二月革命到十月革命也有一个过渡时期，不是一下子才实现革命的。

我认为现有斗争过程——过渡——也有突然变化，量变与质变是交错地进行的。

（文件编号：T34）

高级干部学习班讲话[①]

1957 年 5 月 13、14 日

（有关国际关系问题例子摘要）

一、三大辩证法的统一性与其相互关系。（量变到质变）

（一）矛盾规律说明说明什么？（二）量变到质变说明什么？（三）否定的否定。事物的转化对实际工作有很大关系，是为主观主义的主要思想方法。

例如：我们有些同志因为有主观主义，强迫命令反而把好事办成坏事，如仙居闹事。据听说是干部搞合作化时有强迫命令的事，社内不巩固。搞合作化是好事，因为主观闹了事，成为坏事。所以党要整风反主观主义。（大字报：仙居闹事农村紧张，就是干部作风强迫命令所造成的，再不整风共产党还成什么样子。）与原意不大相同。

二、上层建筑物改造不好，生产工具要通过人起来反抗（毛的话）。

如增产节约：节约本是为了增产，增产才能改善生活。

人民内部矛盾为什么不用镇压办法，因为不能解决问题。反而有转化为对抗可能。

斯大林的悲剧，就在于他不理解如何正确处理人民内部矛盾。敌我不分，反被贝利亚利用。破坏了法制与党内团结，好事变为坏事，所以我们党要采取“有反必肃，有错必纠”的方针，是正确的。

三、谈到生产“质量”问题。

质通过属性表现出来，有共同性与区别性。如女人有子宫是特殊性，一般生理与男子一样。

美国ブル一位心理学家说：“男女不同是心理不同，所以女人只能服侍男人，富于感情，不能做理性工作。”这就大错了，如果这样我们女人就不能做政治工作了。

要弄清事物的特殊性也很重要。（下为毛与列宁的话）

---

① 本提纲应非原稿，似为陈修良在反右开始后针对揭批者指责其反苏，专门做的一份摘录和情况说明。

例如：要看南斯拉夫是什么性质的国家，就要看他的生产工具属于哪个阶级。铁托说什么“斯大林份子”固然绝对错误的，修正主义也是错误的，但这个国家的生产工具属于工人阶级，社会性质还是社会主义的。（申明：我绝对没有说过“斯大林主义”是对的。）

四、讲到否定的否定部分，说到一点论时，我举了：

“团结——斗争——团结”的例子，介绍否定的否定规律。

下面讲话中说：

“这个规律不能公式地运用，对坏分子不能用这个公式。要看具体情况，只能对同志。”

“斯大林的错误因为没有懂得对待同志要采取这个原则，所以犯了错误，根据‘再论’而提出来的，他的主要错误是在肃反问题上面。他杀了许多的人，好党员，把他们当坏人办了。”（我的根据：陆定一十一月中宣部会议上说：斯大林反革命分子没有肃好，反把党员肃了一半多，这是大问题。）

五、在说到事物二面性，好与坏，利与弊问题中，我说了“失败乃成功之母”、“塞翁失马，焉知非福”。

例如：列宁说没有1905年的失败就没有1917年的胜利。中国战争也失败过，如机会主义与王明左倾路线，中国党在斗争失败中锻炼成长。

教条主义是否定一切，是形而上学观点，一切都绝对的。

修正主义是否定一切，如斯拉夫的修正主义者说：苏联都错了。连十月革命的经验也错了，这是很大错误，把斯大林的功绩与错误三七分很重要。斯大林在经济建设没问题上错的很少，在上层建筑方面错的很多些。如法制，哲学等。斯大林与苏联建设成功分不开，否认斯大林的功绩，等于否认苏联的成功，所以是错误的。三七分很重要，我们国家建设时间比苏联要短，所以更要注意上层建筑，抓思想工作。（法制也要加强）

苏联有光明的一面，有阴暗的一面（这句话是周总理讲的，在中宣部传达的）。苏联一本画报专门批评缺点（《鳄鱼》画报）。电影是宣传工具，自然只能宣传好的，只看一面不好。我们国家过去很落后。缺点更多，所以思想教育改造上层建筑特别重要。

六、说到发展的上升运动时，新事物的不可战胜时，我举了一个例。

例如：工人阶级是新生的伟大力量，如中国革命过去暂时失败，到底还是胜利。因为她是新生力量，不能战胜。在阶级社会里，ブロ与ブル是双生儿一样，一齐产生出来。没有工人阶级就不能有ブル，因为ブル要剥削工人剩余劳动，不能不雇佣工人，雇工愈多，剥削愈大。他客观上培养了工人阶级的力量，如美国现在有六千多万工人，已占人口的一半，这个新生力量愈来愈大，ブル的灭亡是不可避免的。

下面几个部分根据学习计划教学参考资料而提出的，批判斯大林的辩证法四大特征，批评了斯大林的哲学观点。

三大规律与四大特征不能混为一谈，毛主席说斯大林的辩证法是羞答答的辩证法。主要是把矛盾规律片面化了。斯大林说："辩证法是研究对象本身的内部矛盾。"但没有谈到转化可能性矛盾与统一性问题，不如列宁的完整。（下引列宁的话）

斯大林说："自然界对象含有内在矛盾。"但没有指出矛盾有统一性，同一性，以及互相转化的可能及其关系。所以他说："社会主义制度不至于有冲突。"他在后期承认有矛盾，但没有说明其性质与处理方法。

第一，事物有没有暂时的协调，互相统一的可能？还是只有绝对的斗争？

斯大林说："辩证法认为初级到高级的过程，不是表现于各方面现象协调的开展，而是表现于各种对象与现象本质固有矛盾的揭露，表现于在这种矛盾基础上动作的互相对立趋势的斗争。"这句话里似乎[讲]矛盾只有斗争，没有相对的暂时的统一性。这就是不承认矛盾有转化的可能。如战争与和平问题，战争不能战下去，终有平息的时间。《苏联百科辞典》："矛盾不可调和，如战争与和平。"这个说法不对。（这一问题也是中央提出过的）

列宁："对立面的统一是有条件的，暂时的，相对的，互相排斥的。对立面的斗争是绝对的，互为发展，运动是绝对的一样。"可见暂时相对的统一还是有的，只有斗争，没有相对的"统一"是片面的。

第二，不明确新的东西有相互继承关系是曲解辩证法的。

斯大林在辩证法第二特点中说："不断发展的状态，其中始终都有某种东西在产生着，始终都有某种东西在败坏着和衰颓着。"

这里他没有谈到新的东西积极因素的继承问题。革新又要继承，如我国社会主义制度下还要用牛马种田，可见旧东西还要利用。

斯大林对发展没有按列宁讲的，运动是按螺旋式而前进，好像是一条直线式的发展。

七、在讲到苏联过去为什么不讲“否定的否定”规律时说：

斯大林提出辩证法四大特征出来后，就不说这一真理了。即不谈发展的曲折性，复杂性，新与旧的互相关系了，变为形而上学思想了。（毛主席说过：斯大林丢了列宁主义许多东西，绝对化了——十一月中宣部传达）斯大林政策作风与他的思想方法可能有关系，对许多不同意见的人，都看为反对他的，因此批评就被取消了。

八、哲学是政治的先导——斯大林错误与其哲学观点有关。

（一）认为只有“斗争”没有相对的“统一”，所以他要把（如“再论”中所批评他的）“阶级斗争进行到底”，“阶级已经消灭了还是强调愈斗愈尖锐”，“不要消灭阶级斗争，而要把阶级斗争进行到底”，“不应像斯大林那样，在阶级斗争消灭后，仍然强调阶级斗争的尖锐化”。

（二）把党内斗争看为敌我斗争，他的后半生斗了许多同志，对他们不是以理服人，而用压力办法，十七次党代大会后许多同志被杀。

（三）王明在中国民主斗争中对争取中间势力问题的错误，“只要斗争，不要联合”的观点，是受了斯大林影响到的。根据林乎加同志传达毛主席指示：王明的错误与斯大林有关与共产国际有关。（1956 年 5 月 8 日）

（四）斯大林说：“社会主义社会生产关系是完全适合于生产力的性质。”

他认为苏联绝对没有缺点，所以他不重视上层建筑物的改造方面问题。因此他自满了。他不认为先进与落后还要斗争，因此文学、哲学的基层停止不前，教条主义有所发展，官僚主义也有所发展。中国党“百家争鸣，百花齐放”方针，苏联学术界不大重视，《文学报》只登了陈其通文章，不登陆定一文章（这也是中央负责同志说的）。

（五）斯大林形而上学的直线论观点在政治上要犯错误。

例如“再论”所提出来的，他的显著错误是在肃反问题。阶级斗争情况改变了，他还一直肃下去了，这就不对了。党中央和毛主席提出了不能再说现在还有许多反革命分子，只有少数隐蔽的反革命分子。（说人民内部矛盾）

否定一切也要犯错误——右倾错误。如南斯拉夫的修正主义是典型的例子。

所以学哲学很重要。我们要发展科学文化运动，要进行人民的思想道德的教育，对青年进行人生观教育。青年人的人生观不能是“人民币加上结婚”，作为人生追求的目的。

苏联过去（指斯大林时代）对青年的共产主义教育不够，如我的大女儿在苏联长大。可是她的思想中还有很多的资本主义思想影响，只想当专家，考副博士，对政治学习没有兴趣。她很要享受，一到中国什么东西都要买，说是在苏联买不到，又很贵，到了中国就像是样样东西都比苏联便宜。她很要享受，不知道中国还有艰苦建设的时期。据她说：大学中还有人去排队买东西，再卖给人，中国大学生没有这种现象，对青年共产主义教育力度不够。

苏联的青年人因为社会主义生活太美好了，对十月革命时代的艰苦奋斗精神多不知道了。二十多年前我去苏联学习时，他们和我们中国现在一样，生活很朴素。[我]第二次去时，女人多穿上了玻璃丝袜，涂了口红，生活大大改善了。对过去艰苦生活，青年多不知道了。很多人对苏联的过去都不知道了，只要享受。费德林是我大女儿的同学，年纪很轻，他同伏[罗希洛夫]老一起来杭州，与伏老的作风不同。拍照相时~~喜欢站到伏老一起，~~把共和国主席留在后面~~，对照相似乎很感兴趣~~。中国同志看不惯。伏老很好，有十月革命时代的遗风。他到了杭州很爱同群众接近、见面，没有架子。他看到老百姓在吃饭，他就下车拿来尝一下。

讲到这里我忽然想起刘少奇同志的一句话来（张际春同志在中宣部全体干部会议上传达的）：“见了老百姓如遇大敌，保卫工作要改变，毛主席说要登一个报见群众。”还有：“中国和苏联很多政策不一样，我们学苏联要依靠群众的办法，现在违反群众路线的办法很多，必须反掉。”（刘少奇）

陆定一：“特权不得了，苏联高级干部汽车喇叭声音也与群众不同，可以不管红绿灯，交通警察不能阻拦他。连吃饭也要苏联食品，用飞机装来，出门跟了一大堆人，出门如临大敌。中国也学了这个制度，看戏也有特权，开会时汽车多，阻挡交通。我们今后不学这一套，只学十月革命的一套。”（十一月中宣部干部会议上报告）

下面一番话本是不准备讲的，因为忽然想到了上面的话，就顺口而出。对保卫工作讲了不应当批评的话，大意如下：

“伏老来时，我那天到杭州饭店二楼去，看到伏老与周总理走到西湖边去，群众一齐挤过去，交通警察不好指挥了。可是也没有出什么问题。群众力量大，只靠几个交通警察是不能阻拦的。”（意思是说不必对群众如临大敌）接着说：“我们保卫工作是不是也机械地抄苏联的一套老办法。[对此]我有一点意见，需要提出来谈谈！”

“去年我和我沙省长的秘书到玉泉去照大圆鱼的相，当时苏联科学院专家也去照相。保卫人员就要把我们的照相机拿去，再三交涉，结果把他的工作证拿去了，扣了好几天才去拿回来。这个地方没有公布这不准照相，为什么不许照相？”

1950年我去苏联时也碰到过这样的事情。我们到了一个风景地方去参观，老百姓照了我们的相，结果照相机被拿去了，软片不发还。我们坐公共汽车也不许照相。五一节观礼到红场去，经过多次检查。这太多余了，我们是外宾，为什么这样？

我们保卫首长也有过分地方，如沙省长过去住的孤山路一号时，一个美[术]分院的学生在写生，把房子画了进去。他的警卫员看到了，就把人家的画撕了。这个学生很生气，到处说。这个影响很不好。沙省长后来批评了他①，不应如此对待学生。

里西湖一带，因为[是]首长住的地方，商店少，买东西不便，连大饼油条也难买到。据说：是保卫部门不允许。住在西湖的还有不少一般干部与老百姓，大家觉得不方便，是不是可以改一下？

还有去年下半年里西湖一带晚上十时后，三轮车就不允许进入断桥。我们还不知道，有一次我的女儿告诉这件事。这对居民不便。保卫首长固然重要，但对老百姓与一般干部，还要注意影响，太特殊了，和群众关系要疏远，不好。

最后说：缺点应当结合经验教训改正。

以上这番话当时我认为中央宣传部的干事都听了，我对高级干部讲讲是可以的，同时主观上认为接受经验教训很重要，所以讲了这些话。但由于对斯大林的批评过多，对苏联的缺点，特别是保卫工作与青年教育上的缺点讲了一些不应讲的话，使听者觉得新奇，甚至以为我在反苏。这一点在我主观上讲完

---

① 指自己的警卫员。

全没有反苏的情绪，而所以这样随便讲了，其原因除上述外，还由于我的骄傲自大，自以为，是思想而造成的错误。这一点应当深刻检讨，引为经验教训。

（文件编号：E218）

在高干训练班上传达陆定一报告的记录[①]

1957年5月

（一）……[②]

“苏联建设了重工业，我们才能建设工业，但他们有偏〈片〉面性，如乱肃反，杀了许多的CP。”

“我们学苏联要学十月革命依靠M的办法，现在我们违反M路线的办法很多，必须反掉”。

“为什么中国M对反革命是愤怒，在匈〈亚〉牙利是欢迎，这是肃反好不好的问题，他们把肃反只交给公安机关，不依靠M，我们就不是如此。”

“苏联反革命没有肃了好多，反把党的干部肃了一半多，这是大问题”。

毛主席指示：“匈波与苏联关系没有搞好。”

“见老百姓如遇大敌，保卫工作要改变。”

（二）经济制度与上层建筑的矛盾问题

“私有制消灭了还有上层建筑问题，如分配制、法制……可以影响生产力，分配不好，就发生工人贵族，跟不上生产力发展。”

“社会主义可以有斯大林的个人独断，我们社会主义也可以产生独断，甚至比拉科西的权力还大。”

“苏联有光明的一面，真理与假理，丑与美的一面。”

“东欧许多国家坐过斯大林牢的，就受人欢迎，如像坐过KMT的牢一样光荣。”

“苏联人到中国来吃饭是用飞机装来的食物，出去一大堆人，出门如临大敌，中国也学了这种制度，看戏也有特权，开会时汽车阻碍交通。”(陆[说])

（三）东欧问题

“匈〈亚〉牙利事情发生的很好，别用的损失给我们补偿很大，坏事情可以变为好事情。”

---

① 原件不完整。

② 原文缺。

“苏联对匈问题处理不妥当。”

“匈、波与苏联关系没有搞好。”

(四) 对斯大林与苏联的问题

向苏联学习中教条主义问题。

“一切按苏联办事是教条主义。”

“苏联有教条主义,他们的经验有先进与落后的,而且要符合中国的情况,照搬很多,如中宣传部多得很,如办速成中学,无论如何不能搞,逐渐明白起来。留学生回来说:考试作弊是神圣的,你再问那一个部长不作弊。原来很多是从工农速成中学出来的,尤金也是那里出来的,因为他们把当教员的看为资产阶级知识分子,学生是工农,金字招牌不好动,老子是无产阶级。部长作弊原因是功课很不好,时间短,只好如此。”

“说有二个中央,一个在莫斯科,脑子也不想一想,凡是苏联经验都一律采用。如文艺工作社会主义现实主义出惊奇小说,忽然出了许多书,中国青年团也马上出了许多这样东西,不想一想这种东西有什么用?(特务跳来跳去)小孩看了得就学,对我们来做冒险行动。”

“皮肤是黄的,如能变为白的,真如跟屁虫。”

(五) 群众路线

“土地改革我们做了三年M工作,斯大林是不赞成的。”

“朝鲜土地革命是苏联要他们学的,用恩赐办法,不经过斗争,发表命令。”

“苏联很多政策同我们不一样,我们学苏联,更学十月革命依靠M的办法,现在我们违反M[路线]这样的办法很多,必须反掉。”

“个人独裁就是不要M的同义语”。

“苏联那里有什么批评与自我批评,只有斯大林批评别人。”(陆)

“社会主义可以有斯大林的个人独裁,我们社会也可以产生独裁制,甚至比拉科西的权力还要大。”

(文件编号:J418)

部 务 会 议

1957 年 5 月 19 日

第一批整风八个单位。

二厂一局、新闻，体委……　　吕、高、杨

第二批：

科普文联，卫生，文化局的事业单位。

传达与学习问题宣传部都要管。

大学党委书记开一个联席会议。

1）大学整风为中心。

2）本星期开一次大学党委会，——讨论计划。

3）要找分学院院长谈话。

4）系主任以上，助教、讲师分级座谈，知识分子内部问题暂时不谈。

5）肃反经验。

6）学生问题。

7）卫生工作放后一步。

（文件编号：R119）

浙江师范学院教师座谈会

1957 年 5 月 20 日

沈练之先生：

（1）党委领导不强，各种运动都落在后面，业务方面不是党委在领导，主要是教务处。如科学研究，没有表示决心，动员也没有。工资问题，一部分人在搞，党委关门搞，民主党派也不大参加。

房子问题，意见多，党委方面不及时抓，动摇，连校地也不定。

（2）行政权力机关是什么？至今未决。

院务会议自苏联专家来了后，扩大成为学术会议，包括教研组主任，但作为领导机构是不行的。

办大学依靠什么人？教授作用要发挥，顾虑要打破。院务委员会应包括一些教授。

院务委员会——行政委员会。

（3）人事制度。

[对]整个国家人事制度有意见。解放初期尚有可说，现在已不合适。要公开，要与各部门联络，系科要有关系。聘请人员要征见系科意见。

叶作舟先生：

（1）院长（刘、俞）从不见面，至今尚未公布。二长制，四长制，分工也不清楚。

（2）党委领导，处如何地位要研究。

党支书与系行政什么关系，秘书兼书记，他的话代表谁？

如代表党没有话说，如代表个人就有问题。有的兼助教，有的脱产，职权如何。

（3）教学上变化太快。

国家考试制，口试，工作重，都太少考虑而实行。

科学研究展不开原因：世界现代史有三个助教，不能作研究，内心痛苦，人也多了。由统一分配来的，不好推出去。不妥当。老教师觉得培养师资很沉重。

沈镜如先生：

（1）宗派主义表现在关门主义，发展党只看到青年，老教师只有二个人，这个墙难以跳过去。吸收党员唯成分论，但有的表现不好，报上宣传老教师入党很不妥当，造成了墙。

（2）粗暴作风。

组织科干部王阿春，在大会上斗争老教授，这样的人能不能在大学工作成问题。

报告说服力少，传达草草了事，付书记朱子英粗暴简单。

（3）人事问题——这个干部是不能了解知识分子的，不能在高等学校工作。

郭智石先生（世界古代史）：

（1）几年来与党委谈得很少，高高在上，很难接近。来往的是系主任，对系内问题不理解。

（2）对教师重视不够。评价很不公平。本人教了28年，现评为六级，英国文学研究者去教世界史。教历史也教了十多年，凭什么定级，始终无下落。评级都由党委来批。

夏承焘先生：

（1）党员对我们如对敌人，一谈就问你犯过错误吗？参加过什么运动？党员很神秘，说话半吞半吐。

（2）人事科[是]很可怕的机关。人事科不是同事，是来监督我们的。旧知识分子怕接近当权的人，党员如神仙，立在云端，我们是被统治者。在许多运动中很粗暴，这是对非党员，但此次对党员[却]要用和风细雨。一个教师在肃反时几乎发神经病，为什么弄得如此恐怖？鸿沟更深。

胡永声先生（中文）：

（1）校刊上说学校教员分为三类，不顶好。标准是什么？（肃反以后……）

（2）……[①]

蒋炳贤(英文系主任)：

（1）党委很少关怀年老教师，连党委机关[提]在那里也不知道。侯门深如海，希望多接触。

（2）相互信任。各种运动中有寒流，人的尊严、感情都没有，使人很恐怖。一个助教一定要大家谈对党有什么不满，使人痛苦。

（3）尊重知识问题。

对年老教师的学问不尊重。

姜亮夫先生(中文系主任)：

（1）党内外关系。

在昆明时，厅长来视察时要我回避。开始在解放初期时的感觉，是不敢跑焦院长之门。帮闲的人搬砖头，希望党委要研究，不敢说。

（2）党委同志要学习，走上专门的学术研究。学术如生孩子，“领导生孩子”行不通，格格不入，科学近年只有纸面上东西。经过五年、七年就能领导学术。依靠青年只能是一部分，老年人还要起作用。

郑儒鍼(英文付教授)：

（1）青年当小组长，老教师发言，好像演戏，激昂的要听。说通过肃反，提高了思想。讲话要像吹肥皂泡。

（2）批判思想，要小组通过。

（3）学术风气，搞运动办法搞学习。学生片面诉苦，不肯下苦功，学生把读书看为苦差。学生作文语无伦次，脑筋很乱，不如初中。学生对先生不信任，要教育。

胡士烷(体育)：

对体育科不重视，对老年教师不重视。

---

① 原文缺。

处理问题主观。

张强隣(体育)：

(1) 怕误[会]，有自卑感，领导只听年轻同志的汇报，或听科的汇报，对体育不重视。

(2) 九个党员，一入党后见面就拘束。怕错。

胡士莹(明清小说史)：

偏听偏信，造成矛盾，有宗派思想，对年老人〈有〉又尊重，又不重视，不采纳正确意见，〈折〉拆墙要从事实做起。

第二次座谈会

任铭善：

(1) 建议《浙江日报》要写和风细雨的标题。

(2) 校刊是党委办的，为什么？

(3) 党、团员优越感，政治学习老一套，每年都是从头来起，

朱守训：

只听科主任汇报，上面事情不了解，人事科只看政治条件。

孙席珍(中文)：

"青蛙日夜鸣，令人厌之。公鸡一晨鸣……"

为何做乌鸦一样老鸣。

作客思想，五日京兆，迁地为良。因为自己学生当了助教，入了党，对我就不招呼[了]。

教授好坏以外文为标准，不以教学效果为主。

学校里有"跑腿"的，领导偏听、偏信。

系的领导对教授开课不公平，是安插性的，不要听的。为了培养新生力量，忘记了学生，助教占了教授的课。

系付主任孔成九是党员，许多名教授反被领导，如孙席珍。

王焕镳：

不赞成教授治校办法，党委不够坚强。

谢兆熊：

要求办附属学校。

张荃：

① 党员水平不高，工农速中出身的，成绩不够格，三分毕业，质量不高如何办？

② 积极分子工资评[得]高。

③ 肃反——条规，对陈光汉不公平。

（陈修良注：

(1) 党对知识分子问题——工农干部与知识分子问题。

(2) 整风问题。

(3) 工作中的责任问题。

(4) 肃反问题。

(5) 如何团结。）

（文件编号：E111）

高等学校党委书记会议

1957年5月24日

林瑶：

（1）党外人士信心不强，会不会改进？一边改进，放在主要地位。工资改革恶果很严重，党员都提了级，如王泮星爱人。偏高的要拉下，干部要调动一下（人事科、图书馆长）。房子分配不平，党员住得好。犯错误得要处理，总务科贪污的不交账。三反、肃反问题——教授5人。王季午要求在大会上申明。5个讲师。

要求报纸公布。苏联也如此。

肃反与ブル批判，打的面积最大，伤害了许多人。要求结论。

（2）CP是享福在先，包庇宗派。

他们出题目，我们做文章——党内要教育。照顾高级知识分子问题要解释。党内思想跟不上。

第一，怕抬不起头，工作不下去。杨泮星。

第二，领导上对他们如何看。怕党一切否定他的成绩。

第三，宗派主义是领导上的，与己无关。

第四，有正确认识的少数。

（3）党内意见不一致，几年来没有解决。

（4）知识分子有矛盾，要求帮助揭盖子。（教研室内部）到将来如何办？

（5）历史不清的，要求宣布不是特务，这一批很难处理。

（6）CP是不是英明，有争论。学生居多。

（7）要求做报告（整风动员）。

刘丹：

（1）统一认识还是问题。（党内）

（2）群众还有顾虑，发展不平衡，要求过急，要求有行动表现，指名要党员发言，压力很大。党员发言要他签字。每次运动你带头，这次运动为什么不带头？（团员居多）对"和风细[雨]"方法有意见。

（3）团员要求"狂风暴雨"，特别是老团员。

（4）主要问题——领导、政治工作、教学、尾巴、生活问题。要求划清党政关系，校委工作如何办？过去有些形式，先党[内]后党外。

（5）党如何工作？学习委员主任是不是一定要党支书来当。系是不是一级领导。

（6）党员积极性要保护，上面要挑担子。

（7）尾巴问题——大小问题都要，集中火力在人事科。"血债还[要]血来[还]"，要求烧毁全部档案，要求看档案。党委权力过大，要权（人权、立法、行政、财权）。教学计划要求由教授来领导。

吕志先：

（1）有些问题可以随时解决。

（2）出题目讨论具体解决。

（3）今年暑假以前整风，一般干部还是学文件。

（文件编号：E111）

杭女中报告提要

1957 年 5 月 25 日

（一）庆祝改名，三大的成功，二重资格来参加——同志、同学。

（二）改名好光荣的，“CY”（这个名称对我是很亲切的）——是国际共产主义青年的组织，无产阶级青年的组织，为了消灭私有制改为共产主义的社会，我们的过去是为了推倒私有制度，进行阶级斗争，现在都实现了，新的共青团，就要为社会主义——共产主义而奋斗了。

什么是团的光荣？——是意味责任的重大，不是高人一等，你们的道路也是曲折而艰苦的，共青团员要做艰苦的奋斗。骄傲起来，脱离 M，就要成为落后分子，同团的宗旨不合——团就是团结，所以要与 M 共甘苦，不能高人一等。

（三）团的简史。

成立于 1922 年，在大革命时期内战时代起了巨大的作用，作为党的助手，有许多学校党员也参加团的组织，在大革命时期，起了作用。

浙江团的历史有光荣的传统，无数先烈牺牲了，如张秋人烈士、裘古怀都是团员，浙江因最早在杭州宁波组织起来。

学生中团的组织作用，如杭州、宁波，五卅运动中我们不顾一切参加爱国运动，学校禁止学生爱国，我自己就被学校[开除]，后来到杭女中读书。“中国青年”给我很大的影响，我知道了帝国主义，军阀反动政府是青年的对头。我便下决心革命。

我们的团歌：“走上前去啊，曙光在前，同志们奋斗，用我们的枪炮和刺刀，开自己的路，勇敢上前稳着脚步，要高举着少年旗帜，我们是工人和农人的少年先锋队！”

我们牺牲一切的表现：（1）不怕死，在清党以后，做过多年的地下工作（三分之一的生命），我们到工厂、农村去组织工人、农民，发展团的组织，如做工、卖水。（2）我们到军队中去。打游击。（3）我们学习很努力，都是自修，有许多同志在牢内还是读书，我们找真理。（4）我们少年时候就离开了家，到处流浪。争取家人同情。我们家中人也都革命，一直到解放。抗战初期我的孩子

没有出娘胎就做掩护工作。我去从军了，孩子与家人还是帮助党做掩护工作，二碗面的故事。（解放前）

团的组织在 1936 年因为党的路线错误，遭到严重损失，最后解散了"CY"，青年的组织，用各种名义组织起来，抗战以后，在各学校还有秘密的"新民主义青年团"，——现在团的前身。我作〈做〉党的工作，但一直注意青年的工作。

（四）希望大家作一个好的团员。

社会主义主要是劳动生产与教育。

劳动为着什么？为了改良人民的生活。读书的目的也是为了劳动，因为今后主要是对自然去斗争。教育目的，也是为了人能更好的劳动，所以要提高文化教育。人的知识是阶级斗争与劳动中得来，所以我们今后要特别重视劳动的教育。今后国家培养干部要先经过劳动，否则不能当干部。这是真正的爱护。

沙省长从小就劳动，谭主席是牧童，劳动与智力发展是一致的，青年人要时刻准备去生产，如大家都读书，叫老年人去生产，那么社会主义就没有了。学校也不能办了。影响党与团的号召到生产前线去！

培养共产主义道德——诚实地劳动，为社会创造幸福，这是共产主义的道德，具体说：

（1）把整体利益放在个人利益的前面，不怕自己吃亏，要学革命的"傻子"——如先烈的传统精神，要不怕困难，努力工作与学习不是为"得奖"。

（2）要虚心地向群众与先辈学习，要尊重师长。现在青年团员有些不正确的倾向，不听先生与父母的话，自以为是，好像已经知道很多了。

（3）道路是艰苦的，团员要在惊风巨浪中去奋斗，不要以为社会主义成功了，青年以后只是读读书，青年是未来国家的主人翁，要有当家作〈做〉主的思想准备，吃上一代的不行。——我们过去也有一些团员经不住考验而半途堕落的，不愿到苦的地方去工作，如军队、农村、工厂——如找有钱的去结婚，做了太太，不革命了。追求享乐，退出了队伍；有的人去白首了，投降了，没有勇气去革命。妇女同志，特别要经过考验，旧社会的思想还很多，社会上对妇女还不大重视，看为猎取对象，看为花瓶，我们要在努力中克服困难。

可怕的引诱——虚荣心，物质的享受，怕困难，疾病。

青年的道路是广阔的，因为我们是一个社会主义的国家，但是困难是很大，我们经济与科学技术都很落后，人民生活文化水平低，敌人还存在，帝国主义还在准备打仗，浙江是前线，台湾的侵略，要时刻准备着。

我希望青年们要团结起来，时刻准备着，影响〈响应〉政府的号召，到生产前线去，到前线上去，每一分钟都要努力学习，为祖国的伟大前途而奋斗！

我们的共青团员要在学习与劳动中作模范，团结全体青年一同前进，我们要高举着鲜红的旗帜，向共产主义的道路前进！

（文件编号：I73）

师专闹事汇报

1957年5月26日

师专党委：

报上发表了霍士廉在浙大召开学生谈话，师专学生要求大鸣起来。

问题：

① 教师质量不高。

② 生活问题，伙食为主。

③ 要求改变学制，二年不满足，要求改三、四年。中文班最不满，认为不符合国家需要。每学期七门课吃不消。

④ 要求改院，科改为系，目的是为了科学。

中文科有二百多学生。

（文件编号：E111）

地市委宣传部长会议

1957年5月29日

温州市：(学校放鸣中小学问题)

(1) 领导〈底〉知不知道温州有闹事。

报纸出了毛病——“一放二收三整”。书记这样说，报纸照登，民主人士后悔发言。

(2) 非党员批评非党问题不登。

(3) 电台与报纸报导是不是一致，电台广播什么？(现在转播中央与省台)

(4) 党委制问题到底如何答复？

(5) 中小学学生问题。

体力与脑力，个人与国家利益矛盾。

宁波市：

(1) 党外人士不要小民主，要大民主，要小民主是寒流来了。(二月时他们要照上海办，《文汇报》与《新民晚报》影响很大。)

(2) 左派冯梯云政协发言群众不满。

(3) 报纸不登基层消息群众不满。在黑板报上写。

(4) 市委对整风步骤不理解，计划与中央指示不一样。现在下面还不知道中央指示要即下达，左右倾向已发生，中央意见要多发表。

杭州市：

(1) 整风重点放在机关中级干部，一般党员进行教育。分三批进行，大约半年，部委8月底结束，局长处长一级年底结束。二个半天。

(2) 党员要及时驳，如取消党委制，有骂人的。对民主党派很不满，没有自我批评。今后工作难做了。

(3) 学校干部看到报纸，揭发缺点很不好过。

(4) 知识分子怕报复，特别是过去挨过整的，更怕。和风细雨不过瘾，对老油条不解决问题。

(5) 争领导。对提拔干部有意见。特殊化问题。

(6) 肃反成绩是基本的,不同意。

(7) 想整,不是“治病救人”。(干部思想很有抵触)(右的表现)

(8) 中小学生问题——组织一升学指导委员会,宣传提纲。

宁波市:

(1) 对知识分子看法有些新的看法。对《新民[晚报]》与《文汇[报]》很有兴趣,宣传工作会议后带回大放大鸣的思想。市委领导思想与知识[分子]思想不对头,被动情况。

更重要的是上海影响很大,责问为什么不鸣。

二中问题:党内问题很严重,要求调回原来校长去整。傅千里思想不对,说二中好得很,绝对多数人是拥护,少数反革命分子是反对他的。宣传工作会议后校长去发动。

市委派了一个科长(青年)当付校长兼书记。方法不对。引起混乱。开大会时,支部书记是“况钟”。当天来学生喊口号,我们要翻身,要求开群众大会,不答复不散会,全市受影响。一中也要开会,非开大会斗争不行。党支部不能,市委书记出马去讲,群众认为市委压人。

教员中工资问题由政府提出后,东北来的一定要减,低的又要增,不减光增,问题十分复杂。

宗派问题,三个问题纠在一起。

工资问题——中央冶金工业部指示的。

师范专校问题:

① 质量低,革命史与古典文学不要,下学期更困难。

② 要求并学,生活不好,校名还没有。学生要求请愿,回去大不满意,[批]“新官僚主义”,可能到杭州来请愿。

(2) 教师问题:

伤感情太多,要求〈反〉翻案,老教师不敢说,大多数人不动,看戏。

五中派别问题,有闹事可能。

（3）毕业生问题：

老问题如何解决？

社会宣传没有展开，也是因为怕。入学儿童 9 000 多人，能招的 5 000 多人，还有 4 000 多人。民办小学没有搞，困难大，房子、经费是主要的。1920 人可以入初中补习学校，还有一千四百人要好解决，这个问题不大。

高中生问题也不大。

工商联不肯自己出钱，要求在公积[金]中取出一部分。

金华地委：

（1）党外要大放大鸣，党内有顾虑，党外怕报复，特别过去被斗过的。"上海大放大鸣，小城小放小鸣，基层不放不鸣。"

民主党派要鸣，现在学校相当乱，彼此批评，目标不明，怕不解决问题。

领导上不主动召开座谈会。

机关干部说报纸没有分寸，"上面〈片〉骗，下面顶"，干部畏难消极，不同意方针的，"要求压群众，其次，先放后压，先压后收"。至今还未通。

学校第二批如何搞不知道。一般学了一下，然后再放。对学生毕业问题当前反而放松，地委决定先搞学生，有些问题可以解决的先解决。

要求发提纲，要求发报告。

（2）学校闹事。

不但有苗头，已经发生了。永康、诸〈既〉暨学生，为就业问题开了一二百人代表会，县委没有注意。

高中毕业班透信给失学的，要求代表大会解决升学问题。有些学生不满，领导上不注意。县委书记说很忙，不见代表。有乱开支票的，不升学的包下来。初中班也要见书记，生产廿年要求提出六条。（农村不去）

戴帽子学校问题（永康）：

① 教员质量不高，往后更吃力。有要求，一、二中合并的。

② 灯光黑暗。

学生就闹起来，学生与团的干部先开会，动员，保证没有团员闹不起来，学生唱："团结起来就是力量！"

领导思想对学生闹事很麻痹。

中央指示:(吕传达)

“放”就是要求批评,就是整风,有许多人弄不清。对目前情况,有何看法要讲清楚。

听取批评,改正错误,但不仅在这一方面,通过这个运动,还要看到可以团结大多数,同时有一部分右派可以孤立起来。

右派是要求 CP 退出领导,[有]小匈〈亚〉牙利味道。各单位要达到加强党的领导,不是为了削弱领导,关键在于能否团结大多数党外人士。不可怕:党的骨干强,群众有经验,几年来工作成绩,右派言论要发表一些。

凡是放的,都有好的效果。揭发了党员许多作风毛病。党员要严肃对待群众的批评。可办的立办,大量的发言是公道的,对我们有帮助。有怨气的,说完后,以后也会改好关系。

“反共情绪,跃跃欲试”。带有煽动性的言论,[想]把正确的运动引导到不利于社会主义的道路上去。右派面目暴露不够,我们暂时不讲,适当时可以讲,一定时[候]要讲。

人民内部矛盾中还有阶级斗争在思想上反映,二种思想要长期存在,某些时候斗争还很剧烈。敌我矛盾尖锐时候,这个矛盾还看不清楚的,右派是不肯甘心退出政治舞台的。

右派的表示:

第一,反教条用纳吉办法推销修正主义,马克思主义也不要。

第二,要求 CP 与民主党派共同领导。公方代表退出工厂、学校,不要党的领导。(二中学生说 CP 是狐群狗党)

第三,要求扩大自由论坛,不要统一报纸。

目前还要放?如何放,怎样放?

工厂、合作社不能放,中小学生不放。

机关、中小教职员、大专学校中要放。

如何放?目前不说,大学生也放。集中力量到党委,不要对支部。机关要放——那些要放,尚须研究。

中小学教员方面主要说明工作与整风二不误。目前在各校内不放,教育局召开一些座谈会。学生言论报纸不登，工资、外交、肃反、物价问题不登。

发现了右派不要一棍打下，仍然用争鸣方法，否则要失去群众。孤立他的观点是主要的，不要用“反动”帽子去〈带〉戴。

办不到的事，不要去开空头支票，搬运工人罢工，不能随便答应。

加强报纸与电台的宣传，加强对青年的教育。

继续讨论：

金华市委：

① 党外互相鸣，乱放现象。

② 民主党派要求鸣。认为要鸣，用开座谈会方式搞，抓毕业生问题。

问题：

① 整风对象。

② 步骤。

③ 如何说服，党内思想要统一。

杭州市：

① 教员班主任不敢领导学生，党外人士很害怕。

② 团组织脱离 M，非团员自己组织起来。五四运动不要非团员参加，听报告也如此。

③ 学生与教师有矛盾，学生对先生提意见。

④ 学生对行政上矛盾，对制度不满意。

⑤ 杭幼师不要党领导，要民主党派来领导整风。

不学习苏联，[说]美国的好。对思想改造、肃反问题的二点……[①]

⑥ 对整风认识还是模糊，说是摸不到底。

⑦ 工会、行政部门乱发通知，鸣放纷纷。会议太多，如医务工会召开四个座谈会，目的不明，是对党还是对工会？自己也不明，影响工作。

⑧ 鸣放中忽视中小学生的毕业后问题。有 7 000 多人无法安[排]，去年

---

① 原文缺字。

有 2 000 多人。

建德地委：

中小学校要求放，县委宣传部心中无数，书记也无法应付(新登县)。文教局长主张要放。目的要求不明。那里放，何时放，地委也不明白。

温州地委：

报社干部认识不一致。

初级党校也很紧张，认为不肯揭盖子。企业部门、专区部门都有问，看了报纸，有不服气的现象。

毕业生问题很紧张，面很广，十一县召开了参加了生产的学生开代表会，有的县比较好。丽水提了八十条意见，要求工作，不要去农村。是丢脸。其他地方都可以，遂安中学闹了四十分〈种〉钟，如没有工作，我们不要毕业。

宣传教育有片面，升学要排讲得过多，劳动教育少。教师思想不大通，[认为]"可惜"。要求把教员调整一下。

干部思想不通，自己子弟不能失学失业。

宁波地委：

大放大鸣有二个阻力：

① 干部思想不通。

② 党外人士有顾虑。

干部不要传达中央的指示，三年后再说。(付部长以上干部)

杭州市：

无饭吃的要先解决，不能不安排。

中央指示：

放的标准：

二个口号各阶层都可利用，按宪法规定，可以有如下的标准：

1) 有利于团结全国各[族]人民，而不是分裂人[民]。

2）有利于社会主义改造和社会主义建设，而不是不利于社会主义改造与建设。

3）有利于巩固民主专政，而不是破坏与剥削专政。

4）有利于巩固民主集中制，而不是破坏削弱这个制度。

5）有利于巩固党的领导，而不是摆脱 CP 的领导。

6）有利于国际团结与社会主义和平团结。

任何科学艺术都有用。

---

① 各地看报问题。

② 中学教职员座谈会各地要主动召开，暂时不整风的道理，主要是说整风、工作二不误，目前以中学生问题为主。

③ 县城要注意，农村与城市都要管。

④ 整风也只开始，不能认为可以草草结束。

（文件编号：E111）

各 校 汇 报

1957 年 5 月 29 日晚

医学院：

教员对我找缺口是肃反问题，医院未放。学生说《文汇报》有种，大字报痛快。

浙江：

① 学生一放，教师要紧张。

② 学生与教师是不是一起搞？过去要按〈步〉部就班，现在要放，好不好？

农学院：

学生高潮放在 6 月 10 日左右。

（文件编号：E111）

浙师教师座谈会

1957 年 5 月 30 日

汇报综合几点：

(1) 学八大文件也要结合业务进行检查，计划、检查，变化多，疲乏。

(2) “阶级的烙印”，杨源时在肃反动员时说的，使人很难过，后来要斯何晚(物理系主任)批评父亲，重复交待历史，至今思想不通。

(3) 系的党支部怎样工作？物理一个脱产支书，许多工作都要支书来推动，不推也能工作。(实际上是政治工作与教学工作脱离关系)

(4) 道德标准不明确。什么样党员是好的、坏的，看的标准不同，不能说党员都好，非党员都不好。

(文件编号：E111)

高等学校党委书记会议

1957 年 5 月 30 日晚

师范学院：

（1）教师要求解决三反、肃反问题最为突出。

（2）大放大鸣个别干部还不同意。

（3）青年教师埋怨党委过去的领导，有起义的倾向。

（4）学生要考试，四年课程，教员学生对这个问题很注意。

山上明日上午开代表会。

医学院：

计划问题：

交民主党派共同研究，教授认为是第一次要他们参加，王季午："民主党派可有可无。"李盖之说党委要，可以做一些事务工作。

怕报复，党有三步曲，以后要整他们。

怕学生大鸣，批评教师。

座谈会形式已有些厌倦，用工会名义，用文字代发言，用学生会名义搞大字报，广播。

问题：

（1）学生要考试，各校情况不同，教师也有顾虑，现在去硬搞好不好？

（2）教师还有顾虑，如何打破。

（3）团由党委指挥，省团委派人去帮助。

（4）党内思想统一团结问题。

（5）师专要求合并问题。

（6）党校派去同志要各校安排。

（7）防止学生对教师发生纠纷。

（8）反动东西要揭出，可以发动讨论。

医院也要搞，由工会出面搞。

学生方面三天内搞。

浙大:

党内对大放大鸣意见不一致,有顾虑,特别对学生放鸣抵触很大,边改进也不够。

今天出了“春雷”,电机系出的。政治性东西还不多。

小班反对挂名校长。

总务处长拍桌不干,党员占教师房子不搬。

党员理解为党要收了。(听了电报传达)

农学院:

(1) 党内对放不大理解,基本上同意让学生鸣。

(2) 民主党派参加整风——科长以上干部参加。

对他们的作用很关心,一般提意见,还是怎样?

党内团结要求作为内容之一。

(3) 明天动员。

(4) 要求平反,重做结论。

师专:

(1) 二种人不讲:被斗的,还有一些一贯不讲的。有一种想谈不谈,怕人家批评为个人主义,看领导上决心不大。

(2) 要求改四年制。

(3) 学生要停课,有的要求大会斗。

江华:

(1) 计划要与党外商议,不要以为动员学生反教师。

(2) 学校党组织要再动员,具体人要打倒,对大家是一种教育。

(3) 青年团、民主党派、工会,都同样讲清楚。

(4) 保护教师,党委多讲几句话,动员时不说,怕学生不同意,同时要教师要〈撑〉沉得住气。

(文件编号:E111)

浙师教师座谈会发言稿

1957 年 5 月 30 日

一、整风的目的——为了加党的领导，纠正党的三风不正，团结全体人民建设。

大放大鸣是爱护党的真正表现，批评目的为了更好的团结。

十一年前党的整风曾经是获得胜利：执政党要有人民的监督，开座谈会是一种方式。

二、为什么要和风细雨。

是不是对党员宽了？一视同仁。

和风细雨——是根据过去的经验教训而来，思想革命要用说理方法，党内党外都一样，粗暴办法，效率不好。整风运动实际上是改革党员非无产阶级思想的斗争。

三、为什么必须大放大鸣？群众的力量，可以更好更多的帮助党改正错误与缺点。前一时期还做[得]不够，因为我们不懂得如何搞，现在已经明确，今后下决心要放手。

高等学校讲师、学生都可〈对〉提出批评意见。只要不妨碍教学工作，二不误。

四、放鸣以后有没有结果，解决问题吗？

决定问题是大家能进忠告，分析事情，敢于提意见，及时要看，党员能"闻过则改"，"忠言逆〈言〉耳"是不对的。

五、整风的目标不要转移，学校内部矛盾主要方面的——对党的领导。讲师与学生可能对教学上提出问题，对老教师进行批评，会转移方向。新老教师关系问题，是反映了党与群众关系，不要只责备青年。

有些问题涉及上级的也可以提出意见，但要解决就要慢一步，因为本校不好解决。（如工资制，学制问题）有些问题必须解决。

对上级党委可否批评——可以的，有许多工作是上级指示来的，我们要负责任，也应当提出批评，建议性问题也很欢迎。

（文件编号：I47）

关于整风笔记二则

1957 年 5 月

（陈修良旁注：1859——县委书记县长以上，省处长，地委委员。如包括县委委员，4 000 多人。）

一、要求目的

（一）抓重要骨干，县书与处长以上干部。

（二）集体整风，在提高认识中，解决个人思想问题，不采取过关办法。

（三）学习中要求达到什么目的：整顿三风。

二、方法

（一）不集中，各单位自己整风，好处多——一般与重点结合。

1. 联系实际，检查调查研究工作，解决问题。

2. 有了 M，容易进行批评与自我批评。

3. 时间快，普遍——集训的批评为骨干。

（二）发挥地委作用。

（三）学什么文件，五个文件与八大主要文件——毛、刘、邓。

（四）学习对象：重点：

省级机关：处科以上干部，半年时间。

一般干部：一个半天学理论，重点以八大为主，另一半天学文件。

（五）训练机构问题。

（六）集训目的，只能是培养骨干。

（陈修良旁注：学习要求：解决集体的领导作风问题，因此要反对三风。个人强调自觉。）

谷：三风不正是集中表现的，干部很想改正，县委来开会解决不了问题，如党政关系，集体领导问题无法解决，特别对乡的领导，如何领导，小心怕事。

中心在于贯彻群众路线，反主观主义、宗派主义、官僚主义。

方式：

一、县书以上干部利用会议方式，提高认识，各地委带县委共同分组讨论，回去以后去解决工作，各地等都有代表，做一些报告。

会议还要有准备，找出典型。作为启发，省委加以总结。

二、干部对象：重点与一般干部结合，抽出负责干部学，搞不好。

所以不能集中在五原则。

省党校明年上半年集中一批县委书记、县长、地委委员，一部分县委委员学习。五八年正式成为中级党校。

行政学院——按初级党校课程学习，结合八大文件，区书，县委委员。

三、省级机关干部，如何学习。

各系统负责干部下去检查工作，结合文件的学习，帮助他们工作，回来总结工作。

各个单位自己来整风，依靠本单位自己搞。

发挥各业务机构来调训骨干学习。

四、党外人士。

开办讲习班，学八大文件。

五、一般干部进行理论学习，同时学八大文件。（各半）

六、时间半年。

七、县委以下，年内（十一月以前）还要学习国务院指示。

（文件编号：I47）

关于人民内部矛盾问题的笔记

1957 年 5 月

（一）人民内部矛盾是古今中外早已有之，现在是新问题：思想落后于实际的表现，不能说是又快又多。

① 与敌我矛盾相比，是主要的突出矛盾，反革命分子基本肃清了。

② 过去几十年是敌我斗争，不理解人民内部矛盾如何处理。——“无冲突论”。

（二）目前矛盾是什么——即从去年高潮以后，基本消灭了。解放以后所发生的新的矛盾问题。

第一，一个思想“社会主义已经建成”，还是要“艰苦奋斗去建成”在干部与群众中发生了混乱。“生产与分配”矛盾。

治国之道——生产与教育——文化技术、觉悟性的提高。我们目前还是农业国，落后与贫困的状态还没有根本克服，文化也很落后。

人民与干部——发生一个共同问题，“个人的前途”。

干部——能上不能下，地位与待遇，不当长，当专家，个人主义的发展。

农民——不如工人好。农民苦，没有前途。

学生——不能都升学，没有前途，“万般皆下品，唯有读书高”，不到农村去是主要问题。

知识分子——多想当专家，做博士。

失业的知识分子——增产节约断了出路。

妇女——不高兴回到家庭去。

工人——想提高工资，特别是青工，不想做工，要去读书，老工人好。

第二，民主与集中问题所引起。

① 干部是习惯搞行政命令，还不能十分理解“是民主基础上的集中，否则集中是形式主义的”，扩大民主是一个重要任务不了解。

② 群众要求扩大民主——如农民对油的问题的意见“不商量不满意。”

“办事要和群众商量”不大体会，协商也多少有些表面的形态。

原因：

客观原因：

① 生产不足，不能满足生活的需求——如物价上涨，现在有很大的意见。失学失业问题一时还不好解决。

② 匈波事件所影响，对社会主义制度所引起的误解，阶级斗争思想的反映。ブル、地主富农、知识分子有作用。（反动性）

主观原因：

① 说理太少，如增产节约是收为了放，宣传不足，物价上涨的没有很好宣传。

② 关心人，90％增加收入做得不好，片面宣传改造生活。

③ 科学进军宣传有片面性，如……

④ 党在知识分子中的工作做得不够好，教员、学生、民主人士间的工作。“怕”是一个问题，说服力不强。对他们的理解少，有的〈忌〉歧视态度。——看为资产阶级分子，情绪上有些对立，宗派主义要克服。

肃反问题遗留的没有解决——〈加〉嘉兴一个中学的校长要辞职，如一中的一个教员。

⑤ 领导上作风有问题。

主要是民主作风不够，强迫命令在下面还是严重的。

如传达八大文件三八节要绑人。

三个主义还相当严重。

提议：

① 必需加强知识分子中工作，把失业的知识分[子]包下来。

② 党的工作要活跃起来，思想工作更要加强，民主教育，——二个方针要具体地讲。下层问题很大，工厂、农村都没有专人，干部要到基层去宣传，每人接一个，干部的劲头才能提高。

③ 增产节约运动——不要关门搞编制，要宣传，要有具体办法。

要加强共产主义道德的教育，愈到后，享乐思想，有高度发展。

“先人后己”要教育。

（文件编号：I66）

师专座谈会

1957年6月1日

廖念怡（数学教员）：

（1）领导关系不明确，省市互推，有些教师没有请来。

要求定固定计划，教师无所适从。随便改课，化学又取消了。

（2）中央要打破省界，解决师资问题。

（3）要有一个附中，希望办一个。

戴林淹（中文科主任）：

（1）学校整风对放鸣不明确，省委不下来，今天很好。

（2）学生如何放？没有主动去领导，党委有些怕。如学制问题如何办？王校长怕出乱子，应当先加说明，跟在M后面。

（3）学生说都是教条，其实不懂，难以解释。

（4）学生对放鸣没有方向，有关教学的多，教师有顾虑，结果又弄到教师头上和三反时差不多。

（5）教师不愿工作。

① 工资不合理，不如在中学里的高。

② 精神不快，学生压力使人不快，大字报，会议上立论对着教师，这是新的矛盾。《浙江日报》断章取义，同学有意见，批评教师官僚主义，不爱笑的学生也批评，无所适从。

王真平（历史科付主任）：

学制问题省委要负很大责任。不了解高等学校如何办，筹备很差。办了三个，经费、人事都无准备，经费问题没有考虑，工资没有标准，反而降低，人事配备不好。校长要有一定的经验，教务任科主任，没有考虑人选。有了问题没有解决，宁波、温州没有经过中央批准，一年级不招生，省委要解决。

要求郑晓渝任我们校长。

孙正容(历史科)：

(1) 内蒙古办学校，招聘各地教授，省委有没决心把这个学校办好，也可以招聘。学生主要问题是怕阵容不强，不合规格。

(2) 政策摇摆不定，要大公无私。

尤俊人(总务科)：

三多——领导多——省市上级头多，共有十多个头，到处奔走。

意见多，各局互相推，如财政问题。教育厅派来的讲师、助教，财政局不发工资，说是超过预算，只好用木器费来填。(十六位)46 万与 57 万预算，现在改为 52 万，预算科还未同意。

校内经费不好支配，如购买图书。

俞立身：

校长级别如果高，解决问题快，希望省委快点来解决。经费、教师问题。

何医师：

(1) 领导上说我们师资低，一棍打死，不服气。(杨部长说)没有来听过课，怎能这样说。

(2) 要求有一位学者来办学校。

(3) 电影机，要求解决。文化局不肯供影片，只许郊区借。

(4) 有一个中学[生]因为向教师提意见，就开除。一个会计父女二人都被清洗。党员校长架子很大，教师出门除星期以外，要校长批准，同劳改差不多。(诸暨县中，初中毕业生，是党员)诸暨许多校长是青年，要重视。

陈其坚(工会主任，数学系)：

省工会对学校工会不重视，党委不参加工会的会议。

魏希彭(政治组助教，非党员)：

① 政治教员没有，要求派人，只有一个助教。

② 要求发资料，如斯大林时代，要讲师以上才能看。

③ 学術问题，过去是教授，现在改为讲师。如叶作舟原为教授，改为付教授，要求统筹安排。问题在于要求教授评定。

汪[redacted]英（党支书——教学支部，教苏联文学）：

党的工作省委不重视，党员干部也没有派好。

要求派干部来。

沈福隆（体育组）：

（1）省委办一个大学没有考虑要办一个什么样学校。

（2）建议省议要召开行政会议定规划。

（3）要求派强的校长。

金星（化学科）：

（1）党委不做思想工作，只做行政工作，坐坐办公室。

（2）学制问题，不能绝对认为是错的。

（3）怕说话，开座谈会时不作声。

胡乃治（教务处）：

（1）党群关系。

少数党员同群众关系不好，教务处与党委就有一道墙。

（2）用人——图书馆还有神经病的。

（文件编号：E111）

浙师中文系一年级八班会议记录[1]

1957年6月1日

1. 党在干什么，我们不知道，没有意见，也就是意见。俞仲武是女是男不知道。

2. 党的思想工作很差，不关心群众呼声，充耳不闻。伙食不好，宿舍很挤，有许多房间空着，毛主席也看士兵的生活，你们为什么不看。一块黑板坏了长〈远〉久不修。强调爱护工友，工友说他是工人阶级，对同学事情不管。

3. 学习不关心。工友唱歌，灯熄吹灯，总务科不管，总支官官相护。家属小孩子哭哭啼啼，助教开课多，学生不要听。马列主义课可以减少，否则延长时间。讲义不清楚，不及时，学术性报告听不到。作家不来，团委不懂文艺。为政治服务，是干巴巴的东西。

4. 没有青年会，文娱太少，体育不重视，党委秘书连体协也不知道。

5. 宗派主义，党员——团员——同学，又分地主、ブル、工、农四等，欢迎伕老，委派政治条件好的，身体最坏的。

学生要听报告，团员叫“拿出去”。

党员党性不强。

十一班同学（政治课合并的）：

党委说转过去是做一个正式大学生！调干要回去，二天内决定到农村。有的初中毕业的，也转入系科。

要求补发讲义。

二年级代表：

（1）不要俞仲武当院长，道地的官僚主义。

不贴大字报不解决问题，如一只电灯不亮，同学近视眼多，马列主义课要写发言提纲，否则就加上“不问政治”帽子。

---

① 编者根据原文件目录改拟，原标题为：师范学院中生系一年级八班。

不要学中共党史(每周六小时),功课太紧,休息时间少,考试太多。

党委报告是1949年的水平,坐了三个钟头(朱子英),请省委同志来做报告,我们要听党课,但太不好。“天,这种党课如何听?我们相信党中央是正确的。”

宣教科布告盛气凌人。

(2) 肃反运动不是群众运动,打击面很广,草木皆兵,什么人都怀疑。这个学校面是最大的,“成绩是基本的”,到底在那里,无辜被打的,心灵受了很大的摧残。

(3) 发展党员,请群众参加,是指定的,路很远。

要求多听M意见。

三年级一班:

(1) 同学意见很多,但不敢说,民主空气不浓。

许多同学在肃反中随便就抓,提了意见,随便加反革命,整人的帽子,使人心惊肉跳。

(2) 文章不许登——焦付院长不许用,找去谈了二小时,说文章意见很对,但是方式不好,不许登。这是压制民主,言行不一致。校刊很不受欢迎,浪费纸张。

(3) 领导人汽车进出,很少同学生谈话。

(4) 吸收党员只看成份,老团员有苦闷。分派工作不按德才,只看是不是党员。传达报告也分开二批。

(5) 肃反问题,一再要交代。二个极端,使党与群众划了一条很深的沟,党群关系坏了。弄得四分五裂,搞肃反的人,是站在群众头上的,使我们难受。个别谈话,询问家庭关系,非常粗暴,问话没有头脑。还有跟梢的,难道我们是反革命的?

乱斗——生活散漫的整了几天,明明知道没有问题,也当作反革命,到处跟着,这是违反宪法的。

肃反后同学间感情不好,他们思想包袱很重,感不到人生的乐趣,领导应向他们道歉。

(6) 课目太多,十门功课。

理论教育——每周五小时，内容少，拉时间，讲不下去，听不进。汉语学不要，许多同学不要听。

研究生——白字连篇，试教开玩笑，学生损失很大。

要求搞一个民主墙。

小班制是不是好，要考虑。同学间关系少，活动搞不起来。

三年级三班：

同学提意见，对不同意的，就打击下去。

个别党员做贼，偷了书去，现在还在做党的工作。

服装教师，群众印象不好。

暑假方言调查 49 天，要领导帮忙。

学生课长叫学生谈话，要学生站着，像审犯人，不管学生的生活问题，系秘书也如此。

系的总支有些什么人大家不知道。

小偷不处理，该小偷是党员。

学生的信被没收，是不是有人在检查与偷。

校刊不登反对意见，随便删改文章。

（文件编号：E111）

浙师各民主党派会议

1957年6月2日

王承基：

本校400多工会会员（党员不在内），党派100人，各系指定一人，山上山下各指定一召集人。

目的：大放大鸣，改进工作。

方式：谈话，至多七八人。

发言：决心〈正〉整风，方法还不大有。

整风：

① 目标是~~具体的找问题，解决问题，有些同教育方面有关。~~学生乱放，希望也要有雅量，教学问题如何。

② 边整边改如何具体进行。

③ 组织问题：

一面鸣，一面处理。

待研究问题：

① 党员不主动，群众有顾虑，要求动员，党员过去主动，现在不动，党支书不动。

② 如何边改边整，如何组织。

③ 民主党派要帮助，如何帮——小会由民主派主持，党如何掌握？

④ 片面抓右倾，党委轻松，有的搞录音。

⑤ 罗校长的通知用什么名义。

⑥ 行政问题不要党去包？

⑦ 党员如何在整风中作用。

工会主席：

谈不到中放中鸣，形式主义还存在。不是顾虑，而是怕问题不解决。我们希望领导上先来，我们慢慢来，个别党员表现有顾虑，对放还不利。

多种多样的方法。

历史系讲师：

职员同志说：我们没有机会讲，工友也有这个情绪，他们怕说了不起作用。

学生报、大字报纷纷出来，放火很重要，大家有这个要求。

动员还不能说(很早提了一下，不深不透——焦)，《浙江日报》今天消息有推动作用。

体育科：

① 怕麻烦的还有。谈心方法较好，座谈会只能谈原则。

② 书面汇报。

③ 肃反问题要求解决，边整边改，先要看一看。

任铭善：

中小学要求放鸣，教育局不动。要有步骤。

党委还只满足于座谈会，缺少谈心。

陈立：

大鸣大放还没有。

改整风问题，要求领导随时宣布。

对校刊很有意见，不起作用。

王承基：

现在并不怕以后整，主要是等待思想。“边改”没有表现。大家希望知道整风的情况。

总务处：

许多[干部]是[从]工友提拔的，文化低。顾虑是：

① 三反、肃反教训不敢放。

② 怕成为目标。

焦：

开大型座谈会好不好？

沈：

① 要先动员，表明态度，过去主动，现在党员不主动。党员不动，只整总支书记。动员要有二个方面，党要先向党员动员。

② 群众顾虑还是有，怕报复，总务处就有这种情况。

③ 具体办法：

专题问题的讨论——大型座谈会。

教学问题要经过研究，否则是整教师。

蒋炳贤(外文)：

① 党支委先要动起来。

② 访问典型人物。

③ 报刊水平很低，要求改组，反映学风，主编要有学问。

④ 大会由党员主持，小组分头由民主党主持。

体育科：

① 非党院长担负行政工作，不要误工。

② 民主党派与CP如何联系。

（文件编号：E111）

师专汇报

1957年6月3日

1. 改制问题学生中有争论。
2. 有一部分人要向中央告状，要求合并于师范。
3. 成立放鸣委员会——代替行动委员会，有些学生要停课讨论。

（文件编号：E111）

高校党委书记会议

1957 年 6 月 3 日晚

刘丹：

大字报很多。

抗议高教部：控诉不重视浙大，小老婆生的。不做毕业设计。要求停课，对专家意见（汽车太优待），房子太挤，新房子没有造，要搞自由论坛。

师院：反对考试，理由：

① 整风。

② 要求补习，考试是教条。

院务会议，不同意不考，范围由教研组决定。

学生开会不要党员参加。

伙食问题：

① 思想上也要有阳光。

② 病号不要随便退学。

医学院：

反动言论：（教授言论）

① 中共政治局几个人决定 6 亿人口的命运。

② CP〈臭〉丑角多，旦角少。

③ 英、美民主比中国好，人民政府选举是固定的。

④ 官僚主义剥削教员。（助教）

⑤ 讲师以上有十五人被肃反斗争过。

⑥ 工资问题——行政人员工资太高。

⑦ 党内思想跟不上，还账及离开学校，到农村去。

吃不消，怕整。（党员 300 多人，包括医院）

现在觉得思想轻松了。（上次会议后）

农学院：

① 金孟加动员报告中说：“放的多是鸡毛蒜皮的。”大家都有意见。（党

内要批评——江[华])他太自负。还说:“将来还要整你们。”——强调暴风暴雨。

② 学生要求学日文。

③ 杨德华问题很多意见,M 认为是最好的领导。

④ 统配——不要党员参加委员会,并〈从〉重填志愿。

⑤ 自由讲坛,党员也赞成。

美分院:

① 没有信心,不解决问题。

[省委]研究问题:

① 党的组织,每个党员如何发挥作用,什么是主动性。

② 如何边改边教。

③ 民主党派帮助方法,党如何取得联络?

④ 青年团组织如何起作用。

⑤ 考试、毕业设计、行政问题不要党委去处理。

⑥ 党校去的同志用什么名义?

林乎加:

(1) 党团如何活动?会不会右派要不讲话?

仍要强调放鸣,中间份子的气要放出来,右派的话也要讲出来。打破顾虑,起码搞一星期。

党的组织如何活动?北京好似党的领导显不出来。

研究具体意见,建议改正。表示接受,不马上解决,有自己问题不解决,有气的要让他放,很显然的可改的要改,不要节外生枝。

(2) 党员态度如何?

动员放鸣,倾听意见,一般的不要搞签名。

党员可以发表意见,但不去驳人,党内组织问题不去外面讲,工作问题可以讲。

支部仍要分析,要活动,开会、汇报。

（3）青年团问题：

群众合理的要求可以参加。

通过学生会去领导，了解情况。

谷扩如：

学生要鸣放：

① 反官僚主义。

② 对运动中受〈曲〉屈的。

学生要自己组织起来干，要干校长。

集体签名，大字报不具名。

人事科干部有受〈曲〉屈之感。（江——档案材料不能交）

江华：

对我的意见，肃反问题要放。

农学院金孟加的话，讲得不对。金的思想又转又不转。放鸣不够，方针了解不够——放的目的有点偏差，去抓别人的缺点。重要是整自己，没有重点，就带不出后面的问题。有些同志有没有这个思想，要弄清楚。

党委要弄清，才能有核心。左中右问题不要露出去。

强调放，不要收，放的是艺术，大概近来起高潮才好。本星期要做组织工作，对外不要去放二个星期。

党的工作的弱点充分暴露了，工会被人掌握，学生会不起作[用]。

各系活动多是民主党派，组织工作要作准备。

党群界线要分，党员在工会中工作如何？党与团有分别，团应站在群众中去工作，团很复杂。

党委与行政要有界线——不能包办行政，可以建议。

现在不要反驳，充分准备后再说。

改整边改，要具体研究。那些是行政，那些是党委要分别，行政问题通过行政组织。

要准备罢课与请愿，有的要到北京。

要敢于领导，灰溜溜的不行。

北京电话：

（1）教员、机关放得不够，北京分班讨论，党内战斗弱，不会说理，说明政治教育差，教条主义倾向。问题拿到 M 中讨论，七天大放，半月讨论。

领导怕散乱，怕党团员要垮，工人不致于乱。领导不要轻易表示态度，划错了也有好处，右派声势很大。

（2）党团员如何办？

"根据自己理解去办"。

（3）问题如何解决？

本年能解决的就改。

法律问题，国家制度问题不能轻易改，留学生考试。

这次不要政治条件有缺点。

档案——适当时可以公开，准备搞一部分。

工厂问题——只搞大厂，技术人员、支部、机关，时间一年。

中学不搞，开一个老工人大会，工人万人大会，讲整风。

不是解决工资问题。

（文件编号：E111）

浙师三年级中文系学生请愿谈话

1957年6月初

（1）整风太迟，昨天才动员。（两不误，是不是怕塌台）

（2）整风与考试有矛盾，时间问题。道理说了许多，不能解决问题。

为什么通过老师来整风，对党委很有意见。九三学社的教员不了解同学不是反对考试，说了半天考试好。党委书记没有来看大字报。（同学很热忱，党委解答，要求打开局面）

共考三门。

（3）对党委意见：

大字报已经没有用了，三个主义：

① 不看报，不领导同学整风。（同学自发的）

② 传达毛主席报告迟了，（五月廿二日）是同学逼出来的。（五月廿四日决定学生进城）

③ 党员问题一般不处理。和风细雨办法不好，不能改正。

④ 党员不发言，党员不签名，有组织的。弄得对立起来了。

⑤ 论调不对，现在是你们提意见的时候，以后如何呢？（中文系三年党支部书记，宋冰）

⑥ 党委书记不来解释，请同学、老师来说考试问题，谁也知道要考试。

答复：

整风领导问题。

考试问题：

① 老师情绪，不能不考。

② 国家制度。

③ 整风的矛盾。

学生讲：政治经济学要考一本，吃不消。

中文从唐宋考起。

① 考试问题要党委与行政负责，党委请教师来谈，是不是党委挑起师生矛盾，首先要批评党委。

党委要放，就要考虑考试问题。

② 考试内容太多。

③ 学生参加整风是被动的，是官僚主义的。经过二星期也发生了官僚主义了。党委要收场，有压制民主的倾向。

④ 焦付院长仍然站在架子上看问题。在院务会议上，朱子英反复说来说去是考试重要意义。

⑤ 党员不肯签名，说大字报是反党反人民。

逃走了。(周文彬，三年级学生)

⑥ 陈有官僚主义——无的放矢，老师都是尊敬的。

政治经济学老师说：同情不考试。

做助手是要帮助整风，不是政治上损失。

⑦ 有一个解放军要诉苦，因为没有时间不能开会。

肃反受了心灵伤害。

[学]生讲：待明天再讨论(右派学生谈话内容)。

① 考试评分，书太厚下学期改，现在问题是考试的方式要改变一下，适当改变，不考有政治影响。

② 老师不考试，会不会不高兴？

③ 诉苦——没有引起应有同情，怕事，小事不管反造成政治损失。

④ 党员不主动，为什么不领导整风。有缺点。党员被整。

⑤ 整风延长在考试以后。

反对延长的——有人自杀的时间已〈化〉花了许多，吃不消。

⑥ 省委保守，对江华同志印象不好。不如上海，第一书[记]都参加开会，江华同志为什么不参加学生座谈会。

⑦《浙江日报》不登消息，省委领导不积极，比其他省委差。

(文件编号：E111)

继续开展整风指示

1957 年 6 月 6 日

省地市一级机关加紧整风。机关学校大字报作用：

① 揭发官僚主义。

② 暴露一部分有反动思想人的面目。

③ 锻炼党团员及中间群众(他们应当在大字报上批评错误思想和反动思想),利多害少。

至于民主党派及社会人士大放大鸣,使建设性的批评与破坏性批评都放出来,以便分别处理,[这样]大有好处。必须注意争取中间派、团结左派,以便时机成熟时即动员他们反击右派和反动分子。这是一场大规模的思想战争和政治战争,必须打胜仗。

中等学校工厂目前要主动下楼、改善工作、广交朋友、深入群众,以便上层整好,腾出手来再整下层。

在运动中左中右排队。

暑假中学生回家,其中有些人要到处活动,应争取主动,准备适当应付。

最后注意一点,在各高等学校和各机关,凡不合理的事而又现在能解决的,应当尽快解决一批,以利争取中间派,孤立右派。

今后要多开会谈——教职员工方面的意见通过工会。

① 意见态度,党委积极领导。

② 目标不明对教师——学生考试问题、学制问题、合并问题。

（文件编号：E111）

师专中文科学生谈话

1957年6月6日晚十时

学生：

1. 二年制毕业后不能当教师，功课太多，中国东西学得太少，外国文学也学得太少，如苏联文学。古典文学虽同系的一样，但学的太少，教师配备不好，多是助教，有的没有助教，课上得不好，态度不好说要发火。现代汉语不好，古典文学较好，只念了60篇(共约400多篇)。《战国策》、《楚辞》学得很少，诗歌没有学，我们都不大懂三曹作品，宋元明作品都没有学，来龙去脉不知道，《史记》作者不大具体理解，没有念。屈原作品也没有学，鲁迅作品只读过15篇，托氏的作品倒是读了。

2. 实习只有三节课，至二节，〈化〉花了100小时，作梦[也]备课。

批语："思想分析不透，言语不够形象化。"基本上否定了成绩，没有这许多劳动力，我们觉得失败了。

3. 要求不考试，让同学温课。

反对不考意见：是不是反对制度。

对考[试]：

① 要考二十六天，补课更吃不消，如果要考要早考。

② 不给我们补课，以后怎样办？说我们是优秀的了，这太可惜了。

要求改变考试方式，要求改为考查。

要求老师补充，自筹费用，每人出一元。

老师说可以不考，支持你们(系里意见)，我们反对的是说违反制度。

焦：

你们有急的情绪，矛盾是考试，提前考完。

考试一定要进行，方式可以改变。

考试与否不是党委决定。

(文件编号：E111)

关于本省大专学校最近整风情况简报

1957 年 6 月 7 日

（一）本省杭州六所大专学校，5 月间开始整风学习，下旬逐步开始鸣放，先后召开讲师以上教员的座谈会，接着在学生中进行对党的领导展开批评，目前各校大致已先后进入广泛发动群众阶段，但彻底鸣放还很不够。

党外群众对党的整风运动劲头很大，但顾虑尚多。教职员主要怕打击报复，怕说了不改，怕伤感情，有不少人认为对党员采用“和风细雨”，对群众是“狂风暴雨”深表不满。三反、肃反对群众的粗暴错误行为，余愤未消，因而也就不够冷静地来考虑如何具体帮助我党整风，更因某些学校党委领导干部情绪有抵触，不敢放手发动群众，言论行动上不够慎重，惹起一些反感，例如：浙农党委书记金孟加同志自负思想很大，不准校刊登载批评性文章，认为对党提意见，已经可以“基本结束”，一度引起很大不满。

现在党员对整风大致有几种态度：抱正确态度的，有怕揭露错误，消极畏惧的，个别的还准备回家种田（老干部居多），有的认为还是有技术的吃得开，不愿搞政治工作的（新干部居多），也有抱明哲保身，对运动采取冷淡态度的，也有无所适从的，由此可见相当多的一部分党员对党的整风运动认识还很不够。

群众认为党员在历次运动中都积极带头，这次却不大主动，尤其不满的是党员在群众会议上表示沉默寡言，不表示态度，也不对领导提意见，表示不满。过去被视为“落后分子”的反而带了头，针对这种情况，我们已在领导干部中，做了一般说服工作，但彻底转变还待努力。目前党员干部最大顾虑是过去工作中的错误，是非与责任很难分明。

（二）从初步揭露的材料看，对党的批评主要有下列几个方面：

第一，三反、肃反运动中被打的面积太宽，打错多，肃反的善后工作没有做好，气最大，也最普遍。教员与学生中一部分人正酝酿诉苦，学生中已经自动地开辟了自由讲坛。

第二，批评党的领导作风脱离群众现象极为严重，有的人甚至说：“没有看到哪个党员与群众感情搞得好的。”批评党委宗派主义，偏听偏信，不尊重、不信任老年教师，只听党团员与青年教师的片面汇报，非党干部有职无权，评级评薪、提拔干部、发补助金、发展党员、生活福利、统一分配学生等问题上很不公平合理。使用干部问题上，有只看政治条件，不重视文化学术程度；只重视党团员，轻视非党群众的宗派主义现象。平日同党员比较接近的人，群众对他们抱有或多或少的歧视态度，学生会与团的组织群众表示很不信任，个别学校学生又另行组织代表会，行动委员会的组织。（浙江师专）

我省有四所高等学校正院长都是兼的，群众指为"十足的官僚主义者"。批评党委平日工作缺乏与群众商议的作风，如基本建设问题，意见很多。许多事情群众提过多次意见，领导上拖延不决，有些事应办未办，有些事不能办的也不加解释，意见很大。批评有些领导干部盛气凌人，骄傲自大，缺乏诚意，有错不改，是〈自〉以为是。有些党员干部滋长了特权思想，群众批评党员是"吃苦在后，享乐在前"，几个学校党委书记及其爱人评级提升过高，有人说："党员干部升的快，满堂红，一般职员做了四五年一动也不动。"（浙农）

从现在情况看，群众意见基本上是对的，有不少是片面的，目前若干问题值得我们注意。

一是对三反、肃反运动的成绩与错误估计看法不同，很大一部分人不同意"成绩是基本的"这一结论，认为错误是基本的，现在师范学校正在开展这一个问题的辩论，个别的人甚至提出"以血还血"、"公开档案"的口号。

一是党员能力水平低，认为不能领导学校，少数人主张"教授治校"，也有主张"民主治校"，"校务委员会治校"的。党政如何分工，要不要党委制问题，目前争论未决。

一是各民主党派主要是民盟近年来相当活跃，有些学校已经联系各系科，控制工会，名义上是帮助党进行整风，企图取得在学校中的领导地位。

一是学生对政治课的内容普遍不满，师范学院学生反对考试，老教师怕学生拒绝考试其他课目，相持不下，有些人在酝酿罢考、停课。学生已向省委宣传部请愿二次，学校内部争论不休，可能影响整风运动。杭州师专部分学生要求改为四年制，要求与师范学院合并，目前争执尚未解决。

一是学生在整风运动中对教学问题上提出许多意见，教师很怕波及自己的身上，有关教育行政问题期待中央通过考虑解决，估计这一问题下学期还要有斗争。

（三）我们目前主要措施，继续大放大鸣，有些可以解决的问题，考虑着手解决，这一问题各校党委还不够重视，可改什么，心中无数，涉及个人利害关系的问题，顾虑很大，仍需教育与说服。

必须分析研究各种思想情况，防止准备整人的思想发生，对已发表的各种意见应有专人研究分析。

发挥各校党的组织作用，要求每个党员联系群众，倾听来自各方的意见，不去立即进行对一般问题的反驳，根据自己理解，发表对领导的批评意见，纠正一言不发的偏向。

学生批评教学问题中涉及教师问题很多，可能引起教师对我们的误会与隔阂，我们采取坚决保护教师的态度，要求学生对党的领导问题提出意见，同时向教师说明可能波及，避免意外。

运动正在开展中，以后情况当陆续汇报，希望中央宣传部随时指示。

中共浙江省委宣传部

1957 年 6 月 6 日

（文件编号：I71）

师范学院、杭州日报等来人谈话

1957年6月8日

师范学院秦亢宗助教：

① 要求陈立讲话。

② 党员思想对整风看法不同。偏差大，对非党人士批评有意见，系主任与教研室主任都辞职。（中文系）说系过去有宗派，对蒋祖性意见最大，因〈其〉系积极份子。

《杭州日报》编辑部来谈话（三个）：

昨日有浙大机制系二年级20多学生拿了几张大字报来贴，为什么不登学生消息，派记者来，为什么不登。

大字报贴了被报社人员撕去，谁撕的，答："本社撕去。"学生回去后，大怒。

今天记者到浙大去，〈时〉事先未与学生会联系，正遇大批学生要出发去贴报，写了抗议书，记者立即被包围。

学生要求道歉，录音向全体学生广播。

学校方面要做工作（刘丹说可以登一些）。李成浩也有意见。

在学生会议上说，有录音——记者反映。

报社说理。

① 中央指示精神，有步骤的进行。报导也有步骤。

② 二不误。

③ 稿纸有选择的？

④ 学校内部事情。（学生说要求杭州市人民支持）

问题：

① 用什么理由去说。

② 学生团上街要有布置。

（文件编号：E111）

各校汇报

1957年6月8日晚

(1) 档案要移出。

(2) 校外贴大字报如何说服？口径要一致。

(3) 师范学院中文系教员辞职，学生批评教员很多。

(4) 党员随便说话要注意——如说“不要M尾巴”；“有意见向省与中[央]提。”——农学院邱黎，支部书记。

(5) 学生拉教授，教员中有人在学生中挑，对考试问题，说是党委决定，因此请愿的很多。

(6) 注意排队——发火与反革命言论要区别，要有事实。

(7) 有些意见要及时处理——如一个助教的房子问题(农学院)，考试问题有酝酿罢考的可能。

(8) 向省委请愿问题——谁交涉办理，师专刘亦夫去。

谷扩为：

学生不要考试，是不要学马列主义。

浙大：

现有三个问题在找缺口：

① 考试。② 肃反。③《杭州日报》撕大字报问题。

经解释后，大字报不应贴到街上去，一部分还不通。今日开学生大会，当场有五个人退出。写了一张大字报：“再会吧，整风，‘我们还是做政治蝙蝠去。’”“坚决收缩是对的吗？”

明日出街游行可能[性]不大。

想探知党的指示是什么？

学生扬言：党委准备收，要收回大字报，回家去！

学生组织“动员整风委员会”，把党员挤出去。

(师范学院中文系)多系团员发起的。

"不要党团领导"（师专），口头上说的。

［有］一个人要退党。

林乎加：

由学生带出老师，打得太快，暴露不够。对我们批评已经差不多，现在要收集破坏性的政治斗争。不是整我们风，而是要整出去的问题。肃反中没有解决的，现在给了我们一个条件。如浙江大学情况，农学院都如此，现在是搞调领导群众，组织委员会，有可能示威。现在形势变了。

这个斗争面前的方针。给他一个缺口，让他放出来，搞三五天发动社会力量。反对学生反对考试，报社机关都要领导，不［要］学［生］去工厂。理由：整风应在学校内部，公开说一下。应予发动讨论一下。

二不误——不能罢课，考试缺点可以研究，态度明朗。发生事情，教师不怪。

党委书记少去谈话，让进步分子去谈话。

不要堵缺口。

刘丹：

这样做中间分子有意见，特别是教师。他们普遍不满，有拍桌子的。

林：

我们没有脱离群众。

江华：

贪污分子应即撤职，捞一把是时候，现在偏重这方面。一要做中间分子工作，现在心中无数，现在正如匈〈亚〉牙利事件的前夜情况。排队主要看是不是要 CP。按目前运动的情况看，小学生不能领导大学，从中央到基础，"小学生发号施令"！

民主党派内部有分化，战术要注意。［与］教师暗中有联系，有些旁观，两面说话，如浙大与师院。我们还没有组织。

重点是学生还是教师？主要是教师。

杨思一：

捞一把，右派还是反革命，群众团体要抓。

江：

民主党派中要做工作。

（文件编号：E111）

高等学校工会主席座谈会

1957年6月9日

（教育工会）

浙农，王福山（民盟、教授）：

省委如早召开这样会议就好，今天很感谢，摸索很久。

（1）行政开会，工会能参加，不能发挥作用，如工作量问题。杨[源时]部长来一说，使人无所适从，部长一说话，小干部就无法工作。

（2）省委对工会干部如何看法，大家都不要干工会工作，工会干部要鼓励。

（3）整风中工会工作情况。学生贴大字报，我们心里发抖，办了“争鸣映报”，稿子什么都有，有男女关系问题，对老师提出意见，杭州市的东西也有，我们认为非党的不登，学生东西不登，因此有了争论，说是压制民主。

学生稿子有“砍”、“杀”，我们认为要多“与人为善”，不要〈漫〉谩[骂]。

学生反对考试，工会发动先生也要鸣。

工会干部找党委，学生说：“你们还要到党委去吗？”有人说：“你们要站在M方面。”——要求一面倒。

估计学生再有二天没有什么可鸣了。但可能发生其他问题，也有一定。

浙医，储镐（教授、民盟）：

“党政不分”。东边与西边之分，党政分得很明显，党很有力，行政没有力量，但党不懂教学。

[对]林付院长动员报告很大不满，报告短，过去很积极。这次强调客观原因。“你对人有意见，别人对你也有意见”。行政人员自卑感最大，至今不敢说。

党委叫工会由各民主党派领导工会来鸣。

初步鸣放资料，只准科长干部看，工友不能看。

工会目前工作：

① "鸣放委员会"——各民主党派领导的,民主情报,一个个……[1]

② 解除顾虑——怕报复,要求党委表示态度。

要求能解决的马上解决,以解除顾虑。目前情况比较好一些,如洗澡问题的解决。

大字报要录抄下来——照相了大家怕报复。

最好出大字报底稿放在意见箱。

③ 教授讲得很少——15 个通讯员用访问方法,签名。

④ 院务委员会已改为学术委员会——考试问题由学术委员来讲。建议工会委员拟稿纸,由教师来签名(政治课问题)。

⑤ 考试委员会工作要注意,如只根据政治条件是不对的。领导要注意。调干学生内定录取,是违法乱纪。(已有所闻)免试录取更不对,有保送的,去年质量很坏,教师很有意见。

据说卫生厂派送 60 人,教师不同意。

楼学礼(师院)(无党派):

① 对工会工作是悲观分子。一直是做工会工作,几年来渐渐情绪低落,工会工作在各项工作中排不上,工会主席的话没有人听。

② 考试,我主张一定要考,工友说了,学生可以不考试,我们吃饭可以烧二顿。以党代政,一时难以扭转,上级党委要注意。

③ 鸣放问题。三反、肃反都是省委同志来讲话,这次是各校党委讲话,过去是何省长、林乎加等来动员,上级党委看……

吴向(浙师院)(教授,民进):

这一周来工会工作有些转变,山上主要是搞黑板报,过去工作工会插不进手,这次不同一些。

整风自外而内,要有工具,我们意见应由工会来办。不应由宣教科来搞。

这二次座谈会对历次运动讨论很好——三反、肃反运动。山下开得不好,党员说:"你们对肃反有意见,就是打了一下。"这是原则的错误(楼学礼意见),

---

① 原文缺。

要求恢复三人委员会。

山上开得好一些。

群众有几点意见：

① 过去的打虎将，什么运动都是他们，这次又是他们，群众很有意见。

② 各民主党派与工会关系。工会不应含于民主党派内部，因为工会是包括许多无党派的人。工作委员会内只有二个人是工会干部，要求增加名额，民主党派有顾虑，怕工会加进去，力量大了，他们主张包括运动中受委〈曲〉屈的人，我个人主张“老虎”与“打虎将”都可参加，不应把“打虎将”清出去，不应退出，这样真正是帮助了党。

民主党派怕打虎的与被打的吵起来。

王福山：

平反问题意见很大，怎样办法，心里话没有说。

主张各种小组会，大家都去说，“打虎将”参加就不愿说。

意见用记录。

慢慢改造，群众最不满意。

吴向：

黄全荣，打[人]者已向被打者说明了情况。

高级知识分子希望省委派人去，低职行政人员不要党委同志参加，怕报复。

储镐：

党员不讲，别人最有意见。“识相一点”，大家不愿开口。什么都是党内通报，造成墙。谁知道你们说什么，就有顾虑。现在还有“你们”、“我们”。

林新民（浙大讲师、党员）：

要求省委表明，党员应起什么作用。

浙江情况：成立一个学习委员会，教职员、工人沉默，学习时工友谈了一些，教师没有畅所欲言，主要是给以园地（座谈会不开了，大字报不好写，时间也没有），顾虑尚多。

办法：工会组成调查组，处理退休问题。

顾虑最大的是历次运动，没有谈。群众对肃反意见最大。

吴向：

考试问题，有些乱。院务会委员第一次正式讨论学校重要问题，是一种改进。学生代表也参加，教师一面倒，讲要考试；学生跑宣传部，作业不能算考试。学生不要考是少数，政治课不要考不妥当。

工会与民主党派的关系问题：

有二种方式：

① 一种是以民主党派为主，组成工作委员会（师院）、学习委员会（浙大），工会干部参加。

② 以工会为主，邀请民主党派参加（浙医、农学院）。

美分院（戴英浪）（图书馆主任）：

① 教师写稿最多，职工工友也有投稿的，学生反而少。

② 目标搞不清，相互批评。

党委书记（高）动员有毛病，领导要注意。

对领导很有意见，但顾虑多，"闷棒"不解决问题。

目前作准备工作，开学时整风。

要求解决的问题：

① 编辑刊物没有专人负责，目标不明（团员编的）。方向不明，弄出偏差，党员干部态度不明，李永鸿的动员报告不好，觉得是假的情感。

② 肃反运动许多意见没有说出来，大家要求发表意见，处理。

③ 领导人说不要戴帽子，群众不满。平反问题没有坚决道歉，普遍不满，自己错了，就是错了，怀疑运动能不能搞好。

党员干部不愿人家发表批评文章"二个人口头就好了"，群众看法不同。

个别老教师要讲，要吕志先去。要求继续开座谈会。

浙大（工友）：

行政人员工友顾虑多，怕报复，没有技术，评级升等没有标准，调动工作很容易，新工人讲得多，老工人不大说话。

学习委员会不大民主，会不会官官相护，还是那一些人。

林新民：

工会现在的有利条件：如行政福利等问题，现在以过问了。（过去由人事科独管）现在可以争一下。

要求省委每委派一个领导人去。

浙医：

周林去领导 M 是对付，要求改换。

农学院没有人去，师专没有人。

要求对学生讲一次话——学生很激动。

师专，程其坚（主席、教学人员）：

教师根本没有谈自己问题，平淡得很。

帮助整风反映不出来，目标不明，对党领导提得极少。

原因：① 党委决心态度不明确，动员报告不好。传达学委会决定批判五怕，批评群众，大家都不动，民主党派没有动。

② 学委会“钦定”，大家不要搞，党委不管工会，许多事不了解，工会组织作用没有起好。

焦建华：

厂委明确交待，党员可以自由发表意见，解释怕群众不发言，为了鼓励放鸣，三风不正可以揭发。

林新民：

省委的学习已传达。

储镐：

没有领导的鸣放，M 斗 M，工会很担心如何收拾。

“带引号的积极分子”——M目标乱。

美分院，高书记说，教员与学生有矛盾，也可以揭发。

（5月间讲的）

“过去认为凡是人民内部矛盾提可以提”（浙医）。

要求教职员开一次会，学生也开一个代表会议。

（文件编号：E111）

杭州饭店联席会议

1957 年 6 月 9 日晚

医学院学生准备游行，示威旗帜都撕了。

四、五年级坚决收兵，也不贴大字报了。到上海去联络。（华侨学生）

医学院现措施，党内进行一次教育说明情况。

学生出外调查居民，做杂工的工作，从工人工资问题中挑。肃反问题到处做报告，要求恢复名誉。

林乎加：

党员中要有分别，可靠的同他谈一些，动摇的不谈，对《人民日报》社论说明有一些人的同意，一有毛病，党员要压回去。

党团只要能掌握情况就够了。

浙大：

对党员划了二条线：① 不上街。② 考试制度不能反对。

机械系一个团支部立即在刘丹发言后表示反对。“再会吧，整风是〈洩〉泄气运动，打击党委，党员出乱子。”一个事务科长说：“八小时工作制有困难”，“有一些放鸣不好，刘校长，科长还是科长”。〈漫〉谩骂很不好，昨天就大轰。

一个教师说：① 不要党委领导。② 教改工作一概否定。

董太〈和〉龢：

批评省委错误，党员是党的化身，如张树森，逼死一人（三反），就派去杭县当县委书记，不处理。党如何不脱离群众。

周讲师：

① 党委领导，不执行计划，不同意书记不是反对党。

② 外行能不能办学校？等于〈〇〉零。

③ 马列主义有局限性，没有 CP 也能建设社会主义，知识分子领导也能建

设社会主义。

④ 号召党员揭发党的错误。

⑤ CP 只能领导总务,这是苏联经验。

党委宣传科不赞成开自由论坛。

今日情况:有学生到上海去联络,一批到省委请愿。

反对政治课考试。从省委回去后,七个人动员人,搞一个通宵,写一篇“目前形势”。向党委检讨“错了”。放鸣学习二不误上有错。

“退一步进二步”口号。

秘密活动,开会,“在某地方开会”。助学金问题上提出批评。在校内散播“收兵”气氛,组织新的进攻。

今后做法:从肃反问题引起争论,考试事要改,校外情况,还在活动。反动活动还在组织中,如师范学院派人到浙大来看大字报。还有到宿舍去的(有40 余人)。

担心的是不要收,右的方面特别不够。

教师收获太少。想在教师中放缺口。

时间太少,背后的没有露头。

他们一面批评党委,没有领导,党员脱离群众,一面承认错误。

党内队伍要训练,经常发言不慎。

中间分子要出去争鸣。又要争,又要放是矛盾问题。考试与争鸣矛盾。

李浩然:

① 考试时间矛盾。② 一个学生,为了反对考试,三天不上课。一年级一个学生对肃反问题情况了解很多,要求改选学生会,开学生代表大会,说团员层层被压,《杭州日报》不登消息,是怕社会同情。

农学院:

不签名的叫做“汉奸”。

考试问题——24 小时内要答复,否则要罢课。

二个团支部书记带头,师范学院一个学生带着被子去,犹豫的占三分之一,坚决主张考试的也有一部分,宣誓的一个班。

大字报为什么不能骂党员，考试问题很多，农场大字报也要求休息日。

[提出]党团退出学校，民主党派治校，粮食问题不满。

三反、肃反问题可能要争论，但也可能缩回去。

他们说接到了 CP 的恐〈吓〉吓信。

师范学院：

昨日到《杭州日报》贴大字报。

“教授治校”、“党团退出学校”——口头上谈的。

一个学生说：党员校长欺骗，不配作校长。

考试问题——中文系尚在谈判，党团员在内。

14 条建议发出来了。

肃反问题攻得很凶。

拉工友，搞工资问题。

系二三有教师在挑。

凡是党员都被攻击。

王子达：

打报馆事：指挥有些不灵，各色人都来了。派了 5 个代表与学生谈判，有钢厂工人，完全自发的(有三轮车夫、工人、职员)。群众看到医学院学生，就要同他们谈判。为什么要贴大字报，对群众宣传影响好。“学生闹事，一年一千多元，不好好读书。”

林乎加：

这一段主要搞阶级斗争。

资产阶级有四条要求：

知识分子：

① 能不能领导，搞兵的挤出去。

② 知识分子领导工农，为工农兵服务，不赞成。民革要求“还政与民”。

③ 抹杀肃反成绩。

④ 出版新闻自由。

⑤ 反对统购统销，拉农民。

⑥ 拉工人。

《浙江日报》标题太大对我们有影响。

回去动员放。他们企图搞匈〈亚〉牙利，全面展开，争取上街。

他们〈化〉花样——① 争取 M，孤立我们，地下组织要发展，锻炼人。

② 其次是由红变灰。

对策：

① 大放，便于教育，提〈攻〉供教材，愈过分愈好。

② 搞出他们的组织。

③ 登报刊发表，留下教材。找理由批评，找左中分子，党内团内讨论，露头的不要看为主要对象。

④ 电话要准备好。

（文件编号：E111）

党委书记联席会议

1957年6月11日

应提出的问题：

1. 学生的意图——(师院)不考试，发还膳费，不要政治鉴定，二十条公布后反动面目暴露，对我大有〈理〉利。教师疑心顾虑大。中间分子建议有许多是好的。运动尚在发展中，“暴风雨快要到来，争鸣还只开始”，政治与经济目的。

2. 非党校长情绪要稳定，是否开一个座谈会，或由各党委找他们谈，怕今后不得了。如考试等问题要支持他们，又要说服，适当让步，改正一些不合理的事。学校民主党派应开一些会，谈《人民日报》社〈会〉论，学校问题。

3. 三反、肃反被打击的与学生互相呼应，党委应当表示态度，坚决处理，安定他们情绪，有些应作道歉——责备这一点很〈大〉多。

领导坚决不肯承认错误，三天诉苦已经够了。

4. 如何放鸣？既要放，又要谈争取多数人有关问题，老教师谈心方式比较好，他们代表各种人物。

我们的反驳暂时不在反共方面，辩论要不要考试，为什么上街去，资产阶级民主与工人阶级有些问题自我批评，改进工作争取中间分子(如王秀英住疗养院)，工人的要求要注意。

5. 无理取闹的事坚决不同意，态度要一致。如上街，要报纸登消息，必须说明。群众对此还是不了解。

6. 党的队伍训练，少数坏的让他叛出去，争取对面的起义，揭发他们的阴谋。对《人民日报》社论可以发表不同意见，以来糊涂他们的认识，党委要研究材料，观察形势，定出对付方法。

若要只依靠省委的一般性布置具体对付，同时也要说明。

我们的整风目的，好的意见还是要倾听。

火气与反动要有分析，依靠群众，相信M的多数。暑假内要[搞清]是非。

师院：

有人不同意《人民日报》社论——阶级斗争没有消灭，放鸣是假的，你们发动的，顾虑较大。

[redacted]党整风委员会改为鸣放行动委员会。

刘丹：

自己还不知道自己的罪恶，团支部公开带头。

到现在还是心中无数，应当组织中间分子，攻我们肃反问题不放，独家放，封我们的嘴，中间很受影响，ブル民主作风，这是一个斗争。全国也在争这个问题。

要冷静地坐下来想一想，要反问自己。争取中间分子，可以立即改的要改，群众不教育是一个问题。

打扫战场，再作一些具体措施。

他们的策略很灵活——向省委来欺骗说自己错了，说我们欺压散布谣言，表示痛哭流涕，非法活动。

多数人是好的，帮助整风。

他们在组织自己的力量，整顿队伍。

金孟加：

师院肃反控诉会方式不好，被动。

争取中间分子原则，时间方法要考虑。

谷扩如：

对方在收。他们写出总结性的大字报，"我们只有一个脑袋"，到处找同情者，发动工人，领导上要统一认识。

下步有没有条件，要研究对策，对党员要有信心，对 M 打气。

闹事的 500 人，中间分子教育，骂 20 条，肃反确是有问题。

戴光：

情况压不下去，民主党派也在攻，抓小辫子。二个建党(对象)同意储安平的意见。队伍不训是不对的，说明形势，要活动。

李浩然：

拉过中间分子，他们不鸣了，要晚一些再争取。

林瑶：

他们在收，准备放假，现在要〈反〉返校。

争取中间分子与放鸣有没有矛盾？

工人被拉过去了，我们不能不争取。

刘丹：

不同意李成浩观点："以退为守"，有没有这个情况？要分析。知己知彼很重要。

林乎加：

你怕人家控诉肃反，这个观点不对。你有错误也不怕，到处堵不对，有罪的也可以让他说。对公安局违法事也要查。

《人民日报》社论发表后形势有变化。反动言论觉得有压力。

敌人还在继续发展群众，找缺口，"收兵"是假的，反批评在一个星期之后。

我们要组织党团员中间分子，暂时忍气。要如何造成有利于放的条件。

捞什么？中间分子要吐苦水，[放]反动言论。有困难的学校省里去讲，让人诉苦，消灭〈臭〉丑恶。怕揭露是假主动。动员他们吐苦水，同时恨CP的也来讲话了。最怕领导同志想顶回去，是最坏的。（争取中间与引出来没有矛盾）

每次讨论有放与收的争论。李成浩也有这种表现，同意每个学校具体讨论。（同意陈的意见）

确定放的方针，也不怕叛变。（保批作风恶劣的，就是宗派主义，敢于承认自己的错误，才能提高威信——江。）

整顿队伍——要搞清情况，达到每一班的情况，个别谈话，看他态度是否坚定，不要一般的整顿。

个别党外人士要做一些工作，妨碍团结，让他吐苦水。他们撤了，反动分子就孤立了。

对党员还是不去领导全体，只联系个别的。

(〈退〉推迟考试，减少考试课程——高教部指示)

陈伟达：

① 左中右分子要求意见是什么？具体分析一下。召开中间分子座谈会，中间分子鸣出来，右派可以引出。分头谈。

② 每班发动情况要研究，教授要分析。

③ 放得不够是基本问题，师生问题可以放，如肃反问题，班次不同，要求不同。工人里面如何，也看各校情况。

千万不要随便排右派，人数不会多。中间与右派要十分当心，下学期组织工作要准备。

（文件编号：E111）

浙师党委会议

1957年6月12日

焦[梦晓]：

事实上放得很不够，数学三年级要求〈退〉推迟考试，要求发言，90人中要发，自发组织了行动委员会。教育系进步势力大，阻止人家讲，批评人家为“应声虫”。二年级很猖狂(67人)。(第二班)

物理系、生物系三天三夜谈不完，要求诉苦。

数二进步势力大，压了人。

朱：

山下学生在收，大字报还在出。组织自由讲坛，下学期再搞，支持中文系罢课。

现在要实事求是，调查研究，签名，有人主张彻底搞，纲领很多。山上情况。

王：

放的条件：考试是矛盾，如何〈 介〉解决一些具体问题，可以表示态度，用监察委员会名义出布告。

通过个别班来搞，二条要求：① 改善中学教师待遇。② 拿出全部肃反材料。

教师：

要求我们表明态度。(对历次运动)

山上：

放还有条件。

① 考试延期，昨天又动起来，数学系有条件。

② 正面批评少一些。

③ 能解决的问题即行解决，生活问题如补助金。

肃反表示态度，道歉。

④ 积极分子被拉过去，党员没有个性。

⑤ 肃反问题是主要的。

① 要放烟幕弹。整风与反驳反动言论，主动与被动——作一次动员，打破顾虑。

② 组织分工——党团员中要找一些专门组织情况自报，工作要深入一步，各班级情况要具体。敌、我、友三方情况。

③ 具体问题如何处理——要分类研究。组织参谋部，研究问题，准备辩论。

④ 平反委员会——提出意见。供给材料。

⑤ 明天开各党派会议，要求省委召开一个非党校长会议。

浙医汇报：

女教师方面言论：

① 两党制，可以互相上台。

② 积极分子都要不得，分为四等。

问题研究：

三个主义从那里来？反对专政。

陈桂新：

① 从党天下来，群众组织是"纽带"说不同意。相信党团员、积极分子，如何不成宗派主义？ブロ专政制度是三个主义根源。

② 不要 CP，能不能建设社会主义。

两党制，互相上台。

大学里 CP 能不能领导。

中间分子思想动态：

① 不了解整风是为什么，彷徨歧路。

② 被斗过的要求温暖。

③ 不明了什么是反社会主义的论点。

④ 批评与反批评。

（文件编号：E111）

师院师专汇报

1957年6月13日

今天要考虑的问题：

(1) 明辨是非如何做法?

(2) 对方收兵如何继续放?

《人民日报》社论发表后动态：

(1) 教育系、生物系，普遍对社论不满。

认为是收了，“工人说话了”，知识分子是不是工人阶级。

(2) 有没有真心诚意统战，对蒋介石还要统战。

“阶级斗争尚未熄灭”很怕，不必大惊小怪。

(3) 也有赞成的。

鸣放情况：

大部分沉默，在个别问题上还在攻，发表了21条，对考试问题抗议院务会议决议。发动工人要求加工资，攻击党员。秘密开会，学生参加。

普遍搞平反：① 结论重做过。② 要求制裁违法乱纪的(保卫干部)。③ 反对政治鉴定。④ 公开档案。⑤ 成立平反小组，同学要求参加。

民主与集中制问题：

① 个性问题，个人没有自由，个人愿望不能实现，如出国自由。

② 农林问题，对统购统销政策不满，要求发动农民整风。

放不起来原因：

① 中间分子一般都已讲了。(山下)

② 准备考试，时间有矛盾，找积极分子谈话不来，“捧得高，摔得重”，对社论有影响。

下一步搞法：对学生方面：

① 辩论20条，在各班中进行。

② 开小型座谈会，没有谈的再谈。

③ 报导消息，大字报再出。

江华：

因为考试，全校性搞也不可能。医学院上街是高潮。

反批评来了，有些怕，各校都如此。

鸣放方针下如何改变方法方式。医学院被 M 打回去了，所以呈逐步平静状态。

目前转入到各班系里去。

师专：

学生在等待合并消息，现在是个别活动。到师院去打听，可能还有事要闹。学生在居民区贴标语，居民反对，学生自动撕了。

教师三不提：

① 学校不能解决的问题。

② 个人问题——三反、肃反问题不提，党能不能承认错误，怕反驳。

③ ……[1]

目前布置：

① 四个民主人士开座谈会。

② 教学问题。

③ 党群关系问题。

可以继续放鸣，要求边整边改。要求设意见箱，不愿在会议谈，有的要求个别谈话。

学生方面：

① 做一个动员，对院校合并问题不解决，不愿放鸣，要解释，对教师意见要阻挡。

② 开一些小型座谈会。

（文件编号：E111）

① 原文缺。

高校情况汇报

1957 年 6 月 14 日

美分院：

最近仍开座谈会，工会与民盟有一个放鸣小组，一个刊物，不要党员参加。

党委制问题有争论，党内有解放派与地下派，肃反扩大化、神秘化。

农学院：

① 要求改组党委会，要求杨德华回校；金孟加滚出去，大家在活动。

② “争鸣”——过去不许别人言论登，现在说是党委不支持。事实上是几个人写的，工会名义，主席不知道。民主党派施亚夫、陈柏林代办，现在要求党委派人参加，我们不去，他们不放心。

金孟加：

如何点火？学生方面：考试问题很紧张，学生要参加院务会议，很紧张。一派反对罢考。(政治课问题)先生说：“此风不可开。”结果压下去，带头的也回去温课。

对《人民日报》社论展开讨论，开自由论坛，明日进行。

肃反问题——植保三意见最多。

教师方面——主要讨论《人民日报》社论，十几人反对。

现在要研究如何放鸣。

江华：

工人罢工要堵。

党委发言要经过省委批准，要封口。

高潮在 10 日以前，医学院上街游行。

放的方法：小的自由辩论，民主党派自己组成的，我们不能承认——社会主义同盟不承认，只能承认工会与学生会。

党员说话是时候了。好的批评要虚心接受，不要翘尾巴。

党内做二件大事：

① 争取中间份子，团结他们，同陈柏林要谈一下，不能把学生排队，会犯大错误，党委中也不能随便说。

② 准备工作，把论点要分清，要改进的要有措施。

③ 党团员整顿工作，骨〈干〉先是第一步，转到党内来和风细雨搞。

（文件编号：E111）

浙江大学汇报

1957年6月15日

浙大：

还在放鸣，有争论，电机系分组讨论，土木系在推动。

中年对《人民日报》社论争论多，年老的顾虑较多。

校车中论谈很多。

学生放鸣小报还在出版，劲头不小。章回小说还在出，大字报较少，工人方面有活动，传达室、理发工。老工人很好，对比很有力。

学生练习簿上写CP杀人放火，大骗子。

职员方面还在放，工人大字报多，肃反喊冤（善后工作）。

党内情况：还是混乱，对《人民日报》看法不同，有人认为有粗暴态度。（马列主义教研组讲师）

（江华——党员根据自己意见争论）

党内现在集中要争的问题，一直到放假，要做准备（7月26[日]）。个别党员看了社论翘了尾巴。

江[华]：

重点放在中间分子，多设园地，吐苦水。教员与学生都一样。

李浩然：

党内有人同意“党天下”说法。

党天下与宗派主义混为一谈。

党员认为中间分子已脱离，很怕。

准备召开党内骨干分子会议，研究反动论点。

江[华]：

下一步仍放在教职员中，鼓励要多，不要批评，不要把出面的看为落后分子，如施有光与陈柏林。

不准指人为反动观点、反动分子。

有些党员拿《人民日报》社论作〈当〉挡箭牌，要防止。整风目的将来要谈，现在不谈，差不多时候再说。党员对民主革命与社会主义革命分不清，ブル思想还存在。

今日发表《人民日报》社论："是不是立场问题"——建议全国讨论成绩究竟是不是主要的？不了解这一问题，否定一切，造成思想混乱。

陈伟达：

① 党内对整风认识不足——党与群众关系。

② 立场问题不明，是非不明，如[反对]"以党代政"是什么用意？

③ 简单化，靠《人民日报》社论，生硬对待群[众]。

如何争取中间分子问题：

① 那一些人是中间分子，思想特点是什么？

② 用什么方法分化。

③ 研究右派思想。

（文件编号：E111）

江华整风运动报告

1957年6月20日

（各大专学校党员大会）

（一）为什么要整风？

理论上说，批评与自我批评为了取得教训，为将来胜利取得条件。

（二）目前情况

当前运动性质，剧烈的政治——阶级斗争，解决二条道路问题，不是思想问题，整风实质上也是阶级思想斗争问题，但不是改变制度问题。

政治制度是ブロ专政，党领导的国家，已经解决。但还有一方面没有解决，500万知识分子思想问题还没有解决，右派在助党进行整风口号下，反党反专政。

思想混乱，党内外是这一问题。

我们要学会运动的变化。

内外夹攻，三大好处：

① 党外人士敢于批评是好的，是一付凉药，必须虚心听取批评，尤其中间分子提出了许多批评。右派以为天下大乱了，“说农村大乱了，省委注意”。

他们提出“滚出学校”、“改组党委”。

② 说从省长到乡长都是无职无权，以党代政。

念大字报。

右派的批评有一些也是对的。

右派特征——政治态度是右的，形式上合作，平时合作，有时不合作。暴露了右派。

③ 好处——团结中间分子有利，我们还做得不够。

放就是领导，每个党员独立作战，不给子弹。听了一个多月，还没有答辩。我与林乎加的名字都上了报，到台湾去了，这个很好。

不必怕，相信一定要取得最后胜利，被打的是向人民进攻的阶级，不取得胜利，决不罢手。

社论发表得早了还是迟了。

(不搞清楚不放假。)全国[6 月]10 号都是高潮,所以不早,人民已很生气了,不发表,可能出现匈〈亚〉牙利事件。

三道墙不〈折〉拆:

① 不上街。

② 不许在街上贴大字报。

③ 不许罢课。

杭州城墙是很高,不能〈折〉拆掉(指报上一篇文章)。党内秘密不能〈洩〉泄,这是一道墙,同右派要划清界限。

社会主义是一条沟,不能填满,要筑得高高的。

下一步工作:

把党内外 M 组织起来,反对右派。

农村工厂搞增产节约,机关一部分整风。

用各种各样方式争鸣,有一条要记着,二不误原则。

点名要经过省委,防止翘尾巴。

(文件编号:E111)

宣传部分工安排

1957年6月20日

(1) 大学的理论反驳,现在没有助手,其次是材料分散,省委搞还是宣传部搞?

(2) 前线需要子弹,理论教育处写的东西供给那一方面用。

(3) 学校教育处与科学处明合暗不合,教育处四个人如何发挥力量?

中小学肃反问题——干部处与中小处合搞?血防办公室如何?

部的工作要与省委的工作相配合——对知识分子问题,是目前的中心问题。

商景才:

理论教育处工作要省委统一领导,不好工作。

黄逸宾:

整风与日常工作分工要一致。

李佩南:

向群众如何宣传?具体问题很难抓。(如学徒问题)

吕[志先]:

只能推动有关部门去搞。

巴一容:

反驳右派思想应当由各组一同进行,不能集中在理论教育处。

吕:

大学辩论问题,我们帮助他们研究,提供材料。

群众宣传工作,推动各部门自己来做。

(文件编号:E112)

各校情况

1957年6月20日夜

骨干思想问题：

(1) 干部认为为什么不布置，调干生要打回去，一致对外。埋怨。

(2) 对运动性质不了解——新党员看不到〈介阶〉阶级斗争，医生还是刽子手。

(3)《人民日报》社论问题。

(4) 右派思想是什么，党的整风意义，“言者无罪，闻者足戒”的■。

(5) 行政干部抬不起头，青年党员说他们不行。

(6) 这次运动领导是主动还是被动？

(7) 党过去工作有错误，所以人家来批评，不同意《人民日报》的社论，储安平言论有什么错误？

(8) 批评不等于反党，是干部不行，同情他们的言论，不等于不要党委领导。

(9) 什么是恶意是善意分不清。

(10) 新闻自由。

(11) 成绩是不是基本的？

(12) 右派标准是什么？

(13) 反右派是不是转移目标？

(1) 修正主义与教条主义——否定一切与肯定一切。

(2) ブル民主与社会主义民主。

(3) 三风是不是从制度产生。

(4) 党的领导问题。

(5) 运动是社会主义革命问题——一切运动是不是都不对。

(6) 运动的性质。

牛科长作风——伙食。

虚心接受,意见书放到纸箱里。

金孟加,1+1=2,补助金。

邱黎(文书)说:

“不要做 M 尾巴,有意见向中央、省委提。”

一个预备党员要退党,不办手续。

一个助教有 80 岁祖母,一个小孩,住在三层〈搁〉阁[楼]。党员住好房子,申请了一年没有解决。

团委包办学生会(宣传部设在学生会,体育课没有……)

党员付院长坐汽车,非党付院长走路。

崔建华三头六臂——媚上压下,排挤……

杨德华为什么走了?

(文件编号:E111)

教育工会座谈会

1957 年 6 月 20 日

医学院汪宋宝(工会付主席):

(1) 基建问题:只能解决十余家,申请者一百多家。

(2) 工资问题:党委已降低六个人工资,大家都满意。

(3) 三反肃反问题尚未解决。

(4) 工友福利问题——对他们照顾少,与教师比太少,平均主义思想很严重。

(5) 右倾思想,挖老根问题,工会也有谩骂的来稿必登,各种座谈会讲师以上发表意见很少。原因:信心不高,顾虑多。

民主讲座:到了十多人发言,大会里怕发言。

(6) 民主党派整风如何做?

农学院王福山:

助党整风情况,工会做得很不够,有六项工作:

(1) 三反、肃反遗留问题。

(2) 教学改革中问题。

(3) 物资保管,房屋分配。

(4) 农场的领导,教学配合问题。

(5) 生活福利问题。

(6) 人事工资问题。

(7) 批评三风问题。

工会对这些问题过去都没有注意。工会工作做得很少。

群众思想情况:有一个一棍打死倾向。"滚滚滚,杀杀杀!"反批评开展以后,群众思想混乱,如何划清界线有困难。

① 杀滚认为是夸大而已,党员与党的关系分不清。主要对学校党委有意见,看了北京的消息,思想就混乱了。现在反右倾的大字报很多,现在报纸消息[使]脑子清醒了一些。

② 助党整风用右倾思想去帮助是不行的,准备用正确思想去整风,现在

正在考虑中。如何做,没有经验。如“党天下”为什么不对,要解释,提高思想认识。其次,工会要重[视]福福利问题,工作不好,结果终要揭发的。

现在学毛主席报告,对不正确思想进行批评。金孟加提为院长,大家说:“农学院完了!”大家有顾虑,怕受处分。

师院吴向:

老师鸣放情况,开过三次“历次运动问题”座谈会,始终没有通过其他方法鸣放,主要是学生,压倒一切。

工会开一个扩大会议(十二日),主要意见:

① 工友得不到支持,要求工会支持。

② 要求解决把二个党员调回整风。

③ 不要二年制学生当助教。

工会在鸣放中如何起作用?要求发表文字东西“明辨是非,划清界线,继续大放大鸣”,发表,现在大家怕犯错误。

工会作用:学习毛主席报告,六篇社论,学习座谈,要求党委帮助,然后全院展开全院学习,要求党委做报告。

楼学礼:

历史系近来很少肯讲话。

个人心情:很着急,教师整个停下来,个人比较讲得多,现在也不讲了。

① 如何继续鸣放。

② 暑假问题。

③ 房屋问题。

④ 民盟大会,今天下午在山上开会,展开整风。

⑤ 福利金归谁管,教师不要公布名单,行政与工会补助分不开,学生会也挪用,要求行政公布。

高教部与人事部对制度有矛盾,谁批,谁管?如何使用。

浙大王爱民:

学习委员会,由各党派工会组成,不是领导干部组成的,工会作用不大。

① 学校制度问题很有争论，为何党政不分。

② 肃反问题。

③ 退休问题——犯错误的与退休问题混淆，群众很不满，人事科不懂得，违反纪律，被迫退休的很多。

④ 家属中有文盲的，做了职员，党员家属照顾很多。

⑤ 教辅人员问题，如何刊，空头支票多了。

⑥ 员工都要带家属，房屋成问题。

师专：

《人民日报》社论发表后的意见：认为批判还是对的，但不懂得其中的划线，有人认为是不是太早。

要求个别谈话。

“工人没话了”。好像自己不是工人阶级(中间分子思想)。知识分子要不要改造，二重性问题。

美分院：

(1) 目前工作：

① 个别访问，聘了十多人作为通讯员。

② 恢复政治学习。

(2) 工会如何起作用?

① 继续组织会员放鸣，特别是教师。

② 监督行政，边整边改。

③ 教育会员。

④ 组织作用要发挥，现在太乱，如鸣放委员会。

(3) 鸣放顾虑必须打破。

① 社论发得太早。② 帽子。③ 压力。④ 知识分子不是工人阶级。

医学院：

(1) 要求开职工代表[会]，解决具体问题。

(2) 组织问题：鸣放委员会是不是继续存在?

第一医院是民选的，反而不民选，群众有意见。

师范学院：

群众反对民主党派组织的十八人委员会名单，说为什么工会只有二个人参加。焦院长说是联席会议性质，工会组织作用照旧，但当作工作委员会名称不相称，群众非常重视，性质与任务搞不清楚。（吴向）

（文件编号：E112）

吕志先传达省常委讨论意见

1957 年 6 月 22 日

省常委讨论传达：

右派言论党内外思想认识不足，怀疑为什么整风变成了反右派，民主党派停止发展，他们争取工会领导，干部缺点丑化，左派没有形成，中派不敢说话。

机关干部学习，右派同一般小ブル思想要分开。批评右派观点，不要点名。宋[云彬]活动多，他认为不要马列主义指导思想。

党员思想：

① 一部[分]人要走，不愿道歉。

② 〈忙〉忘记了整风，想整人。

③ 如何驳右派有困难。

[工作安排：]

① 省级干部决定下放，20 个县，处长以上、厅长、部，在二十天内下放一批。

② 用工作组形式整顿合作社，处理统购购销问题。大批提拔的处长级干部要下放，干部家属单干的，要撤职，划清界线。

③ 党校暂停招生，到岗位上去整风。理论干部调下去工作。

（文件编号：E112）

各大学材料研究工作者会议

1957 年 6 月 23 日

师院：

尚未准备。

浙大：

具体还未准备，分二个组，论点批评，共 13 个问题。

困难在于要与党委意图统一，反右派不敢提。

农学院：

现在学习文件，下星期一金孟加报告，群众讨论右派论点。讨论四天后再驳斥，七天后驳，大约 11 天。吸收了马列主义教研室。

准备提纲，那些人去讲。

群众反右派情绪较高，分六个问题，大体已写了提纲。

师专：

主要问题是个人利益与国家利益关系。

要杀党委书记，党不能领导学校，"党委制取消"是好消息。

医学院：

四个问题。畏难情绪很严重，刀子很钝，要求学习。

具体问题不明确，右派分子与右派思想要分清，急想[驳斥]右派分子。

（文件编号：E112）

浙师历史系辩论会

1957年6月23日

雷勘20条第十一条："开孙文主义课，马列主义选修。"

演说者：

这一条是思想根据，他认为孙文主义即是共产主义，民革要与CP平等。

三民主义不是共产主义——毛说。世界观不是共产主义，是历史唯心主义（民生论），不是唯物主义与辩证法。

中山是反对马克思的阶级斗争的，没有社会主义阶段。[说]马克思是社会的病理家，没有ブロ专政思想。

民族主义就是国际主义，不能这样说。

马列主义要成必修课的五点理由。

第二人：

同意第一人发言。孙文主义是ブル民主主义，一次革命论，否认中共的领导，雷勘把国民党作为唯一合法的政党，首先否认CP在新民主主义与社会主义革命的领导作用，所以是有害的，混淆是非的。

中山先生是伟大的革命家，今天来学过时的孙文主义是不必的，专业性大学为什么要学他，起什么指导作用？只有马列主义才能起作用，所以要学习。

第三人：

……①

第四人：

马克思是教条主义的说法是不对的。许多同学不要考政治课很普遍，应当很好批判。

---

① 原文缺。

第五人：

“不许侮辱铁托！向南斯拉夫政治学习。”

雷的第九条的企图：

南国在历史上是罗马帝国，二次大战时是塞尔维亚，1942年德国占领南国。

铁托在外交上是中间路线。

(1) 谁侮辱了南国，苏南关系恢复后，已成为历史的过去，对中国关系也是好的。从现在情况来说，他是不对的。

(2) 向南的政治学习，就是批评中国不民主。

南的民主——工人委员会办法，中国不一定要采用。

什么是民主，民主与集中问题，绝对化是最荒谬的，不要集中即不要专政，同纳吉一样，不要CP领导，他们要恢复资产阶级民主。

应不应学南斯拉夫？要学，但不是修正主义，即卡德尔的意见，恢复党的组织，是枉费心机，雷勘要的是这一目的。

* * * **(护拥者)李采运：**

20条不是反党反社会主义，是爱护出发的，大部分应当同意。不能脱离时间与条件，历史条件也要看。同意20条有系体[系]，但很遗憾，发言的都是一条条地来说明的。

(1) 20条就是反三大主义，而不是反党的。(时间条件)

地址是在南京，不能放在更高地位上来看，应当联系起来看的。第一条是思想基础，我也同意。

“五四”传统可以发挥爱国主义精神，力争自由、平等、民主，被三害所破坏。可以这样说，所以不同意这个意见。

(2) 第九条——侮辱铁托，“不允许”。可能是南[京]大[学]情况，不一定是反对党的领导。“向南[斯拉夫]政治学习”，我认为他有优点，为什么不能学习。

(3) “要开孙文主义课”，我了解他的主义，所以不讲。

马列主义是真理，我想谁也不肯不选，所以“必修”与“选修”没有分别。雷没有说只要孙文主义，不要马列主义。

(4)“对违法乱纪的不能用和风细雨”。

如我把人关起来，是违法要求，不能说是“〈征〉惩办主义”。如龙泉拆塔[①]的，应当狂风暴雨，这会天下大乱的，所以同意他。

(5) 肃反错了要平反，同意罗隆基意见。

很好同志[被]斗一顿，应不应〈概〉该平一下，应〈概〉该的。狂风暴雨也应〈概〉该的。

(6)“民革与中共平等”。

(7) 20 条“愚者”与“贤者”。

我认为并不含糊，贤者——为人民服务者；愚者——不但是没有能力，而且不能为人民服务，才是愚者。“愚者滚蛋”是天经地义的事。

除几条以〈后〉外，都是对的，所以我反对。雷也是爱国者，他们也有个性，爱国者可以有不同意见。看问题要客观，不要扣帽子，雷也不是右派分子。

我不是右派，也不是雷的代理人，也是爱护党的人。有人叫我为右派，第五类人，我不赞成。

主席：

我们绝对不扣右派帽子。

反对者：

……[②]

（文件编号：E112）

---

① 指浙江龙泉古塔被毁一事。
② 原文缺。

浙江大学汇报

1957 年 6 月 24 日

右派：谈远不谈近，语无伦次，不敢检讨（王仁东），怕揭。

下一步：

反击右[派]，团结中间，十六个字“争鸣齐放，分清是非，划清界线，抓住教师”为重点。

放假推迟有意见。中间分子也有意见。

思想斗争很复杂，逐步涨潮的做法。现在分班分班分组讨论报告，辨清是非。

回合大的辩论——考试后师生一齐来，七月七日前后推上高潮。

从远及近，从小到大，能及深一步。

高潮能达到什么程度，要看前二步的情况。

先从个别班开始，搞全校性的。

政治高潮的作法：党内要先训练，党外也要开一些会议。

动员报告如何做？党团员内要去讲。

边整边改要做，具体问题要处理。

政治材料，要准备报告。

防止党内左的情绪。

防右：党内还有右的倾向，没有决心。

（江：党内外还是继续放。）

李国浩：

文件如学[①]，糊涂观念讲不出来。

谷[扩如]：

党员不动脑筋，不知道投入战斗——一部分人模糊，同情右派，一部分资

---

① 原文如此。

本少。

陈伟达：

① 党内不知道那些人是右派，阶级斗争认识不明确。

② 右派与中间界线分不清，一般的资本主义思想，与根本反对 CP 分不清，中间偏右的顾虑很大。

M 路线，在[支]部支中讨论，由下而上来看，那一些是右派，不用过打办法。

③ 运用群众组织。

④ 民主党派整风要抓。

⑤ 加强教学支部的作用，十六个教研组有十四个支部。

江华：

第一步树立了正气，中间分子基本上是满意的，但怕戴帽子，要求划清界线。这也是群众要求，党员也有这个要求，不服气。目的是提高认识。

下一步工作：

党内要划，目前不去谈论点，以免[影响]继续放鸣。没有说的，要他说话。

要充分发动群众，起来划清是非，反击右派，要搞臭，要从内部搞。

一般的ブル思想与极右派要分开。

该划右派的要划，但要正确，由群众点名。

<u>中间要找一个典型</u>。

组织工作——谈话工作，重点是中间分子，边学边搞。

方式方法——用各种方式，从一个班、系开始辩论。

（文件编号：E112）

各校汇报

1957年6月26日

金孟加：

派很多人到浙大看墙报，要杀金孟加。

签名运动，现在施[有光]不签名了，由各班签，送国务院，要撤金，挑拨离间，攻进步的。

讲公道话的组织人来打，辩护律师，攻民盟进步人士。

今天座谈会上揭发很多，基本力量发动起来了。（教学人员三百多人）

民主党派情况：宋云彬对组织委员会说："把农场党群关系作为典型来反对党委。"民主党派变为敌手！

有人说：这次是"高级肃反"，王仁东说第一步戴帽子，第二步杀头。

下一步：（到七月五日）

辩论是非阶段，七月六日总结。

第一步向右派进攻，辨清是非，开一些会议。

问题：

（1）党的领导问题。

民主党派与CP共同领导，全院师生领导，党团退出学校。（施有光说CP与民主党派是兄弟关系，不是领导关系。）老粗不能领导高级分子，外行不能领导内行，小知识分子不能领导高级知识分子。

党委制造成党政不分，党天下，排斥非党人士。

（2）民主，自由，平等问题。

假民主，学生会、班会选举问题，不要候选人，改组群众团体。

群众选举党委会，出版集会自由，对统购统销不满意。

（3）社会主义优越性问题。（这个问题可能要争）

社会为什么不平——工人比农民好？种田人为什么没有饭吃。

（4）过去思想工作毫无成绩。

知识分子的进步是社会改造的结果，校内没有什么成绩。"肃反演义"心血来潮。

(5) 杨德华问题。

医学院：

认为学生闹有问题——情绪很低，他表示要党的领导。

中间人说“不鸣则平”，不说为佳。

师范学院：

中间分子满意的二点：

① 承认错误，实事求是。

② 今后方向明确，划清界线，继续鸣放。

不满的：

① 肃反问题，成绩是不是基本的，“肯定的”有意见。

② 时间太多，要回家去。

③ 检讨不够。

右派不满足，对三反问题没有提到。

学生情况：快考完。党团正在教育骨干，(党员 309 人)学生 200 人。

党员自傲情绪，骂青年团员。

七月一日学生开始辩论。

六个问题：

① 党领导问题。

② 向工农开门，对工农干部看法。

③ 民主集中制问题。

④ 成绩问题，教育改革，历次运动的估计。

⑤ 不要学马列主义。

⑥ 农业合作化问题。

[与]储安平思想有共鸣，大家怕。过去出题目讨论有缺点。

学生有哭的，同情右派，第二次肃反又轮到他们了。

师专：

“储安平被尊敬的人”，也被批评——教师说。

座谈会记录不要发表，面子不好看，最近沉默。现在学文件，我们也有右派言论。为什么六条不早说出来。

个别的顾虑，廖念远很消沉（农工党），科主任，宣布已经放光了，怕将来算账，要求退出。

七月一日至十五日学习文件，有的认为时间太长，学习中骨干很不行，党的发展对象有问题，认为反党反社会主义提法不对。

主要意见：

① 选举不民主。

② 党政不分。

③ 唯成分论。

只看历史如葛佩琦过去为少将。“清一色”。

学生情况：正气开始抬头，每班的“积极分子”现在不大说话了。专业不安心，历史上有问题的多不讲话了。大字报很多，反右派。斗鸣放委员，说出他们不要党团领导，有些班级要求领导。

后天开始考试（七月十日止），十一至廿五日讨论。

背后[的]军师——要挖，通过学生、助教、讲师。

① 对社会主义怀疑的还不能排。② 不发言，而有行动的要注意。③ 过去与现在要有联系，不要一言一语作为根据，要有真凭实据。

右派排不出来。

（高教部要学校把学生排队，叫支部做，学生对人事科意见最多）

排队方法：五个人分头进行，左的少，右的也少。

江华：

排队使领导有一个数，星期五汇报。要有政治观点。一般ブル思想说明一下，主要是反党反社会主义制度、道路问题。

政治斗争是不是人民内部问题：是内部问题。所以按内部问题处理，政治上是对抗性的，讲清楚对中间分子有好处。

只要民主不要集中，只要个性不要党性，在党内也要。

排队不能发动群众，为了领导心中有数。争取中间分子，以及发展党员有条件，从放鸣中可以看到：“有职有权”，过去是空话，轻视工农，对知识分子[估计]过高,对统战部要记一条,估计过高了。党员不准退出阵地,对民盟不能放弃领导。统战工作全党来做,新发展党员,不要告诉他们,要有一些秘密的。

统战部对知识分子工作不闻不问,他们怪宣传部不好。学校政治工作不能忽视,要求退出民主党,由他自决。组织问题不管他。

内部开花,很重要,发动全校的人来搞。划清界线,全校师生一起来,发动学生,方式要注意,不要随便贴大字报。

继续党内整风,改正缺点,实际上是反右派,告诉党员。

(页眉补注:① 对社会主义怀疑的还不能排。② 不发言,而有行动的要注意。③ 过去与现在要有联系,不要一言一语作为根据,要有真凭实据。)

(页底补注:背后军师——要挖,通过学生、助教、讲师。)

(文件编号:E112)

陈伟达在各校党的干部会议上讲话

1957年6月29日

（1）目前斗争形势

右派分子的阴谋，开始没有完成，说要二年，整风指示发出后，几个月可以解决问题，要搞垮CP，匈〈亚〉牙利问题发生后，兴趣更大，毛主席在最高国务院报告后，更加大胆，当作人民内部问题来搞。四月份开始进攻，要组织平反委员会，提出要大赦，第一次反对毛的意见，所以整风提早，不能置之不理。

各地整风展开后，右派反对和风细雨，以为有机可乘，放手进攻。先夺取局部，然后全部，首从：

① 新闻出版——口号“出版自由”。

② 文化艺术——口号“反教条主义”，攻钱俊瑞。

浙江口号：“不懂文化”。

③ 教育机关，特别是大学——“教授治校了”，“一切运动都错了”。

④ 科技方面。

高等学校比较明朗尖锐。

策略是：两面手法，拥共与反共，夸大与丑化，使党陷于孤立，一切社会主义改革都是错的，“两手血污”，成绩是主要的不同意。

反对马克思主义，历史学会章程不承认作为指导思想。用百家争鸣作为代替，宋云彬反对。

取消ブロ专政。

九日以前是全国高潮，杭州也是高潮（7、8、9三天）。他们以为匈〈亚〉牙利局面到了，章伯钧要来收拾天下。在司法行政，文化艺术各方面来搞，总之“还政于民”——即还政于KMT。

这是阶级斗争，不是人民内部矛盾，看不清右派分子的反动面目，台湾与香港报纸大登他们的消息。

为什么他们只夺取文教机关，因为他们多数人世界观有问题，大学生成份不好，家庭教育坏。

党的政治工作薄弱，要用更加大力量。

《人民日报》社论一出来，他们就“反对”。阴谋发现了是不是钓鱼？“树欲静而风不止”。是自己浮起来的，为什么整风整到民主党派身上去了。

(2) 我们的态度与方针

各校二十四、五日前后做了报告——下马的报告。我们对群众批评作了检讨，这是对整风，相当多的 M 表示满意（中间分子），改变了，我们可以讲话了。

目前的情况——积极准备反攻的时候。中间有分化，右派转入防卫。

如何组织反击？

统一党内思想，放手发动 M，彻底击溃敌人。

步伐不齐，信心不足，勇气不够，软弱无力，关〈于〉键在于统一思想。

二个目的，中心是政治斗争，整风以后搞。

党内思想：

① 反击右派认识不清。

② 过关麻痹思想，特别是没有被骂的，消极想草率收兵。不能袖手旁观，丧失立场。

③ 要反击的，盲目性很大，空骂一堆。

希望开大会做报告。

④ 有翘尾巴的，三风不正，不能反击右派，没有决心改正。

⑤ 左中右不大懂得。农学院大多数不懂得。

关键在争夺中间。

中间分子动向：研究他们的情况有决定作用，对 CP 有极大的怀疑，《人民日报》社论出来，对扣帽子大有意见。现在逐步提高，形势还未起根本变化，同右派没有划清界限。觉悟很慢，思想顾虑多。

中间偏右的顾虑很大，在大放鸣时与右派相似，很怕划入右派。

右倾情绪，对右派反动面目认识不清，希望我们说是人民内部矛盾。反对大张旗鼓，要求用和风细雨，治病救人，替右派说情。放得不〈切〉彻底。

停课反右派不同意，说时间太长了，也不看毛主席的报告，没有积极性。

有些人苦水没有讲，整风与反右派夹在一起，中间分子还有意见。他们觉得压力很大。

根本观点上弄不清。

“稳健派”——不问政治。

右派的策略：

① 检讨；② 离校；③ 反攻；④ 迷惑中间分子。

右左派都坚决，问题是争取中间，“高级肃反”使大家不说话。

我们抓什么？

① 第一回回去后讨论交流思想，基本问题要弄清。

每个支委要统一思想——斗争性质，采取什么态度，右派分子的毒素会带来什么后〈改〉果。对知识分子是一场很好的教育，右中左还是阶级分析方法。

什么是右派，争取中间分子的重要。如何做工作，开一次全体党员的会议，党员中间分子也发动起来。

② 争取团员 70％是胜利的关键，各个支部要抓紧。

③ 排清右派分子，各级党委认真讨论，党委支部讨论，报省委批准，小单位由校党委决定。

右派分子当反革命分子[的]，不能轻易答复，具体的人要具体分析。

右派与中间分子也要从几方面来看，“实事求是”，不要划得太少，也不要扩大。

怕划错，打稳，打准，从政治言论行动上看。报纸不轻易提出，每一学校要交出名单。

右派多数是民主党派骨干，有小核心组织，找打头阵的，给他一个压力，使其说出真相，准其起义。

揭反右派目的是明辨是非，或者请工农来揭发，教育大学生。

大字报不正确的要批评，要加强领导。

民主党派——右派大多数在他们地方，要他们整风，从内部揭出来。

（文件编号：E112）

党委书记会议

1957 年 6 月 29 日

江华：

会议讨论下列问题：

(1) 统一思想。

(2) 整顿组织。

宣传部对宋云彬问题认识不统一，中右划分情况要摸，下星期抓紧进行。

(3) 大专学校统一领导，反右派组织具体化，各校党委书记一人。

省委二陈、宋宏、赵华、周林、刘〈一〉亦夫、吴容，领导小组。

新华社为什么不报导参加？

党内也有左中右的思想倾向，需要统一。

右派问题让群众揭发，骂〈丑〉臭他们。

刘〈一〉亦夫：

① 师专如李××如何处理？

② 党委宣教委员周××(党员)是右派，如何处理？

③ 组织文教战斗小组。

刘丹：

① 内部思想一致很重要，党委成天在统一思想，组织领导是一个问题。

② 党内右派分子如何办？(如马列主义教研室一个人对反右派没有兴趣，党委委员之一)修正主义思想很严重。

医学院：

杨泮星推不动，决心毅力很差。

行政干部如有阻力很难搞。

统战部要抓紧。

师院：

党委内部困难不大，主要是开会地点有问题。

① 山下组织一个小组。

② 团动不起来，对运动性质不认识，多数没有谈，可否直接与群众见面，好的团支部书记被撤了的，我们也可以撤他们。

③ 省市气氛很重要，现在很少，教师方面党外行政人员省委做一些工作，免得什么都推到我们身上。"整风工作两不误"，要求召开座谈会。统战部找中左人士开会，不要找右派。中间派不懂得，转不过〈湾〉弯来。

民主党派工作有些人情况摸不到。民盟书记始终不放，重点压一下好。

陈伟达：

同意山下成立分党委。

林尧：

党内对斗争性质与群众要求对不上头，党内民主人士思想也不通，没有斗争意志。

吴容：

许多主席思想模糊的，如俞学礼批评党委不重视工会，扭不过来。"助党整风为什么反右派?"现在着重解决思想问题，组织群众投入斗争。

宋宏：

团的工作要求党委统一下工作。

① 认识斗争性质过去没有很好讲。

② 展开反右派斗争，向全体学生也要讲，团内要讨论，党委要做这个工作。党委要向全体教职员[要]做报告。

李成浩：

斗争目标要决定，组织突破，学生与青年教师多，以周先意与董开刀。

教师党员不大积极（几个人都是党委委员），可以组织领导小组。

学习一下“事情在起变化”，有的党小组要建立（各系）。

金孟加：

① 现在是应战，党内思想要统一，党外也要搞一下，省委要向党外动员，党内外一齐来搞，造成气氛。

② 内外夹击，上下联系，民主党派是右派的主要骨干，他们内部也要搞，现在没有动，如施有光同意吴唯平[问题]应先交代。

③ 敌人向我们挑战，民主党派邀请我们参加，贴大字报，群众自动作支援军，被肃反的很积极，学生纷纷开辩论[会]。

陈伟达：

（1）思想统一，意见一致，有的前哨战已开始，有的在准备。第一步检查报告，以后全力反击的问题。队伍要迅速整理，现在情况不如中央指示的坚强，许多问题如此复杂，党团思想相当复杂。包括领导骨干，步伐不齐。

整顿方面，主要是领导骨干，实际上是边战边整，迅速进行。

右倾情绪是主要的，不是乱打一顿，相当的党员不知道这是阶级斗争。

（江华：对下面同志不说右倾，新党员多，吃不消。）斗争心不强，不少人不了解全国情况，其次党员是新的多，没有考验，他们认为小题大做。

斗争意志不旺，有些同志怕再犯错误。

统一思想要一层层去打通，把运动[开展起来]交流思想。

第一步领导骨干，第二步党团员，第三是党外教学人员，向中间人士[中]动员。开二次会，一是中间分子，一是左派分子。

造成声势——北京全校反击几个右派分子，下学期分别召开各校中左人士，今明二天党团员动员报告。

（2）右派排队——教师与学生都分，政治观点、历史情况、行动、反苏、反共、反社会主义、反ブロ专政四条。

通过名单时要校党委讨论，指定几个人，切实整理材料。

星期二以前送来。

初步作战计划要定。

（3）领导小组：

正付组长——付组长参加一个学校。

师范学院山下成立分党委。

(4) 党内右派分子,一视同仁。

觉悟的在党内批评,不能改的,〈从〉重新分配工作。

(5) 内外夹攻。

民主党派问题。

青年团右派要弄出来,工会重点是教职员工。

江华:

这是一场政治上严重的阶级斗争,五反是经济斗争,同等严重,性质的严重性在于政治。猖狂进攻,超出人民内部矛盾,党内外都可以说。党内强调:"团结一致对外"。

那些不要党的可以不要,以后处理。统一思想,统一行动。党内外同样要揭发,摇摇摆摆谈什么策略。下半年工作还是艰苦的,中央不会放松,搞法是另外问题。每个党员都要整,边整边改,机关要搞到明年。

文化系统要算老账,不怕,要退党的,立即退。党内一百万知识分子,也有不好,有人说:"有仇报仇,有怨报怨。"一个老知识分子说。

(文件编号:E112)

浙师山下各支部书记汇报

1957 年 6 月 29 日

中文系：

放鸣不够，党员思想模糊。整风与右派弄不清，现在明确了，传达到教师党员。

成立一个研究小组——排队（三个党员）。

左派教师五人。

任[铭善]——肃反只有二成[对]（对一人讲）。

在大放时学生经常到任家去，连钥匙都交给他（放鸣委员会的）。任现在很紧张。

讲师有人已点到他了。

任同张其昀有关系。记者要某讲师揭宋云彬，他不肯，即去找任。

政协委员会是宋云彬提的，没有经过党委讨论，当时胡风问题结论未下。（要问统战部）

“党有党的辩证法，一切都是对的。”党外人员应做的也错，如请胡风演讲。

党教〈员〉育青年有一套理论，不信任他。党教育青年说假话，取消集体，到教师的话[都]不听，只听党团员的话。党教育青年不尊敬老教师。

任说[对]施有光的恐吓信是党员写的。

政治科：

党员对“党天下”问题已有理解，展开了一些批评，个别党员劲头不大。（支部委员）

右派——没有背〈境〉景，无党派的，由于家庭被镇压的，也可以成为右派。如贺一鸥（助教）同意 20 条纲领（团支部付书记）。“沙里淘金还有假的。”“一切问题如果从阶级观点来讲，那还得了！”

说史良是二面派。

还有活动，鼓动学生反对党，布置学生不要反对 20 条，助整小组不要党员参加，他到那一个班在活动。

“生活没有比过去好。”“焦院长报告老虎没有打，如孔成九。”

“王阿春是小科长”。

他们最近还开一个秘密会，准备反批评（四个人）。

历史系：

运动性质已明确，右倾思想还有，肃反时过左了。

对象——〈罗〉楼、李，是不是右派，支部意见不一致。

〈罗〉楼与任有关系。

沈镜如说：任与宋有关系，1948 年参加青年党，同张廷辅有关，南京农业推广委员会专员。

下一步做法：

① 理论学习。② 全国的。③ 本校的，重点批评。

罗：

发动工人反党。（十大要求）

体育科：

李照辉说“CP 是野兽”。

晚上师院党常委会议。

（1）指挥以学生教师分还是按系分？

（2）党校来的人回去“闭门造车”。

（3）全校性问题要讨论。

（4）群众自己可以自由批评，党员不能乱点名。党员怕乱，学生右派要排。

（5）动员工作，现在党员在各班说话（山上），还是群起而攻之。对右派斗争 M 不知道，斗争认识不够。

星期日党内动员，星期三江校长动员。

星期一团干部会议。（极右派不要）

（6）组织工作。

学生右派要排出，各班党员分析右派，集中于党委。

如何搞？

大小讨论结合，二十条辩论，结论点名。

（7）教师方面。

① 动员一下，资料发给他。

② 请江希明向全体教职员讲话。

民主党派，民进归市管，要通一下。

（文件编号：E112）

考试问题的讨论记录

1957年6月

同学对整风意见(反右整风):

1. 整风与考试有矛盾,要求停课整风——"两不误"有矛盾。教授们坚决要考。(如吴向)

2. 考试三门太多,内容太繁重,要求口试,不是反对考试。

3. 党委传达毛主席整风指示太慢(五月二十四日决定在学生中传达的),要考一本政治经济学吃不消,中文从唐宋诗文考起要考廿六天。

4. 为什么通过老师整风,学生不要参加,对党委很有意见。

5. 党委为什么不发言,不写大字报。

6. 要求把考试改为"考查"。

回答:

① 考试是国家制度不能不考。

② 老师不同意不考。

③ 整风与考试有矛盾,方式可以考虑。

焦梦晓:

主张考试,提前考完,一定要考,方式可以考虑。

谷扩如:

不要考试是不能学马列主义,找学生缺口。

林乎加:

两不误——不能罢课,考试缺点可以研究。

高教部指定:延迟考试,减少考试课程。

(文件编号:P666)

临时会议记录

1957 年 7 月 2 日

如何反击问题？

首先扫除思想上的阻挠。

左派（党团积极分子）：

① 有没有右派目标[没有]，人民内部问题还是敌我问题？运动性质还不十分明确，界线不清——如立场问题，反党还是过火，有些观点同情，如“力争自由民主平等”、肃反、党天下，墙从那里来[等]。

② 怕乱——对群众力量估计不足，受前一时期的影响。

③ 说理为主，还是揭发事实。

④ 技术准备不够，现在还有一定困难，其实不可全准备，有些要群众揭发。

中间分子：

① 怕自己也被拉进右派，“不鸣则平”好，有些后悔，有些对党不满，“言者无罪”，为什么要反击。

② 只要自己没有问题，斗争右派与自己无关。

右派：

尽可能避开，有的还坚决，如要把争鸣委员会合法化。

把许多行政事务要求“边整边改”。

材料没有揭发，现在想“过关”。

如何出击？

① 通过具体人与事，要揭发右派，什么是右派的界线要宣传。

② 校外报纸揭发有帮助，如师专一个教师。

③ 解放大批的中间分子，说明辨清是非对他们有好处，——有些中右分子还要利用他们去攻。

④ 党团员左派思想还要教育，解除顾虑，不积极的要批评。

⑤ 学生揭发可以带出隐蔽的右派——如任。

⑥ 方式上，大小辩论交相进行。

⑦ 教师动员工作，省委座谈会他们可以起一些作用。

⑧ 党校去的同志要投入斗争，师院的回去了，统战部也没有与党校取得密切联系。

农学院：

① 立场问题，社论一出来，群众明白了。

② 小的辩论会有作用。

③ 点名问题——全权性，由座谈会上群众提出，但要党内结合。

陈伟达：

① 党内右倾主要是阶级斗争形势，有没有反共运动。

本校没有右派，反共运动要有系统地讲。

② 有些公开文字，如“肃反演义”，容易解决，通过辩论会可以争取过来。群众性揭发很需要，补充以前鸣放不够，会不会乱点？政策问题如何？组织工作要准备。恐怕等不及星期四。

有没有剥笋现象？（撒网）群众也一批批进行发展，右派一个个突破？

刘丹：

① 放手发动很有必要，不怕右。

② 如何点名？群众批评可以，戴帽子由我们掌握。

③ 教师中间搞错特别要注意，青年走在前面，工人也快，这是规律。

焦[梦晓]：

拉网方式，找出头有难处，右派很紧张。

陈伟达：

① 青年团动员。

② 各支部都要讨论右派分子。

③ 先引起来，从小到大，原子弹如有也可放，一层层、一批批地觉悟，不要怕小伏。

④ 时间——放假时间要延长,考试可以延长,服从运动。

⑤ 舆论外援,每校写一个特写,喇叭要转播。

⑥ 右派名单,排队。

⑦ 要求民盟对右派表示态度,记者要派去。

(文件编号:E112)

浙师党委会议

1957 年 7 月 2 日

——排队问题——

〈罗〉楼××，拥护《文汇报》，说现在言论不自由，三青团员。

支部意见：阶级本能反应，有杀父之仇，黑报上写了许多文章，影响很坏，工会不要党领导（有文章可据），“说陈参加了越来越糟”。

同工友勾结要调查，“工人说不愿意做奴隶”。他们在黄龙洞开会，不让人参加，谁说了加以威胁。

“改变以党代政”——政府以外，不要党的组织系统。

吕以春（助教，历史）（团支书）：

“鸣放情况要告诉他”，是这次[运动]中的“积极分子”。

三青团员，[是]“小学生发号施令”的作者，同〈罗〉楼等五人很接[近]，讽刺陈非，画过“轰”的画报。

支部意见：右派分子还不够条件。

焦：

这个意见尚待研究，同“没有文化不能领导”意见一样。

同〈罗〉楼学礼要求公布党员历史的意见一样。

沈镜如，同〈罗〉楼学礼在鸣放时很接近，“不要马列主义”。

同任铭善关系也很好。

任铭善，① 反对和风细雨，赞成农学院，“不能纠偏”，我与全体教师同一命运。不怕，支持学生。

② “凡有 CP 干部，农村就糟了。”“干部决定一切。”把青年教坏了，破坏家庭温暖，教师的话学生不听，党团教育失败。

③ 党的辩证法“一贯正确”，不承认错误，对党外完全相反。如胡风问题，

要他做报告，就挨斗。

④ 党对知识分子请教是不得已，尊重他们是“恩赐”，假的。八年来不能发挥作用，不了解不信任。“愈来愈少”，“墙也愈来愈高”。

⑤ 历次运动看法——“无数人被身心的伤害换来的。”

成绩只有二成。

① 任同林汉达关系，在上海活动如何？上海回来后，批评本省不放不鸣。

② 同宋云彬关系，做政协委员党委没有批准，党委没有同意，宋云彬一定要提出。

③ 争夺鸣放委员会领导。

④ 同〈罗〉楼家礼关系，唯恐教务处放不起来，要〈罗〉楼去组织。

⑤ 要学生反孔成九，供给材料。“孔成九的茶叶要八九角一两。”

⑥ 考试问题，学生要罢考，访问任，要他罢教，任说孔成九不知道教师的心情。

⑦ 同肃反被斗争分子互相呼应。

⑧ 施有光的恐吓〈性〉信是党员写的。

支部意见：此人过去〈到〉倒霉，投机分子，认为是右派。

⑨ 教育厅工作要由民进来搞。

贺一欧，恶霸地主出身。

基本上同意葛佩琦言论，也同意 20 条。

“严重的官僚主义不能和风细雨。”如对〈推〉抗性矛盾。

“不能一切都用阶级斗争观点。”

活动：企图支持 20 条纲领的准备意见。找十大纲领的同学，集中反三大主义，不要反 20 条。

对旧社会很有怀念。

山上：

四大四小，先从小的着手。

王运海——兄在肃反中自杀。

王明珲，怕学生搞，散布不满，“党天下”，“前途暗淡”，学生分配不出去，同情“流浪在街头”。造谣党团员清一色。

化学系：

王承基，九三市委负责人，复兴社员，党委意见为可疑分子。

① 对我们很对立。（整风）如三年做实习要阻挠，助党整风很积极。说过去民主党派威信要提高，今后办学校要依靠他们。

② 党委制问题应当修改，宣传曲解毛主席的意见，老教师组成学术委员会，不受党领导，系主任不参加。

③ 和风细雨是多少人的血换来的，所谓积极分子作用很大，如是党员要处理。

④ 系内有职无权，党员不点头不工作，是夸大的。

⑤ 他说九三比较简单，杭州没有右派，放出空气。

看人要全面，他认为姜〈××〉、王德周是不是右派还不能肯定为右派，因为没有行动。

⑥ 主张学生闹够，同意学生罢课，闹够能解决问题，说党委胆子小。考试问题不让步。

⑦ 助党整风准备开二三十个座谈会，帮助整风。

⑧ 数学系〈×××〉通过儿子很活动，情况向他汇报，预计高潮来到，第二天大字报就出来了。

⑨ 一贯二面手法，有目皆睹。

⑩ 同任铭善有密切关系，反右派斗争后表现说政治水平低。在南京宪兵司令部教过书，介绍人在劳改。

焦说，右派就是反革命分子，不能划。

王运海，本人是地主，斗过一次，哥哥在三反中自杀，民进，付主任。

系内表现不服从支部，哥哥是国民党区分部负责人，勾结土匪，对此事他大闹情绪。

他说党员没有作用，如徐瑞云，同王承基同调，要参加“设计”。整风中踢开党支部，工会工作与他联系。

常找肃反、三反受委屈的人。

反右派斗争后，要求早结束，讨论理论，说共鸣是有的，反面意见是没有的。要求继续对党提意见。民进也要整风，是因为其他民主党派也在整风，民进问题不大。

目前故意抓紧出[redacted]与助教学习，要求他们停下来，他很满意。

他怕揭发事实，只谈理论。

故意说焦的报告，对肃反成绩不够强调。

对右派共鸣是有的，承认立场不稳。他说学生闹事，有些怕。

小诸葛亮，很不正派的人。一贯来二面派，基本上不赞成 CP。

周豹(民盟)，肃反时被斗过，有所不满，同党员关系不好，同〈罗〉楼学礼关系很好。反胡风问题被批评过，对我们不满，打了一个死结。对你们不能原谅。

对章乃器"脱胚换骨"很同意，肃反 100%的主观主义，神经搞坏了。

对你们这批人不满意，说农村农民上山要打游击。

现在说过火了，到处检讨，现在还说对运动还是没有成绩。

王承绪，英国大使馆军事参事参赞秘书，同王云五有关系。

对政治活动有兴趣，发展民盟很积极。

拉人很积极，"施工"问题今天检讨，受章的影响。

所有盟员对宋云彬问题都不同意批评，他不同意讨论这个问题。

王绍华：

潘锡九(民盟)，地主，KMT?

土地没收后，非常不满。经常代农民叫苦。儿子在镇反中被关 17 个月(误会的)，对此问题很不满。

整风开始，要党员带头揭发党内情况，讲了几次，党委要你们不讲的，还是自己不讲，对肃反摇头，不知冤枉多少人，对党已失去信心，一团糟，听了检查报告的结论："态度诚恳，内容空洞。"主要对有些不撤有意见。肃反扩大为什么不检查。

年老，平日不大管事，中间分子偏右，是非不分。

毛树坚(助)，哥哥在美国，申报记者，从小没有关系，本人团员，支部书记。

运动开始时，说你们记不记账，党委缺点，难免，肃反5%是教条主义，对大胆怀疑不同意，连小心求证都没有。写了一篇“多少辛酸，多少泪”，肃反中积极分子。

选举没有民主。

关于卢郁文社论，说小题大做，说储安平发言很对。

宋云彬发言很好，同情孙大雨扣帽子办法。

张朝芳（助教），党委吃饭不干事，报告不好，老干部文化低，一窍不通，良心变坏。

解放后没有真正民主。（退团）

肃反违反宪法，5%教条主义。

经常叫农民生活苦。

知识分子与“长存方针”是二面手法。

整风是第二次肃反，辩证法灵活性，你们扣帽子。

俄文系：

王明辉，民盟，地主，集体参加国民党，贵州参加过CP。

45年从国民党部队进解放区，在人民被开除党籍，因把书用个人名义出版。

说助教多是党员，在学生中挑，党天下很明白表现出来。

毕业生分配，要求全国分配，说一、二年级学生更无出路，工人方面也有活动，写了一篇大字报。

王擘华，党员是天之骄子，M是时代的牺牲者，特权者[①]。对肃反很不满，半部马列主义治天下。

洪之根（物理），KMT员，取消后补党员。

（文件编号：E112）

① 原文如此。

中小教师整风与肃反问题

1957年7月3日

一、中学整风在三个市是不是搞?

二、小学教师肃反(共七万人)要延长时间,今夏先搞一批,结合反右派斗争。

刘一夫:

(1) 三个市今夏要进行反右派,由省委决定,时间由市委决定,但不要与毕业生问题混淆。

(2) 县今年反右派没有力量,小学教师人数多,领导有困难。

正面教育,学习文件,划清一些思想观点,时间八月二十号以前,县委直接掌握。

中小学教师分开进行。

今年一定都要肃反,全部结合反右派。

(3) 建议省委迅速召开肃反与整风干部一次会议,政策要交代。

(4) 宣传部需要召开地市委宣传部员,文教党员开会。

任铭善问题(运动的性质)。

(1) 鼓动学生反党——不要和风细雨。

(2) 挑拨党群关系。

"谁也说不定会打到我们身上","这是陈××部长的鼓动"。

? 龙泉拆塔。

宋云彬问题。

"墙愈造愈厚——三反肃反以后"。

(3) 民主党派作用问题——整风要民主党派领导。

发展民主党派问题。

"在历次运动中民主党派都发挥不了作用。"

(4) 党的作用问题。

"党现在没有办法来说话了,把你们的话带到助党整风小组去,今天变为无用之人","好现象","大喇叭吓住了","只能稍鸣一下","被可怕的窒息着",

“片语只字被人记下来”,“现在不能纠偏”,“看了《人民日报》社论就有反感”,“目标没有放准——对团委”,“团干平日是好,今天变为无用之人”。

“灯塔面孔”,“业务上学会了多少?”

“干部决定一切”,“有党员的地方,就会发生这种事情,没有 CP 地方就不会发生”。

“个别与一般”,“辩证法的滥用”,“上了革命一课,都是假的”。

(5) 知识分子问题。

老知识分子比年轻的、未经锻炼的、唯唯诺诺的党员同志要可靠很多。“党把安排知识分子工作看为恩赐”。

“八年来知识分子不能用其所长,不能把全力贡献给社会主义。”

否定社会主义革命。

(6) 肃反问题。

“和风细雨是从无数身心损害换来的,轻易失掉生命的。”

“肃反二成成功,八成错误。”

“从三反到肃反运动,党对知识分子的信任在现象上看来是越来越少,而墙也越筑愈厚。”

(7) 手法问题。

个别夸大到整个。

找个别事例。

引起共鸣——肃反,知识分子问题,代表他们说话。

批判方法:

(1) 论点要明确,与章罗联盟的基本论点贯穿起来。

(2) 还要与整个运动的过程中贯穿起来,六月初,到《人民日报》社论发表后的不同态度。

(3) 要有更多的事实。

① 组织论点小组。

② 事实小组。

③ 手法。

(文件编号:E112)

党委会议纪要

1957 年 7 月 3 日

下一步如何做?

① 组织三个小组对任准备斗争。

② 教师怕斗争。

③ 星期六开反宋云彬会议(中文与历史系),由工会召开。

④ 下星期一批评任铭善观点会议。

朱子英:

内部思想先要统一。

① 任是不是右派?

② 结果如何? 教授要不要搞?

③ 中间分子态度如何? (焦梦晓)后果也要顾虑。

孔成九:

思想上是右派,组织上问题不充足。

焦:

到上海后做了什么活动要注意。

从上海回来后,颇为猖狂。

朱:

这是准不准[备]的问题。不能认为有无行动才能决定。

孔:

要有一个底,打到什么程度。

支部:

打得不好,将来有影响。对宋的问题,左派也有意见,为什么宋与任是同调。

过去同焦不同的问题。

① 学生考试，还是站在教师立场。

② 助党整风小组问题。

③ 排队问题——手法也一样。

焦：

① 讨论论点，党内思想统一。

② 中间分子工作：今天晚上开一次教师会议，统一看法，对运动与任的认识，写一些小文章，学生方面行动起来（已有大字报）。

③ 争取下星期三揭开任的问题（四天）。

中文系，对任的手段不清，通过对宋来启发。

老是斗争对象。

① 各系先行动，对大右派都要揭发。

② 对任的论点先要揭发写文章。

③ 后果问题。

④ 揭发历史。

（文件编号：E112）

各校党委书记会议(杭州饭店)

1957 年 7 月 4 日

(1) 全校性的右派名单报省委。(陈伟达传达党委决定)

(2) 继续补充。

(3) 学生右派分子 60 人左右,在星期内每校初步材料要交上来。一星期以后 M 检举多,再作一次修正。

(4) 第一是材料不足。第二,没有汇集起来,加以研究。第三,行动多,言论少,还不明朗的。第四,暴露不透的,有的外出的,回校后不说的,这部分人要多下功夫。第五,难以判断的。只有几句话,不好下决心的,根本特点要分析清楚,二条——反党,反社会主义。

反党——反马列主义是指导思想,宋云彬只要《新民晚报》这篇文章就够了,注意党委制与党的领导是二回事,党委制是方法问题,不能混淆,根本否定党能领导。"所有党派退出学校",实际上是赶出学校。

反社会主义——资本主义自由民主。

反派头子——民盟十条纲领全国一致。

实质上是地主资产阶级知识分子向我们进攻,大小人物都要排队,思想上要彻底搞清。

全校,系、班,分类排,"有右必反"。

每人弄一个小传,省委送十五份。

十大纲领:(民盟四月秘密决定)

① 宣传政策,解除顾虑,大放大鸣。

② 教条主义,反教[条]思想,打破迷信。

③ 带头鸣放,要点火。

④ 摘三反、肃反帽子。

⑤ 打抱不平。

⑥ 不怕扣帽子,民盟撑腰。

⑦ 组织学术讨论。

⑧ 开辟争鸣阵地。

⑨ 组织文化服务工作。

⑩ 发展组织。

(5) 民盟问题。

姜、宋都是右派,四月会议,王若水传达,接续上海各报都来,领导上对民盟看法不对,对他们不注意,作为左派看,担不过来。教授37%,党员15%。

要整掉各民主党派中右派分子,组成核心去整风。召开民盟的左派围攻右派,愈快愈好。压他的省委,各党委书记要掌握。如能抓过来,各学校就好转变过来,各党派要抓一些右派,工会中右派要去掉,第一步排的不要太多,改组省委。

(6) 下决心全力以赴,星期六要总结一下,注意什么问题。(农学院)

中心是如何组织战斗。

① 组织工作要细致,安排组织力量,公安厅到各校,各校助手要安排好。

② 各校定出作战计划——重点要明。

③ 要练兵,把右派分子言论要去[要]作准备,批的人要训练好。发现人才要组织到骨干中来。

④ 农学院已成为正面政治斗争,言论并不多,右派只检讨思想,在行动上组织上不肯吐露,我们不去加帽子,让他充分发言,最好戴帽子。

还有人情绪抵触,浙大有退团的,"边反边放"。

⑤ 下一步工作准备。

策略问题——各种类型。

组织处理——什么时候好。

下决心调整组织,现在分派工作,不公布职务。

星期六讨论几条经验。

(文件编号:E112)

关于浙师山下分部作战计划的讨论

1957年7月5日

(1) 七月六日上午[批]宋云彬，下午中文系三揭发右派，各班讨论。

历史系三辩肃反问题(起义的有几个)，已点了三名。

史四党内思想不一致。

一、二年级普遍思想不通，对任[铭善]问题不理解，说是侮辱，为任先生抱不平。

(2) 教师：继续打贺(政治科)，把每一论点公布。

(3) 继续练兵——教师学生扩大一些骨干。

任的行动由教师来揭发。讨论任的问题。

(4) 七月七日，驳任铭善。(打重点)

任在医院有活动，有人写了"为他抱不平"。

一个助教不肯说真话，二条道路很苦闷。

由群众先揭发几条，逐步开展。

(5) 下星期先搞一些成熟的，〈罗〉楼、叶、贺、吕以春……

第一步目的：

策动群众，争取中间，孤立右派，弄清观点，划清界限。

做法：充分说理，揭发事实，弄清线索，逐步深入展开。把反动核心搞出来，先打头露的。

第二步目的：

正面政治攻击，攻头子，重点是教师，其次是学生中主要人物。

第三步，组织处理，学生都作政治鉴定。

大规模宣传工作、组织工作。

几条经验：

① 指挥司令部组织必须加强。

② 党内思想统一。

③ 右派分子排队——目标。

④ 开左中座谈会，利用先进推动落后，中间过关，孤立右派，中间是什么要明确，必要的压力。

⑤ 党内思想统一，党内右倾思想要不断批判。批评右倾思想是关键。

领导干部统一最重要，情况了解很重要。

对当前斗争的性质犹〈预〉豫不决，由不明确到逐步明白。

党员教师对知识分子政策理解很模糊。

⑥ 排队工作很重要，对左派注意不足。

对这个工作的重要性认识不够。

⑦ 对群众的反右派要从本校具体事实出发，才能使群众理解。

党委书记态度不坚决，焦校长对任的问题态度不坚决，使大家模糊。（朱子英提出）

领导小组认识统一特别重要。

研究室同志批评焦校长对任的问题没有研究。

党委对省委指示没有很好执行，如充分发挥群众排队，组织指挥部，如何反击右派。每一阶段工作不明确。前一阶段工作拖拉。

领导同志前一阶段分到下面去工作，上面没有充分讨论，连开会也困难起来了。

焦梦晓：

（一）

前一阶段力量没有组织好，有实际困难。

本星期是动员工作，没有造成空气。

缺点：组织与宣传工作做得不好，会议不解决问题，小会要多开，情况由办公室掌握、会议决策，参谋处要成立。

排队工作由各级组织进行，要处理的及时准备。

宣传工作，要建立队伍，快报，所有工具用起来。

情况掌握也很乱，会太多，意见不能集中，要拿出方案，保卫工作要具体布置。

（二）下一步如何做。

先行小仗，系：明天打，历史系，政治专科教师讨论，星期一全部学生都可

以动了。(下午)

中文系三为重点,最后解决任铭善、〈罗〉楼学礼、叶光庭、吕以春。先打成熟的,外围作战,星期一以前到处打小仗。

学生各班都干,烧火,从系一到系三。

教务处、图书馆都干。

山上——中间分子要开会,配合打任。

朱子英:

① 各系称要排队,九种右派要明确,改变旧观点。

② 每一单位定出具体作战计划,目标方法。

③ 总结经验。发动群众,争取中间,克服右倾思想,右派的动向,研究战术。

(文件编号:E112)

浙师中文系三年级辩论会

1957年7月6日

佩：

大字报不具名不对。

如中文系三一个大字报写了一个东西，冒名全班名义。（关于二十条纲领）

部分同学也很不简单，事实如下：159室写的署名中文系三。

全系一百多人。

历史系四，杨润生（非团）：

二十条为什么这样快报导，南大校刊还未发表。这里六月六日就有了。因6、7、8、9是反共高潮，为什么说是好意？邀请你们辩论为什么不来？

王素溯（右）三年级：

批判没有问题认识，〈罗〉楼学礼等三位同学与我商量。

我认为部分对，签名的七人。

楼介山（中三）（右）：

报导人之一，是南大历史系一个同学寄来的，后来给同学拿去。

我写的，为什么报导，我们没有讨论，〈罗〉楼学礼执笔。

目的是为了提高认识，明辨是非，没有说明是一个错误。

应不应指导？有二种意见，我认为是可以指导的，为了区别香臭。《人民日报》也登谬论，当时我们也不同意20条，有些人同意他的意见，暴露不等于同意。

说扰乱听闻是不对的，真理愈辩愈明，有什么不好。

报导人的意见不大一致。

朱汝衡（三年级）：

《浙江日报》不登学生消息。

王素溯：

过去四五天还没有看，每条两可，总的看是反党反人民的。

第一条："力争民主"不能说。

第二条：毛说过官僚主义严重的，可以闹大民主。

第三条：我当时认为罗隆基是好人，中央人物。

第四条：反对学生鉴定，毁档案，我不同意，有意见可以向领导提。

第五，反特权，是南大情况，教师为学校之长，我不同意。学生会不能御用，提法不妥当，整顿人事处不妥。

第六，打倒大帽子，不重要，没有考虑过。

第七，南斯拉夫问题，不了解。"民主政治"不了解，批判学习是可以。

第八，民主党派发展青年组织不同意。

第九，马列主义课，我认为应必修，中山主义可以选。

第十，拉丁化，中文系都不同意。

第十一，党老爷开禁锢，相对来看。

第十二，疆土问题不了解。

第十三条：……[①]

第十四条：官僚主义是制度问题，不大了解，反对特权，否定民主制度不同意，是骂积极分子的。

第十五条：支援台湾青年，要分开说，反美是好的，反党提法是错的。

第十六条：胡风问题，会要处理。

第十七条：各党派平等——民革委员很多，反美是好的，肯定领导权情况下是对的。

第十八条：不同意，老干部文化低有领导能力是可以的。

问题：

为什么说报导是为热闹一些，要热闹什么？

〈卢〉楼学礼：

① 整风一开始我们提了意见，对了还是错了，没有什么问题。

---

① 原文缺。

② 二十条大纲问题——当时部分同意，有些不同意。

就是毒草，也可以报导。

应志正（史三）：

不同意芦学礼，错了可以改正，介绍时思想应当说一下。

当时我也模糊，如“民革与中共平等”不同意，有许多是同意的，说明我的思想与立场问题。

① 你们班上逆流是什么？

② 整风小组，我为什么积极，因为肃反时被批判过。

芦学礼所以指定我参加编委。当时我就退出会场。

③ 他要我写肃反材料，同冀仿关系现在已有结论，对肃反方式有意见，但为什么要我写控诉信？

④ 向芦提出质问，有几个人被肃反到的。他认为肃反是在要[是]错误，芦说，他要调查，这是干什么用的？他要向许多说为什么？

⑤ 大字报是芦学礼先写大字报，杭一中伙食比我们好，我说[出]卖良心的，他说外面人不知道，可以写出来。

何文才（中三）：

肃反时我被批判过，一直不满，芦学礼要我写肃反材料，支持李端行。（团员）（历史系）

① 芦学礼为什么要放火，被错打的，他为什么要他控诉？

② 大字报都是全班同学同意的吗？

③ 写章回小说问题——汪阿春人物如何处理的？把他丑化为什么？“法办”、“开除”为什么？

芦学礼：

<u>自从我们大字报贴了后，整风运动就开始了</u>。

系三成立编辑组问题，一部分搞汪阿春传，肃反问题同学意见很多，所以访问了一些人。

我认为肃反成绩小于缺点，有偏差，到有些班上去[找]问题。

汪阿春传——三系一班集体创造，根据事实可以写的。

整风是被动的。

大字报是不是反党反社会主义，要求检查。

二十大纲报导我是赞同的。

挹英：

① 没有说助整小组是保守的。

② 〈罗〉楼问你们党员怎样，他要告党员，为什么？

③ “我们的宣言”——反对政治课考试问题，〈罗〉楼提出几点意见。他说“政治经济学就是教条，党委如要坚持教条，是你党委的事，我们这里没市场”。为什么要这样提？

杨渭生(历史四)：

20 条是彻头彻尾的反动纲领，不同意〈罗〉楼学礼的意见，请大家再来辩一下。报导 20 条是反共的火种，除了别有用心的人以外，可以辩论，似是而非是右派分子的手法，如第一条是骗人的。

〈罗〉楼的手法——① 先从伙食着手；② 政治科是教条，反对考试；③ 爱情问题——在汪阿春问题上表现出来，他是主角，把党员丑化，夸大了汪的缺点；④ 鼓励不满如肃反，我也被肃的一个，责任在诬告者，党员有粗暴，立场是稳定的，到福建调查，CP 最负责，严肃的；⑤ 把过程说得很多，是故意的。人民报导写出谬论，加上这是什么？同芦学礼的不同，雷是右派分子，有必要再分清是非。

杨明秋：

我在肃反中是被怀疑的，所以当时我很有意见。芦学礼就看中了，他说“一切支持你”，如我有偏激情绪，会起什么影响。“好整他一下”，“好好搞他一下”。

他要把大字报贴到《浙江日报》门口去。

编辑部如何选出来我们不知道，要我找肃反材料。

党委向我道歉，非常愉快，芦说：“你得意了吧！”

他同意20条，为什么？我曾反对过，有几个人不同意，不是为了分清是非，绝大多数同学情绪是不健康的，不要和风细雨，你同意与不同意的是什么？为什么不表示态度？

撤罗、章的职，有同学不同意，有必要搬出来。

糜一模(党员)：

芦不要参加系三大会，说“大字报是造谣的”。

①“党团滚出去”。

② 如反党可以处刑。

（文件编号：E112）

省领导小组会议

1957 年 7 月 7 日

农学院：

① 大小会结合。

② 党内外结合，民主党派也动员。

③ 群众去戴帽子，“[一]棍打死”。

④ 发动宣传工具。

步骤：

① 继续排队，每人都要有计划及具体打法。

② 打死几个。

③ 民盟、九三内部搞，分化内部，再转到群众中搞。

④ 小的辩论会。

⑤ 组织处理，下星期三，各校支部书记开一个会议，介绍典型。

⑥ 开一些中间分子会议。

⑦ 开一个小组会议。

A）<u>目的与结果是什么？</u>

B）什么问题要解决？如党内思想问题。主要阻碍是什么？政策界限，什么是右派？

周林：

① 党内思想。

② 组织领导。

③ 方法问题。

师专：

① 排队是主要问题。

② 骨干问题——思想认识不一致，不敢肯定。

③ 不善于作思想斗争，只想在组织上找问题。

④ 情况不明的慢慢搞。

领导上讲(下午讲的内容):

① 首先要揭发挑拨、造谣言论,最好发动群众。理论观点现在已较明白。走得很快,其原因是这方面。

② 第二步要揭发细致——如反党,比较方便。

③ 中间分子说话,要供应材料(如任的材料可交沈练之,开一些中间分子座谈会)。

④ 把打下来的右派主要言论与手法向群众公布。

陈伟达:

反右派目的要求,彻底批判右派论点,搞清组织,一棍打死。各校收集右派散布了什么毒素,写一份材料(已做)。

反党问题——丑化,捏造事实,不是光荣、伟大、正确的党。

"党团退出学校","无知不能领导学校","否定领导权","一切党派退出学校","小学生发号施令",工会不要CP参加,争鸣委员会、学生会都不要CP。

不承认MAX是指导思想,大学反政治课,历史学会宋云彬的谈话。

三风归结为党天下——这只一个主要问题。

反社会主义问题:统购统销,"社会为什么如此不平"?

把敌我问题拉为人民内部问题,反对工农子弟,教育问题上二条道路,如宋永问题。

新闻自由。

组织上揭发,打断骨干。

第一是民盟,[要]整个搞臭;其[次][是]民进,在各种组织中树立我们优势,发展党的对象要看明白(教师与学生),要清洗一批团员。

反右派斗争在七月底左右,八月组织处理。

运动规律:下一步要搞组织行动揭发,农学院先揭民盟。

领导骨干思想有距离,实质上右派是反革命,敌我问题,因此要用和风细雨,要引导群众。不要扣帽子,"言者无罪"。要一棍打死,M没有觉悟时不能说。

党内没有勇气，没有决心，搞不开。

邓小平在北京机关的结论：（为什么机关搞不起来？）

① 放得不够。

② 改得不够。

③ 办法不够。

④ 勇气不够。

主要是勇气不够。

一个大学有七个顾虑——如怕乱，怕错，不好教书，不能共事。

二星期决定胜利：

① 主要标志是中间分子在基本看法倒过[来]。

② 真正搞臭了右派。

如何取得胜利：

① 解决领导干部思想是第一关。

② 排队问题——研究一个办法。

中央统战部提出：左是社会主义的，右是资本主义的，中左社会主义多一点，中右资本主义多一点。

右派分三种：

① 有政治企图、个人野心的（如宋、李）。反党反社会主义、反无产阶级专政的，抓个别缺点，加以夸大，挑拨党群，造谣生事，特别是肃反问题，两面手法（争取整风领导权）。

② 一贯对党不满，思想反动，造谣诬蔑，片面攻击，浓厚的个人主义（王法）。

③ 历史反革命，现在态度很坏，过去没搞清的。

不要划为右派：

受右派影响，思想上经过批评仍拥护党的，分三种：

① 运动中斗过的。

② 浓厚的资本主义思想，同情右派，不习惯社会主义制度的。

③ 政治兴趣不大，思想落后，个人主义。

北京市委高校党委[划右派]分为三〈条〉类：

（1）比较有系统的反党反社会主义的（吴唯平）。

(2) 杀父之仇,一直对抗的,“世仇分子”。

(3) 幕后策划者。

此地如何办?

(1) 根据材料找共同特点,如两面手法,进行教育。

(2) 找出一个中右标准,不列入右派的,要很重视,不犯错误,迅速搞。

左派分子:党、团、民主党派中要做一些工作。抵触很大,不积极搞的,凡是工作有重右倾情绪的,工作搞不起来。有右派分子的,迅速要调整。

民主党派内要找左派,开始少一些,组成核心,组成统一战线。

发动群众,要办法,勇气有了,办法就会有,下星期活动,总结经验。

辩论会有什么经验,如何斗争?

① 是说理。

② 揭底(邓小平说凡是做得好的都是一样)。

说理问题——① 经验主义,空喊,不会说理,只会发火,右派翻〈覆〉复无常,对我有利。问题是在于争取中间分子。积极分子不懂得,要充分说理,心平气和。以为要他承认是胜利。

② 不要教条,觉悟提不高。但又要综合提高,加以集中,提高认识,不要空说。

③ 志愿军要发动,随时随地扩充队伍,同时又有布置。抓住主要论点,要很明确。

星期三做典型报告。

揭底:(1) 二面手法。(2) 历史。

要总结经验。

暴露不够的要继续进行,摸[清]中间分子的思想。

对某些右派要组织专门小组。

(3) 如何夹击? 民主党派问题。

省委决定:

① 每一学校写出民主党派,如何反共,发展组织,民盟扩大会多揭发,各校找材料准备发言。

② 有计划、有步骤向党进攻。

领导权的争取。先丑化我们，否定一切，[说我们]不能领导学校，一系列的口号与步骤。搞出点子，内外压出来。

到处点火，打报馆。九日上马论，陈柏林，联络二校，找出各级的领导关系。师范学院是任铭善，最好搞(如芦学礼先发动)。

师范学院山下指挥部会议

■宗(中文系)：

练兵方法(对任)：

① 发给材料，(左派)充分研究。

② 年老、青年分开讨论。

③ 批判党内右倾思想，批评与自我批评，一个团支书(党员)不积极，现在已有转变，有的有惜才思想。真理与老师跟谁？进行立场教育，知识分子政策如何正确了解。

④ 排队——先打外围，叶光廷，争取小右派起义(二人)，思想上说理批评。

⑤ 任铭善问题继续收集材料，对证事实。

⑥ 争取中间分子——采取各种会议加以说服，如童(子和)讲师对任一贯被斗不通，现在已转变。

叶光建问题——有些人思想不通，大会时才通。左派教授说理很有力。(孙席珍、王加武、胡士云、蒋祖怡)

⑦ 防止宗派斗争，如任与孙是死对头，今晚开教师会议，动员群众通过计划，星期四内打好。

明天上午开骨干教师会议，加上一些中间分子，组成特别小组，党员人数不多。目的争取骨干发言，目的争取起义，先礼后兵，对一般教师划清思想界线，下午研究。

明日晚上继续帮助叶检讨。

九日，全系大会，研究生参加，蒋祖怡报告情况。工会用大字报，公布叶光建的信，引起全校注意。

明日下午报导大会批判情况。

星期三，如不肯交代，全系师生（代表）开会讨论。追查与任的关系，划清是非，揭发论点，追问思想根源，阶级根源，第三步揭他的一贯反共材料，揭发与任的关系。

三种估计：

① 假检讨，立即反击。

② 转移方向，狡辩，肃反问题不满。

③ 打死，但不交代组织关系。

历史系：

作战计划。

〈罗〉楼学礼——上午检讨，下午开小组会（星期一）。

争取中间分子最重要。

十大要求（工人）由支部先去了解情况。

三个弱点：① 教近代史。② 工会主席。③ 自以为进步。

争取起义作为教材，教育中间，弄清观点。

方法：全系检讨，严格批评。

阿曾：

学生方面如何搞法？党员不明确。

左派不明白什么是右派。

中间——不要扣帽子，认为是内部矛盾。

（文件编号：E112）

楼学礼浙师历史系全体教师会上的检讨

1957年7月8日

政治上失足问题，在三次会议发言：

人民代表产生问题，认为降低人民代表意义，歪曲人事工作，五月八日在工会会议上发言，没有从检查出发，只怪党委不负责任。

五月中旬讨论毛主席报告时，歪风来了，我的意见错误的地方，领导干部的报告不好，进步不快，杨部长报告“油腔滑调”，用知识分子只能领导学校，挑拨党群关系。

对新闻工作——推崇《文汇报》，对右派分子费孝通的文章都很共鸣，扩大ブル新闻观点，思想中十分顽固。这次受了很大的触动，现在已起了很大作用。

杭州师专开办，得出武断结论——制造矛盾，引起同学思想混乱。

短文——百分之百的毒草。

今天认识：完全排斥与削弱党。第一点涉及根本制度问题，是右派ブロ专政＝官僚主义根源，起了带头作用。

历史学会上成为宋云彬思想俘虏。

共鸣“成份不好”同自己联系起来，谈话中作为资料，降低对肃反的原则性与估价。

同贺一鸥关系，他与我对历史资料发牢骚，对洪涛同有意见。

同任铭善关系，评论座谈会发言，特别欣赏孙席珍，夏先生发言，如不能谈心，党员情况不了解。尤其是任，有共鸣。任〈独〉赌气：太和风细雨。任不断参加上海、杭州会议，不断传叶芳的言论，辩证法——“步子跨大一点，不肯承认错误”。我受了他的影响，他说杭州鸣放不如上海。

五月二十九日党委座谈会：我用责〈用〉备口吻责问党委，用几分精力领导工会。特别是九三与民进要组织“助党整风”小组，任铭善说：“民进要积极，组织中小学教师座谈会，完全可以放手让我们民主党派来干。统战政策一般党员不及格，领导干部60分，民主党派一百分。”

六月二日，储安平言论发表后，当时思想不完全同意，但以为他胆子很大，十二个总理，没有民主人士，有道理。

各民主党派会议，成立助党整风委员会，我的发言：黑板报要办好，不依赖党的力量不可能，要宣教科拿出力量，同周先生谈话：党支部是什么人不知道，同我相近。

任主持这个会议，二个任务：助党整风，研究以后问题。我代表工友讲了一些话。山下由沈练之与我负责。(任参加)去开会时很勉强，不了解情况。任说："这样排文笔是有意义的，不必讨论。"现在我想：已经为他们工作了，我与沈先生认为是负了包袱。

大字报出来后，针对考试。王承绪说：是党委托他们要搞整风，我认为这个机构糊涂，没有党委不好办，回头想：这样一个不三不四组织是很有意思来代替党的组织。

任对焦的动员报告很不满，"这个报告……"。

六月四号：工会黑板报出来了，写了一篇文章，校刊上也写了一篇文章，历史系也写了一篇，严重损害党的威信，完全没有善意。[说]工会工作僵化，以个别情况，下结论"形式主义"，"排牌"，指俞仲武。"解放以后特别滋长得快的作风。"这个提法与右派分子没有区别，[如说]新中国产生官僚主义一样。

黑板报文章，挑拨党群关系。(六月五日)吕以春小诗附在后面，没有发觉是反党的小诗，[认为]动机是发动群众。

学生大字报谩骂党员，我想是不是可以为群众制造条件呢？骂倒一切，不大赞成。夏先生的话对我有影响。

"照顾"打引号。

"这是为什么？"——小诗是右派言论，对我有深刻印象。

六月五日座谈会，王承绪主持。(历次运动座谈)

我没有发表全部否定意见，但提高了我付作用的感觉。"诬告办罪也反映在以后的言论中"，"盲目的积极分子"。

工友同志方面没有严重丧失立场，影响是大的。

六月八日，王××教育工会问工会情况，要我代表无党派人士，山上有人主张被整的人参加，积极份子都不要。我觉得不对，沈先生不同[意]搞这样组织。

西山公园座谈会：是完全挑拨党群关系，当时认为是"工会配合中心"。

六月九日，杭州很忙乱，学生闹事。

任铭善一早来找，他说："你看到社论吗？要收了，学生闹报馆。"

"要收了"我有同感。对学生闹事，不以为然。想问任："你如何知道的？"

六月十日，吴向来谈：工会要增加名额到工作组。他说："看了报纸，情绪不高，形势看不透。"吴向在体育路开过一次会。

经过第二次省教育工会会议批评后，这个组织停止了。

问题：这个组织是什么性质？为什么在反共运动高涨时匆匆成立？为什么各学校民主学派为主，各头子都很积极，为什么任与王特别起劲，山上要好好检查？

对"工人说话了"，我不同意，认为自己不是工人了。

对历次运动估计偏大。

为什么？不是为了复辟，是因为：

自己是 KMT 培养的知识分子，精神影响很大。不像他们一样有计划与纲领，[而是]小ブル狂热。夸大一点[不及其余]，否定社会实际，不看到社会主义是伟大事业，没有 CP 领导是不行的。为什么自己站不稳立场，这样顽固？关键所在：地主出身，父亲是反革命分子，长期受ブル影响，因而对 CP 有敌对情绪。五大运动中如果改造好，可以消灭，但我没有彻底解决问题。地主阶级与ブル二种敌对情绪对社会破坏作用，造成自己对抗，有报复情绪，完全站在敌人立场上了，为他们所俘虏，对《人民日报》社论有反感是必然的，波匈事件的教育没有接受。我自己确是右派，我是能够划清界限的，是有生以来第一次的考验，从来没有这样〈振〉震动过。这个教训要决定我的命运，争取向左转。请求信任我，使我跨出右的部分。

二 沈先生前段写过文章，并无恶意。

叶光廷：

人家提了意见"扣帽子"，对党有意见。

秦元宗是不是唯命是从？

研究生：

叶是否定上层建筑，同章伯钧有同一意见。

孙席珍：

叶中午说："再这样诬蔑，我要退出会场。"这样抗拒与恐吓。

① 说理解应当告一段落。

② 还是讲事实为妙，有些什么人点了火？

叶[说]：包括任铭善与马华在内，是冤枉好人，没有受人影响。

叶光廷：

印这封信的作用——教材！有没有右派[言论]，请大家讨论。反党反社会主义思想有没有？

反党[言论]——投机的木偶般的"积极分子"吸收入党，"小题大做"，"周围看到很多"，为什么不指出是"奴隶顺民"。

"灯塔面孔"，"鸵鸟西宫"，"特殊材料做成的"，"永远不会犯错误的"，"领导错误中央也有"，"党的思想还是马列主义"。

社会——"令人窒息的"，"新社会很少有真正的心灵的温暖"。

"合作社干部打农民"。

"教条主义思想，青年中毒最深"，"只能说是，不能说非"。

对反共运动的同情：

"大有过去平反革命的气势"，"有些恶毒话也令人佩服，以其人之道还治其人之身"。

<u>对社会主义革命运动的估计</u>。

肃反问题——造成恐怖？流露出什么情绪？

搞运动常常把事情弄得过分？你是不是指反右派斗争。

[（五）] 什么立场？

<u>是个人情感？是思想方法问题</u>？

说明：

① 印这封信是粗暴，"小题大做"——这是教材，有没有右派？整风为什么要反右派？

② 信的内容："今天还是这样看"。

③ 党要坚决击退右派——这是二条道路的斗争，反复辟的阴谋！不坚决明辨是非，以后不要怪我们不客气。

根本论点：

① 党是这样丑吗？

② 这个社会坏在那里？

③ 历次运动的估计。

④ 马列主义是教条主义？

⑤ 反共运动如何认识？

⑥ 法学观点。

（文件编号：E112）

浙师中文系讨论叶光廷问题的教师会议

1957年7月9日

孙席珍报告小组讨论情况：

叶给陈松三写的信。我们认为此信极端错误，叶对逆流抱着唯恐天下不乱的态度，爱憎不明，新旧社会对比，叶无动于〈中〉衷。下午检查了一小时半，没有内容，说是措词，是思想方法问题，弄玄虚方法。用拥护毛来掩盖反动言论。他过早的自下结论："对自由民主观点不明确，对社会主义要求太高，学习不够，原因是出发于清高与小ブル思想，主观偏见，个人主义立场。""说印此信是粗暴轻率"，"隔靴搔痒"，"是整他"，"是感情冲动"。我们为什么要整他？是为了挽救他，非但不接受，而且挑衅。（代表都取争取小组发言）

陆维钊（付教授）：

叶说：

（1）党的思想是教条主义思想，中央也有错误，各次运动都否定了，党的成员也否定了。"拍马，奉迎"，好人被害。

（2）社会是冷酷，恐怖……

（3）"以其人之道还治其人[之身]"，"罪有应得"。那时是大字报很多，混乱时候，有夸大事实的东西。

（4）"毛主席伟大"——可能是不满现社会、教条思想，可能是想根本改变社会，不再恐怖，是ブル民主自由的希望。歌颂还是歪曲，改变社会生活。不要走向歧途。

张仲甫（讲师）：

（1）口中是希望恢复ブル民主自由，指导思想是反社会主义与反党的。

（2）党的思想是马列主义思想，不是教条，对立起来是诬蔑，动机是什么，个别的教条倾向，[不]能说是全党如此。

蒋鸿礼：

① 对叶要严格批评，现在还是婆婆妈妈，争取叶走到光明路上来。这一点要考虑，大家不是要“打倒”。

② 信的末段问题——从文章来看，“要是毛就不能这样变”，对党的路线是完全否定的。党的历史一贯是反对三风的，报纸经常发表党员的错误，这不是毛主席一个人的事，是严重的歪曲。“社会面目完全改造”，这是指什么？估计完全错误。

孙席珍：

① 叶说：“不要抓枝节”，要把他看为“活生生的人”，我们离开作品如何来分析具体的人，这个企图不好，我们不能无的放矢，谁也没有时间来开会，正要批评这信。

② 叶说：你们为什么不谈后段？文学作品要从主导思想来看，反党反社会主义倾向，“整个改观”是主导思想，后面一段是“手法”。

“清君侧”吗？每个党员与党不能分，群众是“木偶”、“鸵鸟”，毛是驾驶者。这信是写给党员的，是一种掩护。

③ 主导思想是什么？共计六个问题。

思想上最大问题是：

第一，肃反问题，二八分，他说：好人受打击，肃反几个特务要不要斗争？你认为是好人？婆婆妈妈方式是不行了。

第二是党的领导问题。

鲍士术（方言调查者）：

讨论方式要改变，我们说话，请叶先生答复。

夏承焘：

思想上与举动上有严重错误。收信是前线工作的党员，写到军队中去。这位朋友如认识不好，危害性很大——扰乱军心。叶先生平日很沉默，为什么做“鲁莽”的事？大热天来开会，他还是面有笑容，要警惕。温和方法来对你，希望快回头。

叶光廷：

有些问题没有记清的话，不能答复。

① 夏先生不了解与陈的关系，非常要好。去年与他讨论过肃反土改问题，他与部队同志讨论过，我很不高兴，他的立场坚定，所以无所不谈。我对社会根本没有不满。如拿回来可以看出我是非常进步的人。

② 感情气氛——“对未来充满感情的心情”，文学创作有[现]暴露旧社会的严重错误，然后来一个希望，也许是“病态”的。信的主题，发表对鸣放的感想，对一个党员为什么这样写，可以理解的。

③ 不是说马列主义又是教条主义？我不赞成周扬同志的教条主义，我不很同意。我没有错误，决不承认。

④ 咬牙切齿，“唯恐天下不乱”，右派行动纲领，我有什么活动，也许是思想上右倾。我是胆小鬼？不是。

我对秦元宗问题不满，不是唯恐不乱。

把同志当作“反革命斗争”，也矛盾地流露了快意。我是不满有些报的。仙居农民闹事，弟弟来信，我劝弟弟，劝阻，[是]“唯恐天下不乱”吗？

党群关系——自己有错误看法，对二十条纲领，我说对鸣放有帮助，加以批判有好处。我不赞成这个纲领。

青年教育问题——主要是黄岩县中问题，学生当场对教师提意见，就要斗争教师。

法制——肃反是违反宪法的。奴隶相，举手问题，都是法制问题。我是指非法搜查我不同意。“群众举手通过”，具体个别问题上是有意见的。

孙席珍：

我们要求你具体指出具体例子。

叶[光廷]：

主要是肃反问题，印象对不对，不知道。杨源时说：“革命愈胜[利]，反革命斗争愈尖锐愈复杂。”杨的发言是中央指示。

徐步金(讲[师])：

① 不能说是小ブル立场。

② 问题是解释不通，应当认识说，对自己不利。昨天也说是“典型右派分子”。

孙席珍：

叶在民进小组发言与信一致，这不是一系列的言论。

秦元宗：

① 态度问题：对工会争取小组意义不了解，写了答辩是关门思想，根本不愿听人的意见，“隔靴搔痒”。

他说：“不要有无形压力，过去运动是宁可严重一点。”所以群代[会]没有发言，先写了检查报告。

② 避开这封信，民进小组的发言也是一贯的。任铭善主持的会议，情绪非常不对，“灯塔面孔”也是从那个小组里发出的。他不肯说——指出后才承认是任铭善讲的。

<u>“孔成九”的材料那里来，说是受高维岳的欺骗</u>。对我的李白诗解释问题，他没有说过“打抱不平”，我有怀疑。

<u>为马华与任铭善与奏元宗打抱不平，有问题</u>。

③ 阶〈介〉级出身——农民是受党的利用，压迫他的父亲，为父亲抱不平。有破坏土改的情绪，过去谈过。他立场不稳，“杀父之仇”很突出。

④〈响〉向往ブル自由——个性自由，没有约束。

⑤ 生活小圈子影响，同有些人有共同的言语要联系起来。

朱子英：

① 肃反问题要讲清楚，把中共与联共相提并论。

② 搜查员违反宪法：搜查是经过司法机关的。为什么要搜？因为有检举。说中央错了，不对。

任明耀：

① 信与说明矛盾。

② 民进会上发言——肃反后对 CP 看法改变了，因此肃反问题起了决定

性影响，基本上反对的。我认为：肃反如一缸水，鱼中有黑鲤鱼，可以使水弄〈混〉浑。本校反革命分子虽只有四个，但是这是大成绩。〈只〉即使没有，成绩也是巨大的，把水搞清也好。

③ 宪法交人民讨论，不是民主吗？国民党有没有？

选举问题——形式问题吗，经过协商也是民主，没有候选人，才是不民主。

④ 态度问题：每个人没有要一棍子打死，但今天情况，叶到会议就有反感，我们是抢救态度来的，挖思想的根很重要，强调ブル思想不好，围绕的影响很重要。希望检查。

钱（付教授）：

叶信是结论性的，信里说“没有温暖”，这是个人想法，我的女婿是党员，媳妇是苏联人，没有灯塔面孔。交朋友，我就有不少党员同志，你的朋友也是党员，思想根源是什么？

袁作俊（助教）：

① 信中有强烈的反党情绪，根源是什么？

② 前天下午到任铭善地方去。为什么这样时候要去找他，做什么？

余湜（助）：

你的立场是反党反社会主义的，写信是表达思想感情的，无所顾忌的，更加无容置疑。进步话不是“矛盾”。信的前后一致，贯彻主题。“歪曲道理”，按自己反动理想“改观”。

“打抱不平”——为什么在右派进攻更愉快，肃反更痛苦。

否定历次运动成绩，从系统看。土改，肃反都反对，反共运动很愉快。

俞子隶（助）：

叶并没有歌颂毛主席，西方的通讯社也歌颂毛主席的，同铁托差不多，不能“欣赏”。他们为什么“欣赏”，因毛主席助长中国的自由分子抬头，叶是否定了一切，他要的发扬资产阶级民主，毛主席只许对人民内部来说，是有用心的。

斯何晓（物理）：

家庭被镇压，同思想问题有关系，旧知识分子思想有错误，但叶是严重的。“清高”只能是片面的，不会如此。

陈桥驿（地理）：

……①

沈康年（数学系讲师）：

——看信很愤怒。叶是不是到处点火？

大热天大家来帮助，叶没有虚心倾听的样子，本部反右派斗争进步很大，请交代你的围绕的人。

×××（助[教]），刘金城（研究班）：

把社会看为高俅时代，比国民党时代还不如，使人气愤，火烧到国外去，态度要改正。说是“一小时的情感写信”与民进会议上发言，为什么一样，是狡辩。

董远骞（数学系）：

他的思想感情非常严重，建议有正确态度，同情过去的错误，站在反党反人民立场不能检查。

① 同叶同调的[问题]要交代：任铭善、马华，“灯塔面孔”，“整 CP”，“狂风暴雨”。

② 要求：阶级同鸣，还有什么理由可说，要求任来参加。

姜：

三天会议对我有很大教育，对叶没有什么帮助。

① 我知道看文章要找主题，后面掩护前面的，西方通讯社也如此。要求端正态度，这封信是“乱国罪”，煽动军心。可是我们没有根据法律讲，争取不回来，没有法子。这是最好的口供，他不觉得问题的严重，说明社会给我们许

① 原文缺。

多自由。苦热的天气来说理,这是自由。一系列运动都表明法律不凭口供[应],而要凭事实。

② "自由"——叶是无法无天的自由,要冷静检查自己。

③ 提意见是"隔靴搔痒",如果真正"清高",用不着参加鸣放,说不过去。对比起来就可知道。社会主义中绝对不肯牺牲自己不行,要冷静考虑。

蒋鸿礼(讲[师]):

叶不承认受到别人的影响。

孙席珍:

"承认信是百折百扣的右派言论。"但说偶然情况中写的,要研究他的为人。

意见:① 既承认为右派言论,有没有批判的必要?印这封信,是不是小题大做。

② 口供是不是可以完全不谈这封信?

③ 退一万步说:鸣放小组的意见可不可以谈,要求交出关系。

叶光廷:

最大的教训,以后给爱人的信,以后写信要改十次,也要给人看过。"言语的痛苦",我不是言语大师,对朋友谈心不可能这样辩证法,讲逻辑。我从那一角度去承认为右派?

任先生是好人,我去看他的病,估计对任有相当大的斗争,所以去通知他。他说:结果不好,太不聪敏,过去"言者无罪",现在如此,表示消极了。

我决不检查,没有东西,说理没有办法,愈凶愈坚持,这不是说理的态度。

主席:

叶的态度很坏,要警告你,对自己不利。

王一功：

任先生很会玩弄二面手法，对张先看不起，又要他来做学术报告，他只爱二个助教，对四年级学生是压姜亮夫先生。他要我不听他的课。爱二个人是有用意的。独立思考不要依赖一个人，为什么高厚齐要压姜先生？

（文件编号：E112）

浙师分部党的会议

1957 年 7 月 10 日

参加者：陈伟达，刘一夫，陈修良……

焦：

师院反共运动经过。

五月中任铭善批评“和风细雨”的方针。北京的风吹来，芦学礼先贴大字报，山上 6 月 2 日贴大字报，开始在是反对考试，接续是[反对]党委制、丑化党员。反共运动的步骤。

四个步骤：① 伙食，考试。② 撤销团支部，成立鸣放委员会。③ 丑化党员。④ 提出纲领(中文系一个学生说的)。

高维岳(中文系)反考试是带头者，上北京请愿。

沈练之支持学生到《浙江日报》，师专并校事也同意。

王承基说(对洪涛说)：高潮还没有到来。第二天数学系行动委员会就成立了。学生也提出了平反委员会。

任铭善在紧张时避住到山下。

楼学礼在工人中放火。

叶光廷：

沈镜如同楼学礼有关系。

山上[分部]：

化学与数学系问题最多。

姚春林(数学系三)、俞建衡，“青春凋谢了”的作者，行动委员会、平反委员会的组织者，拥护 20 条，系三有五六人。

化学系三：《小张的苦闷》作者滕纪灵。

地理系三：牛道人。

王承基问题：儿子数学三读者，很活动，行动委员会的发起者。

王云海(数学系)

王承基与王承绪平日关系不好。

吴向:

王承绪,"施工设计",发展民盟很积极。张若明(民盟),化学讲师,与王承基关系很好,演讲稿由张启夫起草(张系顾祝同翻译训练班人员)。

蒋炳贤(民盟)写过一篇文章。

中文系四个步骤向黄学初(教育政治科,团员)传达,即晚就开支委会,冒充党员。

黄提出要〈撤〉撤支委会。

山上在斗的地理三、陆××、牛道人、"青春凋谢了"作者。

周俊林——写21条,黄学初。

未动的:地理、物理、数学系。

失败原因(化学系):没有说理,乱箭齐发,没有练兵,学生打抱不平。

三个人公开反对。

我[①]提:

问题:

(1) 王承基问题如何办,打苍蝇打老虎?

(2) 民盟为什么不是中心? 三王[王承基、王承绪、王运册]是右派,作战目标不明。

焦:

老虎在哪里? 不能一般提问题,民盟问题在哪里?

王承基问题材料不充分,没有讲实际问题,一般提问题。

助教:

把握不住王承基。

---

① 即陈修良。

刘一夫：

（1）三个民主党派，肯定说是统一战线，谁是主？不好肯定。民进、九三王承基暴露最明显，任、王二人最接近，全国也如此。如肯定以任为主，山上是谁？同情况估计有关，作战计划有关。核心组织没有确定，不好作战。

（2）具体情况要研究，师专是通过民盟为主，有四层，把关系弄清。

（3）排队问题：从言论考虑得多，从阶级本质考虑得少，右派标准不够明朗。表现上看得多，本质看得少，王师等肯定是右派，教师要全面考查，有没有漏查。

（4）学生排队也有同样感觉，〈个〉各班级普查一下，特别是毕业班。

（5）排队后，作一计划，以系单位有那一些右派分类。

（6）内部思想统一问题要继续进行，对右派问题，中左群根本问题还未完全一致。

陈伟达：

有些问题要研究，材料很重要。有些问题难以做结论，要经省委讨论。有几个问题：

根据今天情况看，初次发动战斗阶段：

① 我退敌进。如中央人民出版社林社长撤职。

② 六月十日至七月十日相持阶段。

右派分子很积极，我们也要如此。司令部要组织起来，电话机接起来。山上山下都如此，战斗准备不够，通过战斗来准备。“快点斗起来”是方针，挫折是必然的。争取每一战斗胜利，关系很大。争取中间，鼓舞干部情绪很大。不打，情况永远不明；枪不响就不定。切记检讨不是真心投降（敌人过去是假投降）。要说理，不是一般化问题，是如何说理，怎样解决困难？

首先一个问题是目标问题。充分暴露的，人人皆知好搞。同志的严重顾虑是怕打不中，顾虑应当有，是对的，疑三疑四、半信半疑就不能作战。要有十分相信。

思想不一致原因：标准不一。只有二条道路：要看觉悟水平。通过实际才能懂，觉悟提高。目前先搞黄学初，带出别的人[的]问题。山上山下二股会汇合，内外也会汇合。现在是前哨战，争取中间，锻炼领导的战斗。大战在后面,主力还未接触。师范学院肯定有领导的集团存在。单干与合作都好,一步步打下去。边战边训,不说他没有言论,也能使群众看清楚。由小到大,分散到集中,气氛要大,不再是打扑克,希望明天不如此。

怕乱,怕脱离群众,要避免。自己要坚定反右派,不是盲目的,是自觉的。自己要作模范,要会说理。发动每一个党员,不打冷场。要拿出右派给人看,空喊无用。

来一个群众性的揭发很重要,没有把握的暂不斗,已定的先打。力量集中在几个人身上,调动支援,三王意见有分歧,可以研究。

第一困难:标准,还是二条,选典型,要切实一二个人,进入班内去,好比较。第二,整理材料。第三,右派特点加以综合。第四,发动群众不够,要承认这一条。二种原因,一是材料不够;一是隐蔽的敌人未发现。如×××,群众不理解,我们认为是右派。×××,要对[照]进行条件,思想不能固定化。王××,专门研究一下,大小右派要分别。

九三在科技界最有力量,本校有煽动者,要抓出来,否则不能认为是胜利。组织要打断骨干。王××差不多,再看几天。

有些右派是有组织的,骨干分子富于政治斗争经验,千万不可忽视。

胜利不在于会议,不在于定案,[在于]自己是否承认自己是右派。与三反不同,敌人是不肯承认的。恰恰相反,检查好的,却可能欺骗群众,所以要说服。

组织——成立司令部,迅速解决。每一斗争要有战斗小组,重点要力量大些。有一付班子,建立参谋部。每天有一个了解情况,调查,材料记录组。随时总结经验,教育干部。

会议组织——小型先搞,必要时不拒绝用大型。积极分子随时要扩大,领导同志要说理,不做结论,让群众自己做结论。过早做结论,群众就不发言了,最后把许多问题加以综合,提高认识。

评议会是中间分子来做的结论。

星期六开领导小组会。

星期日开各校积极分子会。(左派分子)

(文件编号:E113)

浙师政治科任铭善问题辩论准备会

1957 年 7 月 10 日

（一）鸣放运动夺取领导。

[说]各次运动是错的，反对“和风细雨”方针，敌我与人民内部问题混为一谈。大放大鸣，否定和风细雨，[要]“冰雹”。

支持反共逆流，[说]棍子打得一些没有关系，“花自飘零鸟自鸣”。反共高潮还没有标准，不要被大喇叭所吓倒。“老谱”是什么？

野心家代表知识分子——挑拨党与知识分子关系。

号召反共，右派进攻是对的。

行动——放火事实。（1）三天打鱼三天晒网，要求信任民主党派，放手干，党委没有诚意，教育厅放手请民进来争鸣。（基层放鸣）（林汉达的主张）

（2）党委没有资格来讲话，“老鼠面孔”。

任明耀——二省一市的座谈会，会未完就来杭州，值得注意。

吴向说：助党整风，主席是任的头上。

四次座谈会，任说：党委要他召开一次青年教师座谈会，教师进修会他要求与方文忠联系开会。（7 日晚上）在任的房内开会，传达民进大会，传达曹阳中学典型，讲得很具体。他认为中小学鸣放可以不必经过党的同意。

（二）挑拨党群关系。

墙从那里来，不信任知识分子，“恩赐”。三反肃反造了墙。针对党对知识分子政策，不可弥补的损失？不能用其所长！

东风东倒，唯唯诺诺的，对积极分子不满。

党团员教育失败了——归教师管，[教师]“治校”。

任可以解释为：

清高自居，孤芳自赏，疾恶如仇，坚贞不阿，为正义而奋斗（整风），学者姿势，不肯呷呷唔唔的，“东歪西倒”。

笔战与口辩。

（文件编号：E113）

浙师分院党委会上与焦梦晓的对话

1957 年 7 月 10 日

（分院党委）二陈、刘（陈伟达、陈修良、刘一夫）参加

1）反右作战计划的明确，民盟为什么不是中心？（我问）

2）我说："要打大老虎，"焦问："老虎在哪里？"（焦答）

3）他认为王承基问题材料不充分，不能定，山下是任，山上是谁？不好作战。

4）包庇孔成九——有同鸣，他不提孔是右派。

5）江华说："如任铭善不是右派，哪里去找右派？师范学院党委动动摇摇，舍不得离婚，党委通不过。"（七月十三日，各校联席会）

6）焦对夏承焘说过：搜查任铭善是党有问题。（政协召开会时）

（夏在浙师座谈会上说的）"焦付院长最信任任铭善的"，"夜里也到任家去谈话"。"派车子接过任"。

7）"CP 与〈比〉M 还落后"。对马华说的。（焦）

8）叫苏联专家教，把校务委员会改为学术委员会。

蒋祖怡：

任铭善要他参加山下"鸣放委员会"他揭发过。

吕汉野：

① 认为历次运动不应狂风暴雨，助党整风不要"和风细雨"。

② 教授治校思想：党团员教育学生，不如教师教育学生好，"有距离"。

江希明——派党员去，他要辞职不干（马华）。

（文件编号：P668）

宣传部整风情况通报会记录

1957 年 7 月上旬

民进是主要的发动者,值得注意,五月—六月初最凶。

九三与民进问题。

(一) 中小学闹事问题,学会问题要抓:

① 毕业生升学。

② 教师生活待遇;肃反问题(几个城市中学问题)。

③ 三个师专要求合并——教师不够,改为四年制问题。

④ 中学文学课本问题——古典文学,现代〈汗〉汉语,拉丁化。

⑤ 校舍设备等问题。

⑥ 学苏联经验问题。

⑦ 青年教书与老年教师问题。

⑧ 党员文化不高不能领导问题——曹阳中学经验介绍结果。

(二) 大学边整边改主要内容是什么?

1. 党委制;

2. 干部;

3. 教育计划大纲“因材施教,全面发展”;

4. 政治工作。

(三) 市县知识分子整风如何搞?

中小学,社会知识分子。

(四) 肃反与反右派如何结合,右派教授如何处理?

(五) 政治课,下学期如何教? 四门课,还是其他。

(六) 党委工作的问题。

(七) 基层分工管理四条没有解决,要具体。

(文件编号:E112)

楼学礼继续检讨

1957 年 7 月 11 日

（1）把工会放在党的对立地位，党委对工会根本没有领导，成绩是二个干部搞的，挑拨党群关系，使党行政与工会闹对立，造成个人突出，实行家长制的领导。“工会被党委搞糟，特别是陈非”。引出结论，解放后是形式主义与官僚主义，抓住一点，否定全面的手段。

（2）肃反问题：

传播别人意见，说和平环境中杀 80 万人是不对。在学生中讲，波匈事件的出现是必然的，要大家反对历次运动，并且诬蔑积极分子“罪不可赦”（写几篇文章）。

（3）ブル思想：

受《大公报》一个记者的影响，出风头思想，努力于学ブル新闻学，民间报纸，成为思想中顽固人物，喜欢评论人物，赞扬《文汇报》、《光明[日]报》纸，不满于党报为工农服务，知识分子不要看。

（4）对民主党派的认识：

十分矛盾，解放前〈想望〉向往的是第三条道路，对民盟有好感，解放后认为 CP 是进步党，但教科[书]中不提民盟，思想有矛盾。

陈立命令式的要我参加九三，二沈要他入民盟。校内空气，大有所有的人都要参加，不管进步与落后的，认为知识分子地位要更提高，民主党派地位作用还要大起来。“有职有权”，影响到教学上加强民主党派份量。修正主义思想也大有滋长，国家是不是太集中了。这一点上说成为右派。

鼓励图书馆同志向党提意见，重视历次运动的意见，向上一级党提意见，不要集中在个别人。

对系内同志也讲过尽量鼓励提意见。

谈考试问题，对学生说的态度不好。“你们可以罢考，教师可以罢教。”二十条驳斥同学生接触多了。

问题回答：

① 宋云彬问题——1942 年离浙去桂林，一年中生活由同乡傅秉然供应

(文化供应社),文化杂志由宋云彬与邵荃麟负责,因此就相识了。傅去开明书店,宋也去,偶然也碰到。

1944 年桂林失守,在重广时常去开明。

1956 年研究历史规划时与宋又谈话,讲围棋事。

[1957 年]四月在[浙江史学会]发起人会议[又见过]。在"史学会上是宋云彬的俘虏"——如不要马列主义,发言也有道理。

重复几件事,思想上一致,长期对他的敬意。

② 任铭善——在 1951 年本校认识的,1955 年同他住在一起(马华、叶光廷、任四人),同吕以春同房间。

1956 年到北京去开会,山大教授通过妹妹去找任先生,对妹妹文章提了许多意见。

北京回来后,任政治上忙起来,会议多,学潮发生后,常有要件送来。

到孩儿巷与他同车时谈:有没有参加党派,欢迎入民进。

鸣放时去他谈过二次。

任什么时候下山?放鸣时。五月间他对我影响很大,散布民进的言论,讲各地情况,只讲缺点,鄙视讲成绩的人,以说话尖锐引为自豪。

任说:"中文系学生只要我一句话就够了。"他召开了许多会(山下),中小学教师组织起来,让他们讲。

沈镜如说:"学校要请他任付教务长,〈化〉花二十元钱找回来不肯,过去〈化〉花一分钱。"

[与]沈镜如、徐规三人很好,思想有互相推动的影响。

沈有些话不妥当:一再[说]我们谈话没有影响,希望沈先生要检查:

① 为什么任派沈与我负责山下工作组,要向任铭善汇报?沈应向任汇报,我向沈汇报,应检查。(疑问)

② 沈先生既认为我的言论不对,为什么要我到报纸上去写文章。沈的文章气味不对。(六月十五日《杭州日报》文章)

"争鸣与浙江省的社会科学研究",[对]报纸横排直排很有兴趣。沈同宋云彬很接近,沈练之的言论很有问题。沈镜如说:"沈练之几乎也挨整了。"为什么你知道这件事,是不是制造错觉,还是沈练之的揭发,为了避免自己的被整?

宋云彬的"要收了"的话二沈都同意，史学会同沈关系也很密。

沈镜如提出要把"放鸣"方针突出，沈练之没有表示态度(马列主义问题)。

沈镜如十年计划〈划〉草案，马列主义字样是[怎样]被删去的，[原来]连为社会主义服务字样也没有，[是]在会章通过后[补]写的。这是为什么？

沈对所有会议都有意见，对朱福昕也如此，沈练之也如此。

沈镜如文章的重要思想。(六月十八日《杭州日报》)

① 人〈材〉才不竞——"这是气度小的争鸣"，"也要反对像北京、上海某机关和学校把人〈材〉才像商品一样的囤积"。"这种不信任社会科学人员的宗派主义情绪，导致人〈材〉才不竞的后果，是够严重的。"

② 省委倾向"重理轻文"，连个饭摊子也没有。

③ "速成"教师。"力求速成，半年、一年、二年、四年的系，应有尽有。"

④ 学习先进。今天一个方案，明天一回突击，后天又要总结；上自学制，下至普通话，一件件都挤时间抢先通过我们作了实验。"忽然向科学进军了，于是订规划，提保证，限期交卷，这样那样都要赶上世界先进水平。另外各种运动不断开展，还要招架飞溅出来的弹片和浪花，使得不少人总是心神不安。工作过程像走马灯，一切从教条出发，用命令执行，弄得人头脑发昏。"

⑤ 农业合化作的"坚决收缩"与"全面合作"的发展，都没有所说过有什么固定机构和人员在那里收集材料以备研究。辛亥革命首义回忆，大都湮没无闻。

本省社会科学研究的寂寞状态……主要原因是关于这个科学和从事这门科学的人遭受冷遇，形成瘓痽。人〈材〉才不竞，风气不正，领导不力，资料不备。

省委电话[指示]：

① 斗沈镜如，不要助教参加，讲师以上，因为怕他以后不要教书。

② 党员右派排队问题。

③ 历史系要练兵，历史学上的观点问题。

(文件编号：E112)

浙师中文系山下指挥部会议

1957年7月11日晚

金祥林，金庆铨（历史）送四个步骤计划到山上去的。

20条拥护者。

方伦新（中文一）

阿曾汇报：

学生情况，斗7人，将斗2人（共13右派）。

已斗四[①]人：洗国正、李才容、金广铨、金祥林、高维岳、芦学礼。

金广铨同保俶培小学教员有联络。

方再林（政治科学生二年级）

郑源远（中文系二）

朱如衡、程荣义（中文一，团员），余磊（起义团员）

高维岳斗争经过：

自己承认是右派，但不要扣帽子。程荣义、潘应瑞为他辩护，他[们]说：右派必须有行动，有言论的不算（程说）。〈偏〉片面反对〈偏〉片面，肃反是违反宪法，不能用阶级观点，不能算旧账。

反右派要和风细雨，手法：

（1）用现象来说明事实。

（2）引列宁的话。

潘（女，团员）说：拥护右派，回去得意洋洋。

芦学礼斗争经过：仍坚决不肯承认错误，支部练兵，学习文件。

“美丽的梦，做民盟付主席”，中间分子多站出来了。

朱汝衡——假检讨。

郑源远——明天斗。

---

① 应为6人。

洪国正——开过一次大会,态度不好,联络面很广,一天寄 25 封信。

李才容——态度不好,收回 20 条,流氓小集团。

金广铨——中学时参加特务组织的读书会。

方再林——幕后人。

学生方面问题:

(1) 广泛发动了斗争,但方式单调。

(2) 重视了教育,但对追根不够重视,核心尚无研究。

(3) 继续暴露右派分子,还要放些烟幕。

今后目的与方法:

(1) 继续讨论右派观点。

(2) 排队摸底。

(3) 配合教员的斗争,增加大字报,写文章。

(4) 中右分子不许搞(已有批判行为),没有接受过去教训。

(文件编号:E113)

省常委会议

1957年7月12日

全校斗的：

洪国正、芦学礼、任铭善、楼学礼(金祥林、金广铨)。

全省登报的，由学校自己写更好，协助记者，任可以上报。

系批判的：由校党委决定。

民主党派，中央省级的由省委批。

教授、付教授，全省性的、全校性的各种人物须经省委批准，系内斗的由领导小组批(陈伟达)。

主席：

教学人员约占10%；学生1%—2%。

未定的右派不要束缚群众，继续搞材料。

提出讨论的问题：(对山上问题我所不能解决的问题)

(1) 右派分子划分问题，民主党派负责人坚决执行其上级反动指示，如发展组织，在整风中组织行动(如鸣放委员会)，且有个别反动言论者，算不算是右派？

(2) 保卫部门组织工作要跟上去，问题涉及各校与社会。

陈伟达：

(1) 领导思想为未知道运动的重要，如焦梦晓问什么时候结束？

三四天就可结束，死角还未搞起来。

(2) 对右派的仇恨性很少，对情况估计很差，学校内部解决什么问题不了解，特别是根底问题，没有要求解决，没有下决心。

(3) 思想斗争是主要的，大家〈介〉不很理解，占领思想阵地不够重视。对搞组织兴趣大，社会主义问题要辩论。党内对右派有共鸣之处。斗争的性质，细致艰苦性认识不足。如严重右倾情绪的人，调整组织没有决心。孔成九思想是典型，搞臭右派没有坚决心，说服不了。

（4）内外夹攻还不够，各种右派的分类，中间分子的特点，力量不足，说理不够，有放弃组织领导之势。师范学院党委没有讨论右派，策略问题抓不起来，领导思想没有打算，缺少全局打算。

（5）第二步如何搞？初步暴露了，右派分子还有继续暴露的。群众发动起来后，有差不多的思想，缺少坚决心。揭到底的决心没有，线索如何，综合研究没有人搞。

民进对反党问题有二派，托派一个系统。（谭天荣）

主要骨干——老对头与世仇分子。

（6）学校组织不合于战斗要求。如调查组、研究组很需要。问题在于领导核心，材料无人综合。

毛主席：

政治路线：

（1）成绩是不是基本的？

（2）将来方向如何？

（3）谁来领导？

同右派斗争就是争路线问题，以 10％的右派来教育 80％中间[分子]。

林乎加：

思想有些急了一些，搞组织问题急[了]一些，农学院无事可干了。三个根本问题是不是弄清了？根据[毛主席]三个论点，研究右派言论，多数人可以受教育。

（文件编号：E113）

中文系教师斗争任铭善大会

1957 年 7 月 13 日

孙席珍：

几年来我是任的攻击对象，本不愿说话，以免误会。对任的斗争不是简单的事，[任]言语技巧很高的，不细加鉴别，容易被其迷惑。

这次整风以来，他故意装出责任心，到处鼓励大放大鸣。他是一贯站在对立地位，捞一把作为野心企图，与右派言论是一致的。

他的理论体系与计划首先要揭发。

(1) 进行否定一切，污蔑，对党的全面否定，理论、政策、教育都是否定了。歪曲整风。

(2) 整风是没有诚意的，二天晒网，三天打鱼(指座谈会)，"和风细雨是用血与教训得来的"。"你们整别人是狂风暴雨"，"己所不欲，勿〈使〉施于人"。要记者发表他的言论："××学院在和风细雨中整风"。

他造谣：教育叫开门整风。传达林汉达的指示，介绍菅阳中阳的经验，不要党的领导整风，放手干，[希望形成]民主党派与党平等，分庭抗礼的局面，希望实现夺取领导权。[任]谈话了话以后，纷纷要求贴大字[报]，造成天下大乱。任按全国右派的纲领，出来收拾残局，同纳吉一样。

"任鸟自鸣，任花自放"，企图争取知识分子，特别是有过问题的。

他的步骤：

(1) 大放大鸣，点火打气。

(2) 支持右派，过火也不要紧。过火不要紧(见《争鸣片谈》)，大楠树比党为盖子，阳光不透，树下的野花闲草也要放。

(3)《人民日报》社论发表后，他想负隅顽抗，对纠偏有污蔑。

(4) 掩护退却。

沈镜如：

对任早就想说话，今天有机会，是我的愿望，主要是揭发。

(1) 任对历史系说：介绍经验，由民进及民主党派来整党风。上海民进会议后他说：江苏师范学校叶法根放第一炮，很好，介绍放鸣经验，毛主席到上海放手大放，浙江盖子没有揭开，他说：青年看电影也受教育，就是课堂上教师没有教育权(叶圣陶说)。

介绍叶芳发言，他说农村“一团糟”，放得好，宋云彬说话有分量，放得好，利用吃饭时向我们点火。

(2) 整风计划在本院发表后，他批评历史系讲话和风细雨，我的火气也大了。他对我的发言不同意，没有揭开盖子，先要承认错误(第一次座谈会)。第二次会任首先发言，情绪对抗，侮辱《浙江日报》，说没有报导(会后说的)。

对人事工作受了他的影响，一再说“小辫子当权”，对我起了作用。

(3) 肃反——任说：“丢了一个钱，再〈化〉花 20 元找回来，我不干。”我决不接受党的任务，对肃反意见非常大，说朱子英没有诚意。

(4) 助党整风委员会可能是他推动的。他当主席，不知谁封的山下工作。任问我：做得怎样？我是组长，他要我召开会议。在某一次民盟会议，给章谓煊提了一条子：“说我工作不积极，要盟去推动。”他要我到教务处去大放鸣。(曾玉生同志谈话)

张同芳问题——任对我谈了好几次，要[他]发表对肃反意见(面述)。座谈〈话〉时，任说：“张同芳认为民盟不帮助他解决问题，他要退盟。”

他说：“米福新意见很多，沈练之一二点，不得要领”，“王承绪不讲话”。

我提出领导同志首先发言。

(5) 任与宋云彬关系。

宋常在我们面前谈任的才学，如在清朝，不下于刘〈思〉师培(六君子之一)。宋[是]批着学者外衣的野心家，他欣赏的是有活动能力的[人]，看中了任铭善。历史学会与任的关系——宋云彬要沈练之转告，请中文系同志姜亮夫、夏承焘等人参加。宋云彬说：“任最好归到历史系上去。”任也说：“他要教历史。”宋要任填入会表，开成立大会时宋问：“任为什么不到会？”一定要任填好表格。由此可见，二人关系的密切。

(6) 谈谈自己。

任专门提历次运动中重点人物。我在旧社会中犯了大错误，是重点，改造过程很艰苦，任就看中了我。我的思想改造成绩不好，大放[大]鸣中思想混乱，引起了我的〈同〉共鸣，地主阶级思想“死灰复燃”。他的点火有影响。我的错误愿向全校检讨，与任划清界限，坚决斗争到底。

〈罗〉楼学礼：

任在吃饭时散布了许多影响，煽动性的言论，对我有很大的作用。

任在五月开始就很活跃，完全是右派言论。强调只谈缺点，“大权操在小辫子手中”，意味深长。

统战政策，团员要考零分，我也同鸣：“浙江盖子没有揭开”，“滥用辩证法”，去年“步子跨大一些”，为错误辩护。

他对[限制]买糖不满。明明没有糖吃，猪肉没有吃，还不承认。

民主党派与工会整风助党组问题：任表示要领导中小学教师来鸣放。丑化人事机构。

共青团改名会时，任说：“我故意亲自请民主党派参加，中央各党派都参加会，可是没有请，意见很大。”当作炮弹进攻。

任宣布助党整风小组名单，他说：“这是很有意义的，为什么要这样排。”回头看，他把我看为他的工具。

他对一个候补党员，他认为要他发言没有希望，要我不要说。

“整风动员报告是失败的”。任说，“报告中没有提助党整风委员会”问题。历次运动座谈会，朱子英发言，他谈“毫无诚意”。

6 月 9 日事件：任匆匆跑来说：“要收了。”浙大学生闹《杭州日报》，以后就不见他了。疑问：任先生消息为什么这样快？

他对蒋先生很不满，对[王]承绪也不满。

任说，“中国语文杂志”是宗派主义，所以他不写文章。

蒋祖怡：

（1）助党整风委员会问题。6 月初正是反共逆流时代，助教开座谈会，任自动去参加。他说：“党是没有办法出来讲话了，以后只有我们民主党派出来说话了，你们有什么意见，可以由我带到助风委员会去。”他如何当主席，是自封的，我也被指定为山下的成员之一。

在马华家中任对我说：“你应当作工作，过去是积极分子，为什么鸣放时不积极了。”“山下这个组织的人，都在体育场路，不方便，不要参加好了，由我与沈、楼二人组成好了。你同意吗?”

(2) 任与宋云彬关系。

龙泉拆塔同调。

领导干部是大老粗,农民意识,任也同样:“党员干部什么都没有学会,什么人都可以领导。”有文化的人不一定是党员,也可以领导。

省政协是宋云彬要他去的,有人反对,宋坚持[用]“有用的人”。学校党委意见未提出,那面就发表了名单。一唱一和。

(3) 同林汉达关系。

自上海回来,到处传达林的指示。林与任的关系,(张同光说)林汉达写了一个字条给任:“见了听家,为何不说?”用台词方式。任很欣赏这句话,把群众看为什么?

张同光:

(1) 鸣放时他要我对肃反问题提出意见,他是主张大放大鸣的,我始终没有谈自己的问题。在大组开会时,路遇沈镜如,他说:“你放,你鸣吧! 不是请的,自由参加的。”他要我在此吃饭。

(2) 他很积极,情绪上在肃反后对党的路线是不满的,最易感觉出来,是阴谋还是什么? 我看他还是有一个事抵在心上。

(3)《人民日报》社论出来后,沈镜如说:“党员神色有些不同。”我说中央是好的,任铭善说:“中央同基层一样,上面也是下面反映上去的。”

“罗瑞卿还不是同地方一样的”。对中央感情也不好。

(4) 我从未说过要退盟。我只是说民盟对我没有帮助,最好退出,“毫无意思”。对任没有说,任加重份量。

他说放鸣是钓鱼,要报复,林〈汗〉汉达与任一样。

高厚载:

他有二封信:(1) 同宋云彬从来没有关系,谈过政治;(2) 有病。

同宋的关系:

(1) 宋支持任肃反问题(进行搜查)[的看法],宋为他在政协抱不平。

(2) 没有“点火”,只是“防火”——事实是他的家那时门庭若市,特别是肃反对象，利用缺口向党进攻。

(3) 对他有没有团结与信任——肃反后担任为政协委员，支部工作同他商量，一直团结他。可是他一贯来抱着对立态度。肃反二八分，对孔成九很不满，说："派这样的来，很不同意。""孔成九逸事"，他说外行人不能领导内〈外〉行人。他对郦承铨很同意转为教授，对张同光不要，这是两面手法。

进修学院去放火。民进小组已为右派所掌握。

蔡仪江：

(1) 任阻止我写大报反击，他说："教师贴大字与同学争辩很不妥当。"要沉得住气，给人影响不好。

(2) 他认为不能有纠偏，"孔成九逸事"，"以后我们民主党派来说话"。

(3) 挑[拨]党群关系，一面反对不考，一面又向同学说：不要考，使一部分教师不愿上课。

"孔先生吃八角多一片菜叶"，供给材料给学生。孔成九为系主任，开了历史先例。

30 元钱给孔成九是任送去的，但他不讲。

他的耳目很多，被其利用，要张同光、叶光庭、王一功……揭发事实。

（文件编号：E113）

各校联席会议

1957 年 7 月 13 日

金孟加：

（1）右派承认了，可以转入组织处理，开一个大会，广泛宣传。

（2）落后班，开一个大会揭发右派行动言论“现身说法”。

朱子英：

（1）右派分子组织情况要研究，敌人的步骤与暴露出的人物[要]研究。

（2）落后班级如何来参加斗争？做报告，参加其他班级的斗争。

“消毒”。现在不宜处理。

阿增：

（1）中右分子群众要搞他，值得研究，如何办？

（2）11 班中有 13 个右派，至今没有打下来，多开小型会议，发动群众应开大会。（政治科与历史系）

（3）右派排队，那些为首的。

（4）辩论多，分化瓦〈介〉解少。

（5）中右分子可用谈话方式，划清界〈线〉限，为右派辩护的应批判，第三类定不来。同情右派，是否批判？

（陈伟达：“在提高认识，自觉检查”，对某些论点加以讨论，不要批判，时间掌握要灵活。）

（6）什么是打下来？毛说：还是要“治病救人”，不改的，可以见阎王时去说（孙大雨问题），主要是看他对群众的教育作用。

（7）第一阶段要练兵，右派先弄通，进行战斗时逐个要驳倒，过左情绪认为论点已清，追组织很细致。

在什么情况下追组织问题？又驳又追，有时没有效果。

江华：

有追组织的倾向，搞不得。组织问题，水到渠成，要有内部起义，现在还是搞论点。

民盟内部搞开很难。他们现在避免路线检查，只有一个董太〈和〉龢，他们不让董太〈和〉龢发言，怕揭发内幕。发展组织计划不肯揭发。

（浙大民盟不搞臭不收兵——江华）

（有一批党员麻木思想，看不出来，人家要杀我们，说中共是世界上最坏的党，看不出就是右倾——江华）

陈伟达：

各校对民主党派工作要加强，九三、民进也很坏，师范学院首先突破。

（文件编号：E113）

浙师中文系讨论任铭善问题

1957 年 7 月 15 日

孙席珍：

前次有人[不]批评任[铭善]而〈化〉为其辩护，所以要说——张同光是任拉进来的，他同他们关系一字不提，还要辩护，说任不是右派，没有标准。

（1）任为什么要在张问题上主张平反？

（2）龙泉拆塔问题，宋说 CP 不要文化，任更甚其词，农民要文化，CP 不要文化；农民尊爱教师，CP 打教师，侵占校舍，“没有 CP 就没有这样的事”。是不是张同光说的，因不满肃反而发牢骚？

（3）“滥用辩证法”——CP 信口雌黄，没有是非标准，高兴怎样就怎样。

（4）和风细雨问题——得意之笔。

对反革命一样对待 CP，和风细雨要落下“冰雹”。

张同光与右派分子言论是合调的。

徐云(学生，团员)：

我过去太〈亲〉轻信了任铭善，看了批判文章，自己有了觉悟，任不是落后的问题，应当清醒起来。

任对我说：“城市人、读书人是不会腐化堕落的，只有 CP 会”。“有 CP 地方就有坏人坏事。”叫孔先生好像不应当。

汪阿春：

“用干部讲一句帮助大，老师的话没有作用。”

张维剑：

（1）[任说]“棍打重一点”。在逆流出现后，坚持要重，是何居心？

（2）个别的，偶然的，无事实的事情加以〈垮〉夸大，如“大喇叭”，“三天打鱼，两天晒网”，中学生不愿入团，“灯塔面孔”，党员没有学会什么。

助党整风他认为不能用和风细雨，是诡辩，[将]整风与助党整风对立隔离起来。这是态度还是立场问题？这是立场问题。

(3) 党团教育与老教师教育有距离。

交给教师好，党团教育学生说谎，不是距离问题，他认为立场上不同。“距离”是修〈词〉辞上的诡辩。

目的问题：党团教育目的不对，他的一套是什么？在教育问题有二套，这是立场问题，即是教授治校、治系的意见，是二条路线。结果是使教师与党团不能团结。

中文系民进三人(任明耀、吕德野、任铭善三人)，他以付主委身份来讲话，我们要反驳。民进组织生活没有政治教育，随便谈谈。

马成生(党员，助教)：

龙泉拆塔。

夏承焘：

7月1日到医院去看他，担心他的身体，看到报纸，情绪激动，对老婆说“至死不悟”。看了材料后我想的结果，犯了很大错误，有几件事使我生气。团改名时为什么不请民主党派去，不请他去？他不到会，好像开不好。这个人一贯要参加政治(行政)，我与徐老都反对他做行政工作，思想改造好了，才能做。这话说得很早，在浙大时，他要当系主任，亲口对我说过，我反对他。任回答“我真当了家，不会如此”。

在政协开会时，焦梦晓对夏承焘说：“搜查任铭善是党有问题，当时我在莫干山下知道。”

我对他说：“党愈对你照顾，你愈骄横起来，像小孩子一样。焦付院长最信任你的，还能说不信任你？他夜里也到你房间去谈话。”

看报后就跑出来，因而吐血。进院手续是民进为他办的，学校没有照顾他，焦付校长说：要派车子送他去。

我对他说：“很厌恶你，不是憎恨。”“你同[人]做朋友，有始无终，结果都弄坏了，没有争吵过的一个也没有。[别人]私冤没有这样多，[你]自己要检查。”

说话很坚决，住哈同花园时，二夫妇关系不好，他骂人为“禽兽”。对党也如此，“肆无忌惮，随便说话”。

张仲甫：

“争鸣片谈”是他的行动纲领，分三部分，[用]反教条主义的旗子，进行污蔑。

(1) 没有言论自由，有好些话不能讲，说谎，党不懂真正文学艺术。结论是：是非不分的，例子是“奇怨报”一戏，好艺术不能唱，比将相和好。党完全是教条主义领导。

鸣放与整风对立。

(2) 党的教育作用不如苏东坡的一首诗“人生如梦”。

(3) 任花自放，任鸟自鸣——不要反批评，只要大放大鸣。“责任心”对谁负责是指对反党反社会主义的人负责，大放大鸣目的是反党。

“行止有耻”——他认为站在人民立场讲话的都是无耻的。这是代表对历次运动不满的人说话。

他要搬出自己的一套，同社会主义思想对抗。写文章时正是他传达曹阳中学经验的时候。

沈善洪(党员)：

(1) 不信任知识分子，愈来愈大，八年来已经没有可打的架了，尊严扫地。除了东西倒的以外，都极少信赖，对他是信任有余。

知识分子政策的说法是错误的。离开了八年来对知识分子教育来谈，应得出什么结果，他的前提是认为：党对知识分子不信任，破坏建设，没有党，就可以建设。挑拨党群关系。

(2) 党团教育失败，党以后不能讲话，只有他才能来说话，反而虚伪地说“反对教授治校”，他与宋云彬一样，为了夺取文教阵地。

（文件编号：E113）

秋瑾纪念日报告摘要

1957 年 7 月 15 日

（一）秋瑾是旧的民主革命的战士——是民族民主革命的光荣，是妇女界的光荣！

秋瑾的死难对中国民主革命的影响很大。“秋雨秋风愁煞人”绝句至今不忘。

她愁的是什么？正如她给给哥哥的信中所说：“今日的时局极为危险，未知结何恶果，不禁为四万万同胞一悲。”（回国前夜）

当时时局什么样？八国联军侵入中国，义和团运动失败后，满清卖国的西太后说：“宁赠友邦，勿与家奴。”帝国主义侵略日亟。其次是地方官僚统治，继续使中国民族资本不能发展，男女不平等，所以她说：“世界上最危险是黑暗，即无是非，无一切应有的思想行为。”自拟檄文中指出：（向黑暗斗争的宣言）

时局：“欧风美雨，咄咄逼人，满贼汉奸，网罗相结。”

经济：“财政贪婪，勒索无厌……民生道路流离。”

政治制度：“侈言立宪，而仍得实行，专制名为集权，而汉人尽遭剥削，南北兵权，即操纵于满奴之手，天下财赋又欲集之于一隅，种种剥削，制我民族于死地而已。”①

民族主义：“汉族沉沦二百余年矣，……有土地而不知自守，有财赋而不知自用，载其事以为主而自奴之。”这种反清的民族主义思想在徐锡林光复宣布告中也可看到：1. 遇满人者杀；2. 遇汉奸者杀；3. 不杀汉官；4. 不杀学生兵勇；5. 扰乱平民者杀。

秋瑾革命宗旨：

第一，反抗满清，恢复中原。——1905 年在东京时，他〈她〉是秘密组织中的军师——“白纸扇”，她是浙人参加同盟会的第二个会员。1906 年徐锡林介绍入光复会的。他〈她〉在留学生中进行爱国运动，极有口才，“议论风生”，又

---

① 这里的引文不很准确。

是一个女诗人。

她主张用军事力量打倒满清，——1907 年四月在浙江编制各洪门会党八军，用“光复汉族大握国权”八字为八军记号。由金华处州先后起义，由绍兴袭杭州，出江西过安庆与徐会师。徐被杀株连秋瑾，那时她在大通学堂任教。——培养革命力量的。

第二，反对男女不平等，——提倡女学，办中国女报，勉女权诗：

“男女平权天赋就，岂敢〈甘〉居牛后，愿奋然自发〈拔〉，一洗从前羞耻垢”。她在被捕时口供称为“男女革命”，不承认其他。

她对妇女被压迫的反抗情绪，具体下列数端。

她别号：“竞雄”；反对“父母之命，媒妁之言”的旧式婚姻，他与王廷钧离婚去日本求学，实为反抗。

她反对妇女被迫作妾，认为妇女打扮得好看，给男人作玩具是可耻的。她描写贵族妇女的奴才相：“足缠得小小的，头儿梳得光光的，花儿朵儿扎的镶的，绸缎流的……一生只知道依赖男子，吃的穿的全靠男子，巴巴结结的做着一世的囚徒，半生的牛马，试问姐妹们，为人一世，可曾受着自由自在的幸福吗？”

但他〈她〉对劳动妇女的苦痛没有体会，劳动妇女除了男女不平等，还有剥削阶级的压迫，所以她的思想是反映了资产阶级妇女的平等与自由的要求。这在当时是革命的。

第三，她热中〈衷〉于“新学”，反对“万般皆下品，唯有读书高”[的]士大夫思想、“学而优则仕”的做官思想，提倡办实业，（参加生产，）客观上是要求资本主义的发展，在当时也是革命思想。

第四，反帝思想已有萌芽。一首诗为证：

“忍看图画变〈移〉颜色，肯使江山付劫灰。浊酒难〈不〉消〈销〉爱国泪，救时应仗出群才。拼将十万头颅血，须把乾坤力挽回。”她经常手持短剑，常骑马，可想见她的英勇奋发，激昂慷慨的姿态。

第五，主张发展文化事业。

她认为发展文化才能提高觉悟，所以办“中国女报”，明德女校，大通学堂，要到日本去留学。她自己诗才文才很高，“慷慨潇洒，绝无脂粉习气”的一位女军事家。

（二）中共完成了民主斗争的任务，完成了烈士的遗志。

中共完成了二个革命的任务，由新民主义革命开辟了社会主义革命的道路，这个新的革命比旧的民主斗争要进步，因为：

1. 民族主义不限提："推翻满清"，更重要的是打倒帝国主义，——外国资产阶级的压迫。他比皇帝还凶，是中国人民的主要敌人。

2. 要彻底消灭男女不平等现象，只有实行社会主义，彻底消减阶级，走向共产主义的道路，ブル社会的男女平等是假的，如现在的美国妇女不能作陪客员，香港政府还在执行大清法律，男子可以纳妾。

3. 革命的方法，不能限于"暗杀"、"军事阴谋"，更重要的是发动劳动人民，武装人民的力量，中山先生"唤起民众"，也是接受了这个教训。同盟会未成的遗志由中共彻底完成，蒋介石叛变了中山先生所领导的国民党，他的武装变为人民的敌人。中国人民打垮这支反动军队，才有今天的新中国。

（三）纪念秋瑾妇女界要坚决投入反右派的斗争。

这是二条阶级斗争，政治斗争，不是军事斗争。中国历史不能开倒车，必须反击右派路线。右派的路线是：① 他们否定人民的革命事业的成绩是基本的，如五个运动三大改造。他们利用整风，说中共一切都错了，"会议只有让民主党派来讲话了"。讥笑中共的"老鼠面孔"。

② 他们要走ブル的道路——首先是提出"力争民主自由平等"的口号，向谁争，为谁争——向人民争，向ブロ专政掌权，为已被打倒的剥削阶级争权。何以见得呢？如不要马列主义作为领导思想，马列主义＝教条主义，报纸变为了ブル的，如《文汇报》、《光明日报》，工商业者不要改造。

所谓"民主"是反对民主集中制，要求绝对民主，如选举问题，主张二院制，政治设计院，实行"个人民主主义"。不要国家的经济文化的计划领导，反对统购统销、科学计划等。他们所要争取的民主是ブル的民主，不是社会主义的民主。

所谓"自由"——报纸可以自由谩骂，登载有毒的东西，不要"阶级性"，连杜勒斯的言论也可以在报上发表等等。不要人事制度，不要纪律（如不要考试，不要统一分配学生……），说出版事业"只此一家，并无分店"是"死路一条"。（吴唯平）

③ 要谁领导？他们集中反对中共的领导权，名为"党天下"，党派干部去

领导是中共领导的具体工作，他们反对，“CP 的发号施令”。

“一党专政”，丑化党员，什么“小学生发号施令”，“外行不能领导内行”，“灯塔面孔”，只要有文化的，不管政治思想如何都可领导。“教授治校”，知识分子比工农好。

“中共与各民主党派平等”——只要互相帮助，不要“领导”，“中共与民革平等”。

纪念秋瑾不要历史开倒车：

列宁说：“全世界最流行的通俗的反对プロ专政的意见就是借口破坏自由民主平等。”我们要反对“一般民主”，要实行社会主义民主。

先烈的血不是白流的，他培养了无数民主革命的革命英雄，我们永远不能忘记一切的先烈。我们要作一个时代的先进者，如同秋瑾一样，不要向后看，要向前看，革命的妇女要永远跟着 CP 走，向共产主义道路前进！坚决粉碎右派分子的进攻！

（文件编号：I75）

浙师中文系研究任铭善问题会议记录

1957年7月16日

王笃吾:

任在教授会议上说:人事工作应放在行政关系,以便控制。他反对孔成九为付系主任。

胡士莹(教授):

他要民主党派独立,在整风中暴露为政治野心家,言论是"党天下"。

蔡龙飞(助教):

(1) 5月21日任在会上说:"很多领导上对人报复。"

(2) 他的女儿不是团员,是不是由于他的关系。

(3) 反党反社会主义是一贯的。肃反时特别不满,他说:"肃反时我一声不响,党就不会猜到对肃反不满,肃反后不担任付教务长,可多有一些时间进行科学研究。"事实上他很少研究,抽出更多时间活动,而且到校外去活动,不限于学校内部。

整风开始后非常忙,忙到病了二次,还是每天开会。

(4) 病的问题——他对学生说:"硬要我冒着风险去开会,真惨!"

(5) 安排是"恩赐"——回我点火的事实[①],孔成九有什么资格当付系主任?

青母方案问题,任说:"因为韦部长坚持自己的意见","洪涛根本不懂什么,王玉玺最好"。当时王已被骂的一塌糊涂了,用心如何?

宣传"党天下",说"俞仲武也有问题,有职无权"。对另一助教说:俞一意孤行。

徐步奎(讲师):

身体搞垮为什么?任助党整风不要党配合,而且主张"基层整风"。为什

---

① 原文如此。

么提出与党中央相反的决定?

任是最不会看自己缺点的人,自己是好人,别人都是水平低的,不好的。

王一功(助教):

(1) 他说生病是为了"社会主义事业",争取同情。他有七个职务——考古、历史学会、民进、政协……应教的课只有 4/5。他不要补课,对教学工作不负责。

(2) 对人态度。对学生特别凶,讽刺别人。对四年级汉语学生很满意,说程度高,因为是他指导的。目的是提高自己,打击别人。他对我也捧,等于提高自己。笼络我,要我写论文,打击别的教师。

(3) 五月一日去上海开会,回来就讲孙大雨,"像他也是反革命,说我也是反革命,是无聊的人讲的。因为我有收音机,说强奸妇女,听美国之音。张同光是恶霸,喜吃酒;苏步青是贪污分子;谈家祯不得不检讨。"这使我对三反、肃反很不满。

(4) 北京,上海大字报:"美国选举四年一次,我们主席什么时候改选。"

(5) 老焦说孔成九吃遍杭州最好的菜馆,因为他是地主阶级出身的。

(6) 民进"密件"特别多,有一个姓徐的,是谁?

(7) 浙江图书馆经费很少,应拿钱。我要对天一阁提一提,沙省长的爱人在那里。我心想"省长的爱人何其多也"。

胡伦清(教授):

夏承焘说:"思想要控,改造没有成果。"我再来发挥一下:

(1) 任的不好思想是什么? 作风很坏,历史根源。

解放前是完整的封建思想,解放后突然转变,使人不能相信,"形势造成的"。对党非靠拢,"弄假成真"也是好的。肃反后大不相同了。

他介绍胡风分子来校,"避讳",为什么不揭穿? 因此要搜查有此必要。

到处〈要〉找肃反对象,一个不漏的去鼓动。

(2) 集中言论加以批判。

孙席珍:

(1) 任说: 肃反时[张]因为男女问题被搜查,是完全造谣。张同光是历史上犯了错误。

(2) 我说学校党委过去被投机分子蒙蔽过,个别假积极分子,就有任铭善在内,但被任所利用。开系团结会时,任挨户去鼓动,要斗我为“恶霸”。

(3) 夏先生说:“肃反后消极,因为党对他太骄纵了。”把任的错误推给了党,“像儿子一样,党如父母”。

(4) 宋说通过民盟解决我的问题。任在宣布结论时,他来说:“如我在场,浙院肃反都是正确的!”说了一句反面话。

叶光庭:

这几天使我认识自己的错误与任的为人。五五[年]肃反后对他〈影响〉印象很坏,作风恶劣。由于遭到同样的遭遇,观感不同。我搬来后向总务处要家具,他帮助我骂,放着许多家具不借。我看人往好处去看。这几天从许多有力的例子,使我觉得自己很危险,现在好像做了一场大梦,开始醒了!

我认为他是个别的错误,特别是同任的关系深的人的揭发,更使我懂得问题严重。

任的书面发言对党有严重对抗情绪,如“恩赐”。估价知识分子很高,现在知道不是自高自大,他是把知识分子放在党的上面。

知识分子没有什么架子可放了,骨子里是对党有很深的仇恨,“和风细雨”方针实际上是不赞成的。他同情孙大雨,他说英国教授地位很高,中国教授不值钱。

他常常拿出小玩意儿给我看,列宁“经验论”的英文本对照,加上讥笑,如小孩子一样天真,蒙蔽了人,谈笑风生,使人被骗。蒙蔽了他的反动实质。我不愿以自己的片见[①],竭力想回忆来检举。我深深体会到围绕改造知识分子的政策,大家启发我,进行帮助,表示感谢。从团结愿望出发,不是为了打击一个人。我也要用同样态度对待任铭善。“尊重人”,而是要高度原则上去尊重人。否则……[②]

姜亮夫:

任的问题已经明白了,我要说他对青年的危害,二面手法相当可怕。

---

① 原文如此。
② 原文缺。

二面手法是什么？不但是不老实，他一贯使用，对社会危害很大，特别是青年。这是无耻，造成矛盾的责任。“行己有耻”，从何说？

（1）考试问题：任非常激昂，一定要考，对学生则另外一套。校务会议决定改变方法方式，但为此事，搞了一个多月。

（2）对研究班不负责任。“以骂代教”，他的目的是挑我与研究班关系。他强调研究班同学，说得非常坏，恭维系四。

（3）标榜自己：请苏联专家吃，自标为“江南经学第一”。（马一老说的）对我一连说三次。

“删掉人家名字，就是自己文章。”任说。

张同光：

（1）批评我，完全接受。理论我会说，实际就想不通。这一回改造提高过程，比看书好。立场感情都有问题，我留着将来见面的余地。揭发中没有提出到处放火的态度，加以深切的痛恨。任说：“青年人有想不到的智慧，使他很敬佩。”指写孔成九逸史说的。孔没有病时看戏，说成为在医院时间。高血压的人看戏也不妨。批评的人故意歪曲。

（2）系四考试问题：任说：问题不大。

（3）任与宋云彬关系。宋 1952 年到杭州来，他要我去看他。任要我介绍他去看宋云彬（住在大华时候），宋爱理不理的态度，介绍了任铭善。任有儒家理论，也很党不差，思想言论看不出问题，宋比任为“刘〈思〉师培”。他们常有来往，鸣放阶段看得很清楚，一唱一和，此唱彼和，二人在行动上已取得一致。应当严格批判。我和同志们站在一起与他斗争。

我的思想是消极的，对党有距离。那天态度不好，当时不认识自己的错误，冷静地想想，很觉惭愧，一向孤独的人，今后要改。

（文件编号：E113）

浙师指挥小组总结斗争任铭善大会情况

1957年7月16日晚

斗任铭善会议的目的：

(1) 弄清右派观点，争取中间，批判中右(夏承焘)。

(2) 分化右派——叶光庭、张同光。

(3) 带跳：沈镜如、王承基、王承绪、郦承铨。

历史系汇报：

〈罗〉楼学礼——

(1) 成绩是否基本的，变化三次，批驳四次。

在批判肃反问题[上]一致已同意，中右态度改变了。(黎子耀坐进室内参加了讨论)不做门外汉了。

(2) 28个教师，4个左派——一般能站稳立场。[有些]方向不清，怕群众，不敢来学校。

中间——21人，三个是中右(张暮骞、徐规、管仲石)，动摇，对党没有根本矛盾。中右与中派有程度上的差别，但不是根本问题。如管仲石说过运动是哄起来的，俞仲武不学无术。如说教育学会是浙江第一次，但不反对马列主义。

徐规——对肃反不满，发过神经病，但又反对20条反动纲领。

沈练之——中间分子，"运动中放礼炮"。

右派：

(1) 吕以春

个人主义，富农成分，从个人利益出发的，反CP不是一贯的。对父母划为富农同情，画漫画。去年又说过年好，农村好转，任先生对他还好，团支部书记。对统购统销很不满。

三青团问题没有结论。鸣放中完全迷醉了。

争论问题，是否是右派?

(2) 沈镜如——幕后人物

冒进与冒退，毛主席怎样说，下面就怎样。

放火——要徐规去吃酒，介绍顾执中文章中注解。

(3) 马华

肃反后对党不满，家中被搜查过。要他的老婆大义灭亲，很不满，大小便被公安局看管。态度粗暴，材料很乱，照片与胡景瑊一同照的，也被拿去了。

非党干部挂名，高饶事件党外没有传达。

对胡风、潘〈汗〉汉年问题没有宣布，[感觉]人与人之间很恐怖。

1954 年后[与]任铭善关系不好，肃反后互通声气，一样口吻，[对]"党天下"很同意。[说]党员都能提拔，入党也有裙带关系。大放大鸣时期，对党还能反映意见，焦院长说："CP 比群众还落后。"他认为不妥当。

对党对社会主义还能认清，没有挑拨行动，反对 20 条，怕学生闹事，不要学生罢课。他要到六公园去，学生对他崇拜。

对任铭善现在不满。

不定为右派。

(4) 张同光

浦江任过勘乱委员会，当时当中学校长，破坏民先组织，有被杀的，未查清。民先队员是他的学生，他不肯营救。另有一个骗到学校，转即被捕，此人来检举。

解放后包庇反革命，都逃走了。(不定[右派])

(5) 王一功

对杨部长报告不满，[说杨]不配当部长。相信王造时、孙大雨，比对党还相信。(检查自己)

统一分配说是残忍，于心何忍？

(文件编号：E113)

浙大全体教师大会情况

1957年7月17日

张仲甫：

（1）旧浙大由张其昀领导，任铭善与张关系很好，任反对文学院革新，以罢教拒绝，把运动压下去了。

（2）反饥饿运动时，任采取完全敌对态度，一贯反动。张其昀办《中央日报》，任写“无爰室剳记”，很反动，每天都有。

1948年“近代中国文学”针对革命文学加以攻击。文学不是思想宣传工具，对文学的创害。

“五四”运动破坏太快，是浪费与损失。近代诗歌、小说同过去的没有继承关系。他歌颂曾国藩。

（3）解放后立即变为进步分子。

挑拨打击一批公正的教师。系内搞得很不好，纠纷很多。解放后文学院没有接管，任说张其昀是我们的院长。

（4）思想改造后，任坚决反对请进步教授来校。

解放初党组织成立，陈学昭任支部书记，一贯攻击他。任为接管人之一，行动是反动的。

（5）1951年中文系派了十人到政治研究院学习，他组织了三个人，打击进步的人。对他进行批判，很不服气，大闹情绪，后调到其小组去。一贯以打击别人提高自己。他说他的支配欲很强，曾经检查过，有机会时这个思想就冒出来。他装得很进步，文教厅很信任他，几乎是党代表资格出现。

（6）挑拨与知识分子关系。

楼学礼：

任铭善丑化党员说：“浙江盖子没有揭开”，[主张]“把全校气氛弄起来”。[说]“民进开会到晚上十二时”，“每天看《参考消息》和大字报”。

任明耀：

（1）放到基层去，不顾一切，不必求得党的同意。一个小学校鸣放后，自由主义空气很高，党员校长〈知〉吃饭不做事，起了便衣警察作用。

(2) 通过六月七日想在进修学院去点火，介绍曹阳中学经验。

(3) 师范学院教学是没有基础的宝塔。

(4) 任多次到宋云彬家中去(俞子弟说)。

孙静露：

任说：1917 苏联革命、1927 大革命、1947 反饥饿、1957 大民主。

郦承铨民国廿九年四月七日在中国文学会进遵义后第一次演讲。(《国立浙江大学师范学院院刊》第 1 期)

凡世俗之以为新奇可喜者，自吾人视之久已夫其腐朽矣。例如“共产主义”，人人知为自欧洲输入之新说，而康有为早已于清光绪十年(1884 年)创其大同学说，岂必待马克思乎？然是犹不足怪也。耶稣纪之四五百年之间，古代之波斯，有马资达克其人，亦早创共产公妻之论，更远于一千五百年前。则今日之以共产公妻为新怪者，岂非坐井而观天乎。

“吾人今后之出路——自应以介绍中国学术于世界人类，为吾人之责任，亦即实现孔子之大同主义于世界也。”

张仲甫说：任铭善与郦二人旧浙大称为“二教流言”。

任一再要提郦来师范学院任教授，因同人反对，没有成功。后来介绍了张同光来任教。(宋云彬的人)

马华：

任与宋的关系。称赞宋云彬很多。中共省委对他很头痛，他不怕会抓岔子，奈何不得他。江华不懂文艺，“鼻子故事”。高等学校派党员领导无法领导，如汪阿春，不可思议。

派孔成九去中文系，王承绪也不知道。生物系如派党员去，江希明要辞职不干。

反对和风细雨，毛毛雨下个不停，连农民也不满，稻子也要〈澜〉烂了。

李兰芳：

(1) 任铭善与韩尚仙关系，要他放鸣，她说小组没有开会。他说不一定按原来组织，可以写大字报，写文章。

(2) 他说 CP 没有人〈材〉才。

大字报为解放前的民主墙。他也批评民盟吸收很滥，[说]民进好，严格。

助党整风小组不同我谈，好像保密的，与楼学礼、沈镜如二人谈，只听说蒋祖怡不积极。

（文件编号：E113）

浙师学生支部会议

1957年7月17日

阿曾：

打了十个右派（共十三人），搞丑的不够，表现：

（1）轻松（芦学孔、高维岳）。

（2）揭发什么就谈什么。

（3）论点批判少，揭发多，中间分子兴趣不大，事实有兴趣。

（4）批判本领不大。

（5）互相联系太少，全部计划少——线索问题。

六月二日以前他们已有准备。

六月三日大字报——二金先写，丑化党员。（五月廿六日第一张伙食问题［大字报］）

到保俶塔小学，美术分院去过。

六月廿日发动写信支持宋云彬。

金庆铨同民主党派很好，以后可以吃得开。

金祥林崇拜金庆铨——对高维岳、楼学礼很崇拜，同贺一欧有联系，金要求不开除团籍，立功。

整风以前金庆铨对宋很崇拜，匈〈亚〉牙利条件已成熟，哪一个阻止我，就要杀人（家中开面店，生意不好；哥哥是新华书店经理，贪污分子）。

朱汝衡（中文系三）同芦学礼有关系，同王一功有联系。

洪国民——对外关系很多，同李才容搞小集团。

有些班级没有讨论过的，各班互不联系。

左派分子认为带上帽子就算胜利——运动性质不了解。

中文系已开注意驳，历史系明天开始。

任铭善问题还有人同情（中文系一年级学生还同情他）。

有些学生已有改变。

如何发动群众：

（1）充分说理，要有事实，克服左派分子的急躁情绪，多照顾中间。

(2) 疲劳过甚,会议〈多太〉太多。如高维岳问题开了六次会。休整时间没有。

(3) 联系不够,如何放炮。

(4) 争取起义。

(5) 如何驳——一条条来讲,肃反的成绩还是弄不清。

(6) 没有右派的班要求研究自己出的大字班。

(7) 说理比较零碎,系统性少,——分论点组成小组。

(8) 先揭发,后说理,通过讨论提高认识。

下一步:

(1) 在学生中批判任铭善,带出小的右派,停止小班事。

(2) 训练骨干,党内动员。

(3) 收一天大会报告——朱、孙、姜。

(4) 星期六——星期日半天。

洪涛:

学生明显,教师不好,头子紧张。转入学校整风,沈镜如已有暴露,自己戴帽子,有的大哭。

最近二天热闹起来,气氛已造成,排队工作做不好。

团员转过来,下面就不算了。(江华——这种人要特别注意)

中间分子每天变化(?),天气太热受影响。

陈伟达:

目的:(1) 抓大〈沙〉鲨鱼;(2)说理。

经内部揭发,争取中间。

林尧:

斗人阶段。

朱子英:

学生右派十三人,已斗十人,教师已斗六人,职员一人未斗。

学生揭发多，批评少，不透〈切〉彻。

教师搞得好，论点与事实揭发都充分，〈翻〉反复讨论。沈镜如未搞。

作战布置：以任为主，全校讨论。系统向同学报告，派代表参加，教职员也讨论任的问题。归纳为三条，未搞透的还要批判。

蒋养民：

全校三个右派，全科的八人。

论点：(1) 肃反。(2) 合作化。(3) 民主问题。

民主党派问题：

刘一夫：

山上搞助党整风委员会。

师专李洪柏非拿不出东西来，解决思想问题。

排队问题要复查。

配合山上山下要考虑。

星期二大会揭发。

学生中右派。

（文件编号：E113）

省委会议

1957年7月18日

江华：

（一）党团员修正主义者，应即停职。

组织要调整，边整边改，党内决心不大。

（二）团员开除问题——个别可以先斩后奏，有利于运动的立即处理。

（三）农学院新问题（陈伟达）。

1. 运动要达到什么目的，大体部署还没有，被动。

2. 排队问题各大学还不够细致，答不上来的多。集体讨论少，全面研究少，政治界〈线〉限不统一，进一步排队，特别是各班排得很乱，左右不一。

3. 对右派一扫光，一个个斗下去，不讲政策，对毛七一的口号没有研究，一律批判。到处扣温情主义[帽子]，没有通盘打算。那些要狠狠地斗，那些批判，没有区别。现在还[未]明确主要骨干分子，重点打击（对中间有利），山上右派没有排出来。以人为主，还是从路线到人——从事到人。群众要求系统的批判论点，路线斗争是什么，整个政治企图是什么。提高一步才能发展运动，孤立右派，争取中间，解决问题，主席讲的三条，党内也没有明白（党内对肃反有意见）。党内还有中间分子，不狠心。每个典型也要概括一下他的主要面貌。每一学校都要如此。

全体再学一下陆定一报告。

4. 根本目的：争多数中间，打击右派不明，影响许多工作，不能让群众乱点右派，一扫光中间分子不同意。要不断开一些左中派的会议，扩大左派队伍，中间分子动态要经常摸。左派有报复情绪，这很危险。

5. 党团员一视同仁，不能宽大，党团内部要排队。

陈伟达：

（1）斗争达到什么底，才告一段落？

（2）抓排队——党员没有排队，各校要检查。

（3）争取中间——任务观点要不得，目的不明，布置方法不同。研究中间分子思想不够。

(4) 民主党派。

谁是右派路线的执行者,各大学检查谁是骨干分子,转到各大学。

(5) 运动规律。

各校先行分散进行揭露大小右派分子,初步讨论后,群众相信有右派分子,特点纲领加以综合,回头在群众中展开辩论。谁是执行者,反对还是拥护。这样做可以更大展开群众的运动。

另一方法一个个斗,那一个方法好? 陈柏林斗争对群众很有影响。

(6) 组织处理——团员要迅速开除,一批批地开除,解散组织。党团处理分五类,现在做好准备。

反击右派不同意者,消极怠工,根本不干,应立即调整。执行不坚决[的],[redacted]就或者撤掉。没有觉悟,同右派感情有联系[的],应受纪律处分。

师范学院三个党派都要搞。

右派三类:

(1) 极反动;

(2) 一般的;

(3) 拥护者。

各校对论点要上课。

肃反。

建议:

(1) 民盟与九三统战部要派人去,还是各校党委领导。

(2) 展览会——由宣传部组织,各校派一个人。

(3) 处理反击右派不力者,要省委排队与处理。(总支以上)(组织宣传部)

(4) 运动规律。

由分散到集中,(由批评任务观点)再由集中到分散。

批判论点要通过典型人物。

(5) 什么是告一段落?

① 论点透〈切〉彻,中间争取过来——一种是反动思想,一种是修正主义。

② 粉碎骨干,搞〈丑〉臭民主党派的右派分子。

③ 处理一批。

组织问题,教师是重点。

不好的立即开除,在运动中消极的,不赞成反击右派的,组织上要不断调整,不能当骨干,舍在一旁再说。决心不够,要注意二面手法。过去消极,现在积极的,是典型的投机分子。犹豫的要调整。吞吞吐吐,犹犹豫豫,动动摇摇,斗争没有力量,鸣放为什么不彻底,为什么展不开,就是因为这个道理。

陈伟达:

群众初步发动,要求更广泛、更深入,目的要求更要明确,全体展开大争论。各学校基本上找到大〈沙〉鲨鱼。

江华:

对任铭善的认识,以后要检查。〈切〉彻底粉碎右派骨干,不要幻想他们转变,发展对象要排队。

三大要求:(1) 说通。(2) 抓〈沙〉鲨鱼。(3) 清理与发展组织。

要抓〈沙〉鲨鱼必须说理——孤立。

八月十日学生放假,暂告一段落,中心是发动群众,划清界限,不以右派承认为准。

上台讲话的要中间分子居多数,中右分子出来说话,右派分化,表现了工作深入。

排队要细致,各校排一个总队,大小都要,本星期内交一报告,打击报复的迅速处理、公布。

作法:斗典型,要做报告提纲,活动特点,形势分析论点。师范学院第二步可先做结论。

党团员处理订办法。开除党员发全党讨论,团亦如此。要写得具体生动。

江华:

(1) 运动开始深入要检查。为什么主观上能深入广泛,第一是认识上问题,是二条路线斗争,所有骨干要说清,最重的阶级斗争,城市农村都有表现。党内右的思想批判,一看二帮不能用在这些人身上。一视同仁,不管资格,都要批判，斗争不能深入，因为在于人。

（2）组织问题，教师是重点。

不好的立即开除，在运动中消极的，不赞成反击右派的，组织上要不断调整，不能当骨干，舍在一旁再说。决心不够，要注意二面手法。过去消极，现在积极的，是典型的投机分子，犹豫的要调整，吞吞吐吐，犹犹豫豫，动动摇摇斗争没有力量，鸣放为什么不彻底，为什么展不开就是因为这个道理。

（文件编号：E113）

在浙师骨干会议上的报告

1957年7月22日

说明：

1）为什么要批判任××，不是小题大做。

通过典型理解ブル右派分子的政治路线，与其反共反人民的大阴谋。一个多月前反共高潮是谁在策动的？

2）从事到人，又要从人到事来加以说明，——目的是划清右派分子阴谋活动的全貌，给全体师生一次阶级斗争的实际知识，同时要拿起马列主义的武器向我们阶级敌人作斗争。特别是共青团员们要在这次斗争中，站到斗争的先列，领导同学斗争。

今天要讲的是四个问题：

(一) 整风为什么变成了反右派的斗争？

五月一日发布整风指示，我们展开了整风运动，但由于中途形势起了很大的变化，整风计划被打破了，中途停止了。

形势：第一阶段，五月中旬到六月九日，敌进我退，右派分子乘整风中演了侩〈刽〉子手的角色。多数人是医生，他们是抱着诚意来提出批评的。右派分子别有用心，想搞一个大民主，任铭善说："现在CP不能讲话了，只有民主党派才能说话。"于是整风运动就被迫停止了。

什么是敌人的，有纲领，有计划，有步骤，有组织的进攻？

(1) 民主党派右派分子带头到处走火，说墙是CP造起来的。整风不要CP参加，口号如任铭善："花自放，鸟自鸣，水自流"(不要党领导)。任的行动与立论：传达曹阳中学经验，到基层去点火中小学都搞(如市各县有反映)。在本校是到处拉拢，点火，鼓劲。任说："陈部长鼓动学生反对教师"，先伏一笔，准备整倒。省委是他的攻击目标。

(2) 建立组织，准备接管——"助党整风工作委员会"。五月十九在山上成立，九三、民盟、民进三个党派，以谁为主在互相推。三个党派联合提名，任做主任，山下指定沈、楼二人。任说："很有意义。"楼学礼有杀父之仇，被任重视。他又网罗一切敌视党的分子，出来主张"平反"(黄绍竑)。如张同光，是一个历史反革命,要他来“申冤”。所以任在《争鸣片谈》上说:“谭富英的‘奇怨报’上演了,我〈中〉衷心地高兴。”随着[在]学生也组织了鸣放委员会的组织。

(3) 竭力地鼓励学生反共。

中文系是他的策源地,任说:“中文系学生只要他一句话就够了。”各校右派学生行动计划大体分四步:① 从伙食,反对政治课考试入手。② 撤掉团组织及班主任、学生会,撤掉党支部。③ 丑化党员请愿,上街,游行,九日五个学校一齐动作。④ 提出纲领(如 20 条、10 条),各校都有,大体如 20 条、10 条。(洪国正是别人告诉他的。)

任铭善要求的目的——用大民主,推倒 CP 在学校的领导地位,实行民主党派领导的知识分子领导。他对王一功说:“五个七”,刘伯温推背图的办法。1957 年是大民主,很有意思。这是颠覆阴谋的具体表现。

事实如下:反对和风细[雨]整风,“如果今天要用和风细雨的方式来限制放鸣,结果就必然要结成‘冰雹’了,这是青年人所不愿意的”。这是煽动的证据。“棍子重一点”不要紧,可见他并不满足大字报、请愿等,还要更大的行动。

六月上旬杀气腾腾,使我回忆[起]“四一二”、“托派在莫斯〈科〉的示威”、“匈〈亚〉牙利事件”。他们忘记我们有人民、党、军队与政府。上街时老百姓骂倒学生,可见人民有觉悟。任铭善两面挑拨,[对学生说]反对现代汉语考试(四年级);对教师说,一定要考。

(二) 这是为什么——阶级斗争,严重的政治斗争。“阶级斗争的火焰没有熄灭”。人民内部是主要矛盾,但敌我矛盾仍然存在,内部矛盾在一定条件下也可以转化。

反右派斗争是敌我问题,不是人民内部矛盾,所以要“声讨”,不能和风细雨,但同肃反有区别,因为这是统治阶级的斗争,也有思想斗争的成分。目前主要是政治斗争,思想斗争还在下一步。党与团还要整风,(和风细雨,)批判非ブロ思想。

右派分子是什么?ブル的极右派和他的知识分子,分化过程中许多人在转化为工人阶级,但有一部分分到右派,“被打倒的阶级是不肯自动下台”。匈〈亚〉牙利问题发生后跃跃欲试。南斯拉夫的修正主义的政治主张被右派奉为“理论”,二十条有“不许侮辱铁托,学习南斯拉夫政治”,目的在此。不是认为社会主义制度可学。修正主义是反马列主义的,危险很大,实质上ブル的思想。

右派分子的阶级基础——地主、ブル、富农、国民党的旧军政人员，以及一切对社会主义敌对的分子，如何柱国、叶芳、马文车、吴唯平、宋云彬、任铭善。他们想先占领机关、学校、文化机关，还想搞农村、工厂与组织武装。所以任铭善要基层鸣放。

民主党派——ブル与知识分子的政党，这些组织被其上层右派分子所占领，其主要代表——即罗、章、黄、林汉达、宋云彬、姜震中……

这不是"唯成分论"，这是历史唯物主义，如楼学礼就是一个代表，叶光廷、楼学礼等人。

曲解"长期共存，互相监督"的方针，我们的方针是为了长期改造思想，和平消灭ブル，互相监督是为了建设。但他们利用了这个方针，作为反共的借口。

右派提出"中共与民主党派平等"，否定宪法，取消"领导"。章伯钧提二院制，"参加施工"，二党制，一个上台一个下台，实际上是要打倒CP，让ブル掌权、复辟。

章乃器说ブル分子比工人好，能管理，公方代表退出来。廿条纲领，"贤者就任，愚者滚蛋"，"教授治校"。把共产党员都看为"愚者"，因为CP的工农多。任铭善说陈老总是"老大粗"，知识分子比CP党员强，一句话就是不要CP。

任铭善对知识分子估计："极可信任，党把国家的建设工作交给知识分子，但不信任"。他的所谓"可信任"实质上是不许改造，不许领导。"舍我其谁"。取而代之的思想很明显，所以他说"教育工作者的重大责任，是领导青年更尖锐地把矛头指向三大主义"，实为指向反共。因为他们把"三个主义＝CP"，墙与沟是因为有CP的存在，所以他说："合作社来了CP干部，连学校也办不成了。"

阶级斗争有三个方面，政治、经济与军事。政治解决不了，就要有武装斗争，所以说"人头要落地"。大革命时练习过一场，抗日战争后又是一次，所以这是大问题，不是"小题大做"。大陆上还有不少霍尔蒂，如何柱国就想搞武装，李才容也要去杀人。砍……杀……，昏天黑天过了十天。

（三）任铭善的主要反动路线是什么？

先看右派的主要问题是三个问题，须要展开大辩论，民主革命长期讨论过，社会主义革命，讨论不够，要补。

第一，人民革命事业成绩是主要的还是错误是主要的？（三个改造五个运动）

第二，我国应走什么方向，社会主义还是资本主义？

第三，谁来领导？ブロ还是ブル右派？CP 还是民主党派右派？ブロ还是知识分子？毛将焉附？

社会主义改造是二方面：经济制度与思想方面的改造。

我们认为ブル与知识分子有两面性，一定要改造，才能团结，才能建设，为工农兵服务思想不明，科学进军是空话，任××忙于反共，哪里会好好研究。立场观点有问题，社会科学特别不行。

现在看任铭善的言论与行动。

第一，斗争事业成绩是不是主要的，五个运动，三个改造。

（1）否定社会主义教育成绩：他说，师范学院是无基础的宝塔，无根的树，“今天所见闻，所受的教育，还抵不过八百多年前一位诗人叹一口气（苏东坡“人生如梦”）。”党对青年的教育方针（如斗争）使青年人变成冷酷无情，结果使教育成虚伪的人，不敢讲真话。不是《水调歌头》，而是《念奴娇·赤壁怀古》，如果是党员写的，一定会说党员没有文化，龙泉拆塔事就是这样夸大。

反对教育方针，反对阶级斗争的教育，反对三反、肃反，反对青年受党的教育，挑拨党群关系。

政治教育“微尘似的教条主义思想到处飞，到处停留，往往看不到，觉不到”。这种说法实质上就是说“马列主义＝教条主义”，否认教育改革的成绩。所以他说“我们浙大的教师的精神要同张其昀在的时候一样”。“只有课堂上不受教育”。“老教师过去教育无效而党团教育也失败，如给教师来教育，情况就会好些”。——这不是对党下了“逐客令”？

试问现在教育计划、大纲不是党领导的吗？这明显是否定教育改革，与今天的成就，我们缺点，是在于教员的思想改造不够，如任铭善，政治教育不够，所以廿条还有人来拥护。而不是党团教育失败。

（2）说 CP 滥用“辩证法”，不敢大胆承认错误。

主要是指三反、肃反——“三反、肃反思想改造运动党对知识分子的信任是愈来愈少，而墙也愈来愈高。”可见毫无成绩。

肃反问题是任铭善的进攻工具。肃反的成绩问题：(1) 确有反革命；(2) 普遍审查，以便更加信任，不是愈来愈不信任；(3) 教育了大家，提高觉悟。

缺点：(1) 不彻底，如任铭善；(2) 打的面大了。好人误被怀疑，粗暴。

解释问题：(1) 5%是最高指数，不是定额。(2) 四人与八十人问题，审查，批判不对与肃反对象混淆。

反对肃反的成绩，就是反对ブロ专政的主要论点。

第二，走什么方向？

任铭善是走ブル的方向。

(1) 不要马列主义党团，政治教育失败的，这就是不要社会主义方向，我们认为“党的胜利是马列主义的胜利”。他说博学于文，这个“学”包括很广，不一定是马列主义，同胡风的路线是一样的。

(2) 否定社会主义革命成绩，这就是为了恢复旧社会制度，所以他认为：“这个社会温暖很少，八年来知识分子已经没有多少面子、架子可放了。”

(3) 他要的是ブル式的民主自由与平等(20 条的第一条要力争)，不要领导的大放大鸣，就是只要民主不要集中，反对民主集中制是主要的。

他反对“大喇叭”，不要为他吓住。这就是不要社会主义的民主党派。他讨厌人们说咿咿唔唔的，说正面话的就是“无事之人，空虚之学”。这种人就谈不上什么责任心。这与廿条中“出版要自由，党老爷开禁锢”是同一个调儿。他只要反共宣传，不许说正面话。所以人民日报社出来后，他立即通知楼学礼“要收了”。

第三，特别明显的反对党的领导。

三条中这是主要一条，“没有 CP 就没有新中国”，这是中国的历史与现实。

且看任铭善如何反对党的领导？

不要 CP，学校由民主党派来领导，即ブル领导还是ブロ领导，知识分子领导ブロ，还是ブロ领导知识分子？

党天下的论调——反对发号施令，反对人事制度。

任铭善说：“党员是灯塔面孔。”这话实在好，这就是不把党员看为党的一个组成部分。与吕以春小诗“小学生发号施令，是党员高官厚禄”，异曲同工。

任铭善对人事制度说：“人事工作完全是党的工作还是行政工作？”党如不管干部，还能领导什么？他故意把党员个人与党的组织对立起来，所以说：“党员讲的话是代表个人呢，还是代表领导意图呢?”用这种方式来反对党的领导，所以他们丑化党员就是为了反党。“孔成九逸事”，他供给了材料。我们认为党与党员是统一体，而又有区别。不好的党员，不能代表党的决定的。应当批评，但不能夸大，否定全盘，这是右派分子的手法，他对宋冰为模范教师、选为人民代表特别生气，不是没有原因的。

夸大龙泉拆塔问题，把我们看为李闯王、秦始皇一类人物。“农民要文化，CP 不要文化。”

“干部决定一切”，“没有 CP 员地方就不会打教师”——这证明他上面说的:“党员的话是代表个人还是代表党?”是完全虚伪的，他肯定认为党员可以代表党的，因此，凡个别党员有错误，就全部否定党的一切。

他把党的群众路线看为宗派主义——“群众捧党员，因为党有严重宗派主义。”“群众反对和拥护是不真实的。”

“党不把人当作人，而把人当作机器来使用”。“不尊重人格和人的尊严”(民进小组第一次发言)。敌对情绪表现很明白，把党丑化成为毫无人性的，可怕的，残酷的，这里正表现了他的反动情绪。

他的结论:不要和风细雨整党，要大民主，把 CP 赶出去。

要谁领导?民主党派来领导——ブル知识分子与其政党来领导。

(1)他要把“长期共存，互相监督”方针贯彻到青年中去，这是什么用意?实质上是廿条“各民主党派发展青年组织的自由”的另一种说法。楼学礼要参加民盟，有一个梦想。这就是争领导权的表现。他们还要在青年中发展组织，这与协议是不相符合的，也与民主党派章程不符合。

(2)他非常不满民主党派的现有地位。目的是要求与中共平等地位。

他说:“民主党派要发展组织，他们说你们自己决定，实际上不管，不要说是家长老师，连朋友也不如了。”

“长期共存方针，党员干部考不上，团员可能得零分。”连团改名不请他，也表示非常不满，俨然与中共平等。他难道不知道共青团是什么组织。

组织“助党整风委员会”是最明显的表现了。各党派在名单分派上，有协商，是坐地分赃。他倒〈到〉处说:“你们有意见向我说。”这是显然以主人自居了!

反对 CP 领导，就是反对ブロ领导，与ブロ专政，用心何在，不是很明白吗?

这叫做"复辟阴谋"——ブル、地主要想回来了。蒋美很高兴。蒋介石准备进攻大陆，美帝很高兴，现在说中共是全世界最坏的了！

（四）如何反右派斗争？

（1）什么叫做胜利？目的是什么？不能细想，反动骨干分子会坦白，认罪，他们的手法：假检讨，说是思想作风问题，他们最怕是说敌我问题，我们说他们是政治路线与阴谋问题，CP是思想作风问题。反右派斗争与整风必须严格区别。

还有是一贯顽抗，如李才容——"我要杀死同宿舍五个人，然后再自杀。""杀头只不过碗大一个洞，二十年后又是一条好汉。""我恨一切人，要杀死一切人。"楼学礼也是一个，他是军官的儿子，准备为蒋介石尽忠的。

胜利的要求是：① 争取群众的多数（中间），用说理方法使大家明白右派的政治路线与其阴谋，使其没有市场，提高阶级觉悟，普遍上一次政治课。"明辩是非"，"划清界限"。② 粉碎右派的骨干分子，粉碎他的基础，在群众中搞〈丑〉臭，以后不再咬人。要打得他无法狡辩。③ 纯洁队伍，调整组织。处理一批。教育我们的积极分子，在阶级斗争中锻炼我们的青年与知识分子。

我们的斗争方法是从事到人，不是整个人问题——这次运动与三反、肃反不同。所以态度不能粗暴，说理不能简单。为什么要批判任铭善，因为他是典型人物，同时也要揭发大小不同的各种右派分子。右派分子帽子由群众来带〈戴〉。

（2）要充分发动群众，特别是中间状态的人物。

中间分子主要特点是"摇摆不定"——如中农，个别言论可能也同意右派，但不是敌视CP与反社会主义，这是主要分界线，不能打乱。要分析，要实事求是。他们的错误缺点要用同志式态度去对待，从团结出发，接受正确意见。

争取群众要注意群众思想，打破顾虑。

（1）反对温情主义——认为右派是思想作风问题，不懂得是严重的阶级斗争，所以他们认为："言者无罪"也可以用到右派分子的身上。看不清右派的丑面目，说是"小题大做"。又怕涉及自己。

（2）惜才思想，还想与人民公敌和平同处，立场不稳。

（3）个人打算，私人感情，怕弄坏个人关系，怕以后被右派反攻，怕人家说"投机"，怕今后再检讨。

应当注意：

（1）宣传反右派运动的性质——严重的阶级斗争，是人民革命的事业，反右派斗争超过了人民内部问题，在运动中提高实际与理论的学习，马列主义是我们的主要工具。

（2）要有分析能力，既要分析又要揭发，把运动扩大到每一角落里去。不能让右派分子隐藏在学校内部。

（3）对各种右派要分对象，对待方法不同，可救的人，要他"自救"，迅速投降人民，孤立极端反动的分子。要经常研究敌人的手法，不能被欺骗。

（4）要扩大我们的队伍，不断的把积极分子组织起来，一致对付右派。党团员一视同仁，只有政治路线的界限，没有党团的限界。不是所有党团员都绝对的。CP没有宗派主义。希望对党团员反右派不热忱的要斗争批判揭发。

（5）要有组织，听党的指挥，又要灵活。不断向党反映情况，提出意见。要有勇气，在大是大非下，我们要坚决，学会仇恨阶级的异己分子。

（6）右派分子的出路有二条——夹起尾巴，还是"至死不悟"，到阎王那里去控诉。我们目的还是"争取"，多少可以做些事！如当"教员"。

（文件编号：J25）

参加宣传部长会议准备会记录[①]

1957 年 7 月 24 日

本部处长谈话

一、右派分子中右排队法，边整边改主要内容是什么？

二、右派处理问题的办法。

三、大学组织形式问题，党委书记兼还是专职。省到县宣传部与文教战线不统一，指挥有困难。

四、中央下放干部。

五、十月革命节宣传。

六、工厂里如何搞？

七、干部教育学后内容如何，对右派问题界线不清。

八、中宣部各处对各省要求具体一些，联系太少。

九、宣传部对工厂宣传工作如何搞，同工业部分工问题，特别是反右派社会主义教育工作。

（部务会议）带到中宣部的几个问题：

① 县市知识分子的整风问题如何搞没有经验，反右派与肃反如何结合，民进领导闹事，普及很广泛。

② 工厂反右派问题如何搞法？

教育问题（肖文提出）：

① 方针问题。因材施教，始终界限不清，教师不敢教育学生，要求作出结论，划清界限。

② 周总理提出的与薄一波提出的，培养专才是次要的，要求中央解释具体化，五个问题要明确：

第一，中学培养目标。大量不能升学，出路到农村，有没有到工厂去的可能，教学内容计划很有问题，不要抽象，要具体。

高中生情况——40％要从事生产，是否主要是体力劳动，要具体化，教学

① 原文无标题，系编者根据内容自拟。

计划如何订，又要质量又要减少负担，现有教学计划，不合适，有矛盾，如何照顾这二个方面。

现有教学计划是为了升学，整个学制如何改变。每年科学与生产发生矛盾。

第二，培养劳动者，学校与生产部门的关系。苏联有经常关系。我们如何办？现在学生要到生产部门去参观也不可能。农业合作社也没有个别活动。

第三，学生就业问题，现在放在教育行政部门，很难解决问题，其他部门如农工业部可否考虑他们的计划中包括学生就业问题。

第四，建议新型学校，一面生产一面学习，要求教育部门注意具体措施。

第五，大学设预科，中学四年制我们认为比较好的，什么时候实行。中学四年制去生产比较好。

（二）政治思想工作。

① 教师改造方向今后如何贯彻周总理所说的"与工农打成一片"，如何具体化。

② 学生——中央要全盘研究，思想教育的经常化，如制订学生守则有修改的必要，该守则有些教条主义。

（三）体力与智力劳动结合。

（1）学校的体育与劳动脱节。（只有技术锻炼）

（2）中等专业学校今后不在初中招生，是否直接从劳动者中去吸收。以便毕业后容易去生产单位。

（四）学习苏联问题。

哪些经验应学，要求具体化，现在批评的多，如五分制，造成错觉。有一切否定的倾向。教育工作应有一个总结。

（五）向工农开门方针。

要求具体化，城市其他劳动者，如机关干部家属子弟，及其子女，算不算工农子女。工农出身是明确的，工农子女一条不明确，应明确的是与资产阶级、地主、反革命分子作区别。（划界限问题）控制数太多，有反感。过去政策不加歧视，不利于争取改造。如何搞法？每年招生有困难。

（六）城乡问题。

70%小学生在城市招生 农村招25%～30%是不是正确。高中生40%—

50％，农村招25％—30％。有人说影响到工农联盟，对不对？

（七）发展义务教育。

要求具体明确。

（八）高师工作。

中学教师现在没有生产知识，如师范学院九个系二个科，高师教育内容要改变。

（九）工农教育。

领导是根本问题，现在组织工作是教育部门搞的，对象是机关干部，党委组织部也在管理干部教育，组织不起来，互相矛盾。

农村干部的文化教育；县委没有安排，政治与文化教育不能结合。工厂也有问题。

体制问题要解决。农村管农村干部如扫盲，技术上由教育部门管理。工厂也如此，力量〈化〉花得多，效果少。

（十）党委对文教部门的领导。

① 要求中央有系统的领导文化工作，总方针到具体问题很多，要求中央对这方面加强具体领导。

② 学校领导体制，组织形式应当如何，中小学问题很多，“支部制”对不对？

③ 地方党委如何领导文教部门。四条比较抽象，省委宣传部与教育部门关系如何？文教部门各级不一样，无人管。

（十一）对中央教育部意见。

对中央的新方针，要求具体领导，教学计划思想性不明确，要求教育部对教学工作要管起来。具体改革工作如何办？

（文件编号：R133）

中央宣传部长会议记录[①]

1957 年 7 月 29 日—8 月 2 日

七月廿九日下午小组讨论(预备提出的意见,准备)。

(1) 改造是长期问题,整风是有时间性的,通称为整风,是指目前阶段?还是以后都这样通称?

(2) 马列主义教育问题。提纲只适合于高等学校;各种对象有各种问题,高等学校还在反右派,现在不能集中,开学以后教什么成问题,高教部应发指示,各地好办。机关干部学习,要由中宣部发通知。

(3) 高等学校组织形式。

(4) 文教部与宣传部问题各级不同,要求中宣部统一,涉及编制问题要中央解决。

(5) 各高等学校干部问题,下放的要快。

(6) 县市中小学教师整风问题要求经验,肃反与整风如何结合。

(7) 各部分管基层,工厂农村还是宣传部独立进行?

(8) 研究会被右派包办,如历史、考古、自然科学、文学。

党外人士讲现代史如何办?

历史问题特别大。

(9) 机关干部问题——省委要求大鸣放,越乱越好,报告以后就放鸣,问题不一样。

(10) 中小学整风反右派斗争与肃反如何结合?

(11) 会议方式应改进,分问题组织小组。

高等学校,中小城市(中小学、机关),农村,工厂。

① 毛提出要全面整风,过去对基层鸣放怕影响生产,要讨论方法经验,问题不同。

② 毛主席报告省委已经讨论,我们要具体作参谋。

(12) 右派教师如何处理? 如降级,有职无权。

---

① 原文无标题,系编者根据内容自拟。

(13) ……[1]

1957年7月30日

张磐石同志报告：

过去习惯中央发指示，由各地安排，宣传部思想没有准备，根据工矿座谈会情况谈一下，书记处二个文件应当讨论。

谈中央指示初稿。

(一) 农村目前形势。

根本是好的，80%以上的人包括一部分上中农是满意的，有一部分是不满的，占百分之十左右，经常捣乱，想拉回到资本主义道路，他们与城市右派互相呼应。在统购统销、合作社、肃反、城乡关系与坏人作斗争向党坚决进攻，仙居特别严重，80% 退社。

要经过理论的斗争巩固合作社，社会主义的制度。

(二) 省委亲自指导，组织工作组协助，先进行典型试验，训练干部，分期分批逐步开展，春耕前全部搞一次。

根据已有经验：先党内后党外，然后内外结合，党员思想有底，但不论如何都要鸣放方针，批评与自我批评，摆事实，讲道理，愈大胆，愈主动，乱子可能出得少。三四天意见就可提完。时间值得研究。然后具体分析，正确的改正，错误的批评。对富裕中农不要〈带〉戴帽子，充分说明，坚决依托群众。

应当有信心，孤立少数，相信多数，还可扩大多数，分化少数。

各级党委要有计划，安排步骤，立即收集各种问题与意见，发出提纲，供下面参考。

(三) 边整边改与整社相结合，提出下列政策。

1. 社的规模问题——分社问题，要求分社的可以分开，管理困难的也可分。

2. 退社问题：具体情况分别对待，有困难的帮助，有的给以补助，有的可以土地分红，安排副业。小贩、手工业者要求退社的，可以允许，或者组成专业小组，自负盈亏。无劳〈动〉力者，如职工家属，不要摊派基金。坚持资本主

---

① 原文缺。

义道路的，要彻底批判，按社章退社。特别严重的可以开除。以后如仍要加入的，仍可允许重新入社，每年退进只有好处。

地主富农如继续捣乱，可以重〈带〉戴帽子，取消社员资格。反革命分子如摘了帽子的，仍然反动，可重新〈带〉戴帽子。

单干户不能随意排挤或放任不管，要担负统购任务，主要农产品接受政府的领导，税收办法要改变。

富裕中农在政治、经济思想上进行改造。自发思想要批判，政治上要给以适当安排，社员不能超过三分之一，经济上生产资料折价还价，应当适当调整，按比例分红，发挥他的技术，特殊包产。

3. 党员干部，除叛徒，严重违法的，保护一切干部，贪污的退还，打人骂人的给以批判，提高觉悟。

以上为边整边改的主要内容。

（四）进行一次粮食统购统销的宣传。

用回忆对比办法承认成绩。丰收区多购少销，欠收区少购多销，勤俭持家，办社。主要反富裕中农的资本主义思想，投机买卖，套购粮食，不卖余粮。山西有一部分生产，一部分讨饭，妇女走亲戚，多产隐瞒，以攻为守，制造紧张，进行副业，口粮作饲料。有多少吃多少，只顾个人，不顾国家，企图自由买卖，不愿支援缺粮区与城市，破坏价格政策。

干部有本位主义，不顾国家利益，很多县委也不是理直气壮，只想多留一些粮食。接受富裕中农思想，怀疑政策。

康生同志：（在华东小组上讲）

（一）宣传部工作应按大革命时代搞，不能按日常情况做工作。

宣传部不管文教工作不行，为什么讨论到农村与工厂，不对头。

会议要集中讨论知识分子，四门课必须冲垮。

（二）反右派斗争要联系地方的实际情况，不能按照中央的提纲，这就糟了。各学校可以根本不管提纲，也发生突然的问题。

大纲要简单，愈详细愈不好办，靠地方，大框子是要的。

陆定一同志：

有的组提出一些问题：

1）右派既是反革命，应当专政，为什么还给他饭吃？我们采取隐蔽办法专政，我们不宣传，ブル对工人也如此，给他公民权。

2）十二个总理为什么没有一个民主党派？三分之一部长是民主党派，如加上副总理占四分之一，共计十一人（全数四十四人）。

3）胡风问题也可讨论。

4）民主党派有二种，起二种作用，要有几十年斗争。

5）民主党派要不要。长期共存。

苏联十月革命后有六个政党参加，后来一层层取消，如维辛斯基（少数派），罗米夫斯基、马男意斯基（左派[社会]革命党）。

宣传部怕知识分子，不能管也要管。

6）有哪一些省没有建立领导？几乎中小学[都]没有领导，没有想去领导。卫生部门也如此。

形式上有领导，事实上没有，如时事手册、美术界，经常是不代[表]ブル。

康生：

党员校长首先要去教政治课，给他一些准备，或到中央来学习。

中学队伍问题很大，小学谁管，要解决。

陆定一：

同人刊物不要讲死，同人报要中央批。

如何批判？自由市场也要一些，不分配工作的，给他一些，各地还是批判，右派要搞同人刊物要批。

康生：

不要简单采取反对办法，可以先要他定出章程宗旨，有的说要起毒草作用，先放出有好处。

各省学会让他们组织，右派分子可以用政治办法挤出去。

广播电台，凡是右派与民主党派一律赶出[去]，“一党专政”。民主党派不让他发展，要像军队一样。首先要注意。

康生(联合小组上插言):

1. 中等专业学校应当由劳动者中招生,完全正确。

2. 各省历史、地理、文学、政治课等由各省自编,教师要说服。

3. 学生手册可各省自编。

4. 考试是一个大问题,不能统一,太乱,中央要研究。

5. 毕业生应回到劳动中去,(专科学校招生问题)招普通学生方针是不妥当的,应从工厂劳动者中招收,是向工农开门的一个重要步骤。

中学生毕业后应走向生产中去,60 万人有十分之一的人迈入大学,可以改变成分,从几方面考虑。

6. 宣传部文教部工作问题。

党委只管马牛羊、粮食,不重视思想工作,极为危险。

这是关键,高教部、教育部也没有找思想。

宣传部要检查各部门的思想工作,如果自己包下来,他们愈加不管。要抓知识分子是因为过去管少了,阵地特别松,当前问题要找学校,右派力量大。

反右派斗争中宣传部门工作如何做? 做好准备,大家投入战斗好。

卫生部门反右派斗争不能单靠宣传部门。

反右派认真分工,如法学、文艺、经济,分头去批评,统一在省委,不能单靠宣传部门。当前要抓。

7. 组织处理要慢一步,以便继续斗争,快了反而便宜了他。

系主任是右派可以搞一个副的代理。

8. 私人办的学校,首先要说明我们不接办。

9. 科学方面要利用反右派斗争,各省不要放松机会,建立政治领导,科联组织进行社会主义教育。社会科学应召开座谈会,党委要有布置与准备。事先党委要先开会,反对温情主义,不要粗暴,摆事实说理,中央科学院经验还好。

10. 科学家作正面教育作用大,把消极力量变为积极力量,斗争要取慎重态度,同时要进行批判,主要斗他政治,开展辩论。对他的科学上观点要慎重,但科学家有一些知识,不要完全否定,避免中间分子反感,如兰州的一个教员。

先不〈带〉戴帽子,先斗后〈带〉戴比较主动。如沈志远,自己〈带〉戴上十足的右派帽子,“先量尺寸,后做帽子”比较好。抄书问题不要提,因为抄的人太多。

11. 书记从政治上着手,男女问题、生活问题不要搞他。斗章乃器买古董事,斗得不好。章现在反驳我们不是做买卖。

12. 学校内部进行社会主义教育问题,有草率收兵的思想,具体表现在时间问题,中央机关要求搞完了,转到业务上去。

中央认为工厂、学校要把时间放长,8—9 月内搞,搞不完继续搞,要早结束,一定搞完。下半年工作还是大辩论。高等学校的政治课内容问题,主要是毛主席提的几个问题。根据各校情况来进行教育,一大部分是主要的。

13. 社会科学要准备。

材料——各省要立刻动员学校、图书馆、机关在社会科学方面的东西,解放前后所出版的书籍与文章。解放前后的演讲稿子,各种会议的记录与材料、录音,(如钱伟长)他到各地去演讲要收集起来。

上课时学生的笔记。

书目:各校教研室要搜集全国各地的报纸,分类把右派言论收集起来,要做卡片,丰富教学力量。各地要编出书目,宣传部应当做这个工作,重要的书立即告中央。如武汉马哲民反驳《实践论》的稿纸。另外一种是分批收集,第一批八月底以前要告中央,交换书目。

组织力量——批马哲民由李达负责,专案专人负责,收集材料,加以批判。经济学由财经学院负责,各地都要如此做。

斗争策略——根据政治需要与单位需要,首先是集中在右派主要骨干,一般的中右分子以后批判。如不正确思想上报的要重视,全省性的右派骨干要上报。

右派教师——自然科学家一般还好,社会科学不能由右派去教育。右派不能下工厂去实习。政治问题先要弄清,以后补课。学生也一样不能去。

14. 浙江提出的问题,现在正在研究的。

第一,党委制中央与地方都去研究。武汉大学、复旦都有一个方案,各地各校都可提出方案。

第二,初三、高三学生要进行社会主义教育,正面教育为主,联系批评,不在学生中开展反右派斗争,个别右派分子根据情况,具体处理。利用典型进行教育也可采取,但防止一条,不准乱斗。大纲更要简单现实的,与大学的不同,不但要上课，还要用周会形式进行时事教育。

第三，初一、二学生进行简单正面教育，如纪律修养教育。

第四，中学教员要开展反右派斗争，四川有一个布置，暑假集中反，搞不定下学期再搞，利用政治学习时间搞。

第五，中央怕各地不机动，你们不要怕。特别是政治课。自己可以编，其他也可以自由编，你们有主权，主席报告中提到，但要说服教员，把教条主义一定要打垮，还有许多艰苦的过程，教育部司长思想也不通。如水利课，主席决定，地委书记回去后行不通，一定要教育部批示。权力很大，地方不愿变动，这个问题要做工作。

第六，文教、宣传、教育部门要联合作战，交换情报。

第七，干部问题，各地多[少]人要立即送名单（第一批），但不要讨价还价。中央准备开组织、宣传部的会议（高等教育、中等学校、科学机关名单都要）。中央调一个到各省，不好的还可以换。

单靠中央不行，各省要下决心，如山东有十三个省长，要调出一批。

省委副书记也要调出一批。

1957 年 8 月 1 日

康生同志：

提出几个问题。

各省宣传部估计一下，是否投入反右派斗争，还是仍按平时工作在做？在前方还是在后方。

抓不到题目，随便扯。

（一）这次会议原来想召开一个全国性的政治课教员的会议，来讨论下半年的政治教育问题，大学与党校如何进行政治课？

以后由于毛主席报告出来了，就决定召开宣传部长会议，你们去按时按地去召集理论教员分批去开。

大家注意到农村与工厂问题，这固然是很重要的问题，但会议的中心点要明确，会议不可能解决工厂与农村，应当集中于知识分子中进行社会主义教育问题，即是大中小学问题。因为农村问题宣传部解决不了，要由农村工作部来搞，工厂要有关部门来研究。我们要搞本行。

你们很少谈党校，其实暴露了许多问题。我问北京市的党校站在前线，还是站在旁边，他们说站在旁边。

（二）你们要想一想哪些学校还没有党的领导。中学也大多数很少党的领导。文艺方面各省情况也很严重。文化教育有些是民主党派在领导，有的是形式上在领导，如人民出版社、时事手册，党实际上没有领导，落在右派手中。原因何在，如何加强领导？

要求会议把问题集中一些。

反右派是什么性质？是敌我矛盾，是政治上思想上社会主义革命。我们思想上跟不上，当前工作处在什么时代与环境——伟大的社会主义革命的时代，是你死我活的时代。

大事记如下：

三月间中央宣传部会议，主席报告整风要提前进行，实际上二月廿七日国务会议起，实际上已进入了整风，因此四月间中央确定立即进入整风运动。中共中央估计到这个整风运动必然涉及党外问题，所以召开了各党派的座谈会，在座谈会上主席讲了话的，民盟歪曲这个报告。主席讲的什么？

(1) 一是整风目的，暴露与揭发人民内部矛盾。

(2) 一是整风必然影响到党委，非党员可以自由参加。不要搞唯物辩证法，要搞政治关系，三个主义，不要搞世界观，思想方法问题、辩证法以后搞。这个关系会影响到民主党派。（可惜党校同志没有懂，理论工作者没有懂。）主席说："旧知识分子有新的世界观的只有少数人。"

(3) 一是：五百万知识分子问题，要为新社会服务。在大变动中深深不安，他们吃了一些苦头，主要是社会科学方面。因为旧知识分子的经济基础改造了，"皮之不存，毛将焉附"。现在变为"梁上君子"，五等大夫当不成了。他们吃国家所有制、集体所有制〈吃〉的饭，但脑子没有转过来，思想上还是反对马列主义的。

(4) 信不信社会主义问题。四门课本是学了，但没有变过来。不要相信所有民主人士，中国共产党党员相信社会主义，他们只相信民主主义。如薛迅[说]，连老干部在内，有相当大的一部分党员不相信社会主义，是随大流进来的，党员尚如此，你们都相信社会主义吗？他讲得很赤裸裸。

(5) 有人说党员"有术无学"。阶级斗争是一门大学问，今后还会有的，这个还有用；自然界斗争现在也正在开始，要好好学，可以肯定能够学会。告诉他们现在还有阶级斗争。

他还提到党委制问题可以讨论。

以上说的，主席公开地告诉了敌人。

五月四日中央指示，错误的批评要回答，但暂时不答复，充分让他暴露。敌人活动情况是已有相当长的时期，在"长期共存"方针提出后就准备了。章伯钧传达四月三日的毛主席指示，他最有兴趣的是取消党委制问题，发到基层中去。九三也根据他们的意见，也把歪曲传达发到下面。

五月八日，中央统战部召开民主党派座谈会，章伯钧、章乃器提出自己的政治主张。

五月十三日，中央指示，看到民主党派挑拨中苏关系，我们报上不登他们这个消息。章、罗召开一个会议，搞了四个小组，曾昭伦、钱伟长——科学大纲；章伯钧——"长期共存"小组，[还有]党委制有职有权小组——罗隆基。

五月十四日，中央指示提出：批评中有对与错的，就可发现右派。各省委对右派言论不要立即反驳，报纸充分报道右派言论，原稿登出，删掉了实际上[是]帮助他们。

各民主党派各地大活动，沈志远说：社会主义制度要全面检查，另一右派首脑说："是大进军。"

五月十六日，中央指示——接受正确批评，改正缺点，团结中间力量，逐步孤立右派，必须争取这一仗的胜利。主席写了一篇文章：《事情正在起变化》。原来题目是《转向了反面》。

五月廿日，中央指示：右派是猖狂进攻，暴露还不够，有的地方根本没有暴露，中间派偏重于批评我们，缺少公正的意见，反驳右派的更少，党员暂时不讲话好。报纸上主要是谩骂，篇幅不宜太长太大，也有不好影响。为了孤立右派，争取中间，报纸要把最反动的言论登出来，数量要减少，质量要加重；其次中间派要有较公道的批判，开始登左派的言论，但不宜太多太猛；登一些改正工作的消息；党员暂时不讲话，但要收集材料，写好文章与社论，准备反攻。

五月廿五日，中央扩大的政治局会议，各省参加。[决定]大放大鸣，把运动搞起来。

五月廿八日，中央为了加强文教工作，组织部调了一千五百名干部到文教岗位上去。农工民主党开会，招兵买马，“团结左派，争取中间，打击右派”。

各省宣传部可以〈立〉列出大事表，每日把右派与我们的斗争经过记〈出〉下来。我们党中央负责同志也到处去点火，他们也点火，一[方]面[是]烧党内，一[方]面[是]烧右派。因北京先搞，各地要吃亏。

六月六日，中央指示：不要怕大字报，团结左派，争取中间，准备向右派出击，这是一仗大规模的政治与思想的大战斗，必须胜利。党内有少数叛变的，对我们有好处，运动中左中右要排队。这个指示很重要。“666”很有意见，① 我们发指示；② 六日右派决定上街；③ 章伯钧召开六教授会议。

六月八日，公开反击：《这是为什么》的社论出来了。以前写的文章不行了。运动跑到前面去了。文章只能临时写。《人民日报》送到毛主席看过后发表，社论就不断地发表。

六月九日，科学纲领发表了（五人署名），主张恢复旧社会学，保护科学家，反对审查政治条件——费孝通、吴学超等人召开一个社会学工作筹备会，目的是拿出旧的社会学。

六月十日，中央指示：民主党派、文化、教育、科技、工商、各界都有右派，党内也有右派分子。

要分析，实事求是打得准，团结多数，孤立少数，右派要搞〈丑〉臭。

六月十九日，发表毛主席报告“人民内部矛盾问题”。

六月廿日，全国人大开会。

六月廿二日，周总理报告。

六月廿六——廿九日，中央发了二个指示，彻底打击右派，耐心团结中间分子。

七月一日，公开在报上指出右派是敌人。性质很明确了。龙云也知道是毛主席写的，很恐慌。

七月八日，人民日报社论：反对温情主义与粗暴态度。

七月十一日，统战部起草一个指示，划分左中右问题。

七月十二日，小平同志召开人大代表与统战部同志会议。

七月十六日，人大结束，主席在青岛召开各省会议，发表《1957 年夏季的形势》，实为总结这个运动的经验。

现在斗争尚未完成。目前工作要以阶段出发看问题，继续斗争。各地可以做一个大事记。

所谓按部就班，是按时办公休息，照计划办事。有些部门还没有投入战斗，同平时一样，可是右派连夜办公。

这一战役是胜利了，但没有结束。

（二）高等学校政治教育问题。

他们认为高等学校民主党派有力量。旧知识分子对社会主义有抵触情绪，大部分学生是剥削阶级出身的，我们工作较弱，有缺点。因此他认为是容易进攻的阵地，进攻办法是反对宗派主义，反对党委制。

"外行不能领导内行"——口号。

反对"政治条件"、"党员是特殊材料造成的"，说学生不平等，反对马列主义，反对政治条件，反对政治课。收学生不平等，钱伟长说：实习也不平[等]，分配工作也不平等，留苏学生、留助教、研究生都不平[等]。

十年五年内不能平等，工农子弟只有20%，多数还是剥削者家庭出身。

（1）如谈平等问题，首先要说明这个现象，要把[列宁的]"叛徒考茨基"再看一遍。剥削者与被剥削者是长期不平等的。ブル子弟的功课常比劳动人民子弟好，工农子弟比较差一些。这是环境上关系，不是人的智愚不同。江浙人文化人多，不是风水好，因为文化水平高。留苏学生中干部子弟占3%，右派说的"不平等"是刚刚相反，剥削者还是占优势。

（2）"外行领导内行"问题。自然科学要学，是外行，不能骄傲。我不会唱歌画画，可是罗、章也不会写小说，看古书我比他们也还好一些。

好有二好：社会主义好与ブル好。他们没有学过社会主义，我们[是]办社会主义大学。他们是反对社会主义那一行，办ブル学校我们是外行。这是说不要怕，省委怕大学，地委怕中学，县委怕小学。

（3）政治课的教条倾向。政治课把ブル社会改为社会主义学校，肯定[有]一定成绩。四门课教员大约有一万人，队伍是新的，逐步在形成中。反右派斗争中个别有叛变的，占2%，总的还是好的。一般教师比例大了。

清华政治教研室，四十多人只有四个人好，这是特殊的（袁永熙关系）。各省要支持他们。

各地中级党校毛病很多。系统学习，读经典著作方针是对的，四门课从哪里出发来准备讲课，总的情况是一样的，从教研室的体系出发的。毛病出在只是片面科学化，毛病在于根本忘记了这是一个社会主义大革命的时代，忘记了当前阶级斗争是什么情况，党的任务是什么，学生的思想、家庭经济的具体情况被疏忽了。如果懂得这四个问题，去研究教学大纲就好了。而是严重的脱离了现实、阶级斗争、党的任务、学生对象，只知道普遍真理，只教书不教人，严重离开实际。中宣部提出的大纲是脱离现实的，如按这个大纲必然要失败。如清华大学，他们就要以个别典型右派分子来教育大家。钱伟长拿到北大是不行的，他们有另外的典型，如林希翎等人。各校都有这样人物，都可进行社会主义的教育。

各省各校都要自己去编，不要想中宣部发一个大纲去念。过去政治课的失败就在这里。有的教员在念讲稿，背与念都是次要的。我说一个笑话，旧社会教学生办法，是抱了洋装书，金字面朝着学生。另外办法是一本书也不拿，只拿一支粉笔，上来就写，学生就相信他很熟。最主要是内容问题，教什么是最重要的。讲稿没有战斗性，不能抓住当前的政治问题，进行批判。就是有批判也是外国人，历史上的人物如黑格尔、康德、〈阿〉亚当〈司〉斯密[司]，终是死的东西。

系统的进行旧社会科学[研究]很重要，各大学要收集材料。问题在于内容有没有政治性、战斗性。

政治课讨论完全是形式的，这次政治课，无论如何不能这样。讨论时教员参加，允许"百家争鸣"。旧社会还允许反面文章，可以考秀才，如做策论，"东莱博议"就是反面文章。为什么我们不能反驳，弄得这样死？如果早如此，思想就不该如此混乱。教员不许学生提反面意见，只准讲正面的东西。

因此教课不是重要的，领导讨论是重要问题。考试有各种方法，凭记忆不行，考试是一件大事，学生反对什么，拥护什么，考试首先考教员，不是考学生。现在是考记忆，这是教条主义。马列主义是活的东西，绝不能考教条。马列主义是阶级斗争，如何能这样考。天主教徒考试成绩比党员还好（唯物主义），为什么，因为他们是考记忆。

到了学期末要不要考，可以考。要他分析右派，写一篇文章就是了。现在这可在报上公布，在这次反右派中你有什么体会经验。林希翎一定写不出来。考试中毛病很多，必须加以改变。

政治教员本身一般要求科学研究，前途是博士，研究者不愿做宣传员，脱离政治很严重。党委进行另外的政治工作，对四门功课党委也脱离了。今后党委与政治课一定要联系，单靠政治教员不行，党委的政治工作要改变。

彻底打破过去的进修办法，打破他们的系统。毒很深，相当顽固，有政治教员把《事情在起变化》看为不是理论，不是经典著作。教员把自己的讲稿看为经典著作，狂妄至[极]也。教员和学生很抵触，高级党校学员要学“经典著作”，不要学当前的政治问题。广西的王坦是一个顽固的右派分子，他入学时坚决拥护王明、高岗，说毛主席也有错误。当时抱着“经典著作”不放，没有斗争。最落后的是中央团校，我下了命令，不准教。

今后四门课要不要教，要教。但必须与当前政治联系起来教，不能如过去一样。我们的反教条与右派取消马列主义不同。

回去后要召〈开〉集各校负责人、政治教研室同志打通思想，准备今后工作。

（三）理论队伍问题。

现在理论队伍是不纯、不高。积极提高他们，单责备他们教条主义有点委屈，说水平不高比较合理。例如分配与积累问题，他们说没有材料，只好根据薄一波的报告来说。这种情况是不能避免的。数目字中央有些也弄不清，不能胡扯，老实告诉学生，不能详细说。又如工资问题，谁敢说工资规律，现在还在摸索，办法是宣传部门做些报告，但有部分人有问题，教马列主义不行，要整顿。

教中共党史由非党员教，更加困难了。好像叫闺女去教小娃娃，要整顿队伍。

办法是派进去，与发展党员。省委要注意，各校缺的人员，组宣部门要核对一下。

大学校长要调整，要下决心，省委副书记、副省长中去挑选一部分人。省要开一笔账来。已在学校的老干部调出来学习一二年后再去教，或调出作别的工作。

文教部与宣传部分与合的问题。

此问题不重要，个人意见合比较好。问题是目标要集中于文教科学去，成为宣传部门的首要任务。是宣传部做什么的问题。

毛主席指示把工作重新研究一下，搞什么是主要的。

……再开个座谈会，大中学座谈会，教育工作问题，科研工作如何做？反右派问题也要各自研究一下。

讨论：

1）党校情况。

2）宣传部与文教部问题。

3）政治课如何上——……。

a）中学如何……学生。

b）高等学校教师与学生内容要有分别。

c）高等学校学生框子各省自己编，还是等中央划一个框子。[①]

1957 年 8 月 2 日

周扬报告：

作为意见与情况提出来。

（一）文艺界反右斗争情况。（二）整顿队伍。

情况：全国各地文艺界已展开反右斗争，鸣放得很不够，反击比较慢了一些。现在已展开了。

文艺最容易反映气候。二中全会已提出ブル混入党的队伍来了，□五四年[②]批判胡风，反对ブル唯心主义；《文艺报》赞扬ブル观点（俞平伯问题），主席都提出了批评。所谓“薄弱”，是ブル思想“薄弱”。

ブル思想党内一部分知识分子〈的〉有共鸣。“百花齐放”方针提出前多少有些压力，使他们不敢放。这一年来经过了三改后，他们想剥夺党的领导。苏联 20 次大会对中国有很大的影响。一部分党员滋长了ブル的思想，整风运动中ブル进攻这样快，缺少估计。

“电影锣鼓”，右派进攻首先在文教部门发生。右派代表者主要是高级知识分子，ブル本人通过他们来进攻。很自然的首先在文教部门发生，而且文教部门缺点比较多，所以也是很自然的。军事经济比较强，他们有困难。毛主席所以要抓文教工作，［因为］<u>文教防线我们没有守住，民主党派与党内右派里应</u>

---

① 原文最后部分多处破损。

② 原文如此。

外合，这是这次斗争的特点。指挥者是民盟与农工，“电影锣鼓”充满着全部否定的论点。这篇文章的作者知道我们不同意，所以要发表。陈仁炳利用了这一观点，民盟在后面策动。此人有历史意义，“锣鼓”先打起来了。

民盟召开了座谈会，陈仁炳说是解放七年后第一个“民主日”。

陈还说谁反共最凶的，就可以加入民盟。这二句话引起我的注意。

敢于点火烧自己不容易，文化部不敢放，反右派没有火力是不行的。思想保守，不敢放毒素，对自己力量估计不够。

许多文联要垮，作家协会、文化部不妙。文艺 30％是党员，反过胡风，比较有技术。反右慢一些也是原因之一。右派也不容易放出来。

在反右派斗争还能放出东西来。对毒草有二个办法：① 诱出来；② 搜山办法，挖出来。

美术界——江丰问题。他团结一些人进行反党，到处骂文化部。稍有资本就要反党，同魏延一样。江丰主要是认为文化部不重视画家。

戏剧 ——吴祖光——戏剧工作的领导问题，说组织力量愈大，个人力量愈少。领导就是行政命令，关键是有领导，艺术就搞不好了。“百花齐放”是为“平乱”，要求〈反平〉翻案，办社会小报。（萧乾——第三条道路者）

“小家族”、“□□”、“二流堂”，探听各种新闻。

三李，叶圣陶。

个别的上报，一般的批判。

音乐界——刘雪庵。

文艺界——文艺报小集团，丁[玲]、陈[企霞]问题，是关键问题。二年前事基本上是对的，隔离反省是错了的。他们说丁、陈问题搞差了，传播很广，不是反党小集团，成了问题，涉及二十年前的事。

小会开过五次，开始时一面倒，认为错了，“违法乱纪”。

丁〈伶〉玲指责中央宣传部，陈[企霞]根本不承认自己的错误，要求拿出宣传会议记录。丁玲要算历史账。

三天会议党内外一起开，很热烈，大辩论一番。

勾结《文汇报》，陈有十二个弟子，《文汇报》文章由他们改。

丁玲要退出作家协会，办同人刊物，分裂组织，冯雪峰同志、刘宾雁也参加。

主要是：① 翻案；② 通过《文汇报》；③ 分裂。

(A) 1933年南京与〈彭〉冯达结婚，自首，〈彭〉冯立即参加中统（徐恩曾[手]下）。丁〈伶〉玲同志每月拿薪水，三年多，与张道藩来往，称为"老张"，把母亲接到南京住。姚蓬子让他走，特务问为什么放走，说姚无责任。

(B) 丁〈伶〉玲在延安——隐瞒七年。在延安发表《野百合花》，一篇篇发表，陈企霞已是她的助手。一些发已出来。丁发表《三八节[有感]》文章。和萧军一起，一到延安就发生关系。

(C) 解放以后，个人放在党之上，排斥别人，"先专后红"的思想，[提出一个人只要]写了一本[书，就]谁也打不倒你。

过去问题没有解决彻底是缺点，这次要搞清。

(三) 文艺队伍问题。

文艺工作者应当研究一门社会科学，现在队伍不小，要建立核心，党内外马克思主义者为骨干。

现在队伍没有形成，思想占支配地位，我们有一定骨干，有基础，但队伍不纯，要整理一下。政治与思想改造，把右派分子改造好，党员要清除出去。文艺与新闻要支持，直接关系阶级斗争，比自然科学家更危险。

反右派要慎重一些，不一定要上报，但要批判。如陈学昭他是大炮，不要搞得太厉害，不戴上右派帽子，"适可而止"。[极]端右派分子登得太少，造成错觉，50%上报也可以。文艺还是多批判思想，要坚决彻底又要慎重——说理与摆事实。

文艺带有个人的劳动性，有个性特色，否则要毁灭文艺，不能简单化，所以很容易发生个人主义。对个人的特点要保护，同时又要反对个人主义。有名有利后，又要发生个人主义，演员要登名字，有许多女人写信给"董存瑞"。

青年作家变得最快，思想是ブル的，培养上有问题。

政治上与思想改造，自由范围很大，一不反党，二为人民服务。浪漫主义也可以写，个人主义与右派要反，才能纯正。

大的文艺辩论要准备，涉及几十年的历史，才能彻底批评教条主义，作一个彻底的清算，文艺思想有教条也有修正主义。整个路线是正确的，执行中有错误。

同胡风还要算账，周扬统治廿年不是事实。丁玲、胡风都这样说。

地方同志对文艺简单化，如政治服务理解得很简单化。内容应当很广泛，如梅兰芳在日本。

为生产服务简单化，不一定要写生产情况。

青年作家办法不变——写几篇文章，参加协会，不要职业化。

作家应当是很少数的，平日与工作与斗争密切联系，年龄应有二十多岁，有一定的斗争经验。大学生作家世界上没有。

作家职业化，青年作家到下面去工作[要]作为方针。

出版亦要严格，使其知道困难。

报纸、杂志、出版社真正放在左派手里。

凡不涉政治问题的，宣传部少去干涉文艺作品，不要给他压力，打击情绪。个人发表意见可听可不听，不代表党与政府。要求平等自由空气。

边整边改——批评要接〈收〉受，胡风也有正确的意见。

（文件编号：R133）

在浙师关于反右问题的讲话

1957 年 7 月

（一）整风为什么反右派斗争？医生还是〈侩〉刽子手？

整风——和风细雨。右派说：狂风暴雨（大民主），请愿、游行、示威，扩大到推翻，大字报可不可以写，制造匈〈亚〉牙利事件。他们说这个方针是“血管换来的”，他们为被镇压的反革命分子代表发言。他们利用三反、肃反的一些错误，“打抱不平”，他们利用学生制造反共高潮。

① 为什么说可以放毒素，多放了为什么要害人？

② 香花与毒草是识别人的立场观点。如 20 条。

③ 为什么报纸不登学生消息。

④ 肃反成绩是不是基本的。大是大非要分清。

右派目的：反党，反社会主义，复资本主义辟与台湾遥相呼应。（充分表现在 20 条中，与章罗联盟的言论。）

① 三害根源是官僚主义制度——反对ブロ专政，国家一切计划，公有制，党领导国家的制度。

② “力争自由民主、平等”——关于出版自由问题——为什么不登学生消息，不许到街上贴口号。“资本主义民主比社会主义民主好”，向谁争，代谁争？（地主与资产阶级）说“民主被可怕的窒息着”。

③ 否定五大运动三大改造：“成绩不是基本的。”等于否定社会主义革命目的，他们是代表了资产阶级地主与他们的知识分子说话，他们还主张“违法者处分”。他们说“教改”、“三反”、“肃反”没有成绩，科学研究没有成绩。

④ 马列主义等于教条主义（改为选修课），历史科学可以不要马列主义思想领导。

⑤ 反党：各种各样的。

丑化，如各种恶毒的名词，灯塔面孔、阎王、法西斯、血淋淋的，骗子……“小学生发号施令”，“是党员都高官厚禄”，“教授治校”、“党团滚出学校”、“愚者下台”、“各党派退出学校”。“中共与民革平等”，“反对特权”。党天下——各单位有党员他们反对，说“没有党员地方就有事情了”。说 CP＝宗派主义，墙是因为有党组织才造成的，“党员是特殊材料造成的”，“各民主党派平等”反宪法，二党制，即“特权者，反对特权”。

右派的行动：

① 挑拨离间：如说“CP 鼓动学生反教员”。造谣生事。

② 利用放鸣机会把 CP 搞臭，带头放鸣，到处走火，只许一家独鸣。

③ 拉拢一批，打击好人，夸大缺点，如某一党员不好，就说全党不好，肃反搞错了一些人，就说这个运动“毫无成绩”。

④ 反右派斗争发生，说 CP“收”了。CP 没有雅量，没有诚意。恐吓群众。说 CP 是“大骗子”，“片语只字记下来作为整人的材料”（党员连记录也没有自由），说 CP 是“小题大做〈作〉”。颠覆阴谋还是小事？从章罗联盟到全国各大学的反共反社会主义、反苏、反马列主义还是小事？说 CP 批评右派，连朋友交情都没有。

⑤ 两面手法：在学生面前反对考试，在我们面前力主考试。假装左倾，暗中反共。

（二）坚决反右派，不到全胜，坚不放假。

共青团员，爱国同学们都要团结在党的周边向右派进攻，把ブル的右派分子打下去。在斗争中学会阶级斗争。

右派分子不清算，我们学校办不好，他们在诱惑青年去犯罪，我们不能建设国家。

七月五日：（订作战计划）

查的问题，排队，任铭善，[redacted]派就是不革命，斗争性质不明。省委的决定不及时传达，不具体布置。

（1）统一党内思想，传达省委决[议]，批评焦梦晓对任[的]问题拖拉，力量没有组织好。反右倾情绪：批评了焦，怕龙怕虎，明确右派思想。

（2）第一步，充分发动群众，先打小仗，先打成熟的，充分说理。目标，从外围先搞，贺一欧、罗[学礼]；学生——芦[学礼]、王素徵、吕以春、徐、叶。先进带落后，逐步发展，最后搞任铭善（第二步）。重点在中文系、政治科、历史系，各班级普遍搞。声势浩大，大小会议结合。

（3）组织力量：

成立指挥办公室，组织各种委员会（如对象的论点，材料小组），右派再排队。

宣传委员会——大张旗鼓。

各系室自己作战计划。

教师与学生继续在星期日动员。

（4）识别会：（中文系）

反击20条，请愿事件。

① 右派很孤立，但是反抗。

② 中间分子顾虑减少，分化了——整风与反右分不清。

③ 群众左派力量大有发展——肃反中做了结论的起了很大作用。

如杨渭生，揭出右派做法。

今天主要搞——马列主义教条，20条也有对的，肃反成绩，汪阿春传，请愿为什么？

其次揭发她的历史。

意见：

① 民进方面要注意，要求外援，民盟在山上很坏。

② 山上还不大动，要支援。

目前几个问题：

反右派斗争在学校内部空气不太高涨。

表现在：党内思想认识不够一致，主要问题是：

① 反右派斗争是一场阶级斗争认识不够，对敌情了解心中无数，全国问题一揭开，松了劲，行政事务被压住了，“正常化”。中间与右派分不清，言论与行动缺少总的研究。过去一个时期精力多化〈花〉在学生，对教职员中的动向没有很好注意。

② 党内思想界线划不清，前一阶段表现右倾的分子没有及时处理，新的骨干没有形成！（团内问题也如此）

③ 一般干部党员还摸不清这次运动的性质，党的组织作用发挥不够，师院党员至今还是不敢说话。

④ 工会作用发挥不够，如师院工会主席要汇报，党委不抓。民主党派方面，上面有垮的样子，他们中间一部分左派势力没有充分发挥。

⑤ 斗得不合理，空喊多于说理，说服力不强，帽子多，内容少。

党外情况：

右派的姿势。（他们还有不少群众）

① 制造恐慌舆论，拉中间，与台湾报纸一样。

② 故意装积极、极左。

③ 有假检讨的，否认还去只是一时认识的错误（如沈镜如自己是首先反马列主义的，现在就表现，责任全是宋云彬）。

④ 有的还很顽强——如师院要求把行动委员会合法化。

中间分子姿势：

① 恐慌心绪，要求明确右派分子与反革命分子的区别。他们分不清反革命的面目。

② 一部分人自己过去也有个别言论上同情右派的，要求不做为右派论。他们是希望检讨一下过关的，有的表示我们过火了。

如何办：

① 排队——界限；② 组织骨干；③ 分化；④ 群众发动。

① 统一党内思想，党内要进行思想斗争，右中左分要划清，把好的组织起来；

② 从敌人内部分化问题；

③ 全面展开揭发与斗争——行政、工会、党派、团、学生会。

① 从敌人内部分化，主要头子是民主党派；统战部应当让各校民主作风，各校好搞。

② 工会应与组织积极分子组织反右派；

③ 发动群众——

情况：

① 左派没有组织好，反击不力，右派还有群众，中派觉得我们过火。

② 中派不了解右派的面目，弄不清右派和鸣放关系，他们一部分人过去也说错了话。

③ 党内说法不一致，内部也有右倾情绪。

右派（山上）

1. 胡梦侠（讲师）：

肃反没有必要，成绩是主要的不同意。

右派分子言论也是难免的，有些可取地方，党委报告检查不够，“挡箭牌”，“工人讲话了”是笑话，《人民[日报]》社论是压。

2. 洪士瑚（讲师）：

原是后备党员，肃过反。“肃反没有成绩”，“党天下”指有宗派，有道理，干部政策不重才，背后说，当面不谈。

3. 魏鸿渐（讲师，大地主）：“现在讲话是呆子”，“中央主观主义”，党委宗派主义，下面强迫命令。

4. 胡刚。

5. 吴向：卢郁文问题为什么要登报，施有光为什么不登？工会参加助党整风小组的，要受苦多的。

6. 王承绪：发展盟员很积极，不放弃盟的领导，批评党不帮助发展民盟。反右派不积极。

7. 周豹（助教）：二章、储安平的话说到他的心里，不满意肃反。“农民起来反抗，再不相信你们了。”“报纸反右派不能心服”，报告后发牢骚。

8. 王明辉（俄语系）：脱党分子。平日好弄钱，人大来的。“CP 清一色”，“党在学校里没有作用，党不好”。“党在分配学生有宗派”，鼓动学生。

另有一个助教也与王相同。

9. 潘锡九（生物系）讲师、地主：土地被没收不满，儿子被作肃反对象。鼓动党员说话，要求撤走干部，才是有决心。如孔成九，[说]农村苦，肃反不必要，多少人受害。有些人没有良心，见死不救。全校一塌糊涂，鸣得多了上了当。对党委报告“内容空洞”，[说]《人民日报》社论收了。

10. 张朝芬（生物系助教）：肃反为什么不经公安局收查，[说]解放后根本没有民主，如选举。文化低的党员当了首长；"灵活性"，把坏的说成〈坏〉好；扣帽子、记账，是第二次肃反，二面手法。知识分子政策也如此，老党员良心变坏了，"长期共存"是二面手法。

11. 毛树坚（助教，建党对象）：肃反时积极分子，说是青年人特征，对卢郁文问题标语不好。对毛主席提意见没有错（葛佩琦意见赞成），揭露右派如何不使人考虑，肃反扩大为什么不说？[说]做反革命、地主、资本家，要做大的。

12. 胡士多（地理系主任）：挑拨党群关系，[说]党有宗派主义，对《人民日报》社论有意见，暴露很少。现去南京，尚须了解。

山下情况：共 61 人，右的可定的 2 人，中右 12，中间 22，中左 13，左 12。

右派：

1. 〈罗〉楼学礼：

肃反[杀]80 万人，数字不可靠，许多人受了人身摧残，对反动阶级出身的压力大。蒋介石还有好的地方，抗战前生活好，沈钧儒也有这个意见，人民生活也好。

对党员看法：取消支部，党委可以要，党员干部应当土生土长，不应有外来干部。国家不能养活干部，应由党费中支出，科长以上党员名单、历史等要公布。

《人民日报》社论公布太早，"工人说话了"，他们是不是工人，不算说话。在工友中有积极活动，工资待遇问题发动工人提意见（尚待调查）。同意"小学生发号施令"。

2. 任铭善：

党外人士认为他是右派。任说"大地区放得好，小地区放得不好"，对《人民日报》社论有意见，对右派分子批评不同意，所有高级知识分子都批评了。

右派与分子要分开，要看动机如何。标榜自己，与宋云彬不同。

中右：

1. 叶光廷（中文系讲师，地主）：

肃反后对党有意见，"受了骗"，肃反成绩不能说是基本的，得不偿失。党把人当作机器使用，不尊重人的人格。批评宋云彬是轻视工农，以拆塔为例，不同意右派有二种，一是野心家，一是动机好，思想作法不好。不指名最好，不要在报上登出。

2．马骅(脱党分子)：

主要对肃反有意见，家庭被搜查(温州市)，同胡风有关系。[说]成绩是基本的，叫人肉麻。[认为]“宪法是假的”，人民没有自由。对党外人士都不尊重，傀儡。对区乡干部发牢骚。

朱守训：

说党在钓鱼，大字报不够厉害，“教教理科”。民主党派要参加办公会议，党支部控制的。他的老婆说：“党员批着外衣。”对反右派很有意见，说二章不是坏的，两面派。“非党员比党员进步”。

舒鸿，对肃反报告不满，信宗教的都作为对象。陈德铭主要负责。

小的点名，大的为什么不点名？他同宋云彬关系好，自说不好。

沈镜如，不要马列主义，青年党，不即不离态度。尚待研究。

(文件编号：I74)

总 结 报 告

1957 年 8 月 4 日

会议上提了很多好的意见，但有几个问题要谈一下。

（一）ブロ专政问题。毛主席的六条，根本是二条，社会主义是目的，所以要专政，要有 CP 领导，没有这个就没有社会主义。

ブロ专政就是ブロ领导。“党天下”如何反驳？十二个总理［副总理］中为什么没有民主党派，这是焦点问题，［是］ブロ还是ブル专政的问题，CP 领导的联合政府还是章罗联盟领导［的问题］。国务院有四分之一是非党人士，哪一个阶级领导是主要的问题。

总理是主席提名的，主席是人代会选举的，政府部长是总理提名的，最后决定权是人民代表大会。有百分之四十几让给他们，如果选举，章乃器就选不上，用协商办法决定名单去选举，形式不民主，事实上是民主的。

工厂、军队、农村中民主党派没有组织，我们占优势，把所有地富、学生归他，也只有 20%，现在是 40%余，哪一种方法好？他们中如龙云就一定选不上，云南人要吃他的肉。

本质问题是他们要建立ブル政府。李书城反对他们提的选举法，所以他们采用匈〈亚〉牙利办法，先搞知识分子，罢课上街，一天之内党政军民一齐垮台。毛说：“较量失败了，大势已去了。”所以这一次斗争是政权的斗争。

中国只有二条路，不可能有第三条道路。我们有些同志动摇了，［认为］中间路线是可能的，他们认为第三条路线是可能的，章罗联盟政纲是第三条路线。罗隆基向美国要求给他地位，1949 年跑到北京来，始终是中间路线。蒋介石从前也是中间路线，反共又反军阀，结果还是走第二条［路线］。汪精卫 1927 年时也是第三条路线，“夹攻中的奋斗”有历史意义。今天发宣言，明天就是杀头。

有人喜欢南斯拉夫政府，内政上自由。有人到香港去后，结果被捕了，后来大家不去了。南斯拉夫如何，民主党派右派也可以去看，他们没有民主党派，没有地位。外交政策是中立主义，军队很大，费用很大，靠美国军火接济，什么名堂，还不是知道。利用苏、美矛盾，两面威胁达到自己的要求，有点像流氓。

如果世界大战发生，中国就是战场，要看一下《国家与革命》，《叛徒考茨基》二本书。

储安平不敢讲民主党派有十一个部长，人代中有他们许多代表。他们说任何单位都放上一个党员，目的是反对党的领导。

政府好不好，要看成绩好不好？问题不在于有多少非党员。我们可不可以学一下资本主义国家，一个党员也不要？我们认为罗隆基、章乃器、章伯钧三个部长是多给了的。

我们现在政府，非党员占四分之一，如要有非党的付总理，就是章伯钧、章乃器、李烛尘等人，其余的是八十多岁了，幸而没有提他们作付总理。这叫做"贪得无厌"。史良、李德全还管一些事，其他部长只是做官不做事，还要当付总理，还说有职无权。

他们目的是推倒ブロ专政，恢复ブル政权。

民主党派有二种：一种接受 CP 领导，改造落后的教育中间分子，变剥削者为劳动者，这样的民主党派对社会主义有好处，一定同我们合作；另一种是与我们对立的"共同领导"，"分庭抗礼"，反共，反人民，这样的民主党派，就很难长期共存。第一种可以长期共存，后一种不可能。

"九三"问题，许德珩，头子都是右派，反对党委制最积极，与民盟勾结。农工[党]很难找出好人来。不同地区还有情况不同，如"民进"地方组织很坏，全国领袖还好，[如]马叙伦、周建民等人，在中小学里民进很糟。不管什么党派，反共的都要反对。斗争不能协商，合作才能协商，对民主党派应有不同态度，二种态度不要混淆。斗争中不能客气，他们有的翘尾巴，八大之前尾巴夹得很紧，因为有三件事：改造、肃反、吓破了胆——反二胡，思想改造运动。

没有反胡风运动不可能进行社会主义改造，他们很怕，定息问题不敢提反对意见，提出七年还说"毛主席英明"。鸣放方针提出后，情况大变，定息要求二十年，满天讨价还价，二三年内他们可能夹紧尾巴，但一有机会就会兴风作浪，一起一伏，还要翘尾巴。

西安的刘不同（KMT 的立法委员）CC 系统，说做了我们的尾巴，要看作什么性质的尾巴。

胡风是不是反革命，右派也是反革命，胡风问题是反革命是无疑的。胡风是反革命分子，在牢中很顽强，找到 1927 年骂 CP 的文章，他说："该死！"再找到一篇又是："该死！"反社会主义历史反革命都是清楚的，是否是现行特务则不清楚。1931 年加入日本 CP，大破坏，发生小林多喜事件，许多中国党员被捕被打，他一个人没有被捕，回国后与袁殊联络，经过他到鲁迅地方。鲁迅左右有胡风与萧军。后来日本革命胜利后可以搞清这个问题。是哪一国的特务嫌疑重大，如有错，最多是可捕不可捕。讲法律证据还不够，事实是对的。党内党外都可大讨论。

看不清ブロ专政，复辟问题，许多问题就不清楚。

党内右倾思想还很严重，思想上终觉得理亏了。如十二个总理问题，台湾托派反而提出了十二个总理一个工人也没有，"什么ブロ专政"，主要问题是工人少，不是资本家少了。可是党内反而没有人提出。

有同志说"疾风知劲草"不对，现在是"小风"，已经有叶子掉下了，如果是大台风就不知道要掉下多少叶子。党员要谈政治，不要多打扑克。反驳要自己去动脑筋，大辩论要取得胜利，全党要讨论，不能要求宣传部来答复，每一个党员要都能答复问题。参考提纲可以公开发，如佛学就是马列主义，也可以讨论。这里就一个立场，其次是说理，不一定讲得很长。

（二）提纲中民族主义要加进国际问题，中立主义、民族地方主义、民族共产主义[问题]。

少数民族问题——中央准备全部建立自治区、自治县，但新疆要求成立自治国。维吾尔族想为一个共和国，有独立外交，或者加入苏联。这种做不行，西藏也可以要求独立，与印度联合。道伦堡是间谍中心，达拉〈达赖〉的兄弟是一个特务，背景是美国，达拉到印度挂西藏旗不讲中国，不挂国旗。云南傣族也要发生问题，与缅甸、泰国发生联系。民族地方主义逐渐严重。要说服民族的共产党员走社会主义道路，民族前途与中国前途不能分开。

（三）文字问题——内蒙、新疆用俄文字母，是中央决定的，恐怕要改，这是不对的，用不到传达，同省委书记谈一谈[就可以了]。

农村中地主、富农问题——富裕中农不加右派帽子好，怕要乱，"自发"帽子一加不得了。中农还是属于劳动人民，不加好处是可以多讲道理，一加帽子"万事大吉"，农村中很容易搞乱。

（四）右派分子要给他一点事多〈做〉，不剥夺公民权。有些地方不许他们教书、出版书、演戏，我看还是让他出书、演戏，不要“吴祖光导演”的做法不好。人民解放年画展有三张好画是右派画的，决定不拿掉。他又不是反革命，又不是二流子，所以还是让他工作。宣传时不要讲“专政”问题，专政有公开与隐蔽的二种，资本主义国家对工人多采取隐蔽的“专政”，还允许出版言论自由。美国对CP是专政的，组织非美活动委员会，搞间谍活动。英国不公开反共，但秘密活动，表面很民主，想法孤立共产党。这个党原有五万党员，现在只有一万人。《工人日报》没有[人]订，可以搞得你这样子，经费也很困难。他[却]讲民主，我们要向他们学这一条，来对付ブル右派分子，事实上是专政，口头上不讲，办法是孤立他们。中共又发了一个指示，极右派的数字要发到30%—50%，搞〈丑〉臭为止，揭穿后还是给他做事。

隐蔽的专政可以给他们再度兴风作浪的机会，十五年的还要来反共，要注意。现在只讲“民主”，不讲“专政”。

（五）社会科学批判问题——有些主张恢复旧的社会学、法学，我们要补课，研究一下。雷海宗要批判，不〈做〉批就是右倾。新闻、文艺都要批判，自然科学不要批判，[这方面]不能马虎。这不是批判，靠多年的试验，如拉帕辛斯加邪批判人家，事实上她是非马列主义，过去贺诚、王斌也失败了的。结果不好要停下来。

（六）同人报问题——新闻出版方面准备文件，三个原则：① 报纸除个别以外(《光明日报》)，其余都归国营，报纸要有后台老板，要有卷筒机，没有一个报纸是商品，是宣传手段。国家作他的后台老板。这样一来是“高级化”了。不许办同人报。② 讨论——一定性的文艺、科学、学术刊物由团体办，团体申请，政府批准。③ “百花社”要出“广场”可以给他一些自由市场，是否放，要考虑，如纸张自备(纸有自由市场，还有土纸)。小型刊物也要批准，落后分子不准出刊物，毒草不多，可以肥田。

（七）平均主义问题——没有好好反对过，暑假后要好好地搞一下。平均与平等有关系，社会主义还不可能完全平等。

（八）农村问题(粮食问题)。

山东三个专区作了试验，地委到乡五级一月时间够了，开三级干部会议方式进行，粮食征收超过25%，思想问题是主要的。八、九月内要做好。

（九）对各种知识分子政策。

分别研究很少,会后要研究。

(1) 文艺队伍问题。

有二条路线,一条是拉科西路线,养一批专业作家,不能批评,只能捧。薪水很高,脱离生产,脱离党的领导,脱离群众,吃饭无事做,天天骂娘,搞裴多非〈菲〉俱乐部。这种文艺政策可以亡国。中国也有这种政策,北京有文艺大楼(作协)一人一间房子,结果都想做专业作家,连二十岁的人也来了,他们就逐步堕落,党的支部也独立的,除了毛主席没有党员可以去谈话,要政治局的人去参加才能解决,以后除毛以外,都不行了。

一个作家"保卫延安",西安的杜文臣〈杜鹏程〉,拿了八亿,销路一百万,结果看了路翎的小说,他就写了一封信,他的作品应当大毁掉,批评了一下,冯雪峰就说是我粗暴,批评不得。

沙蒙——《上甘岭》的导演,骄傲自大,给了一千四百元,不满意。他搞什么,是金钱工程师了。生活腐化的作家很多。如孔厥。

这样文艺要繁荣的文艺,专业作家一定要自然形成,如鲁迅是旧社会,没有办法了,才做专业作家;托尔斯泰是地主,生活无问题。

党不会管要交给他管,不应给他"特权"。稿费正在考虑改变。我们希望专业作家越少越好,合作社社长不下地是不行的,对其他国家看来是新闻,作家就要去生产,才能"体验生活",生活在群众中才能体验,才能写出东西来。

繁荣什么文艺是路线问题。

爱护文学家——丁玲是争地位与稿费的办法,为作家抱不平,其实是害人(如刘槐堂)。乡长、厂长给他很多工资也是害人的,干部减薪也是为了爱护干部。

这件事有世界意义,要讨论。

苏联有二个文学家自杀,离群索居,一个人一个工厂,完全是个人创造,当然不行。问题在提党的领导,会不会领导?

(2) 马列主义政治教员。

地方搞研究会是问题——自己决定要不要组织,目的仅仅是做报告,来开会,不要经过校长,我们有事可以直接找他来开会,座谈,发给材料。不要搞夜大学、理事会、理事长之类东西,刊物也不要出版。

做付博士还是做宣传家?有许多政治教员想当博士,不愿当宣传家,应当做宣传家，不做就不对。

要系统性科学还是要理论与实际联系？检查一下很可怕，书背得很熟，反驳右派就不行。全是团员，背得越熟，教员如念经，靠此吃饭。

这是原则问题，苏联经验搞了许多教条主义，中国也有这个问题，要解决。

(3) 新闻工作问题。

这也是匈〈亚〉牙利问题之一，后来编党报都不干了，五中的学生都不要编党报，这个队伍如何训练与整编？

(4) 科学工作。

如何领导？对科学家要逐步改造，经过十五年差不多，不能太急。对待各种知识分子要有不同的政策。错误与正确分不清，党委不能怕，连谈话也不敢，全党要好好来抓一下。凡是党委去抓了就好了。中小学如地委、县委不抓，永远也搞不好，只靠省委的文教部是不行的。今年开头各级党务要抓，如不抓这些东西，社会主义就不可能有。思想战争中有知识分子问题，还是党委问题，不仅仅是宣传部的问题。康生同志讲话是这个意思。县委征粮也重要，农民也不能掉，叫花子打狗，已经有些经验。知识分子还没有抓，宣传部门有些怕，这五百万人一定要抓，不抓要变为匈〈亚〉牙利。宣传部什么事都管了，这个时节知识分子是一个关键，是一个新的问题。党委还不懂，从上到下都要学会。

(5) 分部问题。

大多省主张文教与宣传部分开，上海以前有五个部，由省市委自己去决定。

(6) 提纲问题。

还应好好修改与补充，有些措词不妥。“重温资本主义旧梦”，照北京市政治教员研究一下。

带回草案后，可以选择对自己有用的，可以重新写过，八、九月份内要搞好，半月内中央要发出去。

高教部决定教员学习时间，讨论提纲问题。

(7) 党校是否招生。

招生好处是集中学习，可以系统一点，不能一律不招生，不招也可以，干部中有右派分子与右倾思想，有一个党校右倾分子二分之一，(副科长以上)高级党校右派四五个人,二种人要开除,反党叛变,违法乱纪的。

(8) 高级干部学习。

停止一年,讨论提纲中问题有好处。根本问题要弄清。主要是哪一个阶级领导的问题。他们可以赞成社会主义,但反对领导。

工人、工商界、中小教员的学习要另外编,此提纲仅限于大学。

其他各界问题要简单一些。

下半年内理论教育处要抓这个问题。

(十) 整风问题。

(1) 毛的四阶段中(一)(二)阶段都要改,第三阶段专门来改正。目前有些问题不要说死,如反对党委制就是右派,不许办同人刊物等问题。反对 CP 领导学校是右派,反对党委制不一定是一右派。不注意,可能认为自己没有一点缺点,会脱离群众,右派会得势。改是一件大事件。改也有几方面:制度、政策、作风,麻烦的是制度与政策问题。

(2) 提高阶段学会观点,要自我提高,学文件,要学会几次战斗才能学会领导社会主义建设。要经过几个整风才能学会。

(3) 宣传部作风问题。

我们与苏联不同,参观团去了一下,办法不对,他们不抓思想,只搞四门提纲,宣传网,很事务性的工作。谁搞思想工作,是苏斯洛夫、谢比诺夫。我们要做思想的参谋机关,无所不包括,凡是思想都要搜集起来,提出问题,研究政策。

我们造成政治活泼的局面,省市有权提出问题;批评中央宣传部,直接由省市领导,各级宣传部要成为党委的参谋部,有许多事可以由党委决定。我们要下决心动脑筋,“合法的半独立王国”,许多事都下放了,如宣传网要不要,可以由各省决定,要几个部门由各省决定,汇报中宣部一下就行了。

同人报、记者证问题,要由中央宣传部讨论一下。

(文件编号:I78)

省委会议记录

1957年8月10日左右

江华：

（1）人民内部矛盾是一切问题的纲，主要是生产问题。知识分子为剥削阶级服务，不服气的，（反复辟——反右派斗争）对抗性与非抗性矛盾争论多，是教条主义。

现在愈乱愈好，乱中出英雄。南京大学党委书记生了软骨病，中央叫他离职休养，是好的同志。

“九三”收集了90%的不良分子，找不到左派，右倾情绪怕乱。

民主党派全省4 000多人，其中极右派与我们背道而驰。二条道路之争。

何柱国要以军人领导民革，“里应外合”，阵地一个个地夺取。马文本聚餐会五三年就实行，一致对我。有一些人要脱离人民，有太急之感，有党员去做桥梁。只有大右派才能整党“借东风”，政治观点上错误，不是因为有意见。

（2）什么是投降？“服了气，死了心”（唐生智），真正投降，不要幻想。假检讨不要信，极右派是不会投降的。

投降——揭露了事实以后，中间分子服了气，划线清了，才算投降。只要给以机会，他就会暴露，右派到处检讨，不要信。

怕乱：就是怕师范学院房子被烧掉。不打这一仗，就不能建设。不利用这个机会 搞清这些分子，有什么办法？英国看得准，中国有力量，才解放，美国现在才明白。

中间派是诚心帮助党整风的。反右派是要他改变立场，但不容易。反右派是争取阵地。办法：① 打通思想；② 大放大鸣，互相打通。

要相信群众不会造反，怕群众闹事。90%干部思想不通，就是指这一点。

“群众路线，实事求是，解决问题”是解决人民内部问题的办法。

整风要讲清：只放不收，边放边收，放中有收，收中有放，波浪式前进。要干到底，中间要休息，不能一口吃饱。拿出勇气与斗志出来，不要动摇。

（将来骨干要换一批，右派分子待遇上不歧视他，“夺帅”要紧。）犹豫，有些怕搞错，一个都不能错不可能。做结论要当心，不能有清规戒律，粗暴行为不要，论点要充分，以理服人。

各党委如有同志，还是犹豫，不能下决心，这是不对头了。

来不得温情主义，粗暴简单也来不得。追查组织就会产生〈迫〉逼。

什么组织，什么关系要他们内部揭发。

其次，斗争对象要有几种：要有言论与行动，单干或合作都有可能。〈要〉有言论没有行动[的]，只有一点言论（如中间偏右的）[的]，有的一贯有言论的，有的一贯不讲话，但是右派。民革某些人在这次没有讲，但是右的。他们有打手，放鸣中还是二阵后，还有幕后人。（如张震同）

如任铭善不是右派，那里去找右派分子？师范学院动动摇摇，舍不得离婚，党委通不过。宋云彬问题也如此。主席看了一篇文章，就肯[定]为右派。有一个老党员说要做一个桥梁，[说]浙江党内没有右倾思想，是靠不住的。对象找对了，就能打得狠。

决心要大，但要说，这是群众运动，难免偏，不要只说风流话，不要来做孔夫子。做结论时要慎重（助教以上），批评他没有错的。发动群众一揭，就明白了，我主张放手群众批评。中间动摇过的如李寿恒就可以批评，群众要批评，没有办法，不一定要划为右派。但要集中重点，这是说辩论。对群众不能清规戒律，不加帽子，说理。

边改边整要继续做，争取中间分子，打击右派的物质基础。

不断动员骨干与群众：已垮的要即整顿组织，好机会。采取形式，成立一种临时组织。如领导小组，暂不处理，叛变的应立即处理。党与团都应如此。这一个月要逐步地深入地发展，不断整顿组织。发动 M，切记不要包办代替。农村也要进行，从回忆对比来搞。

陈伟达：

（1）克服温情主义，要弄清论点，才有决心，思想阵地要辩论。联系本校实际情况，明确斗争的性质，很重要。目标是说服中间，狠狠批评右派论点。

（2）起义不容易，不改造，不会投降的。过早与右派谈话，是不解决问题的。

（3）要多抓中左、中中，不要先去找中右，右派没有打透，如师范学院，不要去搞中右。

（4）少讲一些，让右派多出来一些。

（5）排队问题：

第一，先排事实，后排人，从事件经过来排，如四个步骤，最混乱时是什么人？先锋先排，再找线索。把握不大的不排，第一批要打得准。党委不统一，勇气不大，唯恐搞错了。因分化要错，一口气排出来要出错，比例难定。

随时对材料，不对的迅速改正。

第二，找中右标准。

第三，找一个系搞清楚，或一个班。

（6）辩论问题：

论点是什么？每个人要定出来。二条道路是什么？任铭善主要论点是什么？

（7）党内思想右倾严重的，要及时调整。倒戈的有多少，没有报告。

（8）具体经验要总结一下，这一阶段总结很重要。

（9）组织问题。如师范学院，领导核心太忙，至少要有二三人研究问题，建立临时组织，掌握领导充实司令部，参谋部建立起来，如材料研究。

（文件编号：E113）

文艺界党员干部会议

1957 年 8 月 13 日

张子才：

郑伯永对狮子龙灯[舞]事去年沙省长主持的会议已经弄清，为什么还要提？

文联内部问题没有揭发，干部等级问题有问题的提拔，对王参如问题揭发很少，互相揭发少。

郑伯永脱离政治很久，会议不到，不研究党的方针，东海成为独立王国，建议：省委对文艺工作的成就要总结。

对黄源意见：

（1）不问政治倾向，很严重，特别关心自己的名利，用人方面不问政治，很强调文化与能力。干部政策不重视德才，看一篇文章就提出〈作〉做局长。越剧团长是黄自己公布的，没有讨论，报告中宣扬自己多，如《十五贯》，政治性内容少，民间木刻等讲得多，上演剧目，没有四十条内容，党组有争论，他不表示态度，放鸣期间看到文汇报一篇文章非常不高兴，[说]小学生"争鸣开了"。对右派的反共言论，无动于衷。只注意挖掘老人材，如魏其国，表现自己的功劳。

（2）自由主义姑息养奸，"西湖游览"讲的话要检讨，说林乎加是科长的领导作风，王顾明水平低，不能领导[文艺]，江华是不是一贯粗暴，为什么对下面讲？狮子龙灯事没有表示态度。

（3）郑伯永问题有责任，不是官僚主义问题，是因为他本人对文艺工作否定，他认为自己来了才有成就。反党活动自党代大会后有责任。在党代会议上提意见是可以的，陈学昭大发脾气，但在背后，特别是放鸣时期与民主党派在一起，对党批评，这是不允许的。对党的批评应采取什么态度？幸灾乐祸，是什么态度。借党外力量来反对党，进行宗派活动与坏分子一起，是政治上的错误，应当检讨。

施律（文化局副科长）：

对陈守川意见：他说："对整风有顾虑，不能解决问题怎样办？"现在拦腰砍，没有执行中央的方针，苦的是科处长一级，浙江整风趋势是这样。对中层领导整——拦腰砍。与右派意见相同。

他主张全部放，不要分批，放不放问题是要有领导进行，但他不同意，与右派意见相同。[把]鲁迅的硬骨头与歪风相混淆，他说“拿着乌纱帽来作斗争”，向上作斗争是为了什么？他认为领导上对他有许多迫害。

对人对事冷〈水水〉冰冰，陈守川与陈学昭的〈议〉言论一致，千难万难，向往中央，看不起省委。

对民间艺术问题，在大放大鸣时已存在这个问题，有些同志很激动把郑伯永抬得很高，一定要他当党代表。《光明日报》记者为什么知道龙灯事件？

越剧团问题陈守川要负责。

大规模的曲剧研究学院，文化局只管一些财务巡回团工作。对直属单位关系不好，要负责任。如艺术馆关系一直没有搞清，与有关行政科室没有关系，局长直接管，艺术馆把政治放在次要地位。

文化馆工作，陈、黄眼中很微小，随便训斥。

对黄源意见：

工作上起了一些作用，但成绩归功于个人，大放大鸣时为黄抱不平是有原因的，自认为百花齐放派，代表中央路线的执行者，省委是挡路的，使许多同志形成错觉。“卖老”，对王顾明如对待民主人士，很多问题只同陈守川商议。

个人申冤，又受右派分子的攻击。随便委托×××（特务）去组织歌舞团，救济国画，把文化局经费拨到文联。

忽视农村业余的文化工作，所谓“手工业方式”。

要文化科拿三分之二的力量搞文艺创作。

为政治服务兴趣不大，“花”、“家”调查为了什么？不明确。

党没有资格领导文艺，“为什么每一项工作都要党去插手”？

党员能写出《十五贯》吗？陈思飘飘然是黄造成的。

自己责任不检讨，推到别方面去了。

文化局分科问题，黄说如要请愿他带头。

文化局内消息外传很快，党内问题在群众中流传，如龙灯问题。

邵松林(文化局办公室主任):

(1)党组不团结问题。

从龙灯问题开始,一派不能代表文化艺术,一派能代表。王顾明反映了情况,一直发生意见,党组分成二派。

传达陈其通问题发生错误,因为林乎加气息相投。

(2)黄源在大会上流泪,同省委关系不好,伤心落泪。在整风小结时也哭,大家有疑问,右派进攻,另一种是他要把工作搞好,下面推不动。

(3)陈守川说"纱帽掼掉才讲话",一直这样,党代会上说的。文教部二个部长谁为主,宗派问题与郑伯永一样说法。

张长中(文艺干校副校长):

黄源对陈静应当了解,有麻木不仁,认敌为我的思想。如《十五贯》整理,只有他才行。黄不要陈静参加肃反学习,不要听报告,放在文化局写剧本。黄说:"靠陈静吃饭"、"下半年越剧团没有饭吃了"。部长称他为"老兄",我们称他为"反革命分子"。

黄要郑伯永担负肃反小组付组长,称为"常胜将军",有丰富经验。他没有经过省五人小组批准,由黄私自介绍去的。

黄对任宪章问题——一个人可以推翻党组决定。

文化局党组重业务轻政治现象:

如国际礼品被窃事没有追查,博物馆反动标语没有抓。说党员无用,对肃反干部说再不搞业务,要撤职,有许多干部不愿搞肃反。

陈守川说"周传英是活的党员标准"。

文化局内政治工作者遭打击,赵一鸣不要党员在影片公司工作,至今未处理。

捕于子三①的特务提了级,(艺术馆)越剧团不搞业务的反[而]提,搞肃反的降级,王子晖同意陈静参加越剧团当团委。

赵占鳌(话剧团团长):

话剧团不参加社会改造运动,陈、黄的意见。

---

① 中共烈士,1947年任浙江大学学生自治会主席,因发动学运被捕并被杀害。

文化形式与政治内容混淆起来。

说个人创办事业没有兴趣，个人出钱办事业，今后要鼓励。

黄源经常说：三个半人可以办刊物，现在要〈化〉花钱，由国家包办不能发挥积极性，党员不要包括，前后一致，类似办同人杂志。

《十五贯》演出后黄非常骄傲，态度粗暴，经常要撤掉人。

王子晖：

（1）对黄源意见——对党组同志看法有意见，下乡问题意见与陈守川一致。“王顾明有来头”。戏剧界协会不要排上党员，说上海如此，越剧团没有党的领导。

干部问题有宗派情绪，有无小集团，或有宗派不能下结论。

黄同朱友松关系不正常，歌颂黄源。没有经过人事部门介绍到文化局来。同任宪章关系不正常，个人决定调到群众艺术馆来工作，在整编中起了不良作用。

越剧团委成分不纯，姚水娟、朱友松、任显章任付团长，任用私人，一女票友介绍到苏昆剧团。

“放鸣派”对谷扩如讲，向省委提意见很积极，对自己批评不深，大力支持放鸣，歌颂的欢迎。

对木、王、杨有意见是对党的态度问题，对右派分子共鸣，用社会力量来反党是原则问题。

（2）陈守川——“浙江省的文化工作依靠谁”？他有元老思想，小宗派——音协刘雪庵评为高级知识分子，同黄一样有反党行为。

要伊兵调到浙江来工作（伊兵是右派）。

史中平（戏剧科）：

下面空气：黄部长受了委屈，责任在省委，什么原因？

王参如与黄源都有放火行为，要讨论文化局的方针问题，检查领导。（六月上旬）

打击党员，为了房子问题陈守川在会议上要向省委打官司。

陈冰：

（1）文化系统中有组织路线，右派分子反党天下，争取局部，挤走党员，影片公司姓周的是一个例子，调回来讨论。

（2）考验党员在阶级斗争中勇敢还是敏锐。

（文件编号：E114）

文艺干部会议

1957年8月14日

（批黄源——陈修良注）

王桂君（文化局总支）

迟云（浙江图书馆推广部主任）

顾殿碧（影片公司）

袁（办公室主任）：

（1）黄源说“党的干部政策是宗派主义”，是否从党代会后就都如此。

（2）不要党来干涉文化艺术，党是干行政事务——房子钱的问题。

（3）积极支持党外右派分子向党进攻——如上街请愿，拆墙不留线，会议上哭。

（4）在党代会时说：“国民党如打回浙江来，毫无疑问的要交代文化工作。”

（5）为什么反右派斗争不积极，在文联会议上连“反右派”二字都没有提。

叶（文艺干校）：

对黄源意见。

（1）为生产服务不重视。

（2）对政治干部看不起。

（3）县以下的文化工作不重视。

（文件编号：E114）

宣传部会议(政治教育问题)

1957 年 8 月 15 日

(1) 中等学校如何教?

(2) 机关干部中等学校如何搞,本省与本校化不明。

(3) 书目如何编?

(4) 本省研究一个提纲。

(5) 教育厅成立政治教育处。

(6) 发什么文件给政治教员。

(7) 宣传部如何帮助他们。

(8) 购资料的经费无着。

陈冰[①]**:**

(1) 各单位自己订出提纲。

(2) 宣传部做什么?

贯彻中宣部的指示精神,开一系会议,发一些指示,写社论,地市委如何安排。

(3) 政治教员。

机关靠党委、党组力量,省宣传部给他一些本钱。

包大明(文化局):

(1) 陈守川对王顾明说:“科处长不懂业务工作搞坏了。”

“文化局科处长不称职”。与黄源一样,即是党员搞坏了。

(2) 陈破坏党组集体领导,反对开扩大会议。

(3) 对黄源的意见。

文化科问题上街是什么问题。

1949 年黄说写信给侄子,要他哥哥卖地田,可以不扣地主帽子。

---

① 陈冰,1957 年 8 月从上海局调任浙江省委宣传部长,主持整风反右工作。

张英田(图书馆):

黄源、郑[伯永]、陈[守川]、王[参如]的共同点:

(1) 对省委造谣污蔑,讽刺打击,分裂党,分化党。

(2) 党的领导问题,不要党员是立场问题。

(3) 黄源与郑伯永关系没有讲"三条战线一个核心"。

意见:彻底交代,好好检讨。

张家谦(电影方面):

(1) 陈守训对李微冬与黄逸宾态度不好,省委派来的干部不要。对中级的干部,认为都不行,都要撤掉,仇视打击的态度。

(2) 想成立艺术局,自己想离开文化局,想脱离省委领导。

(3) 肃反时被审查很不满,消极,后来他代表党组来参加五人组织协会办讲座,对象机关主管人员,高等学校干校教员学习通讯对象——知识分子。

抓规划,检查——规划由机关党委搞;

理论教育处干部逐步集中,二三月之内完成。

目前集中搞大学问题:

(1) 开一个各大学的会议。

(2) 开一次政治教员会议,分组座谈一次。

(3) 然后再搞机关、中小学。

(4) 二星期搞清大字报情况,向部内做报告。

(5) 中学请刘亦夫先准备工作,提出方案。

(6) 机关先找文艺与新闻界,黄逸宾与于冠西负责。

(7) 开一个地市委宣传部长会议。

小组就主张"收兵",是对肃反不满。

对黄源意见:

(1) 对陈守川是一贯支持的,说陈七年来没有发言了,助长他的坏思想。

(2) 工作深入,在方然的妻子方面,如任显章等,专门抓业务干部,一谈几小时,对中层干部很少谈话,《十五贯》看了十三遍。肃反结束,政治干部灰溜溜的。

陈西斌(艺术馆长)：

去年党代会后与陈守川谈了三次话：

第一次：在党代会上提了许多意见，宣布会后个别谈话。陈守川谈党代会情况，他认为自己粗暴，对王顾明有意见，是省委派来监视的。

小圈子味道：

大放大鸣时谈：一个党员写信给中央，省委查谁在写。

党外的墙好拆，党内的墙难拆。

不安心问题，如留恋浙江只有二条，工作还熟悉，还有一个黄源。想当文艺处长。

我说王顾明只能当干部处长，文化低。

"门朝天开"，党内不敢说话，暗示党内有宗派。

对黄源意见：

我一向崇拜，认为省委压力大，教条主义，往往同情，对省委有意见，没有黄源，什么文化搞不起来，同情流泪。

王子晖：

宣传部反党头子是黄源，司令当后不够好，郑伯永不满意，下面是三股水，很浑浊，文化局内还有二派的斗争。

有人说："有党无派"这话不对，党员应当有派，左中右三条。

建议：撤掉领导小组的职务。

朱宝新(文联办公室主任)：

(1) 郑伯永检讨不彻底，对洪禹平关系不深不是事实。

在浙南时就有关系，洪禹平为什么拿五十元钱，别人三十元。

(2) 洪如何来当编辑的，七月〈分〉份又脱离了，根本没有去东海工作过，拿了薪水就走。你们关系如何不好呢?

(3) 洪禹平到杭州来企图是什么? 为什么要林希翎来?

(4) 黄源同意林希翎来浙江工作，"很好，很好，欢迎他来工作"。

(5) 洪禹平不是简单人物，反党集团要交代。

王参如说话"言不由衷"，到处为自己辩护。

何士旻(文化局节目办公室):

郑伯永问题：分裂党的活动，在政协时期内表现。

(1) 外行不能领导内外，我到沈静芳地方去，她很激动说，这样放鸣搞不好。党内问题到党外去说，问郑伯永可否谈，王参如与郑伯永都说都可以谈。

(2) 要她写稿反党。

(3) 任显章挑〈拔〉拨党群关系："浙江有二个体系"，林——杨——林，另一体系，黄——郑——陈——王参如，说文化局有陈、王二派。

(4) 这都是郭伯永讲的，放鸣派与不放派。

(5) 比内蒙还落后七八年——郑说。

(6) 西湖上黄源说："李家珍不懂业务，只能撤职。"

(7) 黄部长对《浙江日报》散布不满，王参如要大家贴大字报。

(8) 陈学昭到海宁问题，林乎加关照她，不要平均主义。

说要我们斗争她是完全歪曲的。她说：林乎加把她看为党内的民主人士，看不起她。

(9) 沈静芳泄漏肃反问题，王桂君对我有个人情绪，讨好。说文联的作风，"个性完全解放了"。

我听了陈修良同志的报告很好，坚决要学哲学，我没有听到这样的独立工作的同志。沈静方说："她在宣传部也是不得意的人。"她笑了一下，现在才知道是关系沙省长问题。

沈说杨[源时]部长对她很信任，杨的学问很浅，还是黄源好，他们提拔与打击的是些什么人？

沈利用我的思想模糊，作了导火线。

王参如:

批判能力不够：(1) 黄部长对郑伯永说："施律与王顾明一致。"他文艺观点也变了。(2) 郑要把王参如文章寄给中央政治局。(3) 郑伯永说东海的方针贯彻不下去，对林辰夫关系为什么拖不下去。为什么黄源对错误不批评。(4) 放鸣中听说黄绍雄"党政不分"，他还干过省主席。(5) 黄说：林希翎问题，"怪不得放鸣人家有顾虑"。看了参考消息后说的，说宋云彬是秘密党员。(6) 黄经常说浙江文化遗产，有很大影响，超过反映现实的东西。(7) 生活圈子要大一些，起码是糊涂，批判还是歌颂社会主义。(8) 邵荃麟来了后，黄说你也到下面去开座谈会。(9) “西方路”问题，陈守川很不满意批评。(10) 人事制度可以用招聘办法。(11) 陈学昭访问问题有些同意。

对陈修良同志怀疑，在黄部长[办]公室内谈《浣纱记》、《南柯梦》一二个剧本内容很好，可以研究一下，里面有什么思想，有没有附和自己的思想，是不是自己有所不满，处在什么地位。

（文件编号：E114）

各校宣教科长会议

1957 年 8 月 16 日

(1) 各学校教学政治问题有什么问题——提纲问题。

(2) 编书目,资料。

(3) 学会,组织。

① 政治教员没有时间来准备,师院也有同样问题。困难在于党委打右派,先编讨论提纲,抽一半时间。

② 师专只有四个人,三个右派,水平很低。美分院六人——要党委都去讲课,大家讨论。

③ 各系编大纲,各班也可讨论自己的问题。

④ 取消四门课,思想问题。

个人打算——出版社订合同,自己有打算,专题研究能否结合。

(5) 整顿队伍——

(6) 提纲如何与宣传部发生关系。

八月底交卷。

(7) 规划问题——一年内教完。

(8) 教师与学生分提纲——教师提纲由党委宣传部自核。

(9) 学会问题。

(文件编号:E114)

宣传部全体干部会议

1957 年 8 月 17 日

陈冰同志传达部委决定：

（1）认为贴大字报揭露不利于社会主义事业的倾向，完全支持这样的行动。宣传部工作人员不能展开斗争，否〈到〉则是没有灵魂。

大字报是好东西。

（2）揭黄、王的严重错误，是什么性质的问题？

是文艺工作上的现〈像〉象问题，这个问[题]在几次文艺座谈会已经发现了，陈修良、杨源时、黄[逸宾]同志都提出了这个问题，大是大非问题，不是一般工作问题的争论。

文艺方向与党的领导，党员与右派分子关系问题。

需要经过一场大辩论，才能弄清。希望踊跃参加。

（3）先由黄源检讨与交代，还有王参如。

在宣传部内进行，然后讨论，分组进行。

涉及文艺界以外的问题不谈，戒除局限在文艺座谈会上，王参如文章可以讨论。发起讨论，自由讨论。如干部问题也可以专题讨论。按照事实讨论，自然得出结论。

杨源时与张才帮助工作。

黄源：

错误是严重的，对我的批评竭诚欢迎，我的态度：面对错误，勇敢改正，错的认错，不错的希望同志支持，我是有软弱性的。

活动方面，也彻底交代，属于什么性质。向党交代。

要求一点：背后讲什么要整理，行动也要交代，尽可能来做，包括论点。

大字报有三十几条言行，《东海》发刊词，政协发言，都可检查，历次会议记录要求文艺处整理出来。

（文件编号：E114）

各校党委书记会议

1957年8月18日

吕志先：

今天主要检查各校问题。(1) 总结。(2) 改正如何进行。(3) 政治教育准备。(4) 建党。

焦梦晓：

目前尚未研究哪些应当改正。(1) 有些同志思想作风蜕化要处理批判。(2) 毕业生，助教，统一分配问题的改正。(3) 政治教育问题，非党同志先做工作。

刘丹：

……①

吕志先：

(1) 总结要分析各校的形势，中间分子是多数，二个多月来形势有什么变化。那些问题没有解决要继续讨论。总结要党委慎重讨论一下。根据毛的报告，要争取知识分子，思想斗争是长期的。骨干是打了一些，遗漏的很多，老右派还要斗，调动积极因素要重视。对下学期任务没有提出。

(2) 边整边改问题。

要做好准备工作，能办的应[立]即办，党内右派要解决。

(3) 党校去的干部，下学期没有任务，应长远搞下去。

帮助政治教员辩论。各校要领导他们，整风也参加，作为组成部分之一。

(4) 建党工作，分工排队，党员作对象工作。

---

① 原文缺。

（5）推动民主党派整风，党委要领导。

（6）老右派要戴上帽子。

（7）干部问题各校要研究调整。

（文件编号：E114）

话剧团会议

1957年8月19日

陈冰：

整风反右中暴露了许多问题，但不清楚，宣传部正在研究中。从暴露事实中看，文艺界中有原则性问题，大是大非要考虑，部委初步研究中觉得：所〈为〉谓大是大非是什么？

（1）党对文化艺术的领导问题。党能不能领导？有一种说法，从右派分子中说出来的，领导成了问题，有的说不能领导，因为不懂，是外行。戏剧界协会主席最好不要党员，以上海为例，消息不确。联系到浙江党领导有没有成绩，说科普没有党员所以工作搞好了。党没有管就好了。

（2）对七八年文化工作应有基本估计。有人说行政命令简单化、粗暴，不尊重民族遗产。党外有一个宋云彬，党内也有人这样说。狮子笼灯是典型，与艺术为政治服务的思想有抵触，狮子笼灯上贴标语，文化事业是衰退还是发展了。

（3）文化事业要依靠什么队伍？

依靠党内外忠实于社会主义的人，有内行与外行的。还是依靠政治上可怀疑的，特务分子等等。他们多是内行，会写剧本的也可以用的，要改造，但不能作为基本骨干。

转过来革命，经过历史证明，是可以的。如张云根可否当文化局局长？越剧团团长是姚水娟好不好？有些没有做，有些反对掉了，如张茵反对姚任团长，不反不得了。

这一些是路线问题，部委会认为是路线问题，不利于社会主义的。在整风反右中路线要清算。

也有另外性质问题，如作风教条主义等是执行路线中的错误与缺点，不是大是非问题。

人人要补课，（1）贴大字报。（2）座谈会，反映情况。（3）辩论会。

×××（党员）：

感想：事实愈来愈清楚，开始时模糊，以为是要向党提意见，别有用心的人是刽子手，把头砍掉，阴谋是大的。看到报上登的右派言论，觉得是对的，罗隆基要发展盟员，自己迷糊了。几年来 CP 已经无能为力了。从文化事业看，这个风吹到家里，《文汇报》起了不小作用。

有人说艺术上有宗派，企图打垮党的领导，听了以后也同情起来，经过几天争论，知道他们是否定的。

×××（导演）：

过去有许多意见不明确，批评“偏激”，“教条主义”不了解。有人说我团是“天之骄子”一团糟，没有成绩，各方面都有进步，过去只有气，成绩是否主要，今后可以解决了。

文化局对团的看法，要争论。

政治与艺术——剧目选择有分歧的意见的，为挣钱还是为了教育，有过争论，今年初话剧回演中有过争论。

如何对待政治不明确，剧本能不能演是次要的，要有政治内容是问题。

国营剧团弄得灰溜溜，一切否定了，总〈是的〉的是民间艺术与国营剧团应当如何看。

依靠谁？有人主张民主选举，想不通。

×××：

经过团的整顿，肃反是有进步的，艺术道路是对的。依靠谁？过去那一些坏人弄得团乌烟瘴气的。右派分子还是肃反对象。

×××：

政治与艺术关系，过去都学过，好像是懂的，在大放鸣中碰到具体问题就糊迷了。如看了“党天下”、“十二把交椅”觉得也对。

团内有人提出“自由结合，台上台下合得来”问题，他们是说因为过去运动中常斗争，合不来。他们说可以派辅导员来，不要成立支部，党员他们不要。

文化局有一张漫画，二个团在暖房中，外面是民间剧团，看了很生气。说文化局连二个剧团也没有搞好。

这不是对文化局提意见，是别有用意的。

他们不要新的演员，好的也说不好。

自由结合的演员名单，全部是盟员，盟章也拿来，他们说：“民盟有《光明日报》，也可以有一个光明剧团。”

他们提出计划，我们不能修正一个字，就是批准、签字。宣传上海“人艺”如何好。

他们准备成立“星火”集团。

施刚认为肃反动员报告是“以党代政”，责任要上面负责。

×××：

他们说：“我们新演员是一块木头，一块死肉。”华东会演没有得奖，情绪不好，他们说“吃大米，不如解散”，情绪很坏，上了一次当。

他们恨讲“社会主义演员道德”，请假制度问题，他们老等再一次整风，事实没有把老演员跑龙套。

×××：

制造分裂，排演终弄不好。他们在肃反后，工作就好办了，大家觉得团内温暖了。斗他们一下，我们就顺利了，他们一抬头就发生问题，不团结了。

剧评问题很大，如张云耕等掌握了，在他们手中就不行了。报上常常登他们文章。剧评家是右派，是一个问题。

他们把希望寄托在杭州话剧团，他们从中挑〈拔〉拨，希望成立一个新的剧团，否认浙江话剧团。

“企业化”口号企图要走资本主义道路，没有把企业化与社会主义结合起来，把思想弄糊涂了。我们如跟他们走，就要跑马道，走旧的道路。观众有旧的眼光，新旧交替中。我们如跟他们习惯走，也会走错道路。

他们说我们是形式主义，实际上是二条道路问题。依靠什么人问题很重要。

×××：

他们说：肃反是“惨无人道”，“要等你们的觉悟”，省委政策水平很低。

×××：

右派在大放大鸣前的情况：文化部规定三分之二为现代剧，后来就模糊了。

少用钱是对的，现代戏不重视，说观众只要看古装戏，为了企业化，现代戏不吃香。

杭州市文化局经营方针有问题，如演《顾阳钰》、《大劈棺》。

胜利戏团不要演话剧，杭州观众只有三万人。

陈冰：

（1）解决问题方法讲事实，说理。

（2）同杭州话剧团要团结，右派手法打一个，拉一个，揭他一下。

（文件编号：E114）

部委会、新闻、文艺、本部反右会报告

1957年8月22日

黄逸宾:

大约十余个人反右斗争似通非通,自己本身有些的或无问题的,江闻涛说博物馆没有右派。

艺术界有一种空气,有压力,吃不开,做政治工作吃不开,右倾情绪浓。赵殿敖认识到黄源是路线错误,他说:"文化界复杂,不要站在宗派立场上反右派,是非界线要分清楚。"对狮子笼灯事件认为批评是错误的。

陈惜水有类似情形,粗暴是经常的,没有听到检讨,承认在党外去讲是错的。

文化局小宗派要弄清楚,对黄源错误有认识问题。

(1) 黄源来以前有没有"百家齐放"? 林乎加是教条主义路线?

(2) 批评狮子笼灯对不对?

(3) 艺术特点是什么? 黄源怪省委不懂,说省委负责同志一看男女问题就不能上演。

在艺术特点的思想了,发展了一个剧本、一本书、一个曲可以吃一辈子。

艺术第一,锦标主义,艺术不要政治。黄源说:"狗官我不做。"独立王国思想,要房子,编制,文化第一,门部第一,个人第一,要求上街。打击面过宽,点名7%,过急情绪。

张才:

本部转得快,本来是整风,贴大字报,第二天一转,觉得很快,转得太突然,有些人恐慌如涂相禹,中间分子三十七人,中右十二人。平日有反党不满情绪的,右派二人。

反王参如很积极,对黄源不了解情况,现在收集材料中表明个人态度。

文联情况(袁):

曹、郑、洪、陈四人目标,分二步:

第一步,曹湘渠与洪禹平,第二步陈与郑。

从林希翎内问题开刀,洪是合作社,专案处理。

曹湘渠——调查各方面材料,戴帽子,内容不具体,去年党代会时已开始。

陈学昭——主要批评其态度,继续揭发与批判。

于冠西:

共七人,中间分子顾虑多,左派要把对党不满的都拿来斗,要求立〈撤〉撤右派分子,都想立即戴帽子。

思想问题与右派界限要明确几条。

陈冰:

斗争进展总的是健康的,查出一大批右派分子,二界(注:新闻界、文艺界)共有四十六人。高光与黄源的揭露教育很深,其次二界大是大非性质比较明确,根本问题有四:

(1) 新闻文艺要不要党的领导。

(2) 过去工作成绩有没有。

(3) 政治方向——还是ブロ方向,高光、黄源、谭克为代表。

(4) 依靠什么人来搞工作。

斗争可以变质:右派(1) 企图弄成宗派斗争。(2) 中间分子怀疑是宗派斗争。(3) 左派可能忘记自己的缺点,急躁。

不能忽视的问题:

(1) 新闻界的高潮已经过去,高光问题出显后情形变了。文艺界不是这样,六个人的斗争没有搞透。有的还是在准备,大的斗争还在后面,困难在哪里?

第一,中间分子比较大,艺术干部左派很少。

第二,温情主义还存在,部委也可以考虑一下。

(2) 文艺界右派有阳谋与阴谋,对阴谋抓得不够,如洪禹平问题。

(3) 群众发动不平衡。现在还在开始发动群众。

(4) 司令部不健全,人力少,工作慢。

下一步斗争意见:

(1) 继续批判党内温情主义,坚决、彻底、细致。

(2) 文艺新闻界一个个打,要彻底,特别是文艺。各单位可休息一下,准备好。

(3) 讲道理,排事实,有说服力,政治问题专案处理。

(4) 凡是登报的经省委,戴帽子经部委,各单位由司令小组控制,不要放在基层。

(5) 运动发展快的,扫尾,查漏。

(6) 不要先〈撒〉撤右派分子,组织处理不登报,黄逸滨暂时代理文化局工作。

(7) 改正工作。

(8) 成立一个办公室——成立反右派办公室,张、司、邹为主任。

排队——处以上干部,上报决定,核实,情况简报统一。

(文件编号:E114)

各高等学校政治教研室会议

1957 年 8 月 23 日

王玉重(师院干部):

政治教育问题:

(1) 分二类:启发性的大纲,正面批驳资料,提出问题。八月底编出来。另一个:类似讲稿大纲。九月中旬编出来,给教员参考,不给学生。但也可能发,等大辩论时发。

(2) 分四小组:

A. 右派资料收集组。遗漏的补上,而且要分类,按体系分类,将来发给同学。

B. 问题调查研究组。过去辩论过的问题,理解如何,解决程度如何,要求比较紧急。二种方式:通过党与团的负责人。开座谈会,找中间分子谈。

C. 批判资料组。

理论与实际材料的收集,做索引,内容摘要。

派了一部分下乡搜集(八个人),有一个计划。

党内反右过一个段落,到有关部门去调查,工商界与统战部编写第二类大纲。

D. 社会学资料收集组——把现有书籍整理起来。

(成立一个小组)

教学计划:(1) 时间〈按〉安排。(2) 教师队伍整顿。有的负责整理小组,党支书、团支书参加这个工作。

存在问题:

(1) 教师方面提纲谁搞,政治科力量不够,党委要抓。

民主党派要整风,统一领导下进行,如何结合进行,因此大纲还不能编。

(2) 一年级的同学如何教育,正面要多一些。基本原理多讲一些。新生大纲如何〈偏〉编,方法方式要研究。

对改革政治课的认识。

对改革都是赞成的,从三方面看:

(1) 继续进一步肃清右派影响有必要。

(2) 从社会影响看,整个国家右派对师生影响也应肃清。

(3) 从教学本身有必要。理论与实际结合,反教条主义倾向。

顾虑的方面:

(1) 资本少,信心不大,旧的知识少,如旧社会东西,新的知识也很少,缺乏斗争经验,有一些同志内心恐慌。可惜过去学的东西作用不大。

(2) 大辩论与过去不同,学生要反辩,在面子上过不去。

(3) 对自己进修与改革有矛盾,要求省里解决。

做博士,写著作计划要破产,这个思想还未扭转,在斗争中。

(4) 一年以后怎样办? 四门可能改为一门。

学生方面的顾虑:

可能一边倒,辩不起来,“多发言,不如少发言”,“言多必失”,“钓大鱼”政策。“先专后红”,民主自由,集中。

整风和社会主义教育的关系:

整风就是社会主义教育,须要说明一下。

浙大:

分三组:资料、调查、大纲组。

困难:(1)排课,每星期要四节。

(2) 师资问题,廿二人,只有十六人能用,立场上犯错误的,历史问题共计六人。

(3) 过去搞一行,现在都要搞有困难,政治经济学教师最困难,通才与专才发生矛盾。

(4) 党史教员——二三十年后不可能,都要有锻炼的有困难。

医学院——

按六个专题收集问题,昨天已[经]开始。

分成几个组,编写大纲抽出几人。

中共党史对非党员情绪有变化。

能辩论者少,肃反中有问题的有情绪,历史不清的,思想不好,男女关系混乱的党委要调整,去掉三四人,剩下的水平不高,能辅导的五六人(现共有十七人，内见习助教五人），资料员二人。

教师大纲不能搞。

农学院：

（1）收集资料，廿七八才能完成，反动言论先汇集，正面言论做索引[长]。

（2）订计划，编讲稿，分四部分。

A. 总的要求，学生中着重民主自由平等，工人中解决平均主义（二百人左右），教师解决为谁服务问题，党的领导问题，新老教师关系问题。

B. 讨论、讲课、参观，讲课与讨论三与一之比，每周六小时，工人时间另排。

进度七个问题。

师专：六个教员，现在四人，没有讲过课。资料工作也没有。

美术分院：

六个人，一个在人大，现有四人，团员三人，党员一人，没有正式开课的教师（一个团员讲革命史），请外面的人来讲。三人都是刚毕业生，党员一人，过去没有搞过理论工作。

现在准备：把论点排队，二天可以搞好，在大辩论中编提纲，党校去了三人。

理论占多少？是不是要有处理，不清楚。

陈冰：

（1）政治课改变要引起一系〈律〉列问题，初步接触到了一些。

各种问题可提到省委工作委员会讨论。

（2）几个具体问题：

① 准备开课工作，教学大纲如何编写法。

第一，按中央大纲，人大有十二条大纲。

第二，不适用的不要，第三部分不动。

第三，完全从本校出发，全校有提纲，各系自编。

个人意见根据各校编法好一些。

定初稿，各系自由编，教师讲稿不发给学生，随时改变。

② 谁去讲课。

队伍不纯，水平不高。

原则上依靠党委领导，全党动手来搞，党员校长都要讲。

凡是能讲的都去讲——宣传员作用。

北大成立办公室在常委下进行，成立“社会主义思想教育委员会”，下设小组。

政治教师——边打边建，能参加的参加辩论，马上进行组织调整，要有一个计划，需要多少，要〈那〉哪些人，省委要派多少。研究会发起人名单由各校提出，帮助上课，宣传部负责抓这一问题。

政治课时间要延长——人大每周一天。

（文件编号：E114）

宣传部全体干部会议

1957 年 8 月 23 日

（王参如检查与交代——陈修良注）

（1）强调困难，否定成绩。

（2）向省委要钱、要人。

（3）向党疯狂的进攻，内外夹攻的炮手，不顾内外。

原因：

（1）知识问题提出后，重业务，轻政治，专门化思想。

（2）不懂文艺不能领导文艺，受了右派分子的影响。

“不懂不能装懂”，在党代会上接受这个思想。

（3）支持郑伯永“根本问题是领导”——黄源说的，有影响，要钱、要人、要纸、要房子。

（4）“二百”的理解是片面的，认为“反革命分子不多了”，“官僚主义不克服损失大”，“不怕片面”——接受了这一些，另一方面的没有考虑。

（5）邵荃麟的话也受了影响，他说：“你还有顾虑吗？”对放的问题有影响。

（6）官僚主义与文艺联系在一起，对党愈加不满。

知识为了什么，做好工作为了什么？“做耳目”，消极态度，没有为“文艺工作”的态度。

如何为工农兵服务，因为批评了公式化概念后模糊了，更由于自己胆怯。知识不够，不敢谈艺术性，也不敢谈政治性了。爱憎不明，实际上失去了能力。

“身不由己”去犯错误。

自由主义，党内外不分，纪律上犯错误。

克服了个人名位思想，沾沾自喜，骄傲起来，轻松，扬扬自得，自以为比领导上能接受“二百”方针。到六月还是如此。大学闹事时，还以为是正确的，埋怨领导为什么不早对大家说，反革命暴露不够，领导上失策，失去时机。

孤立对待文艺工作，看不到方向与发展，形而上学观点。马列主义学习不好，一年来没有看过书。

对右派斗争态度：

抱认错消极态度。七月中才知道“帮凶”，立场问题；八月初才知道是反党，路线方向问题。

和沈静方谈话：她说是摸底，要办有顾虑，肃反对象是不好的，担心难解难分。

工作压力——困难，是直接造成错误的原因，文联更成问题，钱、纸、房子。

别人对省委的批评很有影响，郑伯永要哭，我也觉瘫痪可惜。

没有小辫子，没有温情主义，可以揭发。文联主要骨干工作上有接触，党代会后很少与他们来往，敢于担保没有辫子。

斗郑伯永，自己开脱了。也没有攻守同盟关系。

对黄源意见：

我批评了黄源藐视省委书记（非大学生），他很有味道，他推崇《阿Q正传》，其中的洋秀才，暗示省委。

西方路问题不满，教条主义不是一个人问题。

“不要主力军，只要游击队”，“拿着个破碗讨饭”。

他有意识拉弄一批人，我是接受他的指示，我起草东西他不要。

我反感他说“浙江遗产的吹嘘”。

我对西方案不感兴趣。

党代会议上拟出一个提案，要签名请陈修良当部长，他不签名，要成立一个文艺机构。

（文件编号：E114）

本部全体干部会议

1957 年 8 月 24 日

（批判王参如——陈修良注）

畦中：

对王参如发言的批判：

（1）文联像裴多菲俱乐部[部]是一般问题吗？王参如对三个问题都是否定的，家长式领导，否定成绩，道路ブル是的。

（2）你是大将，自己责任推的一干二净，比党还英明？

（3）继续救火。以攻为守，继续放火。

林鸦冬：

（1）继续要花招与曹湘渠一样，省委〈迫〉逼成他为右派分子，因为问题不解决，像疯子一样进攻。

（2）省委水平很低，比他还不如。

（3）他对黄源是开脱，“糊涂”。

（4）王参如的态度三部曲，谁是正确的？把自己说得像一朵花，文艺反党小圈子问题采取过关态度，争取温情主义者。

“拆墙不留界”问题，王参如对民主如何看？

（5）文艺座谈会上与黄源唱双簧。

林蕙兰：

要求王参如再作检讨，不要扯，我被他打击报复。

（1）态度恶劣，放鸣时日夜写文章反党。

文艺座谈会谈话，是郑伯永与你二人鼓动起来〈人〉的。

为什么说出党的宣传会议的事，代表怎样选举出的。

你同陈学昭一样叫“文艺界不重视文艺干部”。

王对沈静芳说：

“你一个党员，灵魂要纯洁，不要为了自己要推责，不要乱说，你对我的怀疑是什么?”特别注意沈找部长谈话，华人秀也怕。

同曹湘渠一样当作正面人物，学了他，廿五条谁也不懂，你不同意郑伯永的意见。

李尚贤：

（去年九月）。

肖品先：

陈翰伯来杭的调查会上，王参如汇报：

“二百”方针浙江省根本没有动，浙江省有宗派主义，遗产很多，党代会上关于狮子龙灯的事。

反党早已开始了。

党代会议上已有反党集团——陈学昭一篇文章，王说“你有意见批评好了”。当时不了解，现在知道早已有集团。

李良琛(党委)：

检讨毫无诚意。黄源很欣赏他。

单庆云(理论教育处)：

他没有思想，“心不由己”犯错误，不是事实。

陈彭年——要求揭发事实，立场要站好。

王关明——阴谋，大帽子没有事实，他有肃反经验。

戴昭驹——反党集团早已形成“猫”，[说]“省委破坏民主”，“省委权力掌握在他们手里太危险”，“会议开不下去，[请来]谭震林是救命菩萨”。

陆和森：

省委不重视文艺所以不满，“对官僚主义不满”，具体事推出去，根本没有承认错误。

整风“一箭双雕”，他有先见之明。

汪耀辉：

《东海》经费为什么不讲多，出版社合并为什么不同意？

明华（干部处）：

工作两年多，工作无制度。对文教部意见，党代会上文艺小组[搞]宗派活动，咬牙切齿的恨，个别处长受了影响，要求停〈止〉职交代。

姚全瑾：

“拆墙不留界”是瓦解党的口号，他是叛徒。

匈〈亚〉牙利事件发生后，又有人要上街，王参如去做报告。

朱蕙芳：

向王参如提出的问题：

（1）文艺座谈说“我是党员处长，不好说，如要说一天也谈不完”，是挑〈拔〉拨与“不留界”。

（2）宋云彬没有参加省宣传会议事，黄源、王参如为什么不申明？

（3）陈翰伯来时，王参如汇报说有宗派，是指什么（去年九月）。

（4）郑伯永与宣传部闹房子事，王也参加了的，造谣生事，要交代是什么阴谋？

陈在宣传部会议上谈。

（文件编号：E114）

各大学书记会议

1957年8月26日

师院魏有功：

解决党内右派反右倾情绪，突出问题要解决，（九月五日前）党内有五个右派，5%。

（1）对某领导人有意见与反党要有区别，没有煽动群众，反对党的方针不同。

（2）一时动摇，举手反对考政治课，不算右派。

（3）处理问题，政策不大明确，宽与严的问题。丧失立场的，如不满肃反，贴大字报的，有几十人如何办？

焦梦晓：

中间分子还有顾虑，信赖党的问题，有人说民主党派不能领[导]，好像是勉强不得已的，为什么要党领导学校？对具体的人有意见。

党内宗派主义，思想不健康情况很严重，朋友比组织关系好，评头评脚，流言蜚语多。

大辩论问题：

（1）提纲。

（2）领导问题——马列主义教研室，作用，以党团系统为主，成立领导小组，或者以总支为单位。

（3）大辩论与整风。

（4）计划与提纲在准备中。

刘丹：

反右斗争还很紧张，主要是民盟问题，党内已开始。

（1）争取中间是关键，右派没有斗的：十三人教职员，学生六人。巩固领导——主要是改正工作，系里都要找总支领导。

（2）政治教育。

教师七百多人，还有职工，党委挑担子。

学生廿四大班，教学力量不够。

每星期三节课，能否讲完是问题。

(3) 党内整风如何搞？还要反右派，如何搞法？

(4) 改正工作难——总务与人事搞不起来。

教辅人员问题多。浙大二百多，医学院七十人，师院二三十人。

(5) 留校考查如何搞？

浙医林尧：

各班级根据自己的右派论点进行辩论，反对派要长期争论。

铁托为什么称同志，马列主义可以不同解释，因此不能称为右派。修正主义是什么？〈兔〉狐死〈狐〉兔悲，怕与消极。

每一战场少指挥员。

严重问题是赫鲁晓夫去波兰。(2 小时下不得飞机)那里来的消息。

吕志先：

(1) 党内反右派在九月五日前结束，党内共鸣的有思想包袱，检查一下自己的立场观点，不要强调处理，根据主席指示办。立场模糊偶犯错误的当作教训处理，坚持错误的要考虑，二星期内集中搞党内检讨。二星期内搞党内右派，他们还要参加辩论。

作风问题，违法乱纪的要处理。

集中一些问题讨论。

(2) 了解中间份子问题。

改正工作做什么？政治教育内容。

(3) 大辩论问题。

基本上同意宣传部陈修良同志的意见，提纲按各校情况编，题目要活，政治教要收集材料，每周讨论几个问题，反右派与教学工作两不误。

群众路线——即是学生又是先生，我们也参加，组织积极分子由学生先生去讲。

(4) 党的整风如何办？

各校自己提出计划。

（文件编号：E114）

宣传部干部会议(王参如问题讨论)

1957年8月26日

“家”与“官”,做革命工作都是做官,自己想做官,说领导是做官。把领导比做白鹅,摇摇摆摆,不懂装懂,唯唯诺诺。

要粮食不要文化。

小集团问题——不是接触多少,而是你们言行一致。浙江环境很坏,省委不支持文艺。

整风计划,“整人不整己”,陈守川说是“拦腰砍”。

文艺特殊性与郑伯永一致,人也有特殊。

文艺技巧为主,政治不问也是共同的。

闹婚姻问题,等级问题,没有个人主义。

绝对民主主义思想——二个部合并后,王提了一次意见,说不民主。

对党不虚心,对右派分子虚心。

干部政策同黄源一样,要陈山、曹湘渠——(杨凤香)。

对新干部不重视。对国民党的文化干部很重视。

“用泰山石压”,比葛佩琦还凶。

党的领导问题——“领导方法不好,即使有马列主义也不能领导”。

省委省政府只要麦子,不要其他东西,否定一切成绩。

音协筹委会名单问题。王参如把党员勾掉了,孟帆舟是专职干部,其他人根本不研究。国民党团歌作家要他参加,“如是反革命要公安局抓好了”。“林辰夫顽固不化”,部内问题全部告诉了郑伯永。推开各协,文联只留下一个《东海》与文协力。

“政治上瞎子,业务上盖子。”

文艺座谈会名单是王确定的。

(文件编号:E115)

干部会议

1957年8月28日

王参如：

去年春因工作调动对杨[源时]不满，不信任，不愿干办公室主任，要我去浙大，以为不要我。调文艺处时的思想。

党代会时说他有裙带关系，有火药气。名单问题，杨说："你同俞仲武比接近我要接近"。

听郑伯永说："对杨的鉴定"三次自己修改有什么意见。王健英同我谈，都说他"品质恶劣"，有报复，说"你对人不尊重"。

文艺小组分二帮，不满。

会后又提杨的意见，有否定成绩态度，"不务正业"，担心杨报复，郑、陈都如此。他们指望稿费吃饭，在此心情下写了"孔雀"的文章，猫头鹰报复了。

说江华态度不好，民主作风不够，提省委意见，向党进攻，"省委没有领导机关党委"。

陈守川说省委不懂不要装懂，我说："只要虚心"，"有些人像万金油，更落伍"，"工作不一步步深入按部就班"，"剧团基础不巩[固]，跟任务走"。浙江文化干部调动多，文教不强，文化局内部互相不服气。

我也说过"不要做官"，"学一门，做一行"，"打破地位观念"，"君子无本"。

关于文艺出版社问题："不赔钱了，才能不贴。"林辰夫肃反后有报〈服〉复情绪，林说他也受打击，我当教授去。

听说"宋云彬是秘密党员"，要黄部长不当文化局长，说过"不能靠党员牌子吃饭，如按招聘办法，许多人不能工作"。

同郑、黄研究过出版社办法。赞同黄源的意见。

《东海》杂志利用社会力量，业余写，经费可以节约。研究过编制问题，我站在中间地位。黄说要人少，郑要人多。

各协民办问题：黄说人家不会反CP，人家懂，可以让他们办党组，由会员组成，放手让群众办，才不是宗派，负责人不一定放上去。

对部的合并有不同意见，不合也能加强。

5月1日文艺座谈会，我答应陈冰可以发言，对文联同志谈过：找几个路子，报刊处也可以找谈话。

文化局整风时，名单问题黄要我参加。我说不要急，不愿去参加，黄一定要我去。因此就去划船。上岸时听说："林乎加像科长办法领导"，"主要是教条主义问题"。

4月中宣部会议后，我说"弯弯转了不小"，黄说："悔不当初。"我说："领导上思想上不准备放。"

我说："听了毛的报告，积极一些会说是翘尾巴，不然也不好，还是多检讨自己，担子多挑一些"。"这样多意见，领导上也不看一看"。

对宣传部会议意见：

邵荃麟说："第一次会也是最后一次会。"问黄源怎样，我说："他也没有办法。"

文艺房子问题：林辰夫来告诉我，我说"可不可以搞"，他说"没有问题"。

我没有区别反党与意见，所以混淆，把事实记下来，所以要申明，大是大非与小是小非还要划清。

问题——会议主席提出的

（1）一年多来反党事实（到文艺处后）

（2）与小集团关系，与黄、陈、郑的关系，言语一致。

（3）为什么与社会上反动势力结合，有什么个人野心。揭发黄、郑问题，会后努力方向。

王参如：

写文章都是反党的，为什么？

林雅冬：

（1）郑伯永的话是王参如一个调子，是你讲的。

（2）党代会议后，对杨部长态度："文教部可有可无"，一口否定"这一派那一派，文艺小组有宗派"，是什么问题。

（3）怀疑宋云彬是不是右派分子与郑伯永一样。宋在北京给郑伯永一封信，陈学昭、郑伯永、曹湘渠密谈要不要表示态度，要交代清楚。

（4）要求省委表示态度，如房子问题，已迁出，还要表示什么态度？

张少庵：

排挤肖明，要非党干部去领导，干部路线上是一贯的。

今天还是站在反党立场。

胡国枢：

……①

汪耀辉：

反党的根源是什么？是阴谋，有组织的，有意识的。如否定一切，谩骂省委，取消党对文艺工作的领导，人事工作要聘请，到处放火，小宗派活动。

陈斌：

第一次交代是继续进攻，第二是玩花样，混淆不清。他很怕承认小集团问题，如同人刊物、不要党员参加音协。一个报告也找不到了。

文联编辑部会议支持郑伯永是小集团活动。

陈守川与王顾明问题，只字不提，为什么？

田谷人：

（1）对领导人提意见，大家都是反社会主义。

（2）同黄源勾搭，下乡工作组在金华时说："要回去参加青年工作者会议。"

高又辛：

文章是反党纲领。

通过文艺处向省委提意见，执行反党小集团的意见。拒绝反右运动——王说："有水平的有觉悟写文章。"

---

① 原文缺。

何瑞姑：

不参加部务会议，宣传部房子问题，丑化宣传部，王参如为什么不提意见，搞到党外为什么？

中小学政治教育问题

（1）中学教师长期没有管，如何着手。各级党委要求宣传部搞农[redacted]。

（2）中学生下学期搞什么？

（3）要求发提纲。

（4）教师许多不看报，连什么是右派也不知道，如何辩法。

（5）宁波市准备中学教师辩论半年，小[学]教师学习。高中学生对中学生进行正面教育，重点的进行辩论。师专集中地搞一下，正面教育与辩论。

（6）反右斗争尚未结束，问题集中尚有困难。

（7）中小政治教育工作今后属谁管理？教育党与宣传部如何搞。

（8）宁波市中学反右只搞了10余天，思想上不深不透。

8月21日开始训练骨干，9月5日结束，师专学生尚未搞。小学教师放在寒假。

（9）右派教师如何办？开学了，是否上课，文史特别多。

（文件编号：E115）

大字报摘抄

1957年8月28日

阶级斗争已经消灭了?

八大教材:

"这是一场翻天覆地的斗争,在这一场斗争中,一切反革命的阶级和集团,都是极端仇恨CP,都想尽一切办法来消灭我们的——党。因此我们的党要获得生存发展并且为战胜一切敌人,就只有团结全体人民群众,首先要有党的团结。"

陈批示:"这在目前阶段已失去了决定意义。"

眭中,卸超

向科学进军为何不对?

① 陈说这个口号不对。(八大教材)

② 在〈加〉嘉兴看到《地球星球画报》,陈说:地球问题解决不了,还要去征服地球?

陈敏

你为什么[对]反对宗派主义有兴趣

去年电台请你讲一课,你说:"我对宗派主义最有兴趣,我来讲。"而讲稿中主要讲党内宗派主义。你曾对曹湘渠说:"中国革命几十年过去不知有多少同志牺牲在斯大林错误路线下。过去党内残酷的宗派斗争,杀了不少革命同志,像我自己,都有几次被告杀头的危险。"

你为什么说:(对陈学昭)"沙和我自己在做审查。"

右派分子陈学昭揭发

去年你和你的女儿一道去看他,在谈话中你对陈说:"谁支持你(指陈的创作),不过是作家协会支持你。"

又说:"你是没有办法的"。"现在是夫贵妻荣。"又一次说:"头上有乌云。"

胡瑞姑

董太〈和〉龢是浙大右派，他的文章为什么报纸杂志发表？

（六月上旬，省委决定右派言论原文登载。记者问我，要不要改，我说不改他的）

沈练之（还是沈镜如）为什么对他说：没有划你"右派"，你可以讲？

有一天我们陈部长办公室研究各大学右派论点时，她说："像施有光是个典型的中间分子，他到处谈的是一些肃反时被没收了收音机长期未还……"施是浙农的右派骨干，当时院虽未排队，但他问题很明显，不知陈根据什么讲[施是]中间分子。（刘丹在领导小组会上讲的）

不能升学的毕业生尽可能动员参加农业生产，是中央对毕业生的问题方针，但陈在思想上有抵触，表现不积极贯彻这个方针，还在一次会上说："我女儿是不让她到农村去的，我宁可请家庭教师。"并对唐文清同志说："你也会同意的是吗？"这些话对参加会议的同志影响很坏。

强调城市学生不要闹事，能安心自学就行。在今年5—6月间毕业生问题很紧张，[陈]一再表示要闹也没办法，并批评我们怕闹事思想不对。这些曾造成几个部门管理这方面工作同志的思想混乱。刘景善、张扩夫都是有意见的。

七月上旬浙江高教招生委员会反映了应届高中毕业生的思想情况，并请示几个问题，我们整理了书面，送陈批示。她一看标题就大叫："这是那个处搞的，这怎么行！"把材料丢到桌上说："教育所处理。"我解释牵涉到大专学校反右斗争而迟放假有关，我想这样她总得解决，但还是不行，只好汇报处长，处长亲自找她才解决。我想一个干部就这样难接近部长，请示工作非得处长不可？这对干部工作积极性是个打击。

自55年来，本省各高等学校教师就纷纷要求省委举办马列主义业余大学（或夜大学），去年中央提出知识分子问题后，这种要求更为普遍。处里曾写过不少次计划、方案意见，去年部里还派了钟儒、徐畹华去上海了解情况，吸收经验，准备向省委报告筹办夜大学。但是，事情后来遇到了困难。据了解部里主要[是]陈不同意。她说："办夜大学问题她在上海有经验，办不好，因为教授要坐汽车到市中心去听课。有一次一个教师腿都跌断了，办不得。"由于她坚决不同意，这件事就搁下来了，结果引起了高校教师对省委有意见，认为省委对他们的政治学习不关心，连一个夜大学都不肯办。我认为在这个问题上，陈表现了严重的主观主义。“上海夜大学办不好，听课时曾有人腿跌断”，为什么就可断定浙江一定办不好呢？如果说浙江办不好，可以听一听下面汇报，了解具体情况再提意见。

碰到的是什么钉子，写的是什么诗：

① 有一次对眭中同志说：“我这个人倒霉一辈子，碰到一辈子的钉子！”

② [陈]今年三月去〈加〉嘉兴曾写了几首诗，诗的内容很消沉。有一天闲谈中，殷莹俊同志说写诗总是在心情愉快的时候才能写出好诗，陈讲：“不一定，我有些好诗，就是在不高兴的时候写的。不过这些诗不能拿出来，给人家看不好。”

对苏联为何如此反感？

陈在谈到苏联问题时，曾不止一次地说：“苏联同志是永远不会了解我们的，过去不承认我们能和平改造，这次米高扬来承认了，但对肃反还是有保留态度。”他还提醒我们要注意镇压反革命分子的活动。

对苏联的肃反、保密工作她很反感，有一次说：“苏联的肃反使许多人人头落地。51 年我们（指组织工作代表团）在去莫斯科红场时，要进行五道检查，我就不习惯。”

在八大文件学习班开学典礼上，她曾说：“中国的比资本主义国家的工人还要进步。”

去年海宁开党代会期间，对张少菴说：“我小时只爱看书，反对家里打麻将，反对的家庭生活，搞组织工作的同志，就是不了解家庭出身不好的干部是反对家庭的。”

一次在湖州，陈斌同志去湖州一中了解发现有学生写反动诗，并有许多人同情，问题很严重。陈部长听了以后并未引起注意，却叫我们打扑克牌。

陈部长在工作中经常叫忙、叫苦，可是她出差到宁波、〈加〉嘉兴时却游山玩水，坐了宁波的据说是唯一的小汽车，玩了育王寺，又买了舟山地图。借到舟山去了解情况之名，打算去玩普陀。在〈加〉嘉兴、湖州时也是常常参观工厂、看看文物，晚上不是看戏就是写作，对工作过问不多。

对部委要求

陈修良副部长去自本部大鸣大放后就住院去了，我们大家对她所提出的意见，她始终未直接听到和看到，我们要求部委再派人去看望她。如果说病并不十分严重的话，可否回部听听意见，看看大字报，积极地参加学习。

57.8.28 中午抄

（文件编号：J27）

关于文教工作的几则笔记

1957年8月

一、学会如何组织？辅导问题。

二、大学一年级学生提纲。

三、教师方面提纲。

四、中等专业学校归谁管？市委或者省宣传部管？

五、中等学校。

六、干部学校要不要解散？还是留些整风。

七、……[①]

中等学校问题

1. 在地市委宣传部长会议，各级宣传部帮助教师借课问题。

2. 提纲由教育厅编，参考资料由厂发。

省宣传部如何帮助？

初三以下一个。

初三以上一个。

教育厅开全省政治教员会议一次。

建立中学政治教研组。

九级党委经常做报告。

组织教师社会活动——培养。

中学教师的改造问题

一、在反右与肃反基础上讨论若干问题。

二、中小教师学一年，每人写一个心得。

三、反右派斗争——五个县已开始，有的已结合。

中学工作谁管？部内分工问题。

---

① 原文缺。

一、要编几套——也许可以克服，鸣放政策继续贯彻。

（一）大学生，一年级学生：不是部门教成熟的东西，困难就少了。

（二）教职员：理论值多少？——理论是从实际抽出来的，没有固定不变的。

（三）工友：……[①]

二、教师学习提纲，要后一步搞，如何搞由党委决定。

因为还要整风，现在反右，整反主要收集材料，重点在教师。

三、先考教师——经验积累：边写边教，教员学生、党与非党，一齐来。

教材提纲——可先简单一些，要看情况逐步增加，针对现实，同过去教法不同，多讨论少讲，教员学生一齐来，共鸣地方很不少。

教师对学生思想调查很重要，计划不能死，要随时改，现在是总定过去的材料，还有新的问题。

四、协会问题——专门研究一下，理论处负责。是不是各校来一人？

五、各系建立社会主义政治教育小组，继续改造思想。

六、时间应延长。

（文件编号：I47）

① 原文缺。

关于下学期政治教育问题[①]

1957 年 8 月

（一）问题的提出——中宣部最近召开一个会议要改变政治教育的内容与方式，下学期停教四门课，以驳斥右派理论为主，进行社会主义教育与大辩论，高教部的指示也快要来，现在提出几个问题和大家商量，以便积极准备。

为什么要这样教？

反右派斗争是二条路线的斗争，给我们深刻具体的政治教育，但是右派分子的思想论点，需要彻底地继续批判，在群众中消毒，才能彻底胜利。也是理论与实际结合的具体执行。理论与实际联系的教育方针的具体运用，例如说："没有 CP 就没有中国"这一个概念就要用事实证明。

如谈平等问题——首先要谈明事实，如右派向工农开门，实际上工农子弟只占 20%，理论上要说明历史上与ブロ根本不平等，工农子弟水平低是历史造成的，不是天生成的智愚不同。"天赋人权"要驳，只有阶级的不平等，不是一般的人权问题，要谈"叛徒考茨基"、"国家与革命"。

如谈"外行不能领导内行"——"百行"实行"二行"，即与ブロ的二行。办学校是外行，办社会主义大学是比较内外，他们是外行。自然科学是外行，我们要虚心学好。

（二）过去政治教育成绩缺点是什么？

（1）四门课教育的设置是改造旧知识分子的一个重要步骤。初步打下了马列主义的思想基础，对政治知识分子培养青年的社会主义思想起了一定作用。要求"系统学习马列主义的思想体系，研究经典著作"的方针是对的。

（2）理论队伍的逐步形成——全国现有一万五千人左右，在反右中基本上是好的，只有清华特殊，四十多人中有四个是好的。

缺点是什么？

（1）教条主义倾向很严重——所谓"系统学习"看为读四本书，背诵讲稿，这个系统是从教研出发的，如有人把自己讲稿看为"经典著作"，毛主席报告作

---

① 此演讲面向各大学理论教员。

为参考，抱着“经典著作”不放。毛病在于实际与客观现实。教学工作主要是不重视四个方面：——不认识这是社会主义革命的时代，忘记了当前阶级斗争是什么情况中，忽视宣传党的任务，对学生的思想情况与家庭经济背景没有调查研究。只教书不教人是脱离实际的教条主义倾向。这一点要与右派分子有根本不同，他们是说“马列主义是九十九家之一家，百家争鸣，不要马列主义作为普遍真理”（沈镜如），“马列主义等搞教条”，“已经过时了”。

他们利用了我们的缺点，把马列主义重大价值降低了，利用“百家争鸣”方针，企图恢复社会学。

（2）教学内容有问题。

教什么？一律化，一个提纲全国通用，全面化的片面性，抽象概念化。他认为是全面的，干燥无味，不看当时当地政治问题，来教育，批判少，正面教育多，战斗性政治性不强。

批判过去的死人多，活人真事少，如讲哲学的批判黑格尔、康德……

（3）教学方式方法有问题。

重讲课不重视讨论，灌输多于启发。“百家争鸣”在教学中没有认真贯彻。旧社会也可以辩论，为什么现在反而只能“先生讲学生听”。

如前清考秀才要做策论，“东莱博议”就是反面文章。学生独立思考很少，辩论少，思想混乱，如果早如此做了，这次反右斗争中就不至于如此混乱。

（4）考试方法不好。

考试很主要，过去有重记忆、背书背笔记的倾向，如天主教徒考唯物论得五分。过去我们对付“党义”也是背三大主义。

考试主要先考教师，不是考学生。现在考记忆是教条主义，马列主义的阶级斗争理论不能这样考，如考“对反右斗争的体会”林希翎一定考不出。

学期结束后要考，可以出题目，要学生写论文。

造成教条主义的原因：第一，领导思想上有教条主义倾向，过分强调片面的系统比——如讲哲学，就讲序言，什么是物质，物质与意识……完全按苏联教科书学。经济与中共史也如此。对理论教员缺少具体的政治思想领导，把政治课看为一般的功课，没有足够的重视。党委曾开会，不管政治教学，不懂得这个问题的主要。

第二，理论教员本身的水平不高，思想上有毛病，如想当博士，写“专题研究”论文,一鸣惊人,个人打算,不想当党的宣传员。

（三）今后怎样教政治课——先说这一年内的打算。

（1）名校自己拟政治教育提纲,材料就是右派论点,中宣部提纲作为参考,各校教研室自订。各系还可根据自己的情况订出不同的提纲。(例如文艺界情况与学校就不同)八月底以前要准备好,各校党委要把这个问题好好讨论,切实领导。宣传部除反右派以外,要看为首要任务来办,各校党组织要抓这个问题。政治工作改变。

（2）教师作启发报告,说明正面问题批判论点,学生分组讨论,做笔记写文章,开展斥论。不明白的问题作解答报告,不同意时还可继续讨论,不是什么问题都做结论。学习过去抗日根据地学校的办法。

（3）学校内部党委负责人要经常上政治课,也可请外界同志到大学去讲谈。宣传部准备组织一些讲座,帮助政治教员提高。

（4）改变考试方法——考思想,不考记忆力,方法应当多样化。

（5）各大学要整理旧社会学的资料——集中去图书馆内,必要时可以翻印几段,作为参考。中宣部与省委宣传部印发材料,经常供给,要把报纸材料集中起来,各校反右派的书面材料集中整理,要利用右派分子现身说法,当“教员”。

（6）一年以后如何办？马克思主义几个组成部分仍然要教,中共党员各国革命史很重要,都要教,但过去方式要改,四门课四本书要彻底打垮,今后要逐步积累经验,以便明年正式改造教学。今后教师的进修方法也要彻底改变。

（7）加强理论队伍——教学与质量提高。

（8）政治教员要有一个组织,不办夜大学,搞一个协会,专门搞马列主义学习,如学术与政治演讲,座谈讨论,交流经验,互相交换教学材料等。如何组织大家去讨论。暑假后要进行。北京正在搞。

（9）各校教研室要订一个半年规划。

教学内容提纲,进度,教学人员分配,教学方法,教材安排。

（10）教师与学生的政治教材有分别。

各校党委宣传部或科要研究对教员的教学提纲——材料还是批判右派论点。教师问题多少不同：如党与群众的墙是如何来的,老年教员与青年教员问题,人事制度,外行领导内行问题,党委制,党领导就是宗派主义,学习苏联经验那些是对的，那一些是教条主义，民主党派在学校的作用，应不应该与 CP 平等，工会的任务是什么，教育要不要完全念提纲，界限为何？学生和教师辩论算不算是打击老教师？

(11) 必须打破教师在改革中的思想抵触。学生也可能要反对，总的说，是要造成学习自由，思想活泼的空气，把马列主义在中国问题上具体运用起来，这样来发展马列主义，培养后一代有正确的世界观与政治观，作一个有社会主义思想的青年。思想活泼，个人心情舒畅，不是“少说为妙”。

打破教师抵触情绪要抓几条：

第一，怕自己资本少，不如照本宣读好，这样做资本愈来愈少，将来要变为经院学派，流毒已深，应彻底地改变。

第二，依靠上级编好提纲，要现成材料，如果如此这些教员少可以回家睡觉，不用脑力了，这个办法今后不干。宣传部作用也要改，提纲之类今后不搞。我们的帮助办法还要具体研究。希望大家也提些意见。

回去后请各校展开讨论，宣传部派人参加讨论，定期汇报，检查督促，各校党委要彻底讨论这个重大问题，党的决定要彻底下去。

把政治教育工作做得更好一些。

1) 政治教育的成绩。

(A) 四门课——系统学习，研究经典著作的方针是对的。

(B) 理论经验的逐步形成。

(C) 打破不重理论的倾向，认识问题有提高。

2) 教条主义的倾向。

只是片面强调科学化、系统化，从研究室的体系出发，提纲形式的一律严重脱离了现实。——忘记了是一个伟大的社会主义革命时代。

阶级斗争的情况，党的任务，学员的思想，及其家庭背景。

背诵，断章取义，考记忆，不重视学生的讨论，重讲课不重讨论，不许辩论，灌输多，启发少，是非真理不大能分辨，讲稿一律，提纲一律。

结果：缺少战斗性、现实政治性，枯燥。

原因：水平不高：① 队伍不纯，如党史课由非党员去教。② 领导不够。

3) 右派的反教条主义是有用心的。

他们的主要论点：

（1）否认百家争鸣、百花齐放的政治思想的阶级性，[认为]“独立思考”就是怀疑一切，言论出版、文艺、历史、法学、社会学不要用马列主义，把普遍真理看为教条主义，所以要取消政治课，或改为选修课。沈镜如说：“马列主义是一家，另外还有九十九家，因而以马列主义作为指导思想与百家争鸣相矛盾”。

（2）他们认为马列主义已经过时，“否定的否定”，现是修正主义比马列主义好。

（3）认为把马列主义看为普遍真理就是“清规戒律”，束缚人的思想自由，否认马列主义是一切行动的指南，“政治是思想与行动的灵魂”。

4）今后如何办？

（1）主要是内容问题，提纲方式是次要的，内容要从现实出发，有战斗性是政治性，把党的方针政策向群众宣传——马列主义的具体化。

具体生动，根据对象的思想，根据社会主义革命时代的问题谈。

（2）讨论比讲课更重要，讲课是启发，讲稿不是经典著作，贯彻“百家争鸣”。

（3）考试要根据学生的思想。

（4）理论教员要把自己看为党的宣传员。

（文件编号：I72）

陈冰在宣传部长座谈会上的发言

1957年9月2日

1. 农村社会主义教育问题

抓思想主要研究思想动向，加以解释分析，各阶级对每个问题的反应如何？我省有几万人去农村进行工作，要帮助他们一些资本。报纸与广播可以利用，宣传我们主张，监督他的思想内容。

2. 学校政治教育

不要搞"上课"方式，让他去辩论。大提纲不能代替一切，正反二面斗争，为什么要放鸣，改革不是技术问题，中小学一天解决问题，一边倒，没有辩不行。

其次要有一批骨干力量，训练一下。（书记处意见）宣传部主管其事。党员校长、文教科、文教局、政治教员训练一批作为骨干。

教材——反面东西首先集中起来，工厂技术人员归工业部，工商归统战部。宣传部管机关干部、文卫系统、新闻广播等。

学生要不要辩论，回去摸一下，杭州市试点中，初中正面教育。初中可否辩要研究。肃反时有一个教训，初中生不好办，高中生有好处。

3. 新闻问题

（1）记者的任务，个人事业还是为党作宣传员。（2）要不要党的领导。（3）商品还是宣传工具。（4）只要批评不要正面宣传。什么时候整，由各地决定。

文艺界：（1）把党看为供给部，方向不能管，文艺特殊性。（2）艺术与政治关系，为政治服务说是教条主义，主要危险是修正主义、机会主义。（3）个人主义很严重，"一本书、一个剧本主义"。

要在路线上进行争论，不去鸡毛蒜皮。各地先试点，县一律暂时不搞。将来要开一次会议讨论，文艺界有手软现象，因杨说要细致，步子放慢一些，坚决彻底，省与杭州市要大搞。

4. 中小学反右派问题

性质目的不大明确。和三反、肃反不同，主要是教育群众，不是搞出右派就算了。

时间问题，十几天搞不了，已经上马的要采取补救办法。条件成熟的，可先搞，办法要回去研究。

政策：省委有一个指示要发，具体问题很多。领导力量要加强，边整边改很重要。鸣放是二把火，自己也要烧。

5. 宣传部工作问题

原则上二面抓，党的中心工作与知识分子都要抓，如何抓可以有几种方式：(1) 宣传部管中心，文教部管知识分子。(2) 已经合并的，宣传部二面抓。(3) 宣传部专管文教工作，中心工作由党委另立班子。

省市委可以考虑改变现状，县委不同。

基本建设，中央指出知识界要派干部，有些要调离，党内右派要调开。

（文件编号：E115）

各大学政治教育问题会议

1957 年 9 月 3 日

师院：李德余

（1）组织学习，尚须研究。初步意见：教师与学生组织在一起有困难，决定分别组成。教师名为学习委员会，党委书记参加。各系成立学习小组，教师自己辩论，山上山下成立办公室。

（2）学生方面——社会主义教学研究室，教员为主，团委参加。系科成立教学小组。（共计 9 个）

（3）计划与提纲开学前搞好，目的方针——反对教条，目的要求：从政治思想考虑，划清界限，消毒。

内容进度——每星期八小时，必要时利用党团活动时间，共分 9 个专题。下半年辩论 7 个问题。时间可能不够。

（4）教学方法方式问题。

辩论与讨论为主，报告与辅导为次。争论差不多的，做正面报告，难的问题，先做一些启发报告。先辩论后讲课，做一些专题报告。自由辩论会。

考试方法：口试、笔试。

（5）计划不能死板执行。

陈殿荣（医学院）：

第一部分形势；第二，社会主义革命；第三，肃反；第四是党的领导。

马列主义指导思想，民主与集中，向工农开门，国际主义与民族主义。

组织一个“社会主义教育委员会”，有党外人士参加，党委、工会、政治教员共计 13 人。

按年级组成工作组，党校干部为主，同时担负整风反右派的任务，每班加以改组，工作组参加各班。

农学院（焦建华）：

（1）第 1 学期 6 个专题，尚未搞出大纲。

（2）组织问题。

过去学习委员会不起作用，由党委直接领导，下设办公室，党委书记任主任，内设几组，编写、资料、宣传小组、辅导组。

分教员、学生、工人进行活动。工人要讲一些课。

学生以班级为单位，教师以系为单位，职员以党的行政系统为主。

（3）教学计划：每星期六进行辩论。

（4）问题：时间少，右派还要继续斗。一般右派尚有30余个尚未斗过。共有70多，已斗一半。辩论与反右派结合，有困难。

政治骨干太少。

浙大（李尚汉）：

（1）讨论大纲，为教员服务，不是为了学生辩论。题目研究不够。重新研究学生情况，要求不明。

（2）反右、整风、教育三者如何结合。

时间有矛盾。

（3）组织领导——学习委员会尚有作用，系内有分会，不准备成立新的组织，办公机构以反右派办公室为基础。

（4）反右斗争——尚有二三十人，估计可能还有，不深不透的当尚要补课，学生中反右派，如内容相同，就不讨论，大纲，有的放在教学时间内，每周半天。

师专：

组织一个"社会主义教委"，一星期六节。

美分院：反右斗争尚有高潮，学生尚未开始，9月5日开始。

政治教育尚未讨论，收集报纸材料，教师中问题已有一些集中。

大辩论组织，准备成立委员会，名单未定，每期6小时，教师相同，10月中旬上课。

附中如何搞法？

问题综合：

（1）教学提纲问题：要求什么？论点不同，要讨论，从那里出发。根据新旧问题，编成大纲。目的要求——使学生弄清基本问题，划清大是大非界限。“所谓正面教育”，不是指上课正面讲，[而是]通过讨论，了解正面问题。提纲问题尚有被“系统”观，对突出问题重视不够，如师专的个人主义。

(2) 教学方法——先要与教师继续打通思想，是不是一年，未定。

“先辩后解答”，“发提一些问题，让学生讨论”。

防止一面倒，不写上课系统提纲，不能抄中央提纲。

(3) 计划问题——必须灵活，又要大体规定，党委安排时间，反右斗争与教学要有二种布置，又可以互相结合，看情况。

(4) 组织领导问题：

形式不同：① 学委；② 党委下设办公室；③ 另外建立组织。

原则上：① 教师与学生分开；② 党委统一领导下分工参加各方面工作；③ 系科及各班工作要抓紧；④ 要有具体工作者；⑤ 提纲、教学方法、教师问题不具体，下次要具体讨论。一年级，附中问题；⑥ 资料问题，自己收集——情况，理论，学生要不要都要一〈分〉份资料？

(文件编号：E115)

王顾明汇报钱俊瑞在上海的谈话

1957年9月5日

九月五日本部会议

一、反右情况。

新闻文艺全国已展开，著名右派开始孤立，取得了一些经验。运动不够平衡，原因很多，不深不透不广，剧院、图书馆拖拉，领导忽视。说理不够，斗不倒，骨干单干，大是大非说得不够，分化不够。搞〈丑〉臭——在于理论上驳倒，不是骂〈丑〉臭。

二、克服右的情绪与温情主义。

关键在于领导，北京现在温情还很严重，要多次检查，表现：

劲头不大，排队拖拉，领导组织不起来，积极性不高，〈恨〉狠不起来。没有高温。右派分子列为领导小组中，排不出来。他们要求找出全面的右派，自然排不出来。储安平只有"党天下"三个字，右派是根本反对社会主义，对党的领导采取反抗态度。

动机论——从动机上去排，也漏丢了许多，效果与动机要[有]联系起来看。放鸣中有毒草，后来觉悟的，如傅鹰不能划为右派。过去有功的，要看功是站在那个立场上的，如坚决站在反党立场上的是右派，只有牢骚不能算。过去好，这个时期变坏了还算右派（饶瑞琛、吴祖光）。

找有组织联系——单干户也要算，不一定有组织。

知识分子过去搞不到，这一次要搞一下。

有名人物手软，慎重对待，[但]斗争方法要研究。

对老党员手软——延安来的，"三八"式的手软。

简单化、草草收兵是用左的形式表现出来的，不是用说服办法解决问题。对右斗争意义认识不够，社会主义不能巩固，认识不足。

文化界按什么道路来建设，邓小平说反右不力的原因。

1. 思想落后——停留在民主革命时代，思想是敌对思想，知识分子没有改造，三改中没有改造，过了一关，这一次才是真刀真枪。只看为严重的个人主义，不看为反社会主义、反党问题。自己思想也有毛病，右派是反对计划的，反对纪律，反对领导人（顶头上司），反对个别党员是不是反党，或者抓某一具体的事。

2. 什么是反革命，群众不了解，对右派恨不起来。如丁玲、冯雪峰。右派是革命的反对派，革命二个阶段要区分开来。右派是个人发展起来成为反党反社会主义的。

3. 对自己力量估计过低，对群众、对党的力量估计过高。在大放大鸣时以为群众在他们那一面。

4. 反右是帮助绝大多数人过社会主义的关。就是为了挽救有学问的人。怕今后不能工作，这样看法不对。不挽救会变为反革命，有少数少可能把错误带入棺材中去。

文艺界是个人劳功，个人主义、自由主义容易产生，有许多共鸣者。文艺界党的领导很少，刘少奇说："文艺与马克思主义才开始。"因此文艺界党员右派比例最大。党内自由主义也很严重，排队所以困难。领导小组要随着运动经常改变，吸收新的积极分子。

领导小组：共鸣者要先剪辫子。去掉包袱，才能斗争坚决。先要做好三件事：(1)及时总结。(2)排队。(3)说理。

擒贼先擒王，斗争方法由小到大，领导力量放在大头子，会议由小到大。

三、坚持群众路线。

首先要发动群众，才能弄清是非，真正孤立右派。不要在私生活上去攻，他们生活多是腐化的。

子弹要有计划的放。说理要与领导和群众相结合。

领导与群众分题准备，要有理论与资料组。培养一批理论教员与文艺理论家。说理粗暴，形式左，实际上是右的，右派愈不投降愈好。斗争是长期的，至少十五年，要养成说理的习惯。将来人民内部矛盾，就要用这种方法。

右派理论没有论据很好驳。

四、边整边改。

坚持为工农兵服务方法，专业作家参加实际工作。

中央负责同志指示（钱俊瑞传达）

小平说：党内右派比党外右派更危险，不要姑息。如曾彦修。不要轻信他的检讨，温情主义是停留在民主革命的阶段。（六月二十八日）

七月三日

反右与改正都不够坚决。民主党派要搞〈丑〉臭，私有制不在脑子里，文化系统缺少共同言语，说没有右派，问值得不值得，思想有共同处。对反右运动认识不足，不能草草收兵，文艺界情况很特殊，时间要放长，主要是解决五百万知识分子问题，关键在领导。

右派分子闭不住口，有机会就会放出来，最危险是党内右派，是最主要的。文艺界同自由主义、个人主义混在一起，科学教育界、文艺界严重存在混淆一起，要把他分清楚。还要继续放鸣。

不要放过改错误的机会。立场问题要从人民立场转向工人阶级立场。"人民"还有小立场，大是大非要弄清，加强政治空气。

康生：过五关，现在是过文昭关，战胜思想是困难的。党内温情主义最难克服，拉科西路线还是群众路线？我们已有一定程度是裴多菲俱乐部，不要让他们离开群众，拉科西路线是反群众路线的。

八月十三日

小平：说右派发现不出来的思想是错的。右派是闭不住口的，要有机会给他放出来。高潮后可以休整，不能中断，目的是帮助多数过关。

开除党籍是为了纯洁队伍。长春制片厂，要"死而复生"(罗瑞卿)，"好行小惠，言不及义"——毛说右派特点。

斗争主要对政治路线，不要追关系。

要不断反右倾情绪，要与整风相结合起来，"避嫌疑思想"——怕人家说宗派斗争，把个人因素放在斗争中去。由组织上决定周扬与钱俊瑞出面，不由个人来决定。

首先把自己缺点先说清，主动，使群众弄清。

丁[玲]、冯[雪峰]事情先由领导上先表示态度有好处，中间分子就很快过来。

对党员要强调：领导是不是右倾，要看对党员能不能看清楚。

党性表现：有的立即报复，夸大情[况]；另一种是缩小，不敢肯定右派。右倾情绪不克服，慢慢也会成为右派。严重的个人主义与自由主义要斗争，我们平日思想不见面，吃了亏，要抓紧所有机会来批判，有问题就批判，才能打下基础。这是反右与整风相结合的方法。

反温情主义也不要扩大化，不要用旧方法。对业务与整风二不误要下决心。什么人领导还没有搞清楚，如何搞业务？

同人刊物——主要看由谁领导，要有区别对待。从大是大非看，继续放鸣——辩论中还可看出右派。

同右派谈话，主要是争取起义，各战场都要抓，用扩大会议方式扩大领导，民主人士也可参加。各省要配合作战，互通情报。

文化局明年工作：

“巩固思想”是主要的。艺术要提高，但要在普及基础上提高，首先在政治质量上提高，加强社会主义思想。

事业费不可能增加很多。

艺术团体发展方向：有三种，国营少数，民办的不要改为国营的，条件不足的国营的要改为民营，不要把他看为经济团体。行政人员要大量减少，短小精干，才能深入群众。

文化馆、艺术馆问题：不要把文化馆变为狭隘的艺术活动，他是党的宣传教育机关，艺术不是唯一形式。艺术馆现有做法是脱离群众的。

对宣传部关系一定要强调领导关系，服从党的领导。不要先向群众去说，有意见向上去说。干部培养问题，现有干部先要提高水平，注意政治，县有条件的可以分科。文艺级别将来要取消，不能特殊化。

（文件编号：E115）

宣传部干部会议

1957年9月7日

应子春：

文联任务：执行如何？创作者没有政治活动与组织。

政治与业务学习很差，传达毛的报告只有二人参加，还有中途走的。文联从来没有报告过时事政策。

普及工作，辅导业余创作，一年多来展览过二次，五个联络秘书没有工作。

代党委起草指示，共有二个，修改党的路线，反党纲领。

成立文艺工作委员会由书记处直接领导，是篡夺领导，越过宣传部。

监督文艺方向：对《东海》没有监督。不讨论五六份《东海》。不要人家写反驳文章，《杭州日报》付刊曾建议批评，也没有搞，反而放毒。《浙江日报》付刊也没有监督，高光有十篇文章，从未讨论。

全国重大问题都没有讨论。

文联编辑会议上肃反对象骂“党棍”，反林辰夫，王参如未表示态度。

姚全瑾：

交代不彻底：(1) 小集团活动引了什么作用没有揭发，大是大非问题，宗派问题没有谈。党代会上反杨部长，进攻省委，候选人改为候补，他们活动很多。陈学昭问明天如何，在那里谈，拉拉扯扯。

(2) 个人主义思想，文艺为个人服务，房子、金钱，满是个人野心。

错误：(1) 联合党外人士反党。(2) 挑拨苏联与中国关系，匈波问题在文艺〈洩秘〉泄密。(3) 破坏党的团结。

梁通：

攻击省委领导最恶毒。(1) 不了解下情，“老牛破车”、“推磨”、“大骗子”。(2) 三大主义的化身。(3) 一团糟。(4) 群众是谁？小集团分子，还是工农兵？谁脱离群众。省委要求为政治工作服务要求多样化。(5) 省委没有系派，重视黄源，选为委员，不是山东人排斥浙江人。(6) 缺点看为大是大非，加以扩大，必须整倒。

实际上取消马列主义，反对党的领导，文艺工作排在什么地位上，他要求的领导的是什么？

(1) 房子、经费、编制、纸张，“〈三〉山呼万岁”。

(2) 只讲艺术，不讲政治性，“文艺为政治服务”。

(3) 提倡同人刊物，取消党的领导，地下党做法，认为马列主义不解决文艺。“外行”是指党，他们那一些人是“内行”。

大放大鸣的中恶劣表现：

黄源集团的急先锋。

政协文艺座谈会上发言，演了反党的角色。“墙在黄源背后”指出斗争方向不是黄源。

“拆墙不留界”。

是否允许党员向党提出意见？他的意见不是批评是攻击，在党外进行对党的批评。

可不可以有小集团活动？违反党章。

李良琛：

个人主义可耻下场：可耻叛徒。

不严格要求自己，改造思想，必然走向险途。计较个人十分自私的人。做官思想很重。

苏步青：

王参如思想的根源由来已久。

(1) 省委有没有领导文艺——路线是明确的。

(2) 经费是逐年增加的。

(3) 居心何在？要钱为什么？迷了三个月发薪创作，为了他们自己“名利双全”。

(4) 同托派王实味同一口味——MAX 主义对文艺不适用。

“王参如艺术指导政治”。

“放任方针”超阶级的人性论。

发言：

(1) 五人未发言，下次还要找时间。

(2) 王参如再作进一步检查自己的错误。

(3) 文艺路线要继续学习研究。

"向党进攻"主要是政治路线斗争。反对人也是为了政治目的。要把党的文艺路线按照ブル的面貌来改造。反对个人与政治路线分不开。

政治路线的错误要发展到组织路线的错误，这是一个教训。

拉拉扯扯为了什么，就是为了达到自己的政治目的。

"向科学进军为何不对？"

(1) 陈[修良]说这个口号不对。(八大教材)

(2) 在〈加〉嘉兴看到地球、星球画报？陈[修良]说：地球问题解决不了。还要去征服星球。(陈敏)

你为什么反对宗派主义最有兴趣？

去年雷兴请你讲一课，你说："我对宗派主义最有兴趣，我来讲。"而讲稿中主要讲党内宗派主义。你曾对曹湘渠说："中国革命几十年，过去不知有多少同志牺牲在斯大林的错误路线下，过去党内残酷的宗派斗争，杀了不少革命同志，像我自己，都有几次被杀头的危险。"你为何说([对]陈学昭)"沙和我自己在被审查"？

"中央有很多同志就是地主ブル家庭出身的，我也是ブル家庭出身的。我们每个人生下来的时候，不知道要生到地主家庭还是ブル家庭。"(政协讲演上说)

(文件编号：E115)

新闻、文艺、文化局反右派斗争汇报

1957年9月9日

顾耕初：

已斗出33人(390人)8.4%，要斗的与批判的共计46人。

(1) 每人吸取教训。

(2) 各单位特殊性与共同性。

(3) 查对，查漏。

(4) 辩明大是大非与划界。

查核工作：

区别偶然性还是一贯性。

附和意见还是自己意见。

对某一个不满，还是对整个党的不满。

内部批判的或斗的一律经宣传部批准。

中间派工作——标准，做谈话工作，改善关系。

《浙江日报》：

(1) 开大辩论会，划清是非。

(2) 副刊检查，右派议论要指出，不指名。

(3) 排队。

(4) 总结经验。

余从善(文联)：

(1) 继续批判温情主义，曹与陈二人温情主义严重，批判方法，反党事实小组座谈，扩大左派队伍，继续排队。

(2) 研究战术。陈学昭搞了四个半天，接续搞曹湘渠。

(3) 研究反右与工作两不误问题。

(4) 进度情况，八月廿七日开始对陈学昭进行斗争(四个半天)。现在对曹湘渠、陈[学昭]已基本结束。写了报告，曹尚未结束。① 同宋的关系；② 侮蔑省委；③ 反党小集团问题。

(5) 思想情况。

右派思想——是左的多,批陈学昭的五十一人,急躁情绪。领导认为右派很多,共十一人。

曹湘渠斗争,统战部派人来不发言。

郑伯永、郑秉谦等有轻松之感。

(6) 下一步打算——下星期休整一周,来一大混战,以郑伯永为首反党小集团揭发,九月底结束,其次搞单干户。月底基本结束。

(7) 起义者如何对待。沈静芳问题如何对〈付〉待? 左派一定要斗,投机分子现在说服他们,右派还是右派,不登报,要检讨,斗争时左派不参加,要他交代。

王顾明:

大会斗黄源、陈守川、陈静、姚水娟情况。

共计参加者 220 人,发言报告者 50 人以上,2/3 的人不了解黄的情况,逐步明确,少数思想不通:

① 宗派斗争还有怀疑因素? 对林乎加是不是反党,林有许多缺点错误。

② 黄、陈工作有成绩,现在一切都坏,不通。

③ 言不及义。如江闻涛、赵殿敖,讲不到正题。余钦文说:"陈、黄好事做了过头,也是错了。""只做一件,其他不做也是错了。"

④ 积极分子不满足,要求很高。

黄源态度——有时〈扬扬〉洋洋得意。(空洞的批评)

整态度搞得不好。

⑤ 二分之一的干部思想不通。下一步如何?

(a) 黄源问题性质没有弄清;(b) 结合个人检查;(c) 准备第二步战役,辩论;(d) 中层干部工作。

王子辉:

(1) 会外工作不够,没有使中间放下包袱,如赵殿敖,过早讲了也不好,可能是右派。

(2) 左派要求过急、过快。

(3) 领导态度不明朗，斗黄有顾虑。

(4) 集中于黄、陈问题，重点不要变化。

(5) 争取中右——有个别不对头的，对党有对立情绪的。

争取起义者，陈西斌是对象。

(6) 话剧团、博物馆等没有动。

博物馆调查：没有学术地位，与外界接触不多，肃反(?)。

张才：

王参如检讨主要转到别人身上去。

第二次会议说理不够，揭发多，他说头昏。

第三次还是没有接触思想。

第四次开始承认一些事实是反党，严重个人主义、名利地位不满，投靠郑伯永他们吃饭。骄傲自满自己什么都行，政治上蜕化，马列主义一年来不看，对匈〈亚〉牙利问题看为平常消息，[对]政治报告毫无兴趣，对黄源看为专家，叫我做什么就干什么。“外行不能领导内行”，同意办同人刊物，“任花自放”、“任鸟自飞”。

应子春说省委有宗派，沙、扬应早当书记，省委这些人都看不惯。对浙江人不提拔有意见。

巴一容问题，参加文化局。

发言：

1. 看起来斗争的性质要使大家弄清——政治路线，组织路线。

对象的性质要弄清。

不弄清会产生模糊：(1) 认为是宗派斗争；(2) 小题大做；(3) 路线问题与思想作风混淆；(4) 反右派与肃反追关系相同(王参如问题的经验)。

温情主义与粗暴现象会由此产生。

2. 路线问题——必须说理，根据事实。

中间分子才能争取过来。

依靠群众说理，才能提高。

3. 必须洞烛其奸。

不是单批评其态度(?)，主要是他的手法。

说成是个人恩怨、宗派、一般的思想，混淆大是大非与小是小非，扩大范围“争取中间”。

4. 要有充分准备。

材料：练兵，说什么理，问题在于抓大的。

陈冰：

领导上有些缺点：

(1) 领导骨干右倾情绪很严重，文化局特别大，斗争性质到现在还看不清，态度暧昧。对黄源斗争的长期性与艰苦性估计不足，黄源资本最浓厚，“鲁门正宗”，他没有创作，翻译，批评，没有什么了不起，地位高，包袱重，文艺思想很顽强。

(2) 下一步工作问题

集中搞黄源，下附单位也放一下。休息时期做几件工作，成立一个材料组。

中间分子工作：① 动员一次。② 宣传部找文化局中间分子谈话，主要是党外人士。③ 重点单位直接帮助。④ 再开一次宣传部大会，集中力量搞黄源。⑤ 文联搞黄源。⑥ 星期一、二练兵。

（文件编号：E115）

对本部几个部长的意见

1957年10月初

（摘自本部大字报，截至十月四日止）

一、对陈冰部长的意见：

陈冰部长回部工作以来，我感到较明显的是：工作积极负责；注意执行集体领导的原则。但在工作作风上，也有一些缺点（主要是与他过去在浙江工作时的表现对照来讲的），提供陈部长参考。

（一）工作任务较忙时（如当前搞运动），仍有抓得多而不够深入的现象。有时主观愿望较高，要求过急，系统地全面地考虑问题不够，使下边同志被动。

（二）工作上检查督促还抓得不够。八月底本部召开各地（市）委宣传部长会议以后，虽然部领导上的活动时间是比较紧张的，但在整风、反右派与工作两不误原则下，对各地贯彻执行中的主要情况和问题还是应该抓一下的。

陈冰部长在最近主持一次会议时，叫大家提意见讨论，而自己则站起来在会场上踱来踱去（在考虑问题），这就显得和其他同志有些两样，我觉得不大好。

二、对陈修良付部长的意见：

陈修良部长在省第二次党代大会中对省委提出的候选人名单极为不满，如说："有一些人是思想品质坏，在群众中没有威信；有一些是老资格，但思想作风不好，也没有什么能力的人；也有一些是庸儒〈懦〉无能、没有主见的人；另外有的人是历史问题没有公开宣布正式结论。这样一个候选名单，只许少数人来掌握，要求我们来选举，把我们都看成为傻瓜……"我们要问陈部长：

1. 难道省委委员的选举真如你所说的那样吗？

2. 你主张选举的又是那〈哪〉些人？你这是什么情绪？

在去年党代会期间，陈部长对省委有很大的不满情绪，说省委有宗派主义，使用干部有裙带关系。

金韬部长调动工作，部务会议给金部长提意见，大家认为陈部长对金部长意见很多，通过这次会议可以交换一些意见，可是电话请他〈她〉三次都不来，处长们感到很遗憾，大家认为她不来是不是怕向她提意见呢？

陈修良部长经常不参加部务会，支部会、小组会也经常不来参加。

去年金部长去莫干山学习，部里工作省委指定陈部长负责，但陈部长经常不来办公室，有人说在家里写小说，使部里工作很被动。

（一）你在去年省二次党代会议期间，有一次我们将江华同志的大会总结叫公务员送给你，你根本没有看标题，就发火说：怎么搞的，光送说明书，不送戏票，快退回去。结果弄得公务员莫名其妙，这是什么情绪。

（二）去年省党代会期间，在宣传代表分团的讨论会上，大肆污蔑省委负责同志，说金韬部长是："菩萨"，并说"怎样会将这样一位菩萨请到宣传部来的"。骂陈伟达部长是小人、丑角，我们认为这不是批评和帮助同志，这就是人身攻击。

（三）你去年参加海宁县的党代大会回部时，在向全部干部传达这个县的党代大会情况中，我们听起来好像县委领导上光是缺点、错误，这是不是你在有意扩大县委的缺点和错误呢？

她说金韬部长品质很坏，省委为什么调他来当部长。

……与商景才付部长关系搞的也不好，在工作上有些意见不能取得一致，如宣传处在商部长的直接指导下，用去了一个多月的时间写了一个宣传教育材料，被陈部长一笔就报销了。

陈付部长在一次研究一篇文章时，提出宗派主义的问题主要在党内，我们说：党内有什么宗派主义呢？她回答说："你们不知道，将来看好了！"言中之意似乎党内有很大问题。我们摸不着头脑，我问眭主任，他也不同意她这种看法。这些话与有些党内右派分子的言论有共同之处，所以有提出来供你检查之必要。

去年十一月在政协举办的学习班讲"中国革命与中国共产党"，讲中国革命的动力时，她说："中央有很多负责同志就是地主、资本家家庭出身的，我也是资本家家庭出身的，我们每个人生下来的时候，又不知道要生在地主家庭还是资本家家庭。"下面工商界人事听了点头点脑。

你在三天竺八大学习班干部的一次座谈会上曾说：新的宪法草案中对干部的要求很严，什么办公时间打朴〈扑〉克玩忽职务，就是犯法，在会议上批评人如果不符合事实，就是人身攻击，要坐班房，罚金，如此等等，一连讲了很多，使人感到今后干部难当了，思想压力很大。我们要问国法尚未公布，为什么要随便乱讲，你是否考虑其后果如何？

在去年党代会上暴露了严重的个人主义，对金韬不是治病救人的态度，而是人身攻击，说金品质很坏，不能当宣传部长。

有较严重的对党不满的情绪，曾经说过"做什么官"，还不如做个作家好（大意）。因此，有一时期热爱于写小说。

今年五月底你曾在我们办公室说："在省委开会，我是不敢讲话的，会议上有那么多的秘书在记录，谁知道他们在写些什么东西？"请问你是怎样看待省委，你又怀着怎样的心情去参加省委屡次会议的？既是会议就决不是一个人在场，而是很多人在场的，那你又为什么害怕秘书们不根据发言人自己的话记录下来呢？很难理解的是作为一个省委宣传部付部长，在省委会议上不敢讲话，怕自己的话被记录下来，这是什么？希答复。

你为什么不止一次地说："现在最大的问题是党政不分，圆印子吃香，方印子不吃香。"并说："省人委没有事可做，只能搞除四害和绿化。"

在去年海宁县党代会时对张少菴说："县委书记水平很低，现在应该强调发扬党的民主，不该强调党的统一和团结，代表大会的决议强调了党的统一和团结，我把它改了一下。"

在加〈嘉〉兴时对张少菴说："党内宗派主义比敌人还厉害，敌人是明显的，容易识别，党内宗派是阴〈隐〉蔽的，弄不清楚。我是吃过宗派主义苦的。"

去年到海宁去参加党代会，回来在部全体干部会上谈该县党代会的情况，在谈时一点没谈到县委领导上的成绩，只谈了县委领导上的许多缺点和错误，说县委有严重的主观主义、官僚主义、命令主义、盲目性等等，说乡长怕县长、区委书记怕县委书记，又把几个县委书记讲得糟糕，说："县委书记不行，真糟糕，连写一个党代会的决议都写不来，后来我把那个决议改了一下，不改的话一定通不过。"

有一天我们在陈部长办公室研究各大学右派论点时，她说："象〈像〉施有光是个典型的中间份子，他到处谈的是一些肃反时被没收了收音机长期未还……"施是浙农的右派骨干，当时院虽未排队，但他问题已很明显，不知陈根据什么讲中间分子。

不能升学的毕业生尽可能动员参加农业生产是中央对毕业生问题的方

针，但陈在思想上有抵触，不但在工作上表现不积极贯彻这个方针，还有一次在会上说："我女儿是不让她到农村去的，我宁可请家庭教师。"并对唐友清同志说："你也会同意的是吗。"这些话对参加会议的同志影响很坏。

强调城市学生不要闹事，能安心自学就行。在今年五、六月间，毕业生问题很紧张，一再表示要闹也没办法，并批判我们怕闹事思想不对，这些话，曾造成几个部门管理这方面工作同志的思想混乱，不知该怎么工作好。刘景善、张扩夫同志都是有意见的。

有段时间党小组编在宣传处，她只参加过一次小组会，说有事就不参加。

碰的是什么钉子，写的是什么好诗。

有一次对眭中同志说："我这个人倒霉一辈子，碰到一辈子的钉子！"

今年三月出差去加〈嘉〉兴，曾写了几首诗，诗的内容很消沉。有一天闲谈中顾宝俊同志说：写诗总是在心情愉快的时候，才能写出好诗。陈说不一定，我有些好诗，就是在不高兴的时候写的，不过这些诗不能拿出来，给人看了不好。（从南京解放那一天起，就长期被排挤打击，心情当然不好。）

陈部长在省委学习班讲课时，常常东拉西扯，讲一些与报告无关的东西，其中有许多说法我们认为非常不妥当，甚至是错误的，现在提出如下：

（一）关于我们保卫工作，陈部长说："有一次她和几个同志在玉泉玩，其中有一同志在拍照时，把国际友人拍进去了，受到了保卫人员的干涉。"又说："有一段时间北山街在深夜时是不准三轮车入内的，她女儿有一次看戏回来，下着大雨也只好在北山街外下车，结果淋雨回家。"又说："北山街一带没有小贩，补一双鞋子也得跑很多路。"又说："北山街一带不准画画，据说是为了保卫首长，保卫沙省长，这是胡来。"接着陈部长又说："我对保卫工作是有意见的，这是干涉过多，造成许多不必要的矛盾。"

（二）关于斯大林问题，在苏联 20 次代表大会对斯大林问题未公布前，陈部长在一次讲课中说：最近有一个重大问题将要公布，大家知道后一定会大吃一惊。但这个问题，党没有给我委托，我不好说出来。讲了之后引起学员的猜疑。当斯大林问题公布后，陈部长又在一次讲课时说：自己过去在苏联学习时，听到有人喊"一切光荣属于斯大林"的口号，自己就很反感。言下之意，似乎自己在当时就自己看出问题，有先见之明。

（三）关于对苏联的看法，说：苏联干部与工人的工资待遇相差很大，说是有一次莫斯科市委书记福尔采娃同志到一个工厂去，工人问她工资多少？她感到自己工资很高，和他们相差很远，便说了一个数目，工人说她不止这一些，是说谎，福尔采娃便不敢再说什么，就跑掉了。再是对和伏老同志来我国的苏联外交部付部长费德林同志的看法，说他骄傲自满，自以为了不起，在新闻记者拍照，一定要挤到一个加盟共和国主席面前去，与伏老并排，以显示自己，说我就是看不惯。又说30多岁就当上了付部长，苏联对他提拔得太快了。再一个是说苏联大学生资本主义思想严重，说在莫斯科大学有一个中国留学生的脚踏车被偷去了，后来查不出来，只得由学校赔偿了事。又说苏联的大学生非常讲究穿衣服、玩，一天到晚到俱乐部去“蓬拆拆”(跳舞)。

(四) 附带的提出一点，就是陈部长在学习班的几次报告中，都要提到自己在大革命、在苏联学习如何如何——(在其它报告中也有同样情况)，使人听了有一种卖老资格的感觉。

在匈〈亚〉牙利事件发生以后，在第六期学习简报上，陈部长删改的一篇文章中有一段话：“片面的认为匈〈亚〉牙利所以发生反革命的暴乱，这是‘肃反’搞得不彻底，但没有认识匈〈亚〉牙利情况与中国不同，匈〈亚〉牙利在肃反中还有破坏法制及其经验教训的一方面……”这里我们对陈修良部长有这样的疑问：1. 匈〈亚〉牙利事件的发生，难道不是肃反搞得不彻底的原因吗？为什么说这种认识是片面呢？2. 所说“匈〈亚〉牙利还有破坏法制……的一面”，这是不是说匈〈亚〉牙利所以造成这样的事件，其原因是“肃反”杀了好人，是受了苏联的影响呢？那么，这岂不是会使人有这样一个感觉，匈〈亚〉牙利事件是由于肃反所造成的？

今年二月分〈份〉钟儒同志替《学习通讯》写了两篇关于学习《再论ブロ专政的历史经验》一文的参考意见，根据《再……》文章的内容，批评了铁托和卡德尔的错误。陈部长审阅时均把它删去了，并说：“其中问题复杂，今天不是批评南斯拉夫的问题。”这样的话不止讲过一次。但是从陈部长的几次讲话中，她对批评苏联和斯大林是很感兴趣的。现在我们要问一问，你为什么对批评苏联和斯大林如此感兴趣，而对批评铁托和卡德尔的论点就有些不同意。

她去年对曹湘渠说：“赫鲁晓夫现在还在想用专横的态度对待波兰，在波兰选举的时候，赫鲁晓夫亲自坐飞机去，想控制这个选举，不让哥穆尔卡当选，但他的飞机到达波兰的上空，盘旋了一二小时，人家不让他下来。”

有一次董其伟、庞正标等人在她办公室研究工作，很惊异地说："这个问题要注意，苏联上海领事今天要到我家里来，目的就是要了解中国有没有反苏情绪。可是我长在苏联，学习在苏联，有什么反苏情绪！"

陈修良讲话不掌握党的原则，信口开河随便乱讲，如在"八大"文件学习班做报告说什么"拉科西十年不敢回匈〈亚〉牙利，王明敢回中国来"！？引起了学员对党中央的怀疑，在省委学习班讲课时，说："最近有个重大问题你们知道了会吃惊，但党没有委托我，我就不能讲。"引起干部的猜疑和混乱。

对苏联藐视，说苏联问题很多，生活上很堕落腐化，以后再也不把小孩送苏学习等。

你为什么散布苏波关系问题，是苏联同志和《真理报》的冷静，大发雷霆而引起的呢？以及苏联驻波大使，到波兰议会里拍桌子发脾气等言论。

平素讲课，总强调讲课费多少，"没有讲课费我是不干的"，并接着说苏联同志也很讲钱，挑选工作自由，那里钱多就到那里去。还说有一次她给苏联专家买东西，苏专家还要向她拿发票，来说明苏联人很计较钱，我们认为这种说法是不正确的。

对苏联为何如此反感？

陈在谈到苏联问题时，曾不〈至〉止一次地说：苏联同志是永远不会了解我们的，过去不承认我们ブル能和平改造，这次米高扬来承认了，但对肃反还是有保留态度，他还提醒我们要注意镇压反革命分子的活动。

对苏联的肃反陈部长也有反感，有一次说苏联的肃反使许多人，人头落地，50年我们(指组织工作代表团)在莫斯科到红场去时，要进行五道检查，我就不习惯。

在"八大"文件学习班开学典礼上，她曾说："中国的ブル比资本主义国家的工人还要进步。"

去年海宁开党代会期间，对张少菴说我小时只爱看书，反对家里打麻将，反对ブル的家庭生活，搞组织工作的同志就是不了解ブル家庭出身的干部是反对ブル家庭的。

今年四月陈修良部长在加〈嘉〉兴地委了解干部思想情况，在有一次加〈嘉〉兴地、专机关的几个支部书记座谈会上，有的支部书记反映干部要求学习理论很迫切，要求地委宣传部组织他们学习哲学。陈部长听到后，没有让大家继续发表意见，就大发起议论来了。说当前理论教育和理论学习教条主义非常严重，只晓得背教条。并指着我们说：你们理论教育处和学习室也是这样，一天到晚就是哲学、政治经济学等三门课程及业余政治学校和高干学习班，培养教条主义。我就不同意你们这一套，可是你们都反对我，你们不支持我，我向上面就不好讲了（大意如此）。现在我们要问一问陈部长：1. 干部提出要求学习理论，这有什么不好，这是好事还是坏事？2. 几年来的理论教育工作是否就如陈部长所下的结论，完全是教条主义？3. 继续开办业余政治学校和其它学习形式，组织干部学习马列主义，是部委讨论决定的，也是57年宣传工作规划（草案）所明文规定了的，陈部长为什么要如此反对？

陈付部长在召开的各党委书记或地市委宣传部长、科长研究理论学习会议上，她的发言总使到会的同志听了不满意，他们反映讲得不具体、不明确、不解决问题、不了解宣传部的意图等等意见。其原因是陈付部长在会议上的发言，不是抓住中心问题进行研究和讨论，而是毫无系统的东拉西扯，其中宣扬自己的优点占去很多时间。她在发言中对干部学习理论过分强调自愿原则和自由兴趣，她说不愿学习理论，他们要学什么都可以，物理、化学、文艺都可以，让他们发挥成专家、画家、音乐家，从小就从自由发挥中培养出来的。

对干部理论学习中贯彻自愿原则，当然是对的，也是需要的，但是贯彻自愿并不等于不要学习理论，没有马列主义理论作指导，将会培养出什么专家呢？更不应该的是在研究干部理论学习会议上，你为什么不能多谈一些有关如何加强干部理论学习的具体办法，为什么不批评不重视理论学习的倾向，相反地强调自愿、自由，否定业余政治学校的成绩，使我们搞不清这样讲法用意何在？

到处讲你们教条主义，把过去的理论教育说成一团糟。

违犯〈返〉部委决定，主张机关业余政治学校停办。在加〈嘉〉兴指示今后不学四门马列主义基础课程。

在历史学会的讨论会时，会上有人提出历史不要马列主义的慌〈荒〉谬主张，同时也有人提出反对，正无法得出结论时，有人欢迎首长（指陈修良）讲话，他〈她〉却满口推说自己不是首长，拒不讲话，是何道理？

开会时，又〈有〉时很不尊重别人的汇报，或中途打断别人的发言。如不久前召开的大专学校党委宣传科长及马列主义教研室负责人会议，汇报社会主义教育筹备情况，杭师专吕明发提出要求部里解决资料问题，陈当即打断了他的发言，说你们就是不动脑子，我们没有。使吕当时感到尴尬，只好面红红的不说了。会中对如何从实际出发的问题讲得不清楚，会后有人反映"教学大纲也可以不要"。会议还没结束，陈部长就走了。这种情况不止一次。

宣传处起草，陈伫部长所签发的工厂党员教材，其中"共产党员要为资本主义工商业社会主义改造的彻底胜利而斗争!"一课，为了把资本家从一个剥削者改造成为自食其力的劳动者一段原文有"……以便一同进入(指资本家)社会主义"。金部长发现了提出批评，后改为"……以便使他们中的绝大多数人能够从工作和学习中，逐步改造成为自食其力和按劳取酬的劳动者，并充分发挥他们的力量，为社会主义建设服务"。这个批评和修改是完全正确的，而几次在我们面前，提到说原来的没有什么错误。

在"八大"教材中写到关于党反对宗派主义，加强党的团结的重要性时，说明我们党领导的整个苎命和建设事业是很艰巨复杂的，原文中有这样一段："……这是一场翻天覆地的斗争，在这一斗争中，一切反革命的阶级和集团，都是极端仇恨共产党的，都想尽一切办法来消灭我们的党……"而陈部长在这上面加了一句批语："这在目前阶段已失去了决定意义。"照此说来已没有阶级斗争了。

自55年来，本省各高等学校教师就纷纷提出要求省委举办马列主义业余大学(或夜大学)，去年中央提出知识分子问题后，这种要求更为普遍，处里曾写过不少次计划、方案意见，去年部里还派了钟儒、徐畹华去上海了解情况，吸收经验，准备向省委报告筹办夜大学。但是事情后来遇到了困难，据了解部里主要陈部长不同意，她说："办夜大学问题她在上海有经验，办不好，因为教授要坐汽车到市中心去听课，有一次一个教师腿都跌断了，办不得。"

由于她坚决不同意，这件事就搁下来了，结果引起高校教师对省委有意见，认为省委对他们的政治学习不关心，连一个夜大学都不肯办。

我们认为在这个问题上，陈表现了严重的主观主义。"上海夜大学办不好，听课时曾有人腿跌断"，为什么就可断定浙江一定办不好呢！如果要说浙江办不好应听一听下面汇报，了解具体情况再提意见。

(一) 工作不负责任。表现在审干时，部委约定时间讨论审干结论，她不看材料，也不愿参加，说："你们看了材料我来签字就行。"乐梅新同志送材料给她，也被退回来。由于当时她是主要负责人（因金韬部长在莫干山学习），她不参加不行，不能解决问题，于是她是用很短时间，马马虎虎的看了一下材料。

（二）不听取别人的批评。有一次我向她反映了别人对她的意见，她很不虚心的说，我不知道，用这一办法来拒绝接受意见。又一次她把工矿宣传处根据中央指示精神所写的一个宣传提纲改错了，工矿处同志提出意见，她也很不满。

（三）对干部生活不关心，官僚主义。表现在我们部里干部住房紧张，她不听部里同志意见，反而听文联右派分子反映。后来去看了我们的住房情况，才说我们部里的干部住房确是很苦。

省委为了帮助干部学习理论，举办了高干学习班，并帮助聘请了教员。陈修良部长也是被聘请的教员之一，而陈部长对学习班的讲课却是不够负责的。

第一，往往约定了时间而不来上课，当然有时因工作忙，但应该事先通知学习班。一次在莫干山使计划一拖再拖，最后还是没有讲。一次在石莲亭时，陈部长对张处长亲口约定了在一个星期六讲课，结果那天大家（还有远道来旁听的）在礼堂里从七时半到八时半，陈部长还不来。我们打电话找不到，亲自开了车子派人去找，结果说是不来上课了，弄得我们很被动。

陈部长讲话也是非常随便的，往往与题无关的东西东拉西扯，甚至讲了一些无原则的话。学员听了反映是：生动活泼的新闻不少，但在理论、思想上解决些什么呢？一片糊涂账，而且一些问题无原则。

分管城市宣传工作时，缺乏通盘考虑，布置工作不作明确具体的指示，随随便便的想到哪里讲到哪里，有时叫下级同志无所适从。

对城市宣传工作抓什么，不很好研究，我们意见根据工作情况以抓工厂企业政治思想为主，她常常不以为然，说："你们老是只有工厂工人。"她自己对民主党派和工商界的工作很有兴趣，叫我们多管……

对工作很会叫苦，经常讲"工作忙得要命"。我们不知道为什么要这样叫，是否真忙得不可开交呢？

去年金部长去莫干山休养，工作由陈代理，对工作不负责任，如干部肃反、审干的文件请她审批，拒而不看，有的没有看就签字，并说有问题我不负责。

陈部长虽管我处二年，但对我处大多数同志至今还不熟识，更说不到深入到处里关心干部的问题。陈部长在座谈会上常常不虚心听取别人的意见，打断别人发言，按自己意思讲一通。

在讲课中有时还往往吹嘘自己老资格，说王明这个小鬼在莫斯科学习怎么样、怎么样，使人听了很反感。

七月上旬浙江高教招生委员会办公室反映了应届高中毕业生的思想情况，并请示几个问题，我们整理了书面意见送陈部长批示，她一看标题就大叫，这是哪个处搞的，行政事务也要我搞，这怎么行。把材料一丢到桌上说："教育厅处理。"我解释牵涉到大专学校反右派斗争而迟放暑假有关，当时大专学校反右斗争是她负责，我想她总得解决，但是不行。只得回〈汇〉报处长，处长亲自找她才解决。

我想一个干部就这样难接近部长，请示工作非处长不可，这对干部工作积极性是个打击。

一次要湖州陈斌同志到湖州一中了解发现有学生写反动诗，并有许多人同情，问题很严重。陈部长听了以后并未引起注意，却叫我们打朴〈扑〉克牌。

陈部长在工作中经常叫忙、叫苦，可是她出差到宁波、加〈嘉〉兴时，却游山玩水，坐了宁波的据说是唯一的小汽车玩了育王寺，又卖〈买〉了舟山地图，借到舟山去了解情况之名，打算去玩普陀。在加〈嘉〉兴湖州时，也是常常参观工厂、看看文物，晚上不是看戏就是写作，对工作过问不多。

（一）平时工作不够细致，性情急燥〈躁〉，批改文件难免发生凭主观思想出发；有时其他部长下乡下厂或者开会去，有些文件或稿纸请他〈她〉审批，如干部处、办公室送来的审干材料、浙江宣传工作之类，推说："不看，情况不了解。"

（二）有时藉身体不舒服，在家写稿、写小说，不来上办公（有些时候确实身体不好）。如给《东海》写一篇小说，得稿费 200 多元很高兴，但还嫌浙江的稿费太低一些。〈"〉训练班、学校讲课费问题曾和眭中（可能是眭中）同志说："讲课人是脑力劳动，报酬太低了，应提高。"

（三）请她去学校和干部作报告不大愿意去，推说没有空，但到政协去作报告很感兴趣。曾说："我交了一些老朋友（指民主人士、工商界人士）"。

（四）有时讲话欠注意，不分场合和对象，随口讲出机密性消息。如波苏关系、苏联内部问题，特别讲赫鲁晓夫的秘密报告问题，说"太残酷了，我是吃过这种苦头"。

（五）二部合并时，调动一些干部，听说陈部长调人委工作。她曾说："不去：〈，〉不干了，去当作家（意思如此）。"为什么不去人委，为什么要当作家呢？

（六）一些具体问题。陈部长不大喜欢和另外几个部长谈谈，但和黄源、陈学昭很讲得来，何故？唐寿海同志说："陈部长回家有些时间喜欢独自一个人坐汽车回去，不大喜欢和另外几个部长一起走，上办公来亦如此，何故呢？"

（一）在放鸣期间，浙师院物理系付教授斯何晚问陈修良部长，土改、三反时，同志们要我骂（大概是批评）我父亲（地主）我不骂，同志们批评我不对，请告诉我谁是谁非（大意如此）。陈问何，你父亲现在哪里？何答已经死了。陈即说已经死了，骂他几句有什么关系？！何对陈部长这样解决别人提出的问题极为不满，其他教师也大有意见。

我认为陈部长讲话太随便，缺乏原则性。

（二）师院教师胡挹刚、洪士服在座谈会上反映：放鸣期间，浙师有不少学生在右派分子的煽动下，提出要不考政治课，并向陈部长谈及这个问题，陈部长当时表示的态度是这种考试的方式，是值得考虑，我在苏联学习马列主义时，是不考试的。

我认为这样的态度（意见本身可以研究），在当时那种条件下客观上是助长了右派分子的气焰。

正当右派分子大肆攻击我们的出版体制，说什么党对出版社实行垄断，叫嚣要办同人出版社的时候，陈部长很高兴地对我说，老林，今后的新书会多起来了。言下之意，我们过去的出版是不自由的，右派分子的意见是正确的。请问陈部长：你当时对出版社问题有什么看法？

六月中旬，我们理论教育处组织写批驳右派分子吴惟平的反动谬论，稿子写好后畦主任拿去征求陈部长的意见，陈部长不但未好好地看文章的内容，反而批评我们：光说人家的错处，不说人家对的地方，不能令人信服（后来我们没有采取她的意见）。试问：右派分子所谓正确的意见难道还可以相信吗？他们所说的加强党的领导无非是一个幌子，这样的意见难道还可以肯定吗？

陈部长发现浙师院部分学生以反对政治思想教育、罢考马列主义课程来部请愿的问题，实际上是让步，同意了右派分子的要求。她对右派分子说：按题考试马列主义是教条主义，要是这样考试我也考不及格。还指着我们两个说：你们也考不上五分吧！还没等我们表示态度，就答应将考试改为考查，就这样右派分子得到支持，回校大肆宣传，张贴彩色大字报，报道说：有陈修良付部长支持不考。从此各校在马列主义考试上受到了很大影响，非常被动。

我们认为这不是真正解决问题的办法，相反的是一息百起。允许不考马列主义是对敌人让步，是原则问题，也是破坏学校制度问题。

在放鸣期间，电台记者采写董太〈和〉龢讲话，请示她，她很爽气地对记者说："你们放鸣好了，还审什么稿。"她在放鸣期间还写过诗。内容是指"放鸣"的，说气候如何寒冷等，并叫曹湘渠看，曹看了摇摇头，她即问曹："是不是会象〈像〉《草木篇》。"陈修良付部长，你为什么在放鸣期写类似《草木篇》之类的旧诗。

三、对杨源时付部长的意见：

平时讲话随便，好到处许愿。如国务院整编指示中已规定：指示下达后，一律不准从社会上吸收人员。而杨部长仍口头答应吸收了几个干部，分配去医学院等单位工作，人事局一直坚持不同意吸收，至今仍办不了转正手续，影响不好。

一次去北京开会，又答应一个四川的干部调来浙江工作，回来后，也不通知干部办理任何手续，事先也没有审阅他的档案，四川就介绍来了，造成工作被动。

讲话随便，有些信口开河现象，因此报告中有失策或失密。有一次要农学院作报告，谈到教师工作量问题，杨部长就说："不知哪里刮来一阵风，要搞工作量（意思是批农学院自作主张，其实是高教部颁布的）。"结果引起教师对党委书记金孟加的不满，认为是金要出风头，赶先进，造成工作困难。建造科学之家问题，原在部内讨论过，杨部长在一次对科学家的报告中就把这问题讲出去了。

工作作风粗糙，不稳重，随便许愿，不考虑客观条件的可能，造成工作被动。如办马列主义夜大学问题，在省委未决定以前，杨部长就在报告中肯定地讲：马列主义夜大学今年办起来。结果未办，造成教师们对省委有意见。听了浙大学生要电影机，杨部长当场就给他们一部电影机，并要高教处具体办理，结果不合制度未成。

对干部的看法使用片面，只抓住几个会这与的干部作得力助手，而其它干部就没有很好的培养教育使用。由于对干部片面看法，因此有些在使用干部上有党内外不分的现象。

杨部长对解决毕业生出路问题积极想办法是好的，但讲话信口开河，把一些不一定能做到的和正在研究的办法，如办夜大学，大学招收旁听生等，公开在杭州市毕业生代表会议上讲是不妥当的。这样，毕业生对党和政府对他们的关怀是体味到了，但讲了做不到，对党和政府的威信会有影响。

决定事情考虑不周，造成被动，如，实验院一个干部升大学，单位不同意，杨部长偏听偏信的同意了，使下面很难办。

随便许愿，未经讨论，随口应承某某当保健院付院长，某某当科联付秘书长，某某当办公室付主任等。

杨部长考虑问题缺乏慎重，对下面提出的问题轻易下决定，如血防办公室的编制没有解决，就决定将干部调来，至今供给、房子等问题仍无法解决。

杨部长对人迁就，有求必应，只要有人求他的事情，不问情况如何就答应下来。如邹身城逮捕释放后，卫生厅分配他到宁波卫校工作，他不愿去，于是要求杨部长留在杭州作新闻出版工作，杨部长就答应下来，结果卫生厅意见很大，对邹的工作弄得很长时间分配不下去。又如张朝时原是浙医附属医院的一个医师，镇反时被逮捕，释放后问题尚未作结论，他由四川来浙江要工作，杨部长亦答应由浙医吸收分配工作，至今已半年了，人事局不同意办理正式吸收手续。

有些同志认为杨部长深入处室了解、关心干部做得较好，但讲话片面性较大，如强调知识分子作用时，就强调得过火一些。

（一）右派分子钻你信口开河的空子向党进攻。

在大会堂和浙农作报告说：有反必肃是肃了，有错必纠还没有纠，浙农头号右派分子施有光则钻你这个有错必纠的空子，大肆污蔑肃反运动，说杨部长都讲过肃反有错误，光肃了反，没有纠错，浙农肃反是乱来的，党委要纠正错误，到处煽动平反。

（二）有不少群众因你信口开河，随便许愿，造成对省委不满。

知识分子问题会议后，你曾公开信口许愿要为高级知识份子办马列主义夜大学；在向科学进军后，你又许愿要为科学界办科学宫，曾一度振奋人心，但后来都不能兑现。科学界反映你是放空炮，批评省委讲得多，做得少，使党在群众中造成了很坏的影响。

（三）杨部长，你应该想一想，你是省委宣传部付部长，群众是把你同宣传部联系起来的，你这个毛病已经不是你个人的问题，而已经最严重的影响到党的威信和党的事业，应该下决心把这条尾巴割得干干净净。不要再说可能要带到棺材里去的没有决定的话，否则要给党造成更大的不可饶恕的错误。

（四）今年一月，杨源时付部长到义乌去检查工作，在那里作了一个形势报告，对于这个报告，干部反映很好，但是县委对其中的某些问题有意见。如赵政委在地委扩大会议回去后，即认为报告中有些问题不应该讲，认为苏联与南斯拉夫等国的关系问题讲得太明显，使干部产生错觉。有的区乡干部听了报告回去传达，照搬照套，在农村党员骨干中引起误解，这一情况还是后来由宣传部检查纠正。

（五）棉布对折使用问题未传达以前，你却在人民大会一次报告中先讲了，结果下面都传开了，有的党委还不知道，打电话来问，我们也打电话通知，弄得很被动。

（六）杨部长对工作有些轻率，好许愿，在毕业生工作中，开始时提出要办夜大学，大学招插班生，中学扩大二部制，办夜中学等具体措施来扩大招生，但其中有很多具体问题值得研究，大学和教育厅都提出不同意见，最后证明这些办法是难行得通的。但当时杨部长在杭州市学生代表会及其它公开场合，把这些不成熟的办法都提出来了，幸亏后来反右派斗争开展，学生没有闹事，否则他们就可能抓住这些话作借口找上门来，我们就会非常被动。至于其它讲话走火，开空头支票是不少的。

（七）杨部长在掌握党的方针政策中，在某些问题上还不够稳重。去年贯彻知识分子政策时，对知识分子进步的一面估计过高，在许多讲话中，对知识份子思想改造的方面强调很不够。在高级知识分子建党中工作中，极力主张发展浙医王仲侨入党（当时群众反映王很孤傲自大，看不起党委），王在入党后表现很坏，现在成了右派分子（浙医党委已经通过了），这虽是一个例子，但反映了政策思想上还不够十分明确。又如今年毕业生工作中，开始一个时期强调扩大招生额，举办民办学校很突出，而对学生下农村特别是城市学生下农村强调不够，在杭州市学代会和杭一中学生的报告中，都贯穿了这一精神，事后他们反映不妥当，这也是领会政策不够全面的一个反映。

（八）杨部长对待下面同志没有架子，这是一优点。但常常表现了无原则的迁就，对干部要求不够严格，如去年群众对朱明溪意见很多，杨部长采取了打圆场的态度，去党校学习前，也不同意对她进行鉴定。王参如个人主义十分严重，当办公室主任不做事，闹着非到文艺处不可，支部大会上对他提出尖锐的批评，杨部长没有严肃的向他开展思想斗争，在他的个人主义思想未得到严格的批判以前，就调他去文艺处。平日对待自己认为满意的干部，往往表扬多，很少批评，甚至没有批评，助长了这些同志的骄傲情绪。这种做法表面看是爱护干部，实质上是损害干部，对干部、对党的事业都不利。

杨部长工作积极性是高的，对同志也很关心，但是，工作往往缺乏通盘考虑，就轻率决定问题，如去年费了大批人力物力，到行政学院训练了八百名干部，准备分配到文教系统做政治教员，事前对一些具体问题没有研究解决，他却在结业典礼上向学员说：你们回去一律做政治教员，一个也不动。但是一下去，许多问题解决不了，如编制问题、领导问题、学员的水平低不能胜任等问题，结果搞得很被动，他们纷纷来信反映说：杨部长对我们很重视，下面就不行了。造成他们对当地党委意见很大。这问题直至现在还没有很好解决，希望杨部长今后做事要注意。

今年四月分〈份〉我们对机关青年进行革命传统教育，排了几个课程，由陈书记和杨部长商量，请杨部长根据机关青年的情况来讲一讲，作为第一课，杨部长同意了并叫我们去搜集材料，我已经把这情况告诉了团干部，到要讲话的时候，陈书记去养病了，司书记不接头，我只得去问徐朗莹同志要她代为催催，后她说杨部长讲没有空了，同增产节约报告并起来讲了，就这样拖掉了（当然我自己亦不主动，领导上工作很忙我是了解的）。但我们的要求是既然答应了就要办到，有变动事先打个招乎〈呼〉，这样才不致使下面工作搞成困难。

本省放鸣初期，出版社召开了一个教授、专家座谈会，座谈今后的出版工作问题，杨部长也应邀到会。

会上专家、教授们要求多出版一些高级读物，右派头子宋云彬当即表示赞同，趁机向省委进攻，说省委今后应该少干涉出版工作，多给出版社以自由。很明显座谈会是这个出版社内部的右派分子向党进攻的一个重要步骤，目的是要以向高级读物大开门的口号，来代替过去中央所提的，地方出版社应以出版通俗证物为主的基本方针。

可是杨部长竟也片面强调了大开门，说这个座谈会给了他很大启发，承认省宣过去太保守（大意如此），这个意见，后来就成了右派向党进攻的一个大炮弹。他们说：吕、商部长都不重视出版工作（因为坚持通俗化方针，没有同意大开门），是政治概念的领导，只有杨部长一人体会深刻，支持坚决。由此，也引起了一般编辑人员对本部的不满。这就是杨部长在重大方针问题上随便发表意见（跟中央的方针，部委的集体意见有抵触）的后果，望杨部长引为深刻的教训。

（九）去年党代会议时的两个问题：

1. 不应该把莫干山会议上的问题全盘托出，而且自己对会议前前后后的情况也不是十分了解的，所以讲得似是而非。即使全体代表要求摊开这个问题。也应由省委常委（或大会主席团）研究一下，并选派一人来讲才较为客观实际。

2. 党代会期间，省文艺小组有意夸大省委领导文艺工作缺点，攻击省委，也对杨部长进行过非善意的批评。在一次沙文汉同志主持的扩大座谈会上，杨部长开始还能理直气壮的反驳，可是在得不到多数人支持的时候，却很快的转而进行自我批评，请问为什么在一个会议上思想就转得这样快呢？

（十）今年五月的全省宣传工作会议上，杨部长关于知识分子问题的发言，是过分夸大了知识分子的作用，如说："建设社会主义离了知识分子，我们便将寸步难行。"会后曾引起到会多数人的议论纷纷，说把知识分子抬到天上去了，工农干部吃不开了等等。

（十一）在科学工作方面，萧品轩同志对省委有一些不满情绪，杨部长没有很好向萧解释，也还表现了一些不满情绪。

（十二）在各种场合作报告、讲话都很随便，有时连提纲也没有，所以也就常常说了不算数，说空话，甚至有原则错误，引起下面不满，例如：

1. 曾在各大学的马列主义教师全体会议上讲省委要成立讲师团，要经常给大学的教职员讲政治课，大家等了好久没有实现。

2. 据萧品轩同志讲，一次在政协会上说过党委领导学校要看情况，强的可以……

3. 医学院有的同志反映，杨部长在妇女保健院作报告时允许增加编制、拨款等,这是不合精简节约精神的。

4. 教育厅的同志反映说杨部长讲:中小学非教学人员可以减少到27%。问:这是根据什么?

(十三)有些干部的提拔尚未正式讨论或者讨论而未公布,杨部长就告诉了本人,往往造成被动。

最后,我们认为杨部长虽然有很多不可抹杀的优点、长处,如工作熟〈热〉情积极,能深入联系群众等,工作虽做出了不少成绩,但存在上面所说的一些较严重的缺点,因此还是往往事培〈倍〉功半,也给工作带来了一些损失,或在群众中带来了一些不良影响。杨部长这些缺点也是他自己或者与他一起工作过的同志都晓得,也不止一次的检讨过,别人提出过,但,改正得还是很少,希望通过这次整风,作一次较为深刻的检查,以利工作,以利个人的进步。

(十四)文教部的任务始终不明确。

省委文教部自55年3月成立后,至今3月与省委宣传部合并为止,历时共2年整,可是文教部的4条任务究竟怎样贯彻执行,一直不明确,作为部的主要负责同志的杨部长是有责任的,虽然杨部长也曾经在这方面作过数次研究,但是始终没有一个结果。如基层组织工作究竟有哪些具体任务一直还不清楚,2年来这一条任务可以说基本上没贯彻,只是发了一个分管的联合通知,此外没有进行过什么工作。杨部长平时也很忙,但是事务抓得多,关键问题抓得少。部的任务是什么?这就是一个根本问题。

(十五)文教部的机构设置变化多端,一度形成干部中思想混乱。

文教部的组织机构一直处在变化动荡中,对于这个问题虽然研究了不下数十次,但是直到最后也没有得出一个肯定的意见。例如理论教育处成立后不到一个月就撤销了;科学处成立后,没有处长,事实上是由高教处和卫生处的处长兼管;曾数次提出要撤销干部处,把干部工作分给各个业务处管理(事实上这样是行不通的);又提出要成立基层组织工作处和干部训练教育处(后因任务不明确有未成立)。去年上半年向省委就打了四五次专题报告,每次都有修改。这样一来,使得不少干部工作思想不安定。关于这方面的工作是由杨部长分工管理的,杨部长要负主要责任。

(十六)在任用干部时缺乏全面的考察、了解,片面强调才能。

例如:金城同志的问题,杨部长只是听了蒋养民同志的汇报认为金是“三八式”的老干部，而且原来就是高中程度，因此马上决定调其到学校教育处工作。当时曾有同志向杨部长反映金思想作风上有严重毛病，但杨部长没有听取，结果调来后无法工作，又叫干部处赶快把他调走。又如卫生厅的一个付处长，只是听说“能讲能写”，杨部长就说提拔他当付厅长好不好？

（十七）八百个理论教员的问题。

杨部长只是考虑到全省文教系统需要形成一支理论队伍，但事先没有慎重研究过这个方法是否行得通，就立即下令调训了 800 名理论教员，分配出去后，组织领导、编制、供给、工作等等问题，至今得不到解决，下面意见很大。

（十八）对某些问题往往虎头蛇尾，只有上文没有下文。

例如：知识分子工作问题。去年 5 月份特地组织了两个小组去金华、加〈嘉〉兴两地调查了 20 天左右，回来后只是汇报一通了事，没有采取任何有效措施。又如去年 12 月份去义乌了解情况，开始时杨部长说：“每人分工一个问题，调查完以后每人写一个报告送省委，请省委转发各地。”回来后，也就是汇报一下就没有下文了。

（十九）对干部的看法忽左忽右，例如朱明溪付处长在去年党代会期间，同志们对她意见比较多，支部决定在支部大会上对她开展批评，这个决定是经过杨部长同意的，事后，朱处长不同意这个批评，并对张处长说：杨部长认为这个做法不对，并且向她作了检讨。我们不了解杨部长为什么事先支持同志们的意见，而事后又否定，这究竟为什么？

（二十）前文教部的机构为什么在 2 年多的时间内变动很多，一直决定不下，我们认为与杨部长的耳朵软、缺乏主见是分不开的。由于部里组织机构不断变动，使某些干部在很长一个时期内，产生了一种心慌不安的思想情绪，这对工作是有影响的。

（二十一）前文教部在干部配备上尚欠严肃，某些处室负责干部的调配，光部里讨论了，未经省委批准，干部就调进来了，因无明确职务，而使这些同志工作上很多困难，如金城同志调来后半年时间职务一直没有明确，这个问题杨部长是有责任的。建议部委今后注意这一点。

对干部的看法和使用有忽左忽右和不坚持原则的偏向，比如去年 6 月间本部支部对朱明溪同志的批评开始杨是支持大家的意见，但后来自己又向朱作了检讨。当朱要调党校学习时，支部提出给他作鉴定，朱拒绝了并向杨部长诉苦,杨部长又同意她不鉴定,我们认为这样的迁就姑息干部是不对的。又如在提级时照顾某些干部情绪,不应提级的而提了级。在使用干部上有印象观点,被杨部长看中的干部就使用多,培养多,存在着一些重才轻德现象。

当面封官,如在蒋养民同志面前说(征求意见性质的)你身体健康情况如何,本来想叫你当卫生厅付厅长的,因为卫生厅付厅长多,你身体亦吃不消,去大专学校当党委书记好了。另方面,对某些干部迁就,如王参如不愿当文教部办公室主任,想当文艺处长,硬坐在文艺处不走,有个别处长9个月不干工作,这些问题杨部长明知也不加过问。在使用培养干部上,只局限几个同志,并说:我们部“4只笔杆子”,但对其它干部特别是对水平低的同志如何提高作得不够。

冀汸写了《这里没有冬天》的长篇小说,有一次在杭州酒家吃饭,杨部长说:“我们要繁荣创作,最好能多出象〈像〉《这里没有冬天》的作品。”并说:“冀汸是有希望的作家。”(大意)后来就被右派分子陈学昭钻了空子,她在反胡风及党代大会时把“希望”两字改为“唯一”,歪曲事实,到处散布,大举攻击杨部长,攻击省委,这是杨部长说话欠周到的恶果。

前卫生厅医教科科长骆炳荣同志在三反时期因犯有严重公私不分、乱搞男女关系,直到包庇反革命分子等严重错误。当时卫生厅党支部绝大多数党员要求开除其党籍,组织上从教育和团结出发,在1954年夏支部通过其留党察看二年,同年12月省监委批下留党察看,至1955年12月应该察看其〈期〉满,但因炳荣同志未能真正自觉的接受党的教育反而对党极为不满,并存有对抗情绪,因此在察看期间转但没有积极改正自己的错误,且继犯敌我不分,搞宗派性活动,破坏党的团结,并谩骂党为“火烧功成楼”(指党对高、饶处理),过桥拆桥等污蔑党的话,因此肃反期间对他展开了批评,并根据其错误情节和群众意见决定“开除党籍”给予劳动教养。以后厅肃反5人小组意见:〈“〉念其革命10多年,对党还有贡献,要照顾些。”(大意如此)3人小组又重新召开全厅积极分子会议,举行了近2天的会议,再次讨论骆炳荣错误性质及其处理意见,提出了“降级使用留机关管教”,在此同时厅党组也进行讨论,主张开除其党籍,但后来由李蓝炎厅长传达了杨部长的意见,“还可教育”的精神,又决定再次留党察考一年。党章规定第13条:……党员被留党察看,时间不得超过2年。他在留党察看期间的党令〈龄〉仍然保留;如果被认为不够党员条件,应当开除他的党籍。

骆炳荣同志的问题从执行党纪处分至今为时已是三周年多了，但即未宣布过行政上处的处分(仍然是16级干部)，党内的处分至今也还是不明不白的拖着。杨部长在今年春在厉步青和樊胜东两同志面前征求意见说："骆炳荣是否可当付处长。"后经厉、樊两同志的反对未成决定。但后来又去当了实验院的办公室主任。

对以上问题，我们要求杨部长回答几个问题：

1. 你认为骆炳荣的错误究竟什么性质？

2. 你看卫生厅党组和支部对骆炳荣同志错误的处理是否正确？

3. 你批评卫生厅对于这样一个犯有严重错误而屡教不改的骆炳荣同志不从团结出发，你看这个批评正确吗？你可曾考虑过骆炳荣同志的错误带给党在政治上的严重损失吗？

4. 对骆炳荣同志党纪处理，第一次留党察看一年，而至今留党察看时间已达2年9个月还不处理，这符合党章规定吗？

以上问题希望通过这次整风有个正确结论，以明是非，更好的教育大家。

事情还在肃反紧要关头，不知怎的，他把装有文件的皮包放在塘边(九莲村一号)草地上，人不知去向。正在肃反斗争，部内情况也较混乱，因有几个被斗的，杨部长把皮包乱丢，假使被坏分子拾去，将会得到什么结果，杨部长为什么这样大意，一点没有警惕性呢？希望以后提高警惕。

1955年下半年文教部召开血防会议，杨部长要我一起到环湖旅馆去，未去前在他宿舍里等了一会，在这时有一个人(不知哪里的，头歪歪的)，在他宿舍办公室内谈话，前谈些什么我没有听到，后我听到杨部长说："我好得没有听你的话，如听了你的话，我会对省委有意见，省委为什么不提拔我。"在这里我要问杨部长，你为什么这样讲，假如听了那人的话，会对省委有意见，你向省委提了没有，省委不提拔你，你有什么看法？

四、对商景才付部长的意见：

(一) 对报刊处的工作职责范围，始终未有明确规定，因而使工作受到一定损失，加上处内执行上有偏差，形成有时单打一，有时业务、行政事务管得多，政治思想抓得少。

（二）对有关新闻出版工作方面的书刊及宣传内容，报纸广播稿有代表性的，看的、听的也很少，因而在指示工作时与实际情况结合不够（当然管的事务是客观原因）。

（三）55年以来，商部长极少与报刊处的工作同志直接交谈，对处内情况了解不深入。对各新闻单位的一般同志的接触就更少，因而情况了解很不够。

（四）有些问题批评多，具体帮助少。例如原报刊处如何接触实际的问题，商部长曾一再批评，但问题至今并未真正解决，原因是如何接触、接触什么未明确，单纯认为是干部思想问题。实际上，三年来有时是抽出很大力量一连数月专搞农村工作，根本未与报刊工作结合，有时专到基层报社、广播站，对农村工作又了解很少；有时我们把二者结合起来，又未得到领导上的肯定，不知是否正确。

商部长工作积极负责，能接近群众，但对自己分工的工作处理上不够大胆，往往叫请示别的部长，使下面同志感觉有些为难，特别陈修良部长负责部里工作时，陈对工作不负责任，而商部长也不敢大胆处理，使部里同志感觉领导无力。

大约今年三、四月份，你借去哲学卡片中“基础与上层建筑”中的一部分，当时你交给办公厅打印没有拿回来，至今未还。我们查了好多处都找不到，使成套卡片缺少一部分，多么可惜。

去年商部长去莫干山省委学习班来讲《历史唯物主义》中一课，其中讲到“社会经济形态”这一概念时，商部长把它解释成与社会经济基础同一意义的，但根据哲学辞典和前年高级党校孙定国同志来莫干山讲课时，都把这一概念包括了基础与上层建筑的。课后我趁一次座谈会向商部长提出了这个意见，但未为商部长所考虑，说：“高级党校就是这样讲的。”我不知道高级党校是否真的这样讲，还是商部长记错了，而作为学术问题，商部长应该翻一翻哲学辞典，再作虚心研究，不知商部长是否因在下级干部面前不好意思这样做？后来有没有去翻阅一下。

五、对黄逸宾付部长的意见：

黄部长对文件的保管有时较混乱，肃反时有个档案材料他弄到抽屉洞的下边，找来找去找不到，把我急得满头大汗，结果小俞同志在他抽屉洞里找出了。希望今后注意这个问题。

工作有时心血来潮，如布置报刊述评，今天布置明天就要，使我们很被动，而且也因为摸不着意图，写起来比较困难。

（摘自本部大字报，截至十月七日止）

在今年年初的一次地市委宣传部长座谈会上，商部长曾提出宣传部抓思想工作应该学习中央宣传部做“神仙”的方法，就是说要把调查研究各阶层思想动向，提出思想工作方面的问题和解决这些问题的措施，当作宣传部门的主要任务。显然这个意见是完全正确的，但是怎样做好“神仙”？中宣部、省委宣传部可以做“神仙”，市委、县委宣传部是否也可以做“神仙”？做“神仙”与做“孙悟空”怎样结合起来？（杭州市就反映：市委宣传部好比在做“孙悟空”，意思是说各项工作都得应付。）这些问题一直没有解决。不但下面没有解决，我们省委宣传部本身也没有完全解决。有一次我和李处长在谈论宣传处的工作时，都认为目前宣传处工作最主要的问题仍然是“做什么”和“怎样做”的问题。例如：城市宣传方法首先是要解决“做什么”的问题。我们的工作与工交部、财贸部的工作究竟如何分工又如何结合；农村宣传方面看样子在“做什么”的问题上比城市较明确（不是不存在问题），但是“怎样做”的问题并没有很好解决，目前的状况是仅仅注意了调查研究（严格地说，还只是只有调查，没有研究，调查了解思想情况也很表面），至于其它如提出思想工作问题，提出解决问题的措施、办法等，还远远没有做到。这些问题虽然我们处内首先要研究改进，同时，也建议部委把怎样做好思想工作、怎样做好“神仙”的问题提出研究一下，我认为这是宣传部工作最主要的关键性问题。（梁通）

目前本省厂矿报纸已经办了不少，但是情况比较混乱，我们不太了解，有很多是办的好的，也存在不少问题，有的厂矿党委已经提出要求，要我们召开一次会议，就厂矿报纸方针、任务、经费及如何在报纸上开展批评等重要问题作一研究，交流经验。这事我曾向巴处长提过，但因力量不足，只好暂时不管。报纸是思想战线上极为重要的武器，我们宣传部有责任去管（当然直接管是各级党委），但是力量不足也是事实，到底要不要管？（涂相禹）

现在我们部里，处与处之间互不通气，好像甲机关和乙机关的关系一样，干部对工作的发展情况也了解得很少。发文件经常只发给一个“有关的处”，其实“有关”的面往往还要大一点。为了改变这种状况，我希望部里能够实行从前（大约在陈冰部长调华东以前）采用过的一种老办法。那时，每月都有一二次全体干部大会，其内容，或由部长分析当前形势，结合回顾前阶段的宣传工作，指出下阶段的宣传工作中应该注意之点；或由处长联系当前工作，谈谈学习心得或工作体会。记得陈部长就作过几次农村形势的分析，黄逸宾同志就谈过学习中央互助合作决议的心得，杨小林同志（第二任报刊处长）就讲过报纸刊物上开展批评与自我批评的问题（当时各报正在贯彻中央的有关决定，是全体干部都应了解的）。这样做好处很多，如：1. 使干部头脑比较清醒，能够提高认识水平；2. 能够增进处室间的互相了解，便于在必要时合作办事，等等。这意见，以前也提过，未被采纳，现在趁整风的机会再次提出，希望把这个好传统继承下来。

陈、商部长曾在一次座谈会上说，今后本部要“建立和编辑、记者的直接接触”，并打算二月一次，形成制度。我以为部长和干事之间也可以有这样一种“直接接触”，除开全体干部大会以外，定期或不定期地参加分管的处的处务会议，是种很好的办法，我觉得过去部长们在这方面做得很不够（在我记忆中，陈冰部长也还做得不够）。（钟秀达）

……①

4. 县委对放贷重视，收回贷款就差。对农村管，对城市不管。

5. 银行工作似乎在削弱，不是在加强，主要是干部抽去了。支援中心同时如何安排业务，抽调干部同时如何照顾业务不够。抽的干部都是强的。崇德、德清等县行长都抽下去了。

希望省委抓生产工作同时，抓财务工作，抓抓银行工作。

二、如何平衡市场购买力问题。

平衡结果，到年底全省流通货币还有 1 亿 6 千万，其中农 1 亿 2 千万。

三、体制问题。

银行性质是什么？是机关还是企业？

四、省委在某些工作方面，考虑得不够细致，或者是不大胆还是拖拉，关于信用社报告，4 月 12 日行长会议上研究，5 月份报来，到最近才批下去。

---

① 原文缺。

福利费今年 2%太紧。

五、建议。

1. 希望省委能把银行工作在一定时期内安排一下,其次是抓一抓。

2. 干部管理方面:干部抽得太多,调进来的质量太差。

光〈刚〉训练好回去就抽走了。建议调干部时征求我们的意见。

最后提出一个问题:政治思想工作如何做。

(文件编号:I76)

宣传口鸣放会

1957 年 10 月 6 日

科学[处]：

这一年来普及工作有进步，提出几点要求。

王子晖：

要求把发言印出来，因为没有时间参加，不许联合发言，可否酝酿，统一列出，联合发言。

今天会议思想没有准备，以为是提感想，如无意见，明天继续开会。

商景才：

(1) 省委集中不够，如整风问题会议，讨论很少，最后要各单位支持，应当有统一要求、有效措施。整风有一段时间自流现象，该集中应集中，民主当然要发扬。

(2) 宣传部过去的工作，主要对吕部长，相处很久，总的印象很好，干部关系好，接近群众，集体领导也是好的。

我是满意的。有许多缺点使得学习组对思想斗争有时没有开展，过去强调人民内部矛盾有客观原因，当从反右斗争中在各个战线发生的问题[去看]。宣传部内部也有意见。如及〈早〉时解决，早可解决了，事实如下：

第一，黄源问题，如西方乐得奖问题，歌词反动，得了二次奖。我在宣传部长会议上提了不同意见，黄说有很大意见，找我谈了，没有解决。我们不一致，他要[从]宗教艺术中发掘遗产，在会议上展开斗争。党组有争论，宣传部没有争论。

第二，巴一溶的工作问题。要她去电台工作，结果她说要考虑，如没有地方安插，[她]不要国家编制，自己去创作。第二是到电台工作，我不同意是“安插”，脱离组织，不像话，她哭了，找到黄源、吕部长，留在宣传部。[这样]处理不妥，原则不能迁就。

第三，姚水娟当[浙江越剧团]团长，我有意见。不经过组织，委任团长不合适，还有一个干部介绍信送给黄源，迁就没有好处。

第四，这次全省宣传会议，杨源时做了报告，地市委同志有反映，处的干部也有意见。有些地方是片面的，对知识分子改造没有强调，有放火性质。有些话是毛主席讲的，个人解释〈片〉偏得很。我很不同意杨的观点，同吕部长讲过指导思想、政策问题，部分有分歧，就应拿出来讨论。

第五，同陈修良同志有些意见，处长也有一些意见，很多问题有意见。我本身有思想上有缺点，我一个时期处境很困难。陈代理部长，有些意见统一不起来，不断向我反映，我考虑不能领导处长去反对陈，组织上不能如此做，只能向省委反映。对吕部长与书记处谈过，一直到现在处长认为我思想不开展，为什么不讨论。我们二个人总是很难弄，反映后没有指示很为难。

第六，谭克工作，我提议他去出版社，吵过一次，吕要负一定责任，省委没有公布[谁]是对的，应作检讨。顾耕初、梅寒白、何其都是右派，说明我有缺点，吕有责任。

第七，高光问题，吕部长去了几次，吕不尖锐，宣传部思想斗争不够开展，有些问题要检查要负主要责任。如杨源时在出版社的发言稿，大力支持他们的方针，大开门讲过份，人民出版社要检讨。（杨：主要是主张向高级读物开门，采取排斥态度不对，《杭州日报》消息主张要通俗化）走火很大。

吕思想上有右的倾向。

第八，对陈的意见，从高级党校回来，参加党代表会议，当时觉得风气不对劲，宣传部对金部长有些过大批评，金去学习后，留下二人，接触面有些问题。

很难相处，省委决定[陈]为代理部长，应很好负责起来，他没有很好负责，比较深刻的。

第一，对省委看法，党的关系问题，党代会上她的发言：对前届省委看法，她说，大多数干部积极性没有发挥，上下隔阂，干部隔阂，有意见不敢说，不正常现象。有些品质不好，干部看面色，不虚心，好教训别人，上行下效，上梁不正下梁〈湾〉歪。

具体讲：批评了几个省委负责的，表老资格，骄傲，分三类，除了杨思一。

对候选人名单，不负责任地批评，“傻瓜”，根本违反党章行为。

第二，对金的态度问题。

工作一贯积极的，作风有毛病，检讨不好，鉴定问题有毛病。当时认为是“不堪救药的，品质恶劣”的影响，说打击二个付部长，[说]是“菩萨”，裙带关系；[说]江华是“皇上”，[讲]很多流言蜚语。

金[从]五云山回来在宣传部工作，他有很大转变，对他满意，临走要求向他提意见，请陈参加，金亲自打电话，陈说因事不参加，连打三次，都没有来，会始终没有开好。

讲师团问题，闹得很顶，对金的态度不正常。对一个同志采取这个态度不适当，所以对前届省委，新选出的省委，金部长态度是不正常的。

第三，对干部政策改革，总的看法认为有宗派主义，党代会议[严]发言很清楚，原则提的很高，如说“干部决定一切，一字不提干部政策，难以想像省委能改正官僚主义”。上面没有“宗派情绪”，同时听到说“头上有乌云”，“夫贵妻荣”，“忠邪自古同冰炭”。

大字报上看来：在写文章与谈话中，对宗派主义有兴趣。何其提出这个问题，陈说“党内宗派主义很有兴趣”，他们婉言谢绝，认为党内有宗派。

第四，长时间管理论学习，但是她马列主义教育工作上有些意见。

对莫干山孙定国讲课，说他教条主义，不要听。其次对业余学校，争论较多，我们坚持要办，她很不同意。四门课问题也有争论，陈对我说：理论教务处 20 多人讨论，只有一个同意，陈说是“光荣的孤立”。

夜大学问题，考试问题。

总的说对马列主义，教条主义倾向是有的，如说教马列主义就是教条，就有不要马列主义味道。

〈便随〉随便讲过，报告中，写诗，[写]文章，文字与口头上很多时候流露了对党不满意见，也有不正确的言论。

新闻出版界右派[论]调[强]，都说省委有宗派，如潘有平、高光等都有反映。顾耕初、杨少，文艺界文化局也有反映。曹湘渠等更明显，说书记处没有浙江人——因此省委宗派主义大有市场，要搞清楚。

为什么出现这个气氛，要进一步讨论一下。

如黄源说：沙省长支持过他的，党代会文艺小组上反映很清楚，郑伯永也有这个讲法。

人民出版社，潘又平说，省长写信给宋云彬，是宋亲自告诉潘又平的。

（文件编号：E115）

宣传口鸣放会[1]

1957 年 10 月 7 日

王顾明：

宣传部思想斗争展不开，黄、陈二人问题取放任自流态度。

(1) 党代会文艺小组问题很大，黄源带头闹，会开不下去。向分团反映，杨源时被顶回去，陈学昭的发言没有在小组中通过，就去发言，是反党的纲领。一直到现在思想很混乱，省委错了，黄源是对了，他当了候补委员。

省委对文艺小组是非不清，影响很坏，反映后，沙省长去开了一次会，实质上是同意右派的看法，我不同意，沙说："王顾明的意见与陈守川一样，你还说什么？"沙对错误没有批，对正确的意见没有支持。

(2) 黄源目无组织，党组与局务会议作为个人的工具，党组有名无实。大家对他崇拜，向杨吕、俞反映了 10 余次以上。

对黄、陈过去违法、反组织不加处理，余从善调查了很长时间后，为什么不讨论解决，是严重的右倾思想。

出版社发言：

……[2]

卫生厅同志发言：

去年党代会上的发言不对头，现在意见不统一。

卫生工作方针政策上统一不起来，如血防问题。小组讨论，对沙省长与陈修良问题不是一般问题，是政治原则性问题。界〈限〉线要划分清，通过整风来搞，澄清党内思想。团结是一个问题，有解决的必要，排出问题来，认识本质是什么问题，下面接触不多，不了解。

省委与省府领导关系如何解决？

---

① 此标题系编者自拟。
② 原文缺。

李佩南：

出版广播意见。

对部委意见，去年思想斗争很不展开，金部长在时，三个部长不团结，平时不谈，在党代会上爆发了。陈与黄二人提了许多意见，弄成僵局。陈发脾说："我们是好意，不要把我们当坏蛋。"陈代理部长时，陈、商二人意见不一致，如八大文件学习问题。地市委宣传部长座谈会上，商与陈的意见不一样，会议没有开下去，不知道听谁的意见。

党章教材问题，宣传处起草，商下了很大功夫，最后定稿，陈大部分否定。陈有些意见对，有些不对。陈部长讲："我的意见参考。"我们不好处理，很难办。商部长也没有办法，后来由商最后定稿。处的工作人员觉得很难办理，拖了很长时间，商部长不解决问题。商说："团结为主。"动员以后，就对商体谅了。

金与陈的问题——金的作风有毛病，如台湾展览会问题，没有同付部长商讨，就向书记处汇报。

陈对金批评的有些是对的——自大、主观主义、官僚、命令主义、粗暴作风，不过有些过分。说金：不知汇报是什么东西，意思汇报副部长的坏话，对上对下两面态度，品质问题，吃得开是因为裙带关系。

陈在党代会后引了岳坟的对联，说很有感动，要我们也去看。陈所指的是金部长是奸臣，有忠邪之分。

陈在党代会的发言，是代表分团的意见，其中代表一部分人的情绪，如高光、顾耕初等一部分人的情绪，也代表了个人的情绪。受了谭[震林]的批评后，陈在分团会议上自己很紧张，有些人就提出批评，[说陈综合发言]并不代表分团的意见，有个人情绪。我当时也认为要检讨，高光反对。我认为发言片面：① 批评多；② 片面性，成绩少。陈写了一个解释，没有检讨。发言中有个人情绪与一部分人的意见，发言稿在分团上讨论过，有的举手，有的人没有举手。对省委与金部长看法有错误，背后我们有广播。为什么陈的火气大，孔鲁与我说，是不是因为没有提为候选人，闹别扭？后来孔鲁、我、司等人也向吕部长反映了这个情绪。

[陈]去年一年原则性谈话很少，爆发起来就严重化，现在问题还存在着。

广播台问题——反右后垮了。

历步青：

（1）大专学校反右斗争中，陈对办公室布置不多，搞简报、资料。进入到放鸣时，陈负责师范去鸣，陈的工作是积极的，但对大专学校如何提出具体要求不够，一度工作陷于缓慢，[这与]陈的具体领导有关。

（2）有些话无原则。运动开始时，[有人]提出宋云彬是政客，要注意，陈批评说：你们结论下得太早。其次在民主党派会上谈[自己在]党[内]过去受审查事不妥当。

（3）政治课考试问题——要求应严格，问题要不要马列主义，省委已经指示了，对右派分子不能让步，但陈让步了。

（4）普通教育——中等学校检查工作，陈不同意，认为是原则问题，不能作为一般作风来看，是原则问题。

（5）党代表大会问题——①

同意其他同志意见，代表个人非常不利。出了圈子。

（文件编号：E115）

① 原文缺。

宣传口整风小组会

1957 年 10 月 8 日

吕志先同志：

省委常委认为小组谈得多，活泼，别的组更活跃。每半天整风，不限于二个问题，问题都可排出来。省的工作上存在很多问题，愈谈得多，愈可解决，放手批评，各位部长要带头发言。

陈冰同志：

会议有 200 人，愈来愈少，只有 100 人，后来连假都不请了。

刘丹：

建筑问题。

周林：

省委对高校运动领导抓得紧，平日不大管。

杨洋星：

平日领导不具体，了解情况的多，解决问题的少。

卫生厅：

杨[思一]对运动领导涉及原则问题态度不明确，重大是非上不一致，没有给下面一个方向与力量。工作是细致的，具体的，解放初期，也有这个感觉。方针上是不明朗，如地方与外来关系问题，组织上混乱。南下干部被土匪打死，他很偏袒。对张光很相信，对其他同志不相信。

沙、杨有职无权，传说很多，省委对他们不相信？还是杨个人政治上糊涂、模糊，常常表示很为难，不果断。要求把他有些问题在整风中搞清，是作风问题，还是别的问题。例如“九三”，中医院内反右问题。

刘一夫：

（1）对教育厅领导问题——扫盲规模，城乡比例。

（2）统战部工作对民主党派情况很不了解，如俞子夷问题也无材料，头面人物公安厅材料很多，统战部不管这些。工作上有问题，省委要进一步检查。（商景才——统战工作没有阶级斗争观念。）

杨泮星：

医学院发展民主党派向统战部请示，从来没有答复。

蒋养民：

（1）干部问题，对工人干部培养提高不够。

（2）老干部革命意志衰退，难以分配工作的。

（3）对师专工作只讲不够，具体指导少，刘在后具体指导多了。

（4）对陈的意见。对师专闹合校，想要有一些办法，来找陈解决。很快要发展到全校，教育厅肖文不管，思想工作找到陈谈，没有什么指示不大敢负责，推来推去，要请示省委。

我们想上下口径一致，江华同志说要他们学生来。

讲话随便——"我们都让来上课"，指整风，王校长不满意。合校问题，批评王校长，使我们不好应付。

（5）省委统战部对师专不管，一点材料没有，省市都不管。

师范学院，付书记（山上），洪涛：

（1）经验不系统，干部下放，或长期住校，帮助。

（2）干部材料粗枝大叶。

（文件编号：E115）

宣传口会议

1957年10月10日

商景才：

今年上半年对阶级斗争形势估计片面，忽视二条道路斗争，而强调了人民内部矛盾。农村工作陷于被动，对其他工作也有影响，明显的是知识分子与统战工作。

（1）知识分子政策问题。照顾团结多，批评宗派主义情绪多，改造提得不突出。交朋友讲得很多，<u>改造问题一字未提</u>。（四月会议）

（2）建党不慎重，王仲侨发展限三天内完成。

（3）不提工农关系口号。

（4）<u>统战工作重视安排，如何改造没有检查</u>。

黄逸宾：

<u>去年党代会上已发了意见</u>。

反右问题，思想批评要严，帽子与组织处理要慎重。有种是一贯对党离心离德的，如郑伯永。有一些只有一般错误，在大放大鸣中发生的，如王参如、顾耕初。要具体对待，历史表现结合看，悔改如何？宣传部搞什么？搞农村赶不上，下决心搞知识分子为重点，农村工作不管与办公室合办，工厂更应归工业部。

焦梦晓：

（1）思想斗争问题。举例说“不强”，如高山问题，莫卜严重不处理，在思想上有顾虑，老资格与专家不敢同他斗。没有莫卜不能办美分院。

（2）理论工作重视不够。如这样大的省，事业很大，干部配得很不够，光靠年轻的不行，势必教条主义，理论工作应由有部长水平的来干。

（3）知识分子改造与政策掌握不够稳，统战部有大的偏差。“政治自由，组织独立”，不通过中共领导，余部长说：肃反问题由民主党派决定，肃不肃由各党派决定，民盟有人不同意。

(4) 干部问题,放进放出,下决心。

陈冰:

放鸣的形式:(1) 开各种会议,如三级会议,新登县被贴了一万条大字报,书记顶不住了,大部分意见是对的。(2) 专业会议。(3) 基层鸣放。

建议:(1) 训练一批干部学会鸣放。

(2) 送选一批干部到农村与工厂去劳动。

(3) 部厅局长干部排队到下面去工作,青年干部下放。留下少数人在机关工作。

放出来的东西:(1) 批评省委官僚主义。(2) 对某些部门的工作政策,如统一战线与知识分子政策问题意见比较集中。

吕志先:

去年党代大会后期没有"〈卫〉维护领导核心"。如何正确领会这个问题?莫干山问题,谭政委强调一面。

(文件编号:E115)

部务会议

1957年10月12日

杨凤发：

（1）1956年部的领导问题。

第一阶段是金部长时期，几个部长间存在不少问题，党代会上爆发了。讲师团问题，干部处曾放了全部力量，金、陈意见不一，很难工作，金一定要成立，陈不同意，不领导讲师团工作，部长不团结，影响工作。黄逸宾对金也有意见，党代会上大爆发了，态度也不够冷静。

第二阶段，陈为代理部长时期。

陈、商关系表面没有问题，实质上有意见。如处理工作问题，意见不统一，请示陈说不了解情况，要我们负责。会议上意见也有不统一，商、陈二人各说自己的意见，执行部委意见，还是个人意见，有困难。如早提出问题好解决，主要是思想斗争不开展。工作受损失。

党代会后召开过部务会议也没有解决好，二部合并前各处要求召开会议解决，陈不参加这个会议，对陈部长有很多意见。处长说提了意见干什么，同志想领导解决问题，因陈不参加，大家有意见，特别是乔建民。

金部长去莫干山，是不是一走[了]事，逃避责任？陈在工作上也有不少问题。

（2）部的领导问题。检查工作计划很少，每月每季都没有检查，通过总结可以提高，培养干部有利。各处室同志不断下乡调查，部委没有按时报告，工作情况不了解。

（3）各处室工作安排上有问题，谁抓紧了，就讨论谁的工作。没有很好安排汇报各处室的工作。例如干部处工作，支持不够。部的工作看法，事务多，思想抓不够，特别是文教方面，四条如何执行没有完全解决。

工作方法问题——干部路线，下去只找书记，不找群众。

（4）不善于组织干部，出了偏差。许多干部提拔，我们不知道，如王子辉、陈守川都不知道。

（5）商部长思想斗争不开展，如对金、陈，《浙江日报》办公室主任。

巴一容：

（1）执行方针政策问题。

报纸广播政策，左右摇摇，1955 年冒进。

（2）二条道路思想没有谈到，宣传四十条也没有提，吕部长认为广播是娱乐用的。

（3）内部刊物没有执行中央部决定。

（4）抓思想的文件只有五六件，大多数是行政事务工作。领导干部下去情况很少，深入实际很差。

（5）对直属单位不及时，思想问题迁就。

畦中：

部的分工好像分了家，互不通气。去年夏秋间我们羡慕宣传处，我们理论处[受]陈的领导，常常争论得没有结果，工作上遭受损失。

第一，业余学校问题，高潮来是好的，领导上如何建设理论队伍，陈部长不重视，争论上马下马，[业]余[业]学校还是[不是]重要形式之一。春夏之间她不肯干校长，影响不好。会议上争论多，大多数退学，陈根据个别秘书说[法]了解情况，同志们不愿意。[她]因此提出可以根据个人自愿原则，物理、化学，唱歌、跳舞也好。

第二，县委干部学习问题。召开校县干校来谈，要他们停办，理论处思想有抵触，不能下马。我们认为要想办法支持，给他一些材料。说明部对重大问题，互相开展批判很少，工作难。

第三，八大教材问题。陈开始同意编教材，集中力量来编教材，到二个地委调查，今年一、二月间还在研究讨论。

经三四个月时间的功夫，陈同吕部长讲了一下，吕认为宣传部不实际，说写得不大好，不要印。我们思想不通，同吕部长再谈，根据陈的意见，八大范围很广，不大好，后来决定用个人名义出版，拖拉结果，时间就失去了。

第四，知识分子理论教育问题。金部长说要由宣传部办，与文教部扯皮，我们进行了许多调查，也到上海去过，搞了一个多月。和金部长谈，他说："那个叫你搞，有什么用？"我们说是陈部长要我们搞的，[金]态度很冲动。部长不通气，在部委内没有讨论过，集体领导差，分化有，集体少。

我们去宁波地区，下面就问是不是要我们“下马”，造成理论学习高潮没有弄好。

究竟要不要学马列主义？不是抽象的，是具体的。理论处遇到的问题，不是要不要学的问题，谁也没有这样说，难办的是：

教条主义问题。陈部长说得很随便，说甡中与钟儒不支持我，上课时也说同意不同意，哭笑不得。在〈加〉嘉兴地委时也批评我们是教条主义，不支持他[们]。她的用意不是不要，但意见很多，领导抓得不够。谈经典著作〈故〉固然重要，办学校也要。

陈批评“闭门读书”，她提出要战斗中学马列主义。如何读理论，思想不明确。

争论很大的，工农干部能不能学习？王起还说：辅导员在讲哲学，他们可以听懂，下级干部下去学的，认为对工作有改变。这个问题一直争到八大文件的学习。《矛盾论》与《实践论》也可以学，我们自动去讲了。

理论工作存在着要不要学马列主义问题。

陈的工作责任心比较差，社会主义思想教育问题，陈生病了，一个多月没有人管。问吕部长，他不好答复，没有人管。目前大学中还有许多问题要解决，没有人管怎样办？

高级党校提纲陈答应印，我们反对，考虑极不慎重。

理论教员问题，供给编制今后要有原则决定。

学习简报上问题，南匈问题，老董写的东西陈修改了一下，商部长找了去谈，“你们怎样搞的？”我们没头没脑，答以陈改的。商说有毛病，态度不冷静，使我为难。商说：“把宣传部威〈声〉信搞垮了。”

朱明溪：

（1）杨源时对冀汸小说看法问题：他认为是方向，文艺工作者要向他学习，杨说动机是鼓〈历〉励作者。其实并没有看过他的小说，说是“随便说话”。杨在温州地委还是吹冀〈放〉汸（反胡风后）是别有原因，还是无意识的？

（2）1955 年杨去〈加兴〉嘉兴时，他对冀〈放〉汸问题，说是党对他支持帮助不够。反胡风斗争已开始还是这样说，是什么性质的问题，大是大非问题。

对美分院领导问题——高山、莫卜问题，谁是谁非。

(1) 大是大非还是高山"品质恶劣",为什么杨要处分高山?

(2) 是什么立场,给以严重的处份。

(3) 美分院右派如此凶,杨负什么责任?

(4) 高山问题是方针路线问题还是作风问题?

吕打击曲文原,支持了莫卜。

王绍民去了后莫卜反对,杨又调开了王绍民。

杨对干部态度问题——

(1) 对俞仲武态度,他不能参加大学工作,只管一个处,别的不知道。

(2) 俞为什么这样消沉,杨要负什么责任。

(3) 杨为什么到处说俞有政治历史问题,党籍是不是靠得住。杨很照顾自己威信,小问题也解释,对别人什么态度。

(4) 杨同俞谈过,党籍肯定要开除,这是组织上决定的,还是个人决定?

(5) 文教部是集体领导还是个人领导? 杨负什么责任?

对林辰夫的看法:

(1) 反胡斗争时,找同情胡风分子,许多言论不妥当,部本来要处分,但杨认为不必。

(2) 吸收姚永娟入党。

(3) 杨信任林辰夫,问他要干什么工作,不够严肃。林对人事分析有毛病,杨轻信。

对文联反右斗争感觉:

(1) 对林辰夫的看法,林对文艺也认为是"不懂装懂",与右派差不多,"粗暴"、"省委不能领导文艺"。

(2) 他要搞创作,个人主义也强烈。

(3) 自己作品给胡风分子修改,政治界限模糊。他说林辰路线正确,对林的信任,思想比较牢固。

(4) 杨、黄坚决主张各处分管干部,不要集中于干部处。

对知识分子政策问题:

(1) 杨的报告强调知识分子作用,改善待遇,批判党的宗派主义,片面强调,对培养工农干部只字未提,不要工农速成中学。

(2) 大专学校搞过校长负责制,华东只提出试行意见,但杨要全面的搞,削弱党的领导,有些问题不是官僚主义,是不是右倾情绪。

(3) 农学院不团结问题,不了了之,长期不解决。浙大党委四分五裂,也不解决。他采取畏难,斗争高山,调走,农学院[有]问题[者都]调出[光]。

徐畹华:

(1) 对大专学校没有工作计划。

(2) 大专学校不团结很严重,浙大工作成绩是不是主要的争论很大。

(3) 省委、部委未决定问题,杨源时到处讲。

(4) 党政不分很混乱,他喜欢搞行政工作,他自己喜欢,就叫别人搞,对学校的政治思想工作不大搞。

夜大学问题。

陈认为不能办,方案弄了好几个,对改造是一个损失,强调干部不知道自然科学,交通困难,不强调改造方面,决心不够,情况与眭中谈的不同。

(5) 杨降低党员入党条件,不要提觉悟问题。"修改党章"。

(6) 党对学校领导问题,杨主张要三顾茅庐,现有同志只能搞总务工作,"山东干部都是大老粗"——其中学校人讲,与杨的意见一样。

医院,中等学校校长普遍发生畏难情绪。

(7) 走火——党是走在那一方面?"要向敌人学习","蒋介石比汪精卫好","蒋介石回来当部长太小,应当主席"。

钟儒:

大字报贴了很多,陈找了眭中谈了一下,卸超面孔发红,找到部长房间去谈,请陈部长注意。

了解情况方式要注意。

陈冰:

书记处决定开省全体会议,18 日开四级干部会。

不利于大放大鸣的事不做,部长现在不解释。

对个人思想意识,个人可以保留意见,你也可以坚持,个人应强调检讨。

方针政策问题——最突出的是知识分子问题。

范处长：

(1) 杨源时对蒋养民说：要他去当卫生厅付厅长。

(2) 科学规划委员会办公室。

(3) 明知有政治问题的人为什么要积极提拔？

(4) 知识分子政策强调待遇忽视改造，不止一次说：校长要让给他们了。在义乌县对一个干部说："党员只凭党性搞不好工作。"

(5) 今年四月中小校长会议，擅自修改党章。

(6) 报告匈波问题，他说：蒋介石来当主席，你们思想要通，(在外地对青年学生讲，在县三级干部会上也如此讲)"哗众取宠"。

为什么偏右，老是如此？

眭中：

杨对一个皮肤科医生说：你国民党军官(少校)同杨关系好，要调到那里去就去，用小包车送。

范处长：

……①

孔宪德：

文教部会议讨论重要方针问题，不深刻。中医问题也首先强调安排，然后讲改造。

部的四条问题，长期争吵，杨说可以创造，不一定按中央指示办理。

部委思想不开展，每次都有不同意见，如知识分子政策，取消干部处等不了了之。

文艺问题，展开争论不够，杨、黄二人关系，党代会前，杨忙得很，黄很闲，党代会后矛盾暴露很显明了。

杨采取调和态度。

文艺路线斗争上原则性不强——调和迁就。

---

① 原文缺。

贯彻建党方针——①

余从善：

(1) 对知识分子问题，在丽水时与杨源时看法不同。知识分子总结报告，杨批：批党内宗派主义，安排“二反”方针不够，知识分子有很大的进步……估计有偏差。

(2) 组织不肯定(文教部)。

(3) 1957年工作计划，一直到吕部长最近调查工作时才交出计划草案出来。(此计划是整风前定的，二部合并时拟的。)

(4) 理论教育处陈批有每月可以批定图书，不交公有没有?

朱明溪：

[对陈修良]《不能遗忘的故事》的意见。

(1) 不是大革命失败后党斗争主要的一面，“英勇CP……还是继续斗争”，毛说的，没有被敌人所征服，是党的历史一面，主要一面，离开了基本情况，孤立反映黑暗面，有可能歪曲历史。所写的是“左倾”错误。如何克服“左倾”的，这样写就好了，对人民有教育作用。孤立了错误，对英勇斗争一面没有写，只有黑暗，没有光明，党与工人阶级如此水平低，是歪曲历史。

是不是唯物主义的，有什么教育意义。

(2) 文章不仅强调党的错误，而且没有写斗争与正面人物。文章所刻画的老胡，是十足的官僚主义，简单粗暴的人物。

(3) 小毛——到处碰壁，她对现实怀疑，盲目的服从，一直被捕为止，与党的现实不符。

当时二条路斗争很尖锐。

当时以毛主席为首的党是有斗争，为什么不写，如果如此，党的事业早就一败涂地了。正因为有很多正面人物特别是有毛主席为首的党，能够成功。这样刻〈划〉画党的历史有什么意思，实际情况是不是如此。

(4) 歪曲了工人的形象，党与群众的关系。当时有一部分人有顾虑怕，让

① 原文缺。

文章中强调了落后工人，不要接近我们同志。这个女工与小毛接近，一发现了是赤色工会会员，就马上离开，不是代表性的。

大革命失败后工人觉悟有空前提高，依靠CP，这样写工人不对头。

(5) 传播毒素，不了解的人觉得党与工人的水平很低。小毛碰到的是钉子，不能使人发生积极性。

党的历史很糟，这篇文章带有政治反动性的，为什么要写克服困难，英雄事物，为什么要写这样的题材。

顾宝俊：

(1) 讲师团问题。

省委有些主观主义，中央批了246个人。

当时成立有必要的，后来提出反对意见，不了了之。

部内没有讨论好，陈也[持]反对意见。

(2) 对陈提意见。

第一，去年理论教学处方向不明确，没有能很好研究理论工作的工作。相反的，反对学四门课，经常批评教条主义，不要办业余学校，县级机关也不要。理论教育处搞什么？是不是办时事政策。

批评教条主义倾向，如何搞，没有提出正面办法，经常提要"战斗"，如何斗不知道，经典著作是不是不要看了。

反对什么，树立什么没有解决。

第二，《学习通讯》问题，没有很好研究如何配合组织稿件，更有战斗性。从二月份开始没有帮助研究，过去的稿件大部没有审查，总的说不重视，不负责任。每期内容，文稿内容没有很好研究，而且自己也没有提出来搞。

第三，今年金部长调查时，各处长会议要批评部长，金也打了〈照〉招呼的，要陈来参加，而陈不来，这个问题陈的态度不够好，对部委会议的态度问题。什么用意？

(3) 对商景才意见：考虑问题不慎重。

邹青：

(1) 对修正主义思想批评不够有力，理论与实际联系没有找到很好的办法，这次整风才找到了。理论工作上有争论，没有解决，现在已经找了，可以总结经验。

(2) 党员基本教育，材料内容发下后效果如何抓得不够，思想教育特别差。

(3) 去年下半年有一段时间陈在家，不到办公室。

(4) 只抓当时几条重要事情，其他事不大管，有些东西要商去批。

(5) 听见下面意见不大虚心，理论工作问题的事项，处的同志认为没有采纳他们意见。

(6) 下结论太快，很肯定。去海宁回来后，肯定讲县以下主要搞文化学习，不要搞哲学，从一个县可否全面肯定。

(7) 文联房子问题。

华人秀去找过陈部长，陈办公室支持不够。

文联攻击部的领导，应表示态度。

司建兴：

文联房子问题太迁就知识分子。今天看来是丑化宣传部，当时应当批评，陈表示犹豫，说文联各同志睡在办公桌子上，这是一个迁就问题，他们说上海住洋房，华人秀到了文联成了高级知识分子，要给他找一个好房子，我很生气。商部长不叫批评。

（文件编号：E115）

钟儒谈话记录

1957 年 10 月 16 日

理论教员问题：

(1) 第一阶段，讲师团，金、陈意见不一，陈说行不通，要处长以上干部有困难，要编制。

(2) 第二阶段党代会后到 11 月去北京。

陈说到北京去看一下。各地分到地委去，陈同意这个意见，曾写了一个报告给省委，杨凤图起草。教员调来 30 余人，房子有困[难]。

省委决定不成立讲师团，归到党校去。

地委怎样没有提到。

中央要求把编制放在地方，中央不给编制。

后来有一次在办公室谈(顾、朱、眭、钟)，讨论业余学校恢复开办，陈不同意，钟等要求向省委请求恢复。

钟提出专职理论教员编制，陈反对，因为不办业余学校专职干部无用。眭中说以后理论教员没有人管。

"光荣的孤立"3 月份，处的同志要求把全处分为三门课。陈的意见，组织形式，讨论，一部分管在职干部，一部分管训练机构，一部分管《学习通讯》。

陈主张抓思想，研究干部思想。

开了一次大会，大部分不同意，我同意朱静如意见"暖房不能养花"，陈同意朱的意见，朱静如意见。

梁通：城市工作方面。

从大收缩到大发展时期，农村抓得不够。

城市工作金规定三条：(1) 理论；(2) 时事；(3) 支部教育。

宣传处搞什么不明。

陈对城市工作是支持的，但没有帮助解决问题，主要抓什么有争论。陈说只搞工人，不抓知识分子、工商界不对。处的同志思想不通，对象不明，对知识分子问题不明确，对知识分子、民主党派特别有兴趣，对工厂注意不够。

陈对城市很少提到工作任务，交一些临时任务，如杭州市八大学习，知识分子，工商界教育工作，搞什么不明。

(1) 工作不深入。到宁波去找干部谈话，提出一些问题，没有认真研究，只听情况，到〈加〉嘉兴去也不深入，南湖布厂书记对陈有意见，没有帮助解决问题(李铁峰说)。到了该厂汇报不大耐心，找了几个工人谈，也不耐心，支部书记因此有意见，希望解决问题。

架子大，坐了车子去的。

到华丰纸厂去了半天，听了汇报，平日讲得多，了解工人情况不够。

(2) 去年部里开部的扩大会议，陈提出省委与宣传部关系不正常，临时抓工作，不重视思想工作。金不同意，陈后来自己检讨了一下，这是什么情况？

(3) 去年政协八大讲座报告，反映〈很〉不好。

情况反映觉得：有一些问题[讲得]不〈洽〉恰当，如就业问题：

“将来肯定就业问题都可解决”。提出来检查。

（文件编号：E115）

四级干部会议

1957 年 10 月 18 日

江华同志：

为什么要整风，因为有毛病，如扫地、除草、肚子里东西都拿出来，脑子带头。

党与工人阶级整风与农民、ブル、独立手工业者不同，二个范畴，你们自己去区别研究，放开肚子讲。

整风目的，提高思想水平，统一意见，端正政治方向，把认识提高，年年提高，党与群众关系更加密切。办法大放大鸣，大争论大胆、坚决、彻底，光是大字还不够，还要彻底地放，把气都放出，毫无保留。省级机关没有彻底放，三分之一，有的自己不放，叫别人放，对中央有意见都可说。另一方面要大大地改，形式各种各样，击鼓上朝，刻木字，大传统就有大字报。延安时也有过大字报，民族形式新的发展，我们干部看了大字报，躺倒、病倒、呜呼哀哉，看到报就倒了，可见厉害，使人会病到，有些人不干了。

霍士廉：

各党委负责组织。

（文件编号：E115）

宣传口会议

1957年10月19日

陈冰：

地委放五天，宣传部各已放完，部分同志去参加地委（到宁波地委），一部分工作，如还要放，继续开会。

贴大字报。

陈冰：

（1）被提意见的同志也要提。

（2）每天下午开会，必要时开一天。

（3）星期日开。

（文件编号：E115）

宣传口会议

1957年10月20日

陈冰：

干部思想政治工作问题。少数干部思想上有问题，艺术馆有一个干部不肯下乡，否则退党，总支没有处理，做官思想，小平同志[说]要清洗的有好多种。

个人主义思想严重，屡教不改的要开除。

省委扩大会的提到外来与地方干部问题——干部地方化，不是干部政策的最高原则，[强调地方化]是地方主义倾向。

文教系统有一个逆流，说省委书记处没有浙江人，都是山东〈山〉人（陈学昭说），可以讨论文件。

（文件编号：E115）

宣传口会上的检讨发言

1957 年 10 月 20 日

大家对我提了许多意见，我的问题首先要深刻检讨自己的错误，是不是我首先在宣传口先检讨，我有许多问题记忆起来还有困难，是不是允许我让我再有一些时间，检查自己，同时还希望同志们继续对我展开批评。

（文件编号：E115）

在省宣传部干部大会上的初步检讨交代[①]

1957 年 10 月 30 日

大家对我提出了很多很好的批评意见，给我改正严重错误有极大帮助，表示感谢。

我错误很大，问题复杂，现在只能把几个主要问题先作初步的检讨与交代，希望大家帮助，继续提意见。

第一部分

我是一个有严重个人主义思想，非常骄傲狭隘，自尊心极强，主观急躁的人，非ブロ思想言论长期保存着，没有自觉，没有彻底改造，反而自以为正直，坦率，对党能直言不讳，经过长期革命考验，背上了老资格的包袱，对历史上所犯的错误，没有虚心地去接受教训，因而没有能够彻底改正，而且严重存在着。

1955 年我来浙江后个人主义严重发展，突出地表现在去年省第二次代表大会上。我对自己所犯的这一严重错误，过去认识很差，在此次整风中，同志们的批评，我才逐步地认识到错误性质的严重，现在关于这个错误先作检讨如下：

首先我要交代省党代大会发言问题。

我本来不想在大会上发言，由于宣传分团公举，金韬同志再三叮嘱，要我代表分团意见去讲话，因此我就根据了代表们的意见，也包括了自己的一些意见，写了一个综合意见发言稿。

这个发言稿是经过酝酿与讨论的。首先由我综合大家的意见，提出要点，在分团上讨论了一次。初稿写好后，发交给黄逸宾同志看过。他在原稿上加上了一些眉批，后又交换了修改意见。我根据他的意见，把不妥当的地方，言词偏〈急〉激地方加以删改，然后再去分团会议上逐段宣读讨论一次。部分代表又发表了一些删改意见，也补充了一些新的意见。兹后因交稿时间急促，决定文字修改后不再讨论，所以此稿除黄逸宾同志看过初搞外，未经其他任何人

① 此次检讨交代是在宣传部内进行。

看过。我不仅应当担负文字上的责任,而且因为,① 全部内容我也同意;② 宣传分团我是付团长之一,所以发言稿的错误责任,应由我负担起来。

由于我的发言,不但使金韬同志落选,并且夸大与歪曲事实,恶〈刻〉毒地批评了前届省委,使大会对领导的批评不正常的情况,火上加油起来。我的错误实在是非常严重。很明显的我是不顾大局,不顾党的团结,给党造成了严重损失的。

为什么我会写出这样坏的发言稿,首先要检讨的是我严重的个人主义的思想状态。

第一,我从个人主义立场出发,错误地批评了省委干部政策有主观主义、印象主义。我对省委干部政策的批评,首先从对金韬同志不满开始。

我对省委干部政策原先没有什么意见,自从金韬同志到部工作后,觉得他的作风不民主,不倾听别人意见,业务水平不高,而又常常武断地批评别人,严重地损害了我的个人主义的自尊心。从这一点出发,逐渐对他有成见。

有几件事使我对他很不满。他经常对我们说:省委××领导人如何说,就好像是决定,[哪怕]好像是个人意见,不管工作条件[也]硬要执行。例如他一提到台湾有和平解放可能,便立即要停止台湾展览会展出。黄逸宾同志被江华同志叫了去批评一顿,据说金在旁微笑。所以就说他是:“挟天子之命以做诸侯”,[这是]形容他的命令主义。(我不是把江华同志比为皇上,把我们比为诸侯。)

还有如我在部务会议上说过一句省委对宣传部领导“不〈平〉正常”,临时催办,平日不大管。金就抓了“不正常”三字,要在会议上整我,态度难看,我只好申明收回意见。对我的自尊心受了很大的打击。

宣传分团开会时许多同志对金韬也开展了尖锐的批评,说他是“对上负责,对下不负责”,说他口袋里有一本日记本,经常向省委去汇报,说我们的缺点。会上还有人批评他的一些事情。我听了分团代表的意见,更加生气。因此在会议上我对金韬的批评就忘记了党的团结原则,治病救人的态度,进行了恶〈刻〉毒的人身攻击,采取一棍子打死办法。说他品质恶劣,批评他有“邪气”、“不正派”,并引了岳王庙的对联“忠奸自古同冰炭”和“山中竹笋嘴尖皮厚腹中空”的话来谩骂他,而反自以为是正直无私。对金的这种个人主义意气,是我在大会时期犯严重错误的开端。

从对金的不满开始，对省委的干部政策也发生若干怀疑。后来听了许多代表对干部问题提出了批评，如说省委是“从上来看干部，不是从下来看干部”等等话，更加使我偏听偏信起来，因此对候选人名单也有了意见。同时候选人名单下达很迟，没有简历与鉴定，也增加了我的不满。

我因对金韬不满意，而对陈伟达同志也有了意见。在这以前我对他没有什么意见，因他当时兼管宣传部工作，总觉金“有恃无恐”的姿态与陈有关。后来从别的分团流传什么“裙带关系”问题，因此对徐畹珍提为候选人也不同意了。所以在介绍候选人时，有人问她是谁，我说是“金的爱人”，金、陈是“两连襟”，实质上不要他们当选。

第二，因为以上问题的不满，对省委的领导作风也就不满起来，大会报告准备不够好，大家也有意见。此外又听了部分代表的批评意见，如说省委的民主作风是有历史根源等等，提出了莫干山会议，贯彻四中全会决议等问题为例子来证明。我对这些问题是本来根本不知道底细的，听了也觉得新奇，因为我对省委作风已有一些意见，因此也就无条件地加以接受，所以发言稿中，凡是对省委领导作风尖锐的批评，不管我是否知道，都一一写上，武断地批评省委作风是官僚主义、主观主义，一笔抹杀了省委作风基本上正确的一面，充分表现我的严重个人主义的思想。在这个场合我的个人主义发展到了昏头昏脑状态，一味为了泄私愤，对党的团结的最高原则，爱护领导的重要性，连想都根本没有想，而是任意批评攻击领导人的作风，给党造成了绝大的不利。现在看来我的错误实在十分严重。

第三，正在这个时候，沙文汉同志突然告诉我说主席团宣布中央审查他的历史，可能我也列为被审查中。沙告诉我的本意是要我情绪不要波动，头脑要冷静，不要乱讲乱说，耐心等待党的审查。但我却是相反，更加觉得受委曲，气生得更大。

由于上述原因，我的情绪极不正常，所以写出这样坏的发言稿。同时我还以为既然是代表大家发言，就应当把大家意见写上，不管意见是否正确都给综合起来，而且加进了我的错误意见。

我的发言引起了严重后果已如上面所说的。在当时我是想不到的。

发言稿最错误的几个问题：

第一，是对候选人问题的分类，由于文字措词极为不妥，在客观上造成了对新的省委名单极坏的印象。使代表看起来好像全部候选人都要不得，实际上在分团讨论过程中，包括我自己在里面，对候选人有意见的仅是少数，主张撤换的五人即金韬、李频如、徐畹珍、李林、吴仲廉；主张检讨的是方琦德、吴植椽；主张降为候补的是刘木易、金铃；要求公布历史结论的是卜明与薛驹。

我对候选人知道的极少，除了金韬、陈伟达以外，还批评了李林、吴仲廉二人生活作风，对工作的缺点，批评了江华、林乎加同志作风粗暴，但认为是好人。发言稿中所指的四类候选人，就是指的以上几个人，不是指全部候选人。

其中所谓有一些人是品质不好的，是指意见最多的金韬、李频如。有一些人是老资格，而作风不好的是指李林、吴仲廉。有一些人是庸懦无能的，主要指刘木易，因为有人说刘木易是“菩萨干部”（我对他不认识，也没有这个意见）。其他的记不清了。有一些人历史要公布的是指卜、薛二人。

我把有意见的候选人分类写成四种，“有一些……有一些”，这是严重错误。反映了个人主义昏头昏脑时候，就随便〈伸〉顺手写成了这个样子。

第二，片面地夸大了前届省委的领导作风的错误错误。

在发言稿中把省委个别负责同志的作风缺点，夸大一般化了。这个错误很严重。其实我是以个别领导人的作风为例，特别是以金韬为例，把他夸大一般化了。这里个人的意气作风带进了文字里面。更其[为]错误的是把莫干山会议等问题也一齐写进去了，我当时根本不知道这样写出来会带来什么后果，而只是一味为了自己发泄痛快。我这样不负责任，把自己所根本不知道的事也如数写上，荒谬到什么程度，现在回头来看，更加觉得错误严重了。我的严重的个人主义思想会给党带来什么危害，我当时确实没有想到。

为什么又要表扬杨思一与吕志先呢？因为当时部分代表提出，为了表示不是对省委全部委员的作风有意见，表明只是对少数人有意见，所以要主张表扬几个人。有人提出杨、吕二人，我也就同意写上去了。至于后果如何我也没有考虑。（高光提出来的）

对前届省委的工作成绩，我们是一致认为是光辉巨大，[是]肯定的，但写得很抽象。一方面反映出宣传分团的思想不健康；另一方面是大家对大会的认识也不清楚，以为党代表大会应当发扬批评的民主精神，所以很少谈到正面东西，而偏重于批评领导作风。

宣传分团不健康的情绪与我的错误领导有关，我不但没有尽到自己对党的责任，反而助长了对领导作风的不满情绪，我要负很大的责任。现在诚恳检讨自己的严重错误。

我发言以后，沙文汉回家来找我谈后，他严格地批评了我的严重错误，要我向大会作检讨。我拒绝了这个意见，认为我的发言是代表宣传分团的，发言稿是分团的共同意见，我不能个人去检讨，所以拒绝这个意见。后来听谭震林同志的报告，对我的发言批评很严厉，我开始认识到自己也有错误，但当时思想还有抵触，我认为把候选人分类是文字问题，提高到这样原则高度来批评是过分了。宣传分团也有意见，后来用分团名义写了一个申明。大家不同意用我个人名义写一个检讨与申明书给主席团。[我也]只承认自己思想方法片面主观，偏急[激]，文字不当，并没有认识到我的错误的严重性质。因而在大会之后，还是思想不通。再加上受审查的包袱，因而更加不满。一直到这次整风，我才逐渐理解到我的错误的严重性，我现在认识到严重错误的根源是万恶的个人主义思想，所以给党造成了严重损失。

第 二 部 分

党代大会后，因历史被审查，精神负担很大，怕搞不清，感到委屈，抬不起头来，个人自尊心受到很大的挫折，对党的审查没有采取耐心的欢迎的态度，而是站在个人主义立场上，从自己个人的得失上去看这一问题，情绪也很不正常起来。具体表现在工作上不够安心，怕负责任(如不敢审查肃反材料)，发牢骚，情绪急躁与冲动。我对这件事在杨心培、霍士廉、吕志光、黄逸宾等人面前都发过牢骚。去年下半年陈学昭问到我这个问题时，我也错误地发了牢骚。

首先我要交代一下我和他[她]的关系。1956 年春她和我的大女儿，沙安之同住西山医院，因而相识，我通过陈帮助我女儿学中国文学。我去过她家六七次，大半是星期日带着孩子一起去玩的。除了闲谈以外，有几次谈话有很大的错误，事涉政治原则性的，应交代。

去年下半年〈我〉她问我历史问题被审查的怎样，问我是怎样一回事，并且告诉我她在党代大会文卫分团上早已听人说过："你曾经做过不可告人之隐的事。"我当即很气，就冲口而出发了一顿牢骚。我说："我的历史问题在整风时已有结论，政治上是清白的，有什么不可告人之隐？我的历史很曲折复杂，受过委曲(暗指王明时代问题，没有同他谈历史问题)，现在问题大约是从沙文汉那里牵涉过来的。丈夫倒霉，老婆也倒霉，夫妻关系很密切，好好坏坏终是互相联系的，好像一条裤子，二个人穿，终是扯不清。”并且还说了，年代久远，很难找到证明人，要查清历史不容易，表现着急。但我记不清楚是不是说过：“头上有乌云”，“夫贵妻荣”的话。在这种场合中，我的内心中难过的是怕历史查不清，担心被人诬告，但决不是说这件事是省委故意来打击我们。即使我真的说过什“头上有乌云”等话，这自然是指自己历史问题难以查明的意思。因为事情经过我知道不是从省委来的，事情还是我二十多年前的老账未清，缺少证明，因而着急，感到委屈而已。我的历史陈学昭是不了解的，她是不能理解我的心情的。

另外有一次我去她家，她的神经很紧张，说林辰夫通知他[她]写自传，要审查历史，好像是王顾明在打击她的。并说：她的历史在延安审查过，材料在中央作家协会。我看她很急，就对她说：你可以写信给省委，或者要作家协会证明，何必着急？却不曾说：“谁支持你，不过是作家协会支持你，你是没有办法的，现在是夫贵妻荣。”这一点我记得很清楚，我决不是这样说的。

又一次她问我为什么不写东西？我说外面传说宣传部同志写文章得了许多稿费，怕被误会。我写东西不过是“练习”，又不为了稿费，所以现在不写。她问我什么人告诉你的，我说是文芸反映给商景才的。外面有些传说，为了照顾政治影响，我今后不再业余创作了。

有一次她对我谈过《土地》那一本小说，也批评了林乎加。我曾批评她神经过敏，她说我“不了解情况”。

五月间她到我家来过一次，我曾正面地批评过她对林乎加抱成见，算老账的思想是不对的。

今年三八节也是我最后去她家一次。她问我“是不是要调工作了”。我说早已过去的事，我不愿调人委去和沙文汉一道工作，省委同意。她又问现在要加强理论工作，为什么反而把[你]调出宣传部？我说这倒无所谓，省委很重视这一工作，听说还要成立机构，如何搞法，不知道。因为我没有参加讨论。

还有几次的星期天我带了孩子到她家玩。另外一次是为了那篇文章，因郑伯永要我用第一人称写一本书，我不想写，就去征求陈学昭的意见。还有二次是为借字画坐了一会走了。

今年五月间《文汇报》上发表了陈学昭的一篇谈话以后，有一天她从江华同志办公室出来，在大楼走廊上碰到。她告诉我江华同志委托她去管文艺工作，我不知其详。我想起她的《文汇报》谈话，就批评她不应到民主党[派]报上发表批评党的工作[的文章]。我说你已经犯了大错误，对党的工作有意见在党内讲好了，为什么要到党外去发表谈话？她说："已经收不回来了！"她又说："《文汇报》内有党员，这个无所谓。"我说党内外界限要划清，你是一个党员不应这样做，还劝他[她]向省委作检讨，今后要努力学政治。那天中午她顺路到我家吃中饭，就在饭后我批评了她对省委负责同志的错误成见。

以上是我和陈学昭来往中所谈的主要情况。互相发牢骚，我们自由主义错误确很严重，但决没有像曹湘渠所说的："好像和她在搞反党小集团，去传播流言蜚语，说我和她有共同言语，共同思想，谈得很投机。"

老实说，在我印象中陈为人热忱，精神过敏，政治幼稚，爱发牢骚，性情孤僻，我所以和她往来，除了我被审查，她表同情，没有〈忌〉歧视心理，所以多找她玩了几次。更因为我希望她帮助我的大女儿，教她学中国文学，自己对文学也有一定兴趣，这些方面是有个人兴趣相投的地方的。但决不是曹湘渠所想的搞什么小集团。这一点是要特别申明的。决无其事，也无此企图。至于我们被审查问题，如何传到党外，我也实在不知道，也是事先所万万想不到的。但由于我自由主义错误，发牢骚，随便说话的严重错误，给党带来了损失，这一点是有责任的。

其次是诗的问题。去年十一月间我到中央组织部去问过我的历史问题，得知中央已经查明真相，即可做结论，我很高兴。今年三月间吕志先从北京回来也说不久可做结论。得了这个消息，我的心情有所转变，不像过去的忧郁了。但是由于没有正式结论下来，终是不放心。有时想想就又不安起来。在这样的心情下面，我感到好像初春时节，登高望到太阳很高兴。回想自己的历史许多事情又感到难过起来，同时在三月间到〈加〉嘉兴去以前，就写了一首《初春登初阳台》的诗：

"登山望初日，寒风袭襟怀。枯枝留残叶，漫踏百草残。忽见柳色翠，晓莺鸣其间。孤松独苍郁，梅花笑自闲。晴空照碧湖，微波浅浅斑。南山着故好，遥遥问我早。悠悠念乡里，白云隔远道。"

这诗大意：

前面几句是写当时的景色，与又喜又爱的心情，最后四句因感到年已半百，身体衰弱不堪，看南山长青，不知道还能做多少年工作，有点感慨之意。

四月去〈加〉嘉兴，住在湖州旅社，气候忽冷忽热，当时很高兴，写了下面的一首诗：

“寒燠苦多变，旅人各歔欷。昨日执蒲扇，今日着棉衣。风急桃花落，雨过春日晖。物极必自反，慎莫忘是非。”

后面四句是写自己的心情为雨后春日的愉快，并勉自己。

这二首诗在五月上旬政协开会时给曹湘渠看了一下(邻座)，因为我是知道他懂文艺。他说不懂诗，也没有发表意见。我开玩笑说：“不要误会是《草木篇》，不得了。”他笑了一笑，如果我真的自认为是《草木篇》难道还会给他看？而且诗的内容与本意，根本没有反党的任何意图在里面。

曹湘渠说：“这诗充满了不康健[康]情绪，反党情绪很浓厚，内写鸣放，说是寒冰之类。我说写诗不好，她说是《草木篇》，我说差不多。她一笑置之。”这却不是事实，是凭他自己的感觉想出来的。

现在我应当检讨的倒是在于，当时我的心情确实有不健康的情绪，对自己的历史问题没有解决，常常产生不应当的伤感情调，这也正是表现了我的个人主义的思想情绪。

第三部分(理论工作问题)

由于我思想作风不纯，水平不高，经验缺乏，对党的指示有片面理解等原因，造成理论工作上许多错误损失。我的错误与缺点，检讨如下：

第一，对在职干部学校的作用认识有片面性。

从1955年到1956年春，我是比较重视政治业余学校的，规模搞得很大，想“一网打尽”。但后来在省级机关二所政治业余学校中，发生了一些矛盾，不能解决，想把范围缩小一些。后来觉得有些矛盾不容易解决，信心就有些动摇，主要问题是：讲课的内容不能满足多种多样干部的要求。干部的理论，时事政策，业务，文化学习不好安排，工作时间与业余学习有时间上矛盾，缺少辅导员等困难。虽然作了一些措施，解决了一些矛盾，但我因情况深入了解很不够，有时也偏听偏信了一些学员的反映，对业余学校有所不满，许多问题的困难，最后难以克服，有些犹豫。

1956年四月间中宣部发了几个通知，要求在职干部文化在初中以下的干部一律参加学习文化，各省市办中初级党校，轮训干部，各专业干部分别办专业学校，兼学三门理论课。因此更片面地认为这样一来，省级二所总校可以结束，由各系统自己去办(所以我说不要当校长了)。在职干部学习理论主要是轮训，认为业余的正规学习办法应当有所改变，我没有充分理解到轮训干部的数目有限，不能满足广大干部的要求这一意见。别人提过，但我固执己见，没有进一步改良方法，而且片面强调加强省级党校，各种专业干部学校训练机构，一个人主学文化，组织新党员上课，非党员自愿参加，才能解决这个矛盾，因而就逐渐不够重视政治业余学校起来。

去年四月间中宣部发出“加强演讲工作的初步规划”，主要内容也是以学习马列主义的基础课为主，同时也包括自然知识等项目，采用演讲会的方式认为比较生动灵活，多样化，我觉得这个通知很好。政治业余学校，每星期上一次课，作用同演讲会差不了多少，如能按系统办起演讲会来，对解决上述矛盾也许更好。因而对政治业余学校是不是照旧办下去，就更有点信心不足，我忽视了一部分干部马列主义理论水平不高，阅读经典著作有困难，尚须作一定的系统讲解，这一点认识是片面主观的。

同时又因政治业余学校教学内容太多太深，意见很多，那个时候正值中央在强调反教条主义，提倡解开绳子，不要照抄照搬现成教科书、讲稿等等，因而我认为所教的内容不切实际，理论与实际联系差，因而更对政治业余学校的教学效果有所怀疑，极力想用别的办法来代替。

这些问题部内意见有些不一致，没有认真讨论研究具体解决办法，统一意见，使理论教育处同志工作上发生许多困难，这一点我要负很大的责任，应当检讨的。

其次对县政治业余学校问题，那时各县有的已经自动办起来，教员、教材没有事先准备，有不少困难，办不办的问题意见上有了分歧。我的意见是不能普遍搞，不勉强办，没有条件的县不要搞。后来到海宁县调查干部的学习要求时，据反映县的一般干部约有80%要求学文化。因此我认为先学文化也好，可以暂时不学哲学。当时哲学课在县委方面教员与教材很少，有的是听孙定国的录音，有的是从省地机关的讲课听了回去传达。对县以下的干部学习来说是比较困难的，因而更认为这样不顶好。片面地认为县的一般干部应以学习文化为重，对县的政治业余学校没有采取积极支援办法。例如杭县要求宣传部派人去讲课,没有帮助解决,反而要他们如果办不下去,不办也可以,这样草率态度是不对的。

1956 年九月向宣传部开了一次省市地县理论工作等的座谈会,大家要求办,我也同意继续办下去。此次会议主要解决各种学习的安排,如何办业余学校问题。发言的第一段我讲到凡是党员应按党章一律学习马列主义,非党干部可以自愿参加。但第四段讲到学习组织安排问题,我讲得很不完整。没有重复地说明党员与非党员的区别对待,而是笼统地说:"业余时间可以自愿选择学哪一门理论,要学几门也可以……如果规定的几门都不愿学,要学别的如物理、化学、文学、艺术、音乐……也可以。要照顾个人的兴趣。我们怎样知道这些人在业余自修后,将来没有精通业务的专家呢?但自愿也不能没有领导,随便学哪一门都要领导,要做到这一点就要调查研究。"我的主要缺点是缺少一句话,即党员与非党员的区别,使听者发生误会,以为可以按个人自由,包括党员在内不必学马列主义,这是我轻率、不严肃的态度所造成的后果。当时我没有注意到,现在大家指出,确实我的话是有很大毛病的。

这个会议以后,省委九月间就发出了学习八大文件的通知,暂时停办政治业余学校,何时恢复另行通知。由于执行这个通知,业余学校就此停办到如今。

大约今年春,理论教育处个别同志曾要求恢复政治业余学校,对处的组织形式或建议按三门功课分工负责。我不同意这个意见,主张处的组织形式应按三方面分工组织,即编辑《学习通讯》管理训练机构,在职干部学习三个方面。至于愿学那一门,可以另编自学小组。这个意见处的多数同志不赞成,我就开了一次全处会议讨论。我开了一次玩笑:"那么我只好光荣的孤立了。"这种随便开玩笑,而又不解决问题,影响同志们的积极性,我当时根本没有想到,所以我是完全不对的。同志们的批评我完全接受。

关于组织形式问题,我曾在部内提出讨论过,没有明确组织形式,只是确定编制名额。这个时候拖了很久,没有处理,也表现了我的官僚主义的严重。

现在应当检讨的是,对不同意见的同志,我没有采取正确的态度去解决问题,反而用开玩笑的不严肃的态度去讽刺别人,这是非常不对的。我的以上主张,主观愿望不是不要三门课,我认为组织形式与自学是二件事,所以我也说过如分组,我愿参加党史组。我的出发点是想把理论教育处加强对三个方面的工作。并且我当时已经知道快要准备整风,系统理论学习恐不可能。所以有这样的意见,即去加强在职干部训练机构及《学习通讯》三方面的工作。

十一月间中宣部召开各省市宣传部长会议,讨论了各地应不应当继续政治业余学校问题,陆定一结论中说:

"在职干部学习问题有许多名堂,中下级干部只能到初级党校去,或进轮训班,学习一下就够了,平日不必多搞,应当停止。要看什么是都可以,离职学习学要不要停止,可以考虑。"

又说:"政治业余学校问题不一定要死板的根据中央宣传部的规定,初级组织的对象,不必学哲学,只讲常识就够了。要不要办,各地考虑。"(记录存省委)

我听了陆的指示后,思想上更加自以为是起来,认为我以前的主张是对的。这样骄傲自满的思想表现在今年四月间去嘉兴时,对着地委机关同志面前,批评理论教育处同志说:"你们终是一天到晚三门课,培养教条主义……"

这种批评显然是很错误的,使人觉得过去教三门课都不对了。而且不顾场合,出口伤人,是完全错误的。

第二,建立理论队伍问题的检查。

一、如何建立理论队伍问题。

关于讲师团问题曾与金韬有不同意见,他主张集中在省委宣传部,抽调处长以上干部任专职讲师,后因干部迟迟调不来,我认为要求太高。成立大规模讲师团没有条件,认为加强理论工作不一定用巡回讲师团作为唯一办法进行。偏重于加强各级训练机构的教员质量。这个意见在党代大会时提出过。由于我们意见分歧,下面工作有困难。我应当检讨的是对省委的原来决定坚决执行精神不够。因意见不同,固执己见,服从组织领导的纪律很差。

二、关于脱产的理论教员组织问题。

去年十一月中宣部决定:"今后各省市所设立的专职理论教员,应列入地方正式编制。"后来由干部处写了一个报告给组织部。我没有重视这个问题,片面地认为政治业余学校不一定办,省委宣传部不一定要直接抓理论教员,可由党校地市委自己去管理。后来意见有了分歧,我也采取了不了了之的态度,表示不够负责,这是应当检讨的。

第三,错误与缺点的检讨。

一、执行“联系实际，学习理论，提高认识，改造党性”十六字方针贯彻的很不够。

我去年上半年提出了反教条主义，“解开绳子”，“百家争鸣”，“独立思考”，“反对照抄照搬苏联教材，联系中国革命的实践”，“宣传部工作要抓思想，要像活神仙一样工作”等以后，我对理论教育如何具体执行方针问题，改造教育内容问题注意很少，常常在学习组织方面、方法方式上打圈子。例如要不要办政治业余学校，高等学校办夜大学好还是按照别地经验好？（有一个条例可以核对。）我主张：“马列主义要在战斗中成长。”这句话没有具体方法，就成了空喊，使处的同志无所适从。

从去年八大以后，全体干部进入学习八大文件以后，对干部所提出来的许多实际问题帮助解决太少。运用经验，教学机构集中力量来推动学习八大文件，联系中国革命的实践，这方面做得太少。实际上我自己的教条主义也很严重。

二、主观地批评片面的系统学马列主义的方法，即不赞成照书本教书的方法，过份地估计了已有教学效果，而又没有好的具体切实可行的方法去代替旧的，因而使现有的教学工作受到了损失。弄得大家信心不高，无所适从，这个错误，应由我负责。

犯这些错误的主要原因：是由于我思想上的骄大，看不起现有的教材，如孙定国的一套哲学教材，认为是太抽象，太广泛，有教条主义味道，硬〈贯〉灌到下面没有好处，而自己的哲学水平也很低，没有能够积极帮助如何解决改变教材的内容问题。

其次，是由于我的思想方法的主观狭隘性，接触实际太少，调查研究少，主观上想把理论教育工作搞得生动活泼一些，片面地去理解“解开绳子”，提倡独立思考。对现有一套的教学大纲重视很不够，具体抓理论教育工作计划这一方面放松了，因此对面的领导也就放松了。至于是不是我不要进行马列主义教育，这在我的认识上不是这样，而工作所以搞得不好，正如上面所说的由于我的许多错误思想所造成[功]的。

第 四 部 分

在接受历史和兄弟党经验教训方面不健康情绪问题，这一错误突出表现在几次教课和报告中，检讨如下：

如今年四月间在高级训练班上哲学课时，在说到反修正主义时，我说：修正主义是否是一切的，所以否定斯大林的一切功德。把斯大林的功过三七分很重要，斯大林在社会主义经济建设问题错误少，在上层建筑方面如法制、哲学思想等问题上错误多。所以我说：我们要加强思想工作，抓思想，要加强法制，要发展文化，要进行人们的道德、人生观、法律教育。“人民币加结婚”不要看为人生的目的。接着我就批评我的大女儿在苏联长大，满头脑充满个人享乐思想，只想做专家，不学政治。也说到了苏联过去对青年共产主义教育不够重视，还说了像苏联这样巩固的社会主义国家，也可以受资本主义思想影响，在人的头脑中产生ブル思想，我们更要重视。

在讲到反教条主义时，我说教条是肯定一切，一切是绝对的，坏的就是坏的，好的就是好的，这是形而上学。“百家争鸣”方针好，各种学说都可谈，使我们可以〈捨〉选择好的，去掉坏的东西。在斗争中好的东西是要占优势的。“以理服人”有什么要紧？在这段话中我就讲到斯大林教条主义错误，马列主义有僵化倾向，文学、哲学不够发展，应引为教训。接着我就谈到我们的保卫工作是不是也有抄袭苏联过去的不大好的办法，有教条主义。我就以我过去在苏联看到的一些来批评了他们做法不好，如五一节我们进会场，观礼要经过多次检查，通行证，很不方便，是多余的。在公共汽车上不许拍照相，连照相机也不能带。在风景区拍中国人照片也被没收软片。接着我说：有一次我到玉泉[山]去玩，苏联科学家也在拍照，我们去拍时，保卫人员要没收照相机，要扣人。结果是拿去了工作证才算了事。这样做法是不是抄了苏联经验，表示这个办法不好。同时我也批评了过去保卫首长办法太机械；去年三轮车晚上十时后不能进里西湖，老百姓不方便。首长住的地方连大饼油条也买不到，据说是公安机关禁止开店，对居民不便。

我又说了保卫工作也要依靠群众，如伏老来时，我在杭州饭店六楼看，上万群众争看伏老，情绪很高。伏老和总理走出门外，被群众包围，挤到湖边，交通警察也失去了阻挡作用。老百姓喜欢首长，何必这样？

在谈到斯大林哲学观点与政治错误有关问题时，我批评了斯大林的形而上学观点，是只有“斗争”没有“统一”，所以他要在任何时候把“阶级斗争进行到底，阶级消灭了还是强调愈斗争愈尖锐”。并引了《再论》的一段话。同时我把斯大林肃反工作的错误，在十七次党代表大会后，杀了许多代表等也说了。

我的本意是想以实际例子说明问题，但从这次揭发看来，我才明白我的讲课效果不好，是错误的。我的主要错误是对苏联的成就讲得很抽象，对反面的东西讲得很具体。想以此来说明苏联过去有好的一面，还有坏的一面。由于把坏事讲得多了，在主观影响上都是很不好，我应检讨这样讲法使同志们引起对苏联有不良影响，现在看来是确实错误的。

其次，我对中国革命历史的经验教训，也同样犯了这样的错误，常常谈到王明路线的错误，批评了他的教条主义、宗派主义的危害性，而对于过去革命的英勇奋斗讲得不具体。在广播《宗派主义的危害性》一文，过多地引用了毛选里七大决议中对王明路线的批评的一面。在口头上也对个别同志谈过宗派主义对党的危害很大。

我写的《不能遗忘的故事》小说，描写了立三路线的主观主义使罢工斗争失败，而描写正面人物不够明显，有阴暗的感觉，这样写法在党的文艺宣传政策上讲是有缺点的。表现了不健康的情绪。

检查我为什么要犯这样许多错误，其原因是：

第一，由于我历史上对王明路线的教条主义与宗派主义有很深的体验，眼看到许多同志因路线错误而牺牲，革命也遭受了严重的损失。同时自己也受到打击，背了许多年的包袱。李求实的牺牲给我的刺激特别深。想起来常常有股气，所以一有机会就带上个人情绪要多说他几句，才觉得痛快。片面地认为反正这些问题七大已有决定，讲了也没有什么！

第二，从苏联二十次大会赫鲁晓夫批评了斯大林的错误后，中央发表了ブロ专政的历史经验教训文章，强调反教条主义。后来又决定了县委书记以上干部要学习整风五个文件。而这些文件许多内容是反王明路线的教条主义与宗派主义的。所以我就常常谈到这些问题，我又看到中央负责同志的报告也常常提到，因此更认为批评王明路线是理所当然的了。

去年十一月中央宣传部会议上听陆定一的报告（笔记整理存省委），他的报告基本上是讲接受兄弟党的经验教训，并且讲了许多具体生动的事例。同时也批评了王明路线的错误。如说："苏联肃反，反把党内肃了一半"，"我们学习苏联经验不要学这一套，要学十月革命的经验的一套"，"整风中要多讲什么是教条主义与宗派主义"。此外他还讲过苏联对匈波问题处理不当，也批评了苏联文艺、哲学上问题，还说过以匈〈亚〉牙利事件为例，“坏可变为好事”，“别国的损失给我们的补偿很大”等等。邓小平同志在清华大学讲到，要接受兄弟党的经验教训。因而我就认为讲这是问题不要紧。

我听了他的报告后，更认为接受兄弟党在教条主义上的经验教训的重要。并认为中央宣传部开会，传达中央负责同志的报告时，连干事也参加了，因此我更认为对斯大林问题向高级干部讲是不要紧的，所以我在高级干部学习班上讲了上述的一些话。

本来按着第二点，如果心平气和有分寸的来讲，也许没有什么，问题在于我抱有私人的意气，即对王明路线有特殊的反感，在讲的时候失掉了分寸，引起许多同志的不满与惊异，好像是夸大了革命的阴暗面，这一点我应该承认错误。并且对不同的对象，多讲这些反面东西，在教学上往往效果不好。这一点也应为我的教训。

匈〈亚〉牙利事件发生后，《学习简报》第六期综合情况中，就曾改过一句话：“片面的认为匈〈亚〉牙利所以发生反革命的暴乱，就是肃反搞得不彻底，但没有认识匈〈亚〉牙利情况与中国不同，匈亚利在肃反中还有破坏法制及其经验教训的一方面。普遍表现不够重视报上关于匈亚利政府正式公布的文件。”我的原意是要更完整的接受匈〈亚〉牙利肃反的经验教训，别无其他用意。

另外对宣传部的个别干事（处长）个别谈话时，回答他苏联与波兰关系问题时，我也批评过苏联与波兰的干部与一般工人的生活太悬殊；说过波兰工人问一个工会主席每月多少工资？因悬殊太大，工人不满等。也批评过《真理报》上公开批评波兰，造成二国紧张形势等。我主观地认为这些问题是苏联报上公开的，讲讲也不要紧。根本没有想到会引起什么不良的影响。这是我应当检讨的，是自由主义乱说的毛病。

去年铁托文章发表后，我未经详细研究，就随便同个别同志发表自己的感想，说他的话也有对的地方。这里主要是从批评斯大林肃反错误问题去看的。我当时看了九国情报局决议，对铁托过去受斯大林打击被开除出九国情报局一事，抱有同情之感。

中央《再论》出来后，我才明确了他的错误观点，曾作了七次报告反对修正主义。一般的说我对反修正主义的立场还是站稳的。

（钟儒同志文章指名批评铁托、卡德尔名字，给我修改，因为中央有指示地方刊物对南国领袖不便指名批评,所以我删去了二个人的名字。)

这一些话现在看起来都是不应说的。或者说话对象与场合有错误,说明我说话太随便,无原则的自由主义倾向,要影响到党的利益。同志们的批评,我都接受,以后一定坚决改正这个方面的错误。

第五部分(国内政治方面)

我因为接触实际少,水平低,从现在看来,在八大以后一个时期内,对阶级斗争形势认识上是模糊与不足的。我学了八大文件以后,以为我国社会主义制度上在谁战胜谁的问题上已经基本解决,主要矛盾是先进的社会主义制度同落后的社会生产力矛盾,已经是人民对于经济文化迅速发展的需要和当前经济文化不能满足人民需要的状况之间的矛盾。对人民内部一般地说是团结教育。如何处理呢?自己是模糊的,强调了团结教育。对教育改造包含着像现在那样的激烈的思想斗争就不清楚。今年三月间我到理论教育班讲课后,"人民不是专政对象",很强调团结教育,对斗争就不够。但我没有讲过阶级斗争根本消灭,也没有说过阶级斗争已经消灭了,只讲了阶级关系起了根本变化。另外,还说中国ブル参加了抗美援朝,接受了社会主义改造,比美国落后工人还进步,这不知从哪一位负责同志哪里听来的。也是乱讲的缘故,当时我对ブル进步一面估计是过高了一些。

第一,我认为目前既是经济文化不能满足人民需要,是主要矛盾,因此有时有片面的不恰当的强调文化与业务学习的重要。

第二,对人民内部矛盾方面只是一般的讲团结教育,而对教育中包括剧烈的思想斗争不够注意。

例如:在今年三、四月间对理论教员学习班讲课时,说法很笼统,现在看来是不完全的。我说:"阶级关系起了根本变化以后,不能用对敌手段去对付人民,人民不是专政对象,对人民是民主与教育问题。"但是没有说过"阶级关系起了根本变化,就是阶级根本消灭了"。

其次,有一次我曾说:"中国ブル参加过抗美援朝,接受社会主义改造,比美国的落后工人还进步一些。"

这句话是大约从哪一次传达中央负责同志报告中听来的,我随便说了,自然也是错误的,而在认识上说,是我对ブル分子的进步的估计有些偏高。

第三,今年五月间向右派分子宋云彬以龙泉拆塔事件向党进攻时,我也只以为他是为了保护文物,因此我对此问题在那时还是麻痹、右倾的。

五月间唐巽泽问我说:省人委对龙泉拆塔案对犯事的干部要不要法律处理争论很大,问我如何看法。我说:"事情不大详细,但擅自拆塔,向上谎报情况,很错误。法院院长知法犯法,办一下也好,以防以后发生类似问题,我倒也主张办一下。"(大意)

我对宋云彬这个人是不详细的,直到反右派斗争开展后,特别是在准备反右派分子任铭善斗争时,才完全认清了他的真面目。

关于历史学会章程问题。宋云彬取消以马列主义为指导思想问题,因我下午没有去参加讨论,是事后知道的。上午讨论历史科学规划,此事一并申明。

这件事不仅是我对宋的警惕不高,而且在组织纪律上说也是犯了错误的。

总之,从这些事实说明我从八大以后,特别从人民内部矛盾问题提出以后,在阶级斗争问题认识上是相当模糊的。至于有的同志以为我认为:"阶级斗争已经熄灭了","不要学马列主义了"。或者说:"党不要领导工矿企业。"我自己检查,到现在为止还没有发现这样的错误。

小 结

经初步检查出来的事实看,我的根本问题是极为严重的个人主义使我犯了许多严重错误的根本原因。

由于严重的个人主义使我经常同党和同志间的关系弄的很不正常,反而自以为委屈,发牢骚,情绪不正常,情有可原。现在看看却是相反,而是我没有把个人利益与党的利益放在正确的地位上产生出来的,不是党对不起我,是我对不起党。

长期为党的事业奋斗,对革命也是热忱的;一生除了革命事业外确也没有做其它职业,对社会主义事业是热忱的;但又为什么同党和同志关系常常闹不团结和犯错误,这个主要原因正在于没有把党的利益放在第一位,经常从个人主义立场去看党和同志关系。党的组织观念很薄弱,这是我所以常犯错误的主要原因。历史上我犯过不少错误,又为什么不自觉呢?因为我往往把错误责任推到客观,对自己的错误不能正[正]视,反而觉得是委屈,也正是从个人主义的立场去看问题，所以长期未能改正，而不自觉。

我是以为对人爽直热忱，又为什么与同志的关系搞得不好，那就是因为党的意见与我不合的时候，我就不愿接受，迷信自己，常常固执己见，对同志抱成见，因而常常变成对党的关系不正常，变成对党的不满。

由于我的个人主义立场，我在掌握党的方针政策上常要发生左右摇摆，对党的指示决议有时要凭个人的意见“各取所需”，错误地理解党的正确指示。在我的感情形态上表现出来的是喜怒爱[哀]乐无常，触犯我时急躁得很，高兴时就主观热忱，顺利时自满，挫折时就感伤，所谓情绪不正常就从这个基础上产生。

因为有这样一种极不好的个性的存在，因而在一定条件下要对党的领导者或被领导者的关系要闹别扭，或任意攻击别人，对党不满。如党代大会时表现出来的严重错误，而且虽经批评，但由于个人主义思想阻挠，批评与自我批评的态度就很差，改正错误很慢。

这种可怕的个人主义如果没有党的坚强领导，我今后会发展到怎么样不堪设想的地步，实在想起来觉得毛骨悚然。

我的严重的个人主义的表现在每个时期都有所不同。因为来不及详细检查，现在只好把简略的经过提出来检查，还得进一步地检查自己的严重错误。我最近一个时期来，已经感到我的严重错误已经到了非常危险的地步，需要坚决地正视自己的错误，现在把我历史上自己的错误，简约地提出来谈。

这次整风清查出了我的严重的个人主义错误，回顾自己的历史不禁满身大汗。现在我开始认识到过去自以为委屈、碰钉子等，原来都是个人主义所造成的。

现在从历史上所犯的错误作下列的大略检查。

从大革命失败后我在苏联学习，同王明博古有过斗争，我只看到对方的错误，对自己个人主义思想没有很好认识，抱了一肚子气回到中国。

1931 年党的六届四中全会时，我在政治上很幼稚，带着个人主义的意气反对王明路线，大会以后以致在一个时期中被隔离组织关系，那个时候没有考虑自己的缺点，反而自己认为受打击，这是我第一次可以检查自己个人主义错误的机会，但没有得到应有教训。

以后是在毛主席领导下改正了路线错误，我对党的伟大成功感到非常高兴。另一方面就自以为正确的。对王明的成见也就更加深了。

1943 年党整风运动时我历史问题作了结论，党的鉴定认为我的优点是："对党的直言不讳"，我就更是以为正确的，从此也就更加重了正直包袱。实际上我整风中并没有很好改造思想，相反的，我的骄傲思想反而增加了。

在三年自卫战争时期，我坚持了南京地下党工作，直到解放。由于党的表扬重用，我就更加骄傲，思想错误就更加严重发展，对自己过去的工作，评价过高，对领导同志的意见很不尊重。对地下党部分同志据〈居〉功自傲和以不正确态度对待南下干部，没有采取严正批评，而以宗派主义情绪原谅与姑息他们，以至于会师问题上搞得很不好，犯了严重错误。对地下党干部片面照顾，几次向市委要求照顾他们家属生活的困难，而对南下干部家属生活困难则不加过问，对地下党的纯洁性估计过高，把市委整党决定推了二个多月才执行。我主张集中到党校分批去整，实际上对党的决定不满，有抵触情绪。

我在会师问题上的严重错误经过邓小平同志的批评，市委负责同志的教育，我当时承认了自己的错误，也写了一个书面检讨书给市委。不久我就离开南京。这一次应该可以接受教训，改正错误，但由于我不能正面地去认识自己的严重错误，挖出严重的个人主义的错误根源，而只认为只是工作上的错误，因此仍然没有很好改正错误。

1950 年调到上海市委工作，因为工业基〈点〉层工作没有得到市委的积极支持，工作上发生困难，我就埋怨刘晓同志，粗暴地当面批评领导，一度弄得关系紧张。反而[自]认为敢于批评领导是优点，不考虑自己工作上的严重缺点与严重的个人主义思想错误。

后来调到华东局宣传部，在华东暨上海市高等学校党委工作时，我对水产学院的工作检查中，在处理党内的团结问题，贯彻知识分子政策问题上，用粗暴态度批评了该校党委书记王文锐工作的缺点，引起了很大的不满。在华东局宣传部讨论这个问题时，我对匡亚明同志不加处理，有所不满，认为是他袒护了他的错误，不正视自己也同王文锐一样，是个人主义、骄傲自满的严重错误。

以上所讲的我的错误，只举其大者而言，至于在日常工作中，类似这种错误的还有不少，如骄[傲自]大，看不起别人，不虚心倾听别人的不同意见，主观、片面、武断地批评别人，原谅自己的错误与缺点，对领导的意见有所不同，就要顶回去，对自己不利的事不能同党一致，则表示不满。

我的以往错误教训，应该说是已经够的了，但由于一直没有能够正视自己的错误，坚决改正思想错误，始终没有彻底改造，因而与党的关系上，同志间的相互关系上常常闹别扭，犯错误。这种个人主义立场如果不完全抛弃，任其发展下去，是极为危险的。

总结起来说，我对党和社会主义是有热忱的，特别是敬爱毛主席。但由于个人主义的存在，使我对党的组织观点很薄弱，我的主观革命热忱与党的组织观点二者是不相称的。我的错误根本问题也在这里，如不坚持改正，发展下去是不堪设想的。

这次党的整风运动经过许多同志的批评，我才开始初步认识到自己错误的严重性。我感谢党的挽救，同志们的帮助。我相信我的错误虽然十分严重，但我还是有勇气能痛下决心，改过自新的。

我在党的长期培养下成长，我对党有非常浓厚的感情，可是党的教养我没有很好接受，改正错误，反而给党带来了许多严重的损失，检查起来真是悔恨万分，十分沉痛！我愿意永远跟着党走，为社会主义事业奋斗到底。为了改正错误，请求党给我严厉的处分！

（文件编号：I90）

陈修良与商景才谈话摘录

1957 年 10 月

（1）电台为什么播送山东人解放浙江人的消息，是我首先反映的。（陈问：这到底是什么人搞的？商：是右派搞的。）

（2）宣传部在党代表会议有大错误，但是综合发言，我绝对有错误（陈）。党代会的错误有四点。（商）

（3）商说电台右派认为我是浙江的马列主义理论家，同时有小广播分析省委的许多人。

（4）对新社会缺点指出多了。我说是思想方法问题，还是路线问题，他说路线问题还感觉不到。

（5）对革命历史估计太低，如《东海》《一个不遗忘的故事》，把错误提出，好像中国革命不好，对读者有影响。诗也如此。李求实烈士纪念文章也有这个味道。

（6）对肃反问题——对自己问题有不满。

（7）右派说省委内部有宗派，你讲宗派问题多了。

（文件编号：E115）

对陈修良十月卅日检讨的讨论记录

1957 年 11 月中旬

司建兴：

十月卅日上午在干部会上的检讨不能令人满意，根本不是检讨，是对反党行言的进行歪曲。

第一，党代会问题——发言稿问题。检讨中说：有准备发言，金部长要他去讲，代表大家去发言，黄部长看过原稿……根据他的意见……分团会上逐段讨论，大会秘书处要稿很急，没有再讨论，没有给其他同志看过，发言稿错误由我负责。

扩大事实……恶毒进攻……大会上不正常，没有照顾大局。个人主义。

检讨是推托反党责任。记得陈情绪非常〈急〉激动，发言十分积极，对金在鉴定时否定优点记得很清楚。黄也有缺点，但认为主要是不够虚心，掌握政策稳不稳问题。

高级合作化、台湾览会问题，黄情绪不好，但以后就扭转回来，对金还提了许多优点。

陈不是这样，对优点一笔抹杀，态度如对敌人，其势凶[汹汹]，意见没有提完就要走。情绪不对头。

不愿去大会发言不是内心的话，大会小会积极争取发言。因为她了解情况最多，对省委谈了许多问题。

她说：(1)省委马列主义水平不高，掩盖错误。水平高不高不是问题，主观上努力不努力，报告不虚心。

(2) 几年来工作成绩有些夸大，不合事实，情绪上有否定成绩，不同意报告。分团同志认为不能否定成绩。陈不是这样看法。发言稿中开头没有肯否省委报告，没有表明态度，笼统含糊，也没有提到省委几年来领导下成绩如何，而只提党领导下如何……没有表明态度，[而]分团态度是明朗的。

(3) 对缺点提得很多——省委每一时期工作都有不少原则性的错误与缺点，最后发言中提出省委要重新检讨自己的工作……

很明显不同意省委的报告，[要求]重新来检讨。分团绝大多数没有这个意见。高光是否定的，没有帮助。陈更不要说了，也是这样。

没有抹杀——是没有接触实际思想,没有肯定成绩。最后要向大会报告,就是对报告不同意。

第二,候选人名单问题——多数人不接近他们。陈说:要把档案材料拿出来,高光也如此,大家觉得麻烦。后来发了履历表。陈积极提供材料,把负责同志的生活作风都提出来,因为她与沙省长接近,了解情况。

说省委〈委〉存在使用干部不当,有宗派主义(好像是说的),林乎加粗暴,金与陈是连襟,江华与吴仲廉如何?夫妇间问题,薛驹有什么问题?李林如何?

其他同志也讲了。

我们觉得陈的情绪不对,[讲]优点少,[讲]缺点多,名单中[只有]二个人,表示赞扬的,一个沙又〈汗〉汉,"我很难发言,还好……"很同意沙;[再就是]"杨思一这个人很好",和蔼,到我家来谈,很好接近。高光也表扬了杨思一。陈在检讨中说不了解,提到杨思一问题,特别说不是我提出来。记得首先是陈先提出的,不是高光。因此大家同意了。吕部长是宣传部同志提的。

为什么表扬,因为陈说光批评也不好,应有表扬,她提出杨思一。

陈起草的发言稿,进行污蔑与攻击,对候选人进行人身攻击,分为四类。[她说]没有这个事情,完全是歪曲的。

四类如何分!言下之意历史不清。

煽动地说:这个候选人名单要我们选举,把我们看成为傻瓜。候选人名单是自下而上提出的,经过审查的,很显然是污蔑造谣的。

为什么划为四类?历史不清是完全造谣的。那一些人是有问题的。放火,把所有代表脑子搞乱,就是说这些名单你们不要同意。

陈说不提整个候选人,五个人也存在四类问题。

她不敢正视自己的反党思想,对〈正〉整个的省委,你主张选的那些人?

<u>为什么分为四类,用意何在?</u>

<u>我认为发言稿是公开反党,向省委进攻。</u>

这种反党行为不承认,说成为个人主义,由于对金部长不满,对干部政策发生了怀疑,不能理解,什么逻辑?

金是负责人之一,不是省委常委与书记,他不做省委具体工作。省委与金没有直接关系,省委是民主集中制原则,也是党的群众路线。她对党章是了解的,省委处理一切问题来进行的,而党代会更执行了一个原则的。金提为候选人是民主集中制中提出来的。既然是这样，金一人不能代表省委，为什么对干部政策受了影响？不是对金个人，而是对整个省委，不能不承认，不能说由于对金的不满而引起，是歪曲。

陈对发言稿问题所负的责任是反党，就是你的思想，没有接受，来推托分团。分团讨论简单念了一遍，读不清，提了许多意见，不是编辑问题，有许多问题要修改，内容上有问题。陈不很冷静，[说]时间来不及。大家说，内容上要修，文字你要负责，大家一致意见：分团可以随便谈，大会上去讲要慎重，分寸要讲究。黄部长与你如何谈的，也提了许多意见。但没有什么修改，还充实了一些，把候选人分为四类，很显然你要完全负责。

省委有宗派主义——记得讲过，[陈]现在不承认。只说陈[伟达]、金[韬]是二连襟，这与裙带关系是一样的。[陈]避重就轻，不从实际上来检讨。

为什么对胡国枢说："党内的宗派主义比敌人还厉害。"把党内宗派主义思想上是根深蒂固的，在各种场合去讲。

何谓宗派？旧社会里是"朋党"，现在叫"小圈子"，发现许多小集团、摊子。他们干什么，为了达到政治目的，右派就是这样。正派的人没有宗派，组织宗派为了个人利益，搞不正派活动，拉一些人，打击一些人，不能团结一切人。宗派是极端自私自利的小集团，争权夺利。左倾机会主义时代有过。这种情况已经过去，毛说过。

陈说"党内有宗派，比敌人要厉害"，有什么根据？

为什么说党内有宗派，是破坏的行为。严格的说是有目的。从接近的人来看，是什么人？

陈学昭关系是密切的，曹湘渠、沙孟海……都是右派、老反革命分子。吹嘘沙孟海是老师，省委对他安排不当，省委不重视他，他是特务头子的秘书。

"头上有乌云"——不承认。乌云是什么？是指省委。在一起谈，就是小圈子，宗派主义口号，因此把省委也看为宗派了。

党内没有宗派，**你自己有宗派**，根深蒂固的。在活动上也形成了宗派，你同他们臭味相投，什么也谈了。

支持文联房子，态度完全支持文联的，开始时你不管，也是思想问题，对这些人比较亲切，合得来。你自己来交代。你表现了[和]对党不满分子在一起，看别人、看组织有宗派，同党有距离，这时就要进行反党活动。一贯反党，从南京当市委书记起，在上海对刘晓不满，到浙江对金韬不满。为什么所有领导人都不好？这是一个什么问题，这就是反党。思想行动已很显然是一贯的。这个检讨没有认识到思想，而且是歪曲的，不能允许的。要求很好地把一系列问题进行检讨。不是一般的个人主义，大是大非问题，如高、饶。

睦中：

态度问题——整风态度也有很大距离，不严肃。对自己的错误、罪行极不老实的。大字报开始揭发时，找我与卸超同志谈"党天下"问题，进行解释，［说］是加强党的领导，原来是根据刘少奇同志讲的。毛主席提的难道不应领导科学技术？他什么思想在内呢，是不要党领导，不是党天下是什么？是道地的党天下。

进攻省委问题——综合发言稿问题。没有看到这样的完整材料，把大是大非变为小是小非，找个别同志谈，否认大字报。更严重的是对证材料，一概否定大字报，否定方法。

（1）不承认——如诗集："她在宁波时，明明说过"。

（2）"王明小鬼，一筐子鸡蛋"，否认掉了。说过"王明不敢回来"，不对头。

（3）苏联大使到波兰议会拍桌子，完全否认。

（4）上海领事到杭州来，大约是说："上海领事打电话来，了解有反苏情绪。"昨天说：不是领事。

大事化小，小事化无事。

（1）苏联学生爱玩，爱跳舞，她否认，说是好意，生活活泼，侮辱改为生活活泼。

（2）费德林问题，"提拔太快"，把付主席挤到后面去，说过是他的女儿的同学，拍照片是出风头，说成看不惯苏联官员好出风头。

（3）八大教材：苏联停止进攻埃及，起了极大的作用，"其中还有奥妙"。她说（对张少菴），过去苏联不冷静。

胡国枢，推敲了半天。昨天她说苏联要出兵。

考试罢课问题（师院）：

（1）右派贴了大字报，考二分是开玩笑，大是大非问题，马列主义问题，为什么是开玩笑？

（2）修正主义问题。

散布修正主[义]问题是一系列的，说讲了七次反修正主义，她实际上是最后是反修正主义，最后谈要[反]修正主义，实际上是宣扬。

摇身一变，对苏联的污蔑变为歌颂，如苏联学生是好玩，如排队去买东西，精神生活面貌不好。

（3）“政治经济学”——她说根本不对头。她昨天说第一、二篇按《资本论》编的，宣扬坏的都变为好的东西。

（4）继续反共反苏。

① 上次检讨时侮辱金部长，说了许多他的缺点。

② 对材料时说苏联对波兰干涉，“干涉过多”。[说]《再论》同铁托一样。

（5）没有揭发的，一字不谈。

[在]工商界和省[redacted]大学习班上说：大贪小贪有道理，是修正主义，ブル叫好，笔记上说“痛快”。

态度十分不老实，不严肃。敌对情绪帮助不大。应当认真检查。

钟儒：

（1）同沙孟海问题，说明情况：不记得时间，大约在办公室。她说：字写得很好，灵隐的字是他写的，担任朱[家骅]的秘书是字写得好，不是重要秘书，搞搞来往请客，组织工作同志弄不清，因为此问题不能重用，工资只有 120 元。为什么健忘？是“各取所需”，对自己不利的忘了。

（2）[说]三十年来是热爱党与社会主义，在言行一部分中看看：候选人名单问题，引了一付对联，而且很有感触，背得很熟。明朝温体仁宰相，现在也有此人。

有一个被开除党籍的人（反革命），写了一首诗，读给他们看了。忠臣与奸臣要由历史来判断。

向黄源推荐《浣纱记》与《南柯梦》。

诗中有佞臣的字样——还告诉了我具体情形。佞臣是坏人。

忠臣奸臣写了这许多，是封建帝王时代的诗，现在国家为什么要写？〈翻〉反复地提出历史上东西，为什么？

给人一种印象，现在是忠奸斗争很尖锐的时代，能不能得出这个结论？不是一时的事，不是笔误，经常为什么写？不是没有所指的，指的是谁？忠臣是谁？我讲的谁？

平时不满的，攻击的是金韬、陈伟达，[认为]林[乎加]、江[华]是粗暴，老资格，江华家中连小孩子坐三轮车要报销。从金到江华书记看得那样不好，表扬的是谁？

去年六月海宁县，回杭州时，你说了许多话：

沙省长人很好，对人关心，如何帮助别人。同时又批评省委别的负责人，不是没有用意。

另一方面又说如何与王明斗争，自己英勇斗争，说明忠奸是谁，奸臣是省委，忠臣是——你与沙省长。

对陈学昭说"头上有乌云"——忠臣不被重用，奸臣当道，是现在的情况。热爱党、热爱社会主义的内容。

四人代表(朱梅芳，巴一容……)：

上次检讨不同意，没有明确的社会主义态度，要求在南京抗拒整党，"已经纯洁到不要审查"。[在]上海市委对刘晓同志进行批评，对浙江省的领导同志也批评。

大会发言：

在重大方针上：反农业合作化方针。干部政策，〈正〉整个组织，分四类人。(不是一部分人，是指〈正〉整个候选人)

陈伟达是"小人"，宗派主义裙带风。

用意何在？

这是主导思想：批评县委不行，不强调团结统一。只要民主，不要民主集中？不是个人主义。

同陈学昭关系为什么？没有工作联系。

"头上有乌云"，不能推，同陈的关系从不认得到好朋友，是心怀异己，是偷偷摸摸的关系。对党要忠诚。

每一时期都对领导同志批评过份，不是同志式的，[而是]进行分裂党的活动。为什么要诽谤党的候选人？不是个人主义问题。

怎样热爱苏联？

具体经验宣传很少，批评很多，大小问题都不肯放弃反而宣传，对斯大林批评很多，20 次大会后，对联共应当宣传好，为什么说赫鲁晓夫不好（波兰）——对曹湘渠为什么说？还说苏联不了解我们，苏联学生品质不好，不要送小孩子到苏联去。违反中苏团结利益，不是国际主义原则，对阴暗面津津乐道，使人怀疑，好人好事没有看到吗？

对苏联看法反映了她的政治态度——具有反党反苏的性质。她没有反对马列主义，反对教条主义。她主张党章教材也可以“百家争鸣”。[讨论]历史学学会章程时，她没有发言，难道也是反教条主义吗？

违反部委规定，停办业余学校。

为什么同意学生不考马列主义课？

一贯性的，各方面的错误，还有重大方针问题，反省委、反中央（在南京）、反苏联。

二条道路的斗争。

（手法）从具体问题着手，对自己把大事化为小事。

女同志（干事）：

对党应当热情，她的言行不能相信。

（1）工作热忱——二年来一贯不积极，在家写创作，叫苦。不看通讯稿纸，送到乡下叫高去看。

（2）肃反材料不看。

（3）对党的关系——到处散布流言蜚语。（党代会议上发言）是反党、反组织纪律。“意气用事”，〈扩〉夸大金的错误为〈正〉整个省委的错误，检讨是奇怪的。“个人立场”是敌人的态度，“向党进攻”比右派还要大胆，急先锋。

徐畹华：

对党代会发言：

（1）否定省委各方面的工作，没有集体领导，品质不够好，“奸臣当道”，到处说排斥地方干部，[说]省委宗派主义。

干部分四类，是宗派行为。

完全否定成绩，扩大缺点。你应对照一下右派的言论。

(2)“山东干部排斥地方干部”,“忠奸两立”,“省委是宗派”,自己有宗派观点来看党的干部政策——地方主义,从南京到浙江来是一贯的。

(3) 反对省委许多委员为什么? 平日来的是什么人。是黄源、高光、曹湘渠、陈学昭。

同高光、陈学昭成了知心朋友。对陈学昭虚心,对省委同志不虚心,看为眼中钉、“皇上”、“菩萨”、“奴隶主”。

ブル代理人都是好干部,省委好的干部都是奸臣。政治态度如何?

在代表大会后与陈来往是破坏党的团结与组织,不可饶恕的错误。一年来的行为证明是反党活动。

(4) 为什么要这样做?

是地位不满,自己认为水平高,个人主义不能满足,所以心不满,不惜否定一切,破坏团结,野心家,走上反党,于是攻击一部分人。

“不是与个人关系不好,水平不高……”不能同意。

完全应当分析自己的错误,一直没有这样做。与党对立。没有根本改造自己。今天还保留着ブル知识分子的面目,过不了这一关。

省委的工作要你管?

办公室一干部:

上次检讨不满,对自己的反党反社会主义的罪行,不承认。把党看为争权夺利的,不看光明的一面,只看黑暗的一面,没有讲成绩是省委领导下取得的。错误归结为……

同章乃器言谈一样。

听陈的发言(大会时),说省委为什么请菩萨到宣传部来,陈伟达是小人、丑角、奸臣。陈、金有亲戚关系,薛是陈的老部下。还讲了许多人怎样不好,当时我听了为什么这样,情绪为什么不好,野心家,反党情绪……

立场问题——有严重反党情绪,恶毒进攻党,分裂党。

对党的审查应采欢迎态度,对肃反审干很不满,看作不相信,抬不起头,背着包袱战斗。

否定肃反成绩,她不承认,在大会发言中所说的。批评陈伟达。

第九次组宣工作会议,陈伟达说:抓住陈的一句话:“好大喜功,不管人家的政治生命。”(他说几个月关在家里抓反革命。)在部内不审查肃反材料,是谁对不起谁?不是反对党的领导,不是责任心问题,是立场与态度问题。

党代会时走到干部处时说:“一般人是不敢进来的。”流露了对党不满情绪,与右派分子一样。

为什么同陈学昭要好,“头上有乌云”,就是对省委。同陈的关系,就是反党的宗派活动,是一贯性的。

三十年来干了许多反党的事业。

干事:

过去如何对党的不清楚,不能同意检讨。

党代会时,〈加〉嘉兴地委有人提到陈可否为候选人,海宁代表反对,他们说自己不是马列主义者,海宁代表说。

省委决定她去海宁,几次打电话,要县委书记到车站去欢迎。对党的工作说成一团糟。

连毛主席指示[都]传达不好,决议做不好,记录,中心不突出,同形容省委差不多。

帮助海宁极不负责。有一天晚上,候选人已推好,那天他们要看戏,陈说不能看,这个时候是最紧张的,可能要落选,研究会议情况,他们不去看戏了,她自己去看戏了。

党代会议时,又插入宝塔没有修好,文物保管,极不负责[的意见]。关心工人生活,实际挑动党群关系。看到工人生活不好,就批评了党不关心,工人觉得对,说现在是受 CP 的剥削,县委很有意见。

“上行下效”,把下面看得很坏,就是对上面不满。上面下面都一团糟。

干部也如此,上下都不好,还能找出什么好人?

你会爱这样的党吗?过去如何对待党的?

11 月 10 日

杨风香、张才:

对上次交代的看法问题,不能满意。把个人问题排出来,摆了一个擂台,事实不客观，怀疑所讲的不对。历史上一直站在反王明，一贯来为党忠诚工作，我们有怀疑。去年党代会发言是最坏的一个发言，进攻省委的一枝毒箭，是代表群众的意见，是热爱党的吗？

上次的话是挑战，不是交代。不了解他的历史的人不了解，以为是一贯热忱的。在重大方针上没有犯过错误，只是思想上问题，不是反党，个人主义是犯错误的根源。你认为党不重用你，到处散布流〈水〉言蜚语，攻击党是宗派主义。不团结是大是大非，同党有争论。如南京的错误是一般的不团结，地下党还是解放军的功劳大小问题，不是大是大非问题吗？

你在上海时对上海党不信，是一般的个人主义吗？是直接向党伸手，要权要地位。到浙江后是攻击省委，说省委是〈片〉偏听[偏]信，丑化领导，否认党的干部[政策]的正确性，[这是]大是大非问题。你是解释[说是]同志们问题，[这]不是检讨。

畦中的话很对，大事化为小事，无法推托的。说是讲笑话，或者说是忘记了，与王明斗争还记清楚，反党的话记不清了。

反党言行：

（1）说党有宗派主义，同胡国枢说："宗派主义主要是党内"，"你们不知道将来看好了"。

三月在〈加〉嘉兴对顾宝俊、陈斌、张少庵说："党内宗派主义比敌人还凶，我是吃过苦的。"你吃的什么苦？

（2）党代会时说：金、陈是二连襟，所以不同意他为候选人。

（3）你说不按德才兼备标准配干部，可"夫贵妻荣"，过去、现在、将来都有宗派主义。

把王明时代的幌子拿来是指现在的省委，乱放冷枪。你把个别人说成省委的作风吗？我们很奇怪，你的水平难道是措词不当，是掩盖错误，想推给群众，推给黄部长。他开始时有片[面性]，在鉴定时是全面的，骗不了谁。而且还把各级领导[说成]是封建统治者，奸臣当权。同意钟儒发言，忠臣是你自己，省委是奸臣。

去年党代会议时[把]候选人名单批评得一无是处："有一些人……"

"各项工作每一时期犯了严重错误，由于严重的思想不纯所造成的。"

[说]"有些干部积极性不能发挥，与省委作风分不开。""党内关系不正常，

没有发挥各委员的积极性，命令主义普遍存在……”“党内外关系，省委负责，上梁不正下梁〈湾〉歪。”“人云亦云作风”，“江华、林[乎加]的作风粗暴”。

[她说]没有攻击省委，对金韬是恶意的人身攻击。陈伟达是常委，江华、林乎加是省委书记，为什么要攻击，要不要算是反党？高、饶也不承认是反党，说反个人不是反党。

她还把各级党委看为漆黑一团，在部的会议是谈缺点，没有谈成绩。也说县委有严重的官僚主义。县委书记连写党代会的决议也写不来，“上行下效”，“互相怕的问题”。

不承认有反党，我们奇怪。

为什么看不到党的光明，这是什么情绪，小说是典型的失败主义，为什么对岳坟的对联有兴趣？

你为什么在陈学昭与曹湘渠面前要散布对省委的不满？你要争取 M，起来反对省委，要来一个民主改革，就是要改变省委的领导成份，不是很明显？要做反思想工作，造成声势，把省委弄得名声不好，来一个大民主，[以]你们中心的一伙取而代之。

(4) 反党的历史根源。

南京时说那一个功劳大，也是心怀不满的。

在上海也是对党不满的。

在上海从前的历史，你自己去检查。

(5) 宗派主义问题。

到处说党有宗派主义。1935 年有过，当时干部政策上有过。正确路线与陈的斗争都属于二条路线的斗争性质的，宗派主义。为什么要把王明时期东西拿来大肆宣传，这个用心很恶劣。

对党外有宗派主义情绪，主要是对知识分子的作用。不是你所说的宗派主义，为什么说党内也有宗派主义，是有意混淆黑白，扩大党内矛盾的，以你取而代之。“坏人当权”——对党有什么好处？

(6) 浙江省委外各级党委都坚决执行中央的方针政策的。

不能〈扩〉夸大省委的缺点，抹杀成绩。

陈为什么把省委、县委都看为黑漆一团？不是与我们看法有根本区别吗？

农业工业有巨大发展，能领导社会主义，不是如陈看为是品质恶劣，无能……对浙江党的工作完全相反的看法。

(7) 方印子吃不香，圆印子吃的香，埋怨党对政府干涉过多。政府工作与党的关系怎样安排的，站在什么立场？

(8) 民主集中制问题——陈说只要民主，不要集中。

(9) 几门课是教条主义。

反对建立理论队伍。

讲师团问题——执行这个决议陈的态度如何？中央要建立 240 人，十一月后也没有说不要。陈在执行决定时消极对抗，一直申明不干团长，到处宣传不干。没有听到过要建立理论队伍，提倡学习马列主义的自由。〈加〉嘉兴宣传也去说。陈已下了挑战书，我们一定能胜利。

要求彻底交代，这一关过不去的。

历步青：

上次交代不满意，说谎，迷惑一部分人，颠倒是非，口口声声说是热爱党，对党忠诚，说在方针政策没有犯过错误，同时又说背包袱。

三十年来是不是反党？

(1) 对党的政治与组织路线上有根本分歧的，[在]苏联时，同王明斗争，苏联宗派斗争影响到中国党。那时苏联在搞五年计划、反托派，苏联党当时的斗争是不是正确？如苏联是不对的，你就错了。王明在什么时候犯错误，是一系列对苏联仇恨。她说苏联电影是美化了的，到处是便衣，杀了许多好人。中国公安工作是教条主义。与苏联党问题，对铁托问题〈连〉联系起来看，是什么？她也说对铁托同情。

(2) 南京时期——依赖老解放区干部要进行整党，她应知道[这]一个指示，[却]认为军队排斥地方干部，拒绝执行整党，拖了二个月才执行。这是拥护，还是反对党呢？

(3) 在上海，向党伸手(?)

(4) 对金韬看为眼中钉。

① 台湾展览会，是方针斗争还是对个人？

② 农业合作化宣传，陈反对。

③ 讲师团问题。

对陈伟达是做肃反工作的，所以借口反对他。冤枉了好人，因此她就骂了他。实质：是原则问题，手法不同而已。

反统购统销——大饼油条买不到。

反对学生下乡。

对前届省委与新的省委丑化，“为什么[广]说每一时期都有严重错误”，否定成绩很巧妙。

对党是热爱的还是反对的？

她的口号说成是无原则纠纷。为什么人对我不好，是因为人家对他过意不去。说成是宗派主义斗争，不是家庭集团，也不是私交。

[在]南京反对南下干部，排外。

[在]浙江说书记处没有浙江人。

她相信的是陈[守川]、郑伯永……与这些人很容易接近。

政府是方印子吃不开，是一个什么问题？骂省委是无能的，目的要交与ブル知识分子，表扬的只有二个人。

党代会发言——反党纲领。

从历史来不是热爱党，是反党的。

为什么要反党？

（1）出身有关系，入党以后没有改造。出身是ブル。

（2）老资格思想，政治上是消极的，三分之一时间背包袱，生活上堕落的，因此她反党。历史结论应弄清，为什么要反党？她的爱人，李求实、余飞为什么没有交代？

海员工会问题没有交代，是下烟幕弹。右派分子是打出黑旗来反对党的。要继续交代，不要把同志看为傻瓜、小孩。

朱明溪：

《不能遗忘的故事》反映立三路线的错误。工人革命情绪低落，上级老胡态度粗暴，罢工斗争被捕，写强迫命令、主观主义，存在非常严重问题。

（1）对历史看法如何？不是正确的看党的面貌，该文片面强调当时的错误，从头至尾没有光明面，更没有正确的意见与反面意见作斗争。

（2）工人形像毫无觉悟。

(3)敌人——威风、气盛，对革命有周密的布置，是对党的历史的歪曲，大革命失败后，党中央犯过错误，但党对各级领导，在极端困难中下级党奋斗很坚决，不是如作者所写的。工人与党员还是作了坚决斗争的。《毛选》："在若干地区能坚持了斗争"（实指农村，不是城市）是不是正确与不正确的斗争，有斗争的。"凡是立三路线领导的地方都受了损失，红军反而受到了发展……"白区党也起来反立三路线是有斗争的。不到四个月就结束。作者写得毫无斗争。很快就扭转局面，如这样就不能革命胜利了。她是歪曲决议，对敌人充满了愤怒，反映必然没落，是歌颂战士的。错误路线所做的努力是一再肯定的，对错误是进行严厉的批评，对七大决定，有什么共同之处。

对工人运动如何描写——工人是贪生怕死，坏典型多。工人只关心七件事，不愿罢工斗争，怕没有饭吃，对工会都不感兴趣，不敢接近党员。文章还描写了李大妈，这二个人是进行了丑化。

阿银——汇报罢二说工人不要罢工。

工人犹豫，为什么对国民党不仇恨，不要斗争。（老奶奶、李大妈）冒险计划是错误的，局部罢工是要斗争的，立三不要小干，要大干。冒险必然失败，不是所有罢工都不需要。不能把所有工人看为软骨头，工人与党的关系，不愿与工会接近，也是错误的（新民主主义革命史）。

当时工人五月间工人要罢（瞿秋白）。

"大革命后经常有罢工，有打狗队组织，保卫自己利益，经济利益出现，如1929 年……1930 年工人大新工很多。"

很多工人始终怀念工会与党，坚决跟党走。

工人要斗争，也要党，血肉相关。要依靠了党，作者丑化，怕死，陈不是站在工人阶级立场，是站在敌对态度丑化。

共产党员的形象，把老胡描写成为一个主观主义者，不要说服。

阿银是无能的人。把干部看为不好，党内关系很可怕。

形容得很可怕。

正面人物——小毛，自始至终充满了矛盾，她不〈干〉敢正面提出意见，情绪消〈忱〉沉，不是坚强的革命者。当时有的党员有缺点，但不是如此粗暴，消极、悲观，个人主义，患得患失。

把党员丑化了，对党是热爱的吗？

对敌人的描写——是丧失立场的，不是集中揭露其外强中干，必然失败。文章是写资本家很有布置，夸大其武装，气昂昂的。工人队伍不堪一击，是[站在]什么立场在讲话。错误十分严重。

“文艺要有立场”。毛说：对敌人要揭露他们的罪恶。

文艺要指明工人的改造过程，向前进步。对人民大众不要暴露，也是文艺的任务，是教育与提高。把人民写为愚蠢的，是反革命的。

这篇文章与党代会向党进攻有关系——因为认为省委每个时期有错误，粗暴。四类干部，有历史问题的。

党的历史有错误，1935年后党中央是正确的，为什么后来还要背包袱，是什么包袱？

胡瑞姑：

对交代不满意，不老实。

党代会情况——我是抄者，印象很深，因为把省委负责的同志写得很坏，奇怪的是陈说：① 发言文字措词不当。② 情绪。（还是立场问题）

（1）干部政策。

（2）批评领导人作风。

企图煽动代表。

农业方针问题——适当增加轻工业问题，以工业为主，然后发展农业，反对农业发展方针，是反对党的问题。

〈翻覆〉反复修改，为什么出现文字不当。

这次发言为什么积极，对浙江党的历史[为什么]知道为什么还这样积极发言。这是反党纲领，[要]向党交代。

胡国枢：

反党反社会主义罪行一概否定，大多是无中生有，检查交代不对。

她说：（1）“宗派主义是党内主要的”，“你们不知道”，可以看到。她认为有严重的宗派主义。她吃一辈子的苦，是什么意思？不是指王明问题。

（2）“你们不知道”是指现在问题。把党看成有宗派。

（3）如何等待新社会，四月在宁波——有空到城隍庙看，站上开票，她问为什么这样？他同于光远说，他在做报告中说：“这是什么合作化！”她到处去找缺点，提高到合作化的制度上去。为什么要联系到？是热爱社会主义制度的吗？

(4) 对江华、林、金的态度，对右派分子高、陈、曹为什么这样投机，关系是很明确，爱憎是分明的，立场是反党的。如到省委去不敢讲话，什么情绪？同胡风一样，胡说“像小媳妇”。热爱党的情绪，大量事实一看对此，是很大问题。

办公室：

谈到过去党的关系，说成和党别扭，个人主义，狭隘等等。

(1) 对金的关系为什么深恶痛极，一无是处？说来只有几件事，记日记本，为什么对他这样有意见，省委某某人如何说？没有错。记日记本很可笑。“不正常”三字粗暴武断，在党代会上讲的多了，七分之一的发言都是批评金韬的。

说明，是故意夸大，说明省委的干部政策不当。不是一般的不正常，是骗人的。

(2) 对陈伟达同志，从肃反上攻击他，为什么[说]对陈？是因为与金有关系。而你找肃反问题提出来，不相符合，完全是造谣。

连襟关系——你在党内很久，为什么说“二襟政策”。

(3)“有一些人”制造分裂，来浙江只有几个月，为什么来分裂与破坏党，你要承认这个事实。

涂相禹：

革命热情很高了，我们在城市工作中，觉得她工作不大负责任的。

(1) 分管城市工作做了什么问题——来说明问题。空空洞洞的。

(2) 高在那听，不是革命，是反对党，反对苏联，反社会主义，如发牢骚。有二件事。

要全处干部到他办公室去开会，(八大以前)布置调查工厂三大主义，没有具体布置，当时工厂在工资改革。她批评对具体工作为什么有兴趣，她说：海宁去了一次，工人生活苦，房子不好，又说到波兰生活苦，一月工资不够，不但如此，引到反苏，受了苏联影响，生活也苦，电影报纸是宣传的，中国用电影周办法也是苏联学来的。到苏联老是《天鹅湖》。

［说］赫鲁晓夫报告给美国发表，我主张要给你们看。用意与目的何在？想挑起对党不满。

一个多小时讲了空话，没有布置任务，说这生活起了什么作用，一直怀疑。现在看出这就是为什么，有兴趣的是这些问题。

劲头很大是反苏反党。

(3) 编写教材问题(工厂党员教材)。

“一同进入社会主义”，她还说：写的是对的，不同意金的意见。她还说：毛主席在政协会议上还说过，歪曲决议。

批评八大教材“毛主席新提法”是什么，工厂要贯彻党的领导，反对一长制，为什么，很难解释。

你是〈批〉披着马列主义外衣的人。

(4) 知识分子改造，初稿，彻底肃清反革命分［子］，把落后分子减到最少数，她要我改，没有具体意见，弄不清楚。

把周总理报告给他看，她说：肃反问题是公安部门问题，落后分子问题——说是教条主义，难道根据周的报告是不对的。

她说：“不能调动知识分子的积极分子性。”我们很难领会她的精神，使我为难。

具体工作为什么交代不清，有不可告人之阴，所以使人不能理解，自己处于混乱中，“明快的言语，决定于明快的思想”。

她去过苏联二次，常常说苏联不好，骗人只能在一时，牌子，是老资格。

11 月 11 日

田月华：

(1) 对交代很不满，一贯对党忠诚，而党对他采取什么态度，一直没有得出正确结论，到处碰钉子，党使他〈到〉倒霉，一股气是对党不满，一触即发。

党是不是不公平——是污辱党，三十多年来，党难道都不了解你吗？最不满的是被审查，为什么不满，有党性的话，为什么这样。所谓倒霉是自己的责任，不是党的问题。应当觉得惭愧，为什么要散布毒素，希望不要抱着金字招牌，［要］更痛恨你的反党的罪行。

(2) 是不是一直热爱党的?

第一,对党的认识来看,爱与恨是什么:心目中的党是什么,党代会上发言,充分暴露,把前届省委看的一团糟。

(1) 否定省委的领导正确性——每一个时期各项工作没有一件事没有错误,由于作风不纯。

(2) 前届省委成分不纯,陈金林……

(3) 一股歪风,不良作风所造成的恶果,人云亦云。

(4) 对新的省委划为四个类型。对海宁县也看得很坏,浙江党不是ブロ的党,不如国民党。

如此的党为什么有爱?参加这样党有什么意思?为什么又爱这样党?无中生有,捏造的,所以要挖老根,一来支持你的ブル观点。对中央也产生了怀疑,因为干部是中央批准的,如金韬,也是中央批准的。浙江党如此不好,中央为什么不知道?阴谋很大。

第二,采取行动,党员义务,反党还是爱党?

第二条,〈卫〉维护党的团结利益,是党的生命,不分场合散布宗派主义,说裙带问题,陈伟达是小人丑角,一是分裂党的行动。

第三条,党的方针政策各取所需,如南京不执行整党指示,[包括对]中学生[下乡的]指示。[陈说]我的女儿也不去。学生闹事,科学处要发一个通知,她认为学生不闹事在家自修好了,闹也不怕,陈是消极的。

反对成立讲师团、机关业余学校,工作极不负责。不大管工作,审干、肃反材料不看,签了名不负责任,对工作没有责任感,常常有时间在家在写作。

八大学习班开座谈会(结业时),畦中要她讲话,她记了下来。到会时,她说根本不知道开什么会,开玩笑。

离心离德,伪君子,言行不一致。

例:他说反对特权,可以不住洋房,不坐小汽车,自己特权思想很大,到宁波去还坐小汽车,到工厂都坐汽车。

湖州没有人接发脾气,下去带皮箱,唯恐生活苦。

民主作风——下面干部回报不爱听下去,发表不同意见,大发议论,随便下结论。

对自己不马列主义。

第三，马列主义立场——阶级色彩，颠倒黑白，言论行动。

“中国大贪小贪没有什么了不起”。假马列主义者。

黄逸宾：

党[代会]宣传分团问题。

我个人对省委看法有很大片面性，我也有错误，没有展开争论。去年大会有一种光批评省委的错误与缺点[的倾向]，宣传分团比较严重。但与陈有原则区别，陈的发言是反党情绪的暴露。

第一次陈综合意见，大多数同志认为要改。司建兴说：主要是民主作风差。朱赤[说]：要与人为善，首先肯定成绩。

黄的意见：肯定几个方面问题。

大家对事不对人的意见。

(1) 个人有许多教训：我觉得她的情绪不对，到杭州饭店去看，把成品拿出来，把他修改了一下，不合事实的删去了。陈说：“这是大家的意见，我们[改]不能算数。”发言主要代表她的反党情绪。

(2) 候选人分三种人问题，第一次由陈提出来。四个常委在北京，没有打电话，不分类。

吴、金铃、刘木易、卜明、薛驹：

笔记本问题——陈对此没有决心检讨，她提笔记问题——在讨论中她提出来的，黄说可不提。

陈在检讨时想减轻自己的责任。[说：]“发言稿把片面意见集中起来，又带上自己的私货。”

四十多个名单，陈在讨论候选人名单时，陈至少一半以上是弃权的。(1) 不好的。(2) 不了解的。加起来至少一半以上。结果拿下的五六人，也代表[她]对党的情绪问题。

对党的缺点有二种态度，缺点是次要的，党员应站在正确立场上克服缺点。陈是另一方面，站在党外，仇视态度来对待，很少听到对省委、地市委有满意的表现。有势不二立之势，如[对]金韬，恨之入骨。提出对金的批评就一律同意，在发言稿中所说的，台湾问题，日记本，使人不敢说话。

下乡一次,也看到一团糟,站在党之外的态度。

陈把片面意见集中起来,对省委污蔑,不是看问题的片面性,对浙江党有否定态度。

对省委如此,对宋云彬态度在大放大鸣时非常感兴趣,对《人民日报》社论《这是为什么?》,陈不满意。(黄从北京回来)

[陈的]《不能遗忘的故事》[一文],反映不好的情绪,对ブル的剥削看不出仇恨来,对党不满,好像是被利用。对党的历史如此看法。

为什么? 个人主义、老资格,会变成反党到处表现出来。如在南京,在上海不重用,愈来愈远。生活问题也很严重,有许多特殊化地方。高级干部要整。

到北京去开会时,七分钱要报销。(黄管钱)

"没有讲课费我不去。"下班时,陈先要汽车送回家,浪费。对自己的问题抓得很紧,并不是偶然的。

科学处:

今年夏天毕业处工作同她接触的,觉得不对头,与中央指示相违背。朱人凤很苦闷,陈对此问题交待与检讨中没有提到。这是大是大非,解释不了的。教育〈听〉厅与团省委也有意见:

(1) 反对组织学生下农村生产。中央很重视,《人民日报》有社论,刘少奇在湖南做了报告,要下乡。

(2) 城市学生如何到农村去问题。她反对,强调城市学生到农村生活过不惯,到农村去,没有根。如她说:"宁波毛竹琴当典型可以有,一般的找不到。"

在招考学生委员会开会时说:"尚之考不进宁可请教师,对唐友清说,你的意见也同意的。"

团中央批评团省委下农村不力,与陈支持不力有关。

(3) 参加服务性行业问题——厨师、理发、小工业者,当时有片面强调的地方。陈说,要买棒冰也反对。她说自己女儿不要听动员报告,老说买棒冰。在她看来是下等行业,这种情绪不对头。

(4) 闹事问题。宋云彬挑拨学生闹事。

[陈]反对宣传闹事:"闹终归要闹,怕什么,闹了也可教训干部,思想保守,胆小。"(不同意发通知,永康县。)

批发文件(〈剩〉嵊县),到现在没有下落,一直不批。

处理问题上很差,为什么?

对〈正〉整个毕业生问题,站在ブル观点,对这个工作极不负责,找不到她,讲了一点就走了。开了一次会议,解决什么问题,东扯西扯。

社会宣传问题——陈说不必再发指示(杨思一同意的)。教育厅与青年团觉得很重要,后来由团发出,党没有发。地市委宣传部长会议讲了半小时。

六月份毕业生很紧张,陈说你们等在杭州,如杭州闹影响很大,不要去别的地方。

六月要朱人凤去参加师范学院听反任铭善斗争,吕部长很重视。下乡了解许多问题,发了三个通知。

为什么陈同我们分歧?

(1) 陈部长如何对待青年的培养工作,多数青年要劳动,陈所谓青年就是一直去读书,像她女儿一样。

(2) 完全ブル立场去看劳动,轻视服务行业,同陈自己一样成为ブル知识分子。

(3) 不执行中央指示,很清楚。

(4) 对罢课问题,陈认为闹可以自流,毫无戒备状态,与黄源"百〈家〉花齐放"一样论调,与任铭善的"鸟自鸣,花自开"一样。

在政协谈话也一样,认为施有光是好人,宋云彬是好人。

二个月时间时,[在]毕业生问题上格格不入,影响很坏。

[对]岳庙对联[①]为什么有兴趣? 我们与陈同冰炭,敌对关系。她泼冷水。下联是:判真伪。他们认为谁真谁假。她所喜欢的是高光、沙孟海、沙文汉,反对的是林乎加、陈伟达。

她常说:一辈子碰钉子,中央同志要批评,反党立场要改变。邓小平与刘晓自然要批评,你要做刘氏。

邹青:

陈的检讨是歪曲,极不老实,表扬自己对党方针政策是坚决执行的,掩盖

① 岳庙对联:"正邪自古同冰炭,于今方得判真伪。"

自己的罪行。

大放大鸣时的错误。

(1) 五月初在高教处发言。要拆敌我与人民内部矛盾的墙，要信任老教师。

(2) 干部派进去"是改造的，问题就很严重"。"出了问题党要负责"。知识分子"士可杀不可辱"。所有帽子都要拿出来。

有一个记录的。

(3) 在学习班上说:"党政不分，民主人士对我们提了许多意见，有许多意见对的。"

(4) 五月下旬，董太〈和〉龢文章不审查。(五月底)

(5) [对]师范学院[坚持考试表示]反对。[说]"在苏联学习是不考试的，这样考试是教条主义，我也考不及格"。学生回去大肆宣传，对各校影响。

(6) 五月十九日出席历史学会，有人提出章程内容，不一定要马列主义，欢迎陈讲话，她没有讲，只说不是首长，没有驳斥。

六月份历史学会临时干事会上，陈对二沈说:"你们放得不够，人家说是右派也不怕。"

(7) 对林[redacted]:"今后新书要多起来，同情同人出版社。"

(8) [说]施有光是典型中间分子，收音机[还]没有还给他。

(9) 对厉步青[问题]说:"你怎样知道他是右派，我是知道他的历史的，认为他是左派。"

(10) 批评吴唯平：陈批评眭中，光说错的，不能令人信服。

(11) 五月间写了诗，转入反右派后，很少写文章与报告。

(12) 陈认为对毒草不必批评，对党外人士说:"你们放得不够，对沈镜如讲，不是点火?"

(13) 对右派同情，如同意政协的意见，幸灾乐祸。

(14) 高教组要拆敌我矛盾的墙，还〈掉〉摘帽子。

(15) 阻止人家写文章?

同党群不分，对党不满，修正主义思想有关，长期有反党思想，不顾党章，确系反党，丝毫也看不到热爱党。

王以礼：

(1) 党代会发言否定了省委的成绩，扩大缺点，特别是分为四类人，她的检查中没有承认自己错误，反而放毒，解释性的交代，是党代会发言的翻〈板〉版。

(2) 历史学会问题——

二月份成立，五月五日进行第二常务委员会，要求陈去参加，陈对王以礼说，很愿与科学家接触，同时给他一些材料，填好了表，章程也送去。

五月十二日，开第三次会议，发了一个通知给陈。有些人已提出，要不要马列主义？陈没有去。向陈汇报，有些争论。陈没有表示态度。

五月十四日，大会成立，开一天会。上午陈去的，下午没有去。日程上有首长报告，杨源时没有走，要陈讲话。[当]时先[是]杨要王同她去谈，人都到了，转告杨的意见，陈说："我不讲，[又]不是首长。"宋云彬等人都要陈讲话，改为"会员讲话"。陈[还是]没有讲。她说这些话给人的印象不好。

下午陈是没有去的，原因不知道，通过了历史学会章程。

第三天向陈汇报：(1)章程。(2)情况。陈在看报纸，汇报情况[时]她说："我知道了，沙孟海告诉她的。"陈也出来，走到小会议室，她说："你一点〈臭〉嗅觉也没有，这种场合要我去讲话。"还说："我在台上去讲，也很难[得]讲话。"(〈忘〉记不清了)

(1) 很迟听到，不合事实。(2)五楼传达康生同志报告时说，谈到历史学会章程，曾有争论，只有沙孟海反对，因为〈时〉事先进行过教育。从自己谈到的，〈时〉事先是知道的，不是事后，许多不知道的。

为什么不能在历史学会讲话？

为什么说"我不是首长"？是不是对右派分子同情？对杨有不良影响。

特别严重的〈是〉事，而自己认为很难说，为什么？

宋云彬问题在报上已揭发事实，历史学会章程又开了一次干事会议。

六月廿七日开干事会议。

(1) 章程问题——修改。

(2) 宋云彬问题。起草一个决议，陈说："宋云彬，对他的批判从他的著作中去找。"

八月廿日，批评历史上反动观点，进行思想斗争。

当时为什么不提批判反党言论，是不是对历史问题可以稍迟一些，是不是把一部人力量吸收到历史上去？

(3) 对二沈、李洁非："你们放得不够，说我右派也不怕。"这样答法不对。为什么这样说？情绪激动，原来她过去也戴过帽子。

(4) 六月上旬反共高潮已掀起，为什么还说放得不够？应当是反击右派她没有理解，还〈顾〉考虑放鸣。

同沙孟海关系。

他对沙撑腰，〈片〉偏听〈片〉偏信——(1) 传达康生同志报告时说的，还有其他人，沙没有支持要马列主义。(2) 二次会议把沙搞去开会，关系密切。(3) 考古学会成立，选出理事、理事长问题——沙与郦很难排。陈说：郦承铨不行，有问题。到统战部了解，答复不是右派，现在还不是，[但]对他说得很不好。杨说问题不大，沙与郦二人有矛盾，陈不提沙，对郦讲了许多。是不是听了沙的话，在二人斗争中支持了沙孟海。(此人很有政治历史问题)

陈不要摆老资格，正视自己的错误，批判自己，自觉请罪。

徐明荣：

对此次运动的态[度]：

(1) 整风以来，没涉[及]她时态度很坏。八月十七日，对人民来信问题，她看了大字报，情绪激动，就解释重视，并告诉了其他部长，不虚心，不冷静。

(2) 第一批大字报贴出后，找写大字报同志谈话，情绪抵触，同黄逸宾说："这些事我不好说。"抱不老实态度，在交代会上表现出来。

工作表现：

(1) 日常工作中吃苦，忙的是什么？大部分时间在工商界作报告，她为什么叫，对党负责吗？用意何在？完全伪装。

(2) 处理问题——《浙江通讯》文章不看，推脱了事，对省委不满，有些请示报告，不要管，送科学处去办，事务工作不管。

(3) 六月份师专一个教师反映的意见，就说要送省委，态度不好，我不管。为什么不负责任。不仅是一二次。

(4) 她与省委关系，与工商界的比较。对ブル关系密切，[像]政协会议很负责的，如去报告，非常愿去。事先联系好，他们低头[是]赞成。陈对他们了解，自己写的稿送曹湘渠看（指诗）。很难相信三十年来为党工作，根据交代看是一贯的。

丁乙：

听了报告与表现，很不老实，不虚心，打断人家的话，非常不对，贴大字报对证材料。为什么拒绝批评。检讨中“大事化小，小事化无事……”。三十年为何斗争的，合理要求。小本子问题是你讲的，但又说不是自己讲的。

不愿接受别人意见，与斗争要求不合——大是大非问题。

反党反苏很坚决，不考虑自己的严重错误与根源。

李一凡：

反党问题——心目中对党看得一团糟，抹煞伟大成绩，为什么对总结报告不满。

为什么夸大错误？“如各项工作犯了严重错误”，“刻不容缓”，“只知工农生产……”？

为什么攻陈伟达——对肃反、对文教工作不满，是裙带关系，用意何在，宗派斗争，是破坏团结。

对省县也如此。“主义”很多，海宁县报告中所提到的，在上海、南京也反党，是二条心，一贯的。

11 月 12 日

江华同志：

四级干部大会对形势与工作看法已经一致，会议开得这样久，柯老看了四级大会同省委会、大字报发表意见。

柯庆施同志报告：

到浙江来二件事：(1) 学习四级干部会。(2) 省级机关批评到上海局来接受批评，还要回去研究一下，一定改正，目的在此。省委要我讲话，同大家很少见面，我也鸣放一番，对不对请批评。

（一）关于矛盾问题。

对主席讲话我的理解来讲一讲。

三中全会上毛指出了过渡时期，他说ブル与ブロ，社会主义与资本主义，二个矛盾是主要矛盾（整个过渡时期）。可是具体表现在那里？问题来了，表现如何：二方面，一是敌我矛盾；一是人民内部矛盾。

所谓ブロ与ブル矛盾是通过敌我与人民内部矛盾现表现出来。所谓敌我矛盾是反革命与右派分子，一切反社会主义的坏分子。右派分子反党反社会主义，二条道路的斗争，坏分子有许多种。

同时还表现在人民内部矛盾中间，为什么？因为人民内部矛盾有二类性质，一类是ブル改造，工农业改造，特别是知识分子与富裕中农等，农民改造问题不大。矛盾表现在两方面。另一方面包括我们自己，反三个主义是ブル与ブロ思想斗争。大家都有份，如官僚主义，多少不同。不是ブロ东西。有的是情况没有摸清，影响大小不同。

三个改造，二条道路的斗争中还包括社会主义动摇问题，不服气，政治思想上要来一个革命，无可奈何中ブル跟着走。可是随着来了，坚决改造，知识分子有一种倾向，不是很服气。有二种人，一种是右派分子，一种是安排一下就服气了。动摇的，中间分子。政治思想上要来一个革命。一种是坚决抵抗的，是少数人，大多数人是动摇，慢慢教育改造他，特别是ブル与其知识分子，表现在人民内部。为什么不放在右派内？

党员内也有一些问题，少数是右派，多数还有旧社会思想。叫做经济基础与上层建筑有矛盾，全民所有制与个人主义有影响，存在这个问题。

那一方面是突出的呢？有人说敌我矛盾是突出的，如某一合作社内。正面说，人民内部矛盾是大量的突出的矛盾不是敌我矛盾。

为什么说：是过渡时期，是大量集中的是人民内部？

因为：敌人已经打倒了，政权夺取了，土地改造，三大改造基本上取了胜利，知识分子大部分接受改造，不愿意的是少数，弄不好要动手动足。有不服气的，如右派，反社会主义分子，坏分子，是少数。肯定的说是少数。如他们是多数，要造反了。偷偷摸摸做破坏工作，右派分子不肯承认自己。因为他是少数，说了一大堆的反党反社会主义的话。他不承认，因为人家不同意，如多数同意，他就要公开说了。反革命分子是残余，不是愈搞愈多，越抓越少了。

派来的是少数。

右派分子是不是都清出来，不是都清出了，还有狡猾的没有找出来。如上海清出 6 000 多，还有一批没有清出来。七百万人只有一万人还是少数，不能说敌我矛盾是多数，有一个时期活动得很厉害，大约是百分之二。人民内部矛盾是多数，三大改造还是相当长的时间工作。不愿改造，分二种形态，抗拒改造要有行动。要对ブル经常斗争，他们没有资本了，工人反对他，麻烦的是中农。

知识分子因为他有知识，没有剥削人家，学生中有群众，比较难办。要做很多工作。

闹宗派，个人主义就复杂了，新工人是新参加劳动的，成分不纯，资本主义思想很多，党内也有这个问题。上海干部评薪中闹得很凶，争名夺利很多，个人主义受不了批评，都多问题，娇生惯养，不得了，分配工作也如此。中小教员把学生教好是很重要，要干部去当教员，就说是宗派主义，干部政策不对。这不是ブロ思想。自己工作不好好做，就找别人的缺点，自己不做，是非ブロ思想。尾巴有大小，不割掉不好，程度不同。

家庭是中农，向那一条走，有的干部与右派可以搞在一道，与右派分子搞得一道，是为社会主义还是为资本主义？也有的，阶级矛盾表现在人民内部矛盾中间，不表现在敌我矛盾中间。

虽然是少数，为害很大，要同他做斗争，要注意人民内部矛盾中这些问题，形势要看清，浙江是国民党家乡。还有亲戚朋友，反革命分子、右派分子、坏分子虽是少数，但不能忽视，应当提高警惕。

有的人说，我们不注意敌我矛盾，不是事实。

阶级斗争是所有制问题，应当说基本结束，谁也不能说已经结束，八大决议上说过毫无疑问要为……而斗争，不坚决进行斗争，决不许可的。还说"决不许可"(少奇)。但是现在是经济需要与生产力的矛盾。八大决议是从基本结束了阶级斗争后，要很好建设社会主义，《再论》中都说过。

(1) 经济基础与上层建筑矛盾，旧社会思想影响大，是一个矛盾。

(2) 人民的需要，不能满足的矛盾。

(3) 领导与被领导的矛盾——群众路线不够，命令主义，官僚主义，简单化，作风上有许多意见，老百姓有意见，大多数干部努力的，作风是不是简单化的呢,对我们有意见的。

阶级斗争基本结束后,还有矛盾,前面都说了,还有阶级斗争。国内主要是ブル与ブロ矛盾,所以要变更制度,社会主义已经取得决定性胜利,社会主义制度已在我国建立起来,是指所有制问题已经解决,阶级矛盾基本结束,但还没有完全结束,ブル接受公私合营,不能说他ブル与ブロ矛盾是主要的,不得人心。如一个同志正在改正错误,再说人家错误,那你要他怎样?只有枪毙他。

斗争策略很重要。认识了错误要鼓舞他改造,不然一条自杀,一条造反,半真半假,明天再有错,再斗争他。如犯的错误少了,就好,要给他一个出路。要有策略进行斗争。八大决议后,上海同志造成思想糊涂,没有很好学习,矛盾问题如何解决。

人民内部矛盾如何解决,用说服办法,大放大鸣,大争大辩。进行社会主义教育,君子动口不动手,不是骂人,压人,只许讲道理。是整我们干部,整得对,是说服不是压服,骂一顿打一顿办法吃不开,过时了,要不得了。过去我们对地主反革命是处罚,那时叫做革命,现在的反是要他改造,心情舒畅。听说批评省委大放大鸣没有做是右倾。

事情如何做,右派分子要他改造,我们不怕,我有办法夺取他,有经验了,知道他的手法了。县区同志有些怕,人家一放,就打回去了,你为什么这样干。不算右倾,(怕的问题),是摸不到底的问题,学会本领,不要堵回去,说服办法有麻烦,但解决问题,思想问题压不行,就回去了。右派分子向党进攻时要去听,使其面目暴露出来,为什么这样说,没有办法辩论,有一个右派他不承认原稿是自己写的,狡赖不掉。让其充分去说清楚,然后论道理。少奇说过:你有勇气犯错误,为什么没有勇气承认自己错误,这代表一个同志虚伪,思想意识很不健康。虚伪是有品质问题,不认账。我们事业是真理,错了就改,一贯正确是吹牛皮的,揭创疤有痛,不揭是不断要犯,高利贷,愈来愈大。不承认,要加利。还是还账好,犯错误不怕,检讨自己的错误,威〈声〉信更高。

为什么不摆事实,说道理?不经辩论是行不通的,那一点对,那一点不对,把人家思想打通了,压的办法,回去一定不通,压服口服心不服,压服是国民党办法,我们没有被压服。

闹事问题,闹多好,把问题暴露出来,好解决问题。其中有坏分子,一定有的,但是先把坏人拿出来不行。为什么干部被打,首先要想一想自己,先讲理,然后处理坏分子。杀鸡给猴子看,是压服办法。猴子不通,对群众不能当猴子看。

(二)整风运动中坚决提高与改造自己,在社会主义建设中成为坚强的骨干。我们都是老同志,受过锻炼,但对自己的看法要不要,对自己估计不要过高,从另一方面来看一下。不要自高自大,改正缺点,社会主义革命同过去不同,把剥削制度消灭,搞全民所有制,把个人主义问题要解决,个人主义存在,滋长起来社会主义革命的关过不去。他与社会主义是对立的。

民主革命时代进行斗争带有资本主义性质的,与现在完全不同了。土地革命时多分一点,不妨碍革命,财产是地主的,不致于影响群众。今天是搞社会主义统购统销,干部一带头,上行下效,政策就贯彻不下去。若干老干部过社会主义关也有问题,资本主义表现在个人主义,只顾自己,不顾别人,地位等级,上面信不信,是不是打击我,想得多,对群众事情想得少,不是想集体主义问题,党员中存在影响,妨碍我们过关。这一关难过。现在是革自己的命,涉及每一个人。个人主义要取消掉。是不是有个人主义呢?闹地位,待遇,不愿作艰苦工作。

有许多同志站在群众上面,作风行政命令,没有阶级路线,工作上态度以为胜利了,现在还是开始胜利,主席说万里长〈城〉征的一步,搞名誉地位不对,上海许多同志上下班,星期休息,人民事业不在心上。下班去玩,看电影……机关福利,工会就做这些工作,不做思想工作,许多干部意志衰退。

党员要有健康意志,一定要克服不良倾向,否则不是名副其实的党员。都不怕,我们同志以为革命成功了,都要享受了,很危险。没有革命的朝气,只要享受,对人批评不满,都不对。不是兢兢业业同群众一道,千方百计的搞好社会主义,只计较个人的名位,手很长,这样怎样行?

个人主义的存在一定要发展,思想要划界,[这是]你死我活的斗争。从旧社会带来旧思想一点不奇怪,人与人是剥削关系,只顾自己,所谓"只扫自己门前雪,不管他人瓦上霜"。经常斗争锻炼自己。个人主义要发展到自由主义、宗派主义、分散主义,"物以类聚",不斗争要发展,到最后要与集体主义分家,只有满脑子的个人主义,满脑子的资本主义了,从量到质要生变化的,不是共产党员了。地方主义也如此,与共产主义背道而驰。

要与这类思想要分家，就是还有留恋，你就不能与自己缺点进行斗争。主席在三中全会提出：要振作起来学苦工，马列主义，技术科学，文艺文学理论等等。不要把精力放在不相干的事上去，有许多同志空时看戏，搞玩乐，不能成天专在此道，要振作起来。

全心全意为人民服务，要任劳任怨，不要斤斤计较自己。某些人心里有鬼，人家来整我，愈搞愈多。不是人[间]有鬼，而是自己[心里]有鬼。应当"先天下之〈乐〉忧而〈乐〉忧，后天下之〈忧〉乐而〈忧〉乐"，[要]把个人主义思想改造。不要以为"万事大吉"了，不经常检查自己，那不行。同志中存在过关问题，对某同志存在这个问题。如说某些老同志[革命]已有许多年了，还会成问题吗？那是二个时期，在社会主义革命他[可能就]不干了，[因为]他的革命是为了资本主义，不是为了社会主义。不同革命阶段任务不同了，我们不改造自己，追不上去。老干部发生这个问题不止一件，如高岗土地革命得很好，后来他不革命了，自杀了。他与社会主义不能并存了。

一切看法要从社会主义来看问题，搞个人主义，名誉、地位，要分家。有问题要快改，完全可以改拒，希望他们赶上去，否则是自绝于人民。错误大的是少数人，一般同志也要考虑一下，是一个很大问题，主客观条件都不成问题，就是需要改造自己思想，不断提高自己，成为康健的战士，要有兴旺的意〈旨〉志，不怕困难。

浙江工作十年来成绩很大，执行了中央路线方针，某些错误缺点是有的，大字报很好。有一个缺点：(1) 许多问题没有充分提出来。(2) 有许多问题中央已有结论的，还是扯不清，如"坚决收缩"。

人家已经改了错误，还去找岔子，目的是打人，左右倾问题你们多得不得了，不行的。精神集中在现在，批评与自我批评也要，没有提出当前问题，把〈正〉整个工作改为新的面目。

农村形势很好，收成很好，90%高级化了，闹事的有一点，不闹那有可能。翻天覆地革命，不要闹事是骗人，画符，不闹事才奇怪。过去我也有些怕，就是那样一回事。现在不怕了，群众打二个耳刮子，没有什么了不得。

为什么好的看不到，右派分子特点与我们不同，只看我们坏的，同我们眼镜不同，资本主义眼睛。我们看到的不同。如个人主义，社会主义，就很高兴。缺点要改，另外一种看法。二条道路。

仙居一闹，知道那里公安局成份不纯，解决问题，不能说农村形势不好。面上条件也很好，走合作化道路的是多数，条件具备得很好，农业生产很重要，农村前途大，又有发展可能。

11 月 14 日

陆和森：

理论工作问题好像不值一谈。[陈是]如何对待马列主义的？

她对理论工作的态度。

片面夸大缺点，取消理论学习。

学习组织与方法问题来看，一年来省级与地委机关收缩业余学校完全有根据，195〈0〉6 年中央有通知。

1956 年十二月举办业余学校，1957 年一月份开学，今年五月份停办(?)。开办时有许多缺点，但基本上是好的，干部多欢迎。陈也看过情况，还修改了文件。干部意见：(1) 要求太快；(2) 要求辅导；(3) 文化低的，下乡的有困难。

群众意见是为什么没有办好，是以证明干部如何对待。陈对此，对党的指示完全相反，不是积极办好，[而是]片面夸大缺点，从根本上加以否定。

几个过程：

第一段：55——56 年三月十六日，她说是积极支持的，要打问号。所谓积极，是召开一个校务委员会，以后没有开过。讨论学员退学，成立班委会、辅导员，这些决定是对的，也暴露了不重视与消极态度。第一，各委员反映了情况，商业厅与农林[厅]反映了学员如何积极，陈没有注意。只有一个学员水平较高，[但]不愿学习，[说]不解决问题，引起陈的兴趣。陈说：你的意见很好，并且听了几个秘书的反映，你的意见也是对的，讲课不解决问题。

第二，对业余学校组织领导没有引起兴趣，对中央指示不重视。中央规定是初级党校性质，应按规定办事。讨论付校长时，她要老高当付校长，与中央规定不合。会议后没有决定，没有付校长。

从这些例子看说明陈好像很积极的，实际上没有引起应有的重视，陈开始强调缺点(三月间中央有演讲团的指示)。

第二阶段：五月到九月停课。

七个党委成立，因此调整成立七分校。陈态度明显暴露，突出自愿原则，在党委书记会议上说：（没有记录）[1]据回忆，她说："在职干部内容上也可以自由舍择，愿听的听，组织小组，从苏联经验谈起。"党委书记不同意，自愿不是自流，应有组织领导，放弃领导。

第三阶段八大以后到今年为止，去年十二月份，干部已不大要学文件，又提出恢复学校，陈反对。到了四月份，理论教育处到各机关征求意见，大多数干部停办学校有意见，向陈反映，勉强同意，只恢复二所总校，其他不管。由放弃到坚决反对。

对几个强调（检讨）的批驳。

（一）[强调]多样化，自愿，一心要把理论搞得生动活泼。积极反对业余学校，可是从未听到切实办法。

处长以上干部是实行多样化的，贯彻得如何？除一部分同志外，大多自流的。对负责同志缺乏领导，可以多样化，决不是可以没有领导，一面反对业余学校，而另一方面不提出好办法，空叫变成了自流。自愿原则发生了这样效果，各党委还是有布置。财贸党委计划提出"根据需要，自愿原则，进行学习理论"。大家对自愿有反感。不少单位放松了学习，不少单位如省合作社有干部看画报。她说：自愿看画报。

（1）实际上对学习不要有组织的领导。

（2）停办是省委通知的，并没有说可以取消业余学校，今一月十四日高传达部委决定："在职干部应办好业余学校，办好一所作为核心。"你为什么不执行部委的决定，如何解释？掩盖自己的错误，我从未反对过有计划有组织的领导学校，从未主张过，但你说愿意听的就听，不是反对是什么？

（3）中央陆定一说不一定办业余学校，并不是从那时开始。陈在 1955 年开始就〈对〉把学习《联共党史》[说成]是强迫命令，把高级干部看为小孩子（霍士廉讲的），一贯反对有组织有领导的学习的。〈要〉没有一定的组织，理论学习成为空谈，好像是形式上的争论，没有新的形式，实际上反掉了干部马列主义学习。

（4）从内容来看——每一党员分为三种，常识、经典著作、时事政策。

---

① 原文如此。

常识——马恩列斯的生平，在职干部课程规定，语文在初中以上的都可参加业余学校，政策、总路线、党建……

省决定二班，教材确是有原因，当时没有初级课本。（去年下半年才发）

我们学校可成[立]中初级班，采用苏联教本与高级党校的教材，也是可以的，还是系统全面的。后来都用中央课本，基本上是对的。

（二）陈如何对待教材，她的论点。

（1）反对教条主义，反对中央规定的几门课程，不止一次说是教条主义。早在十一月会议后就反对教条主义。陈反对孙定国的一套，不是一课讲如何讲？反对系统学习。

（2）强调自愿。去年九月份会议上[陈]说，强调学一门。她说：每一干部学什么，愿意学什么都可以，如物理、化学，各种专家就是这样培养出专家。并且以华人秀要写小说为例。

理论与文化学习有矛盾，相当多的知识青年向科学进军先专后红思想，不要学马列主义，这种ブル思想在机关中抬头。

陈同意这种观点，就是迎合这种要求。当时退出理论学习的很〈少〉多，学习日看为休息日，理论空气削弱了。专卖公司八十多人有六十多人学文化、俄文与物理化学，向科学进军的很多。这是什么原因？可能有其他原因，[也]是陈自愿原则的结果。

陈说：过早的片面的强调片面系统的学习，证明她的意见是对的，她反对的是对的。康生同志是批评过系统[的学习的]，〈在〉但肯定教的方法是对的，成绩是基本的，[没有]抹杀过去成绩。陈不是批评过去，而是抹杀了成绩的基本一面，不能把康生的意见插在一起。抓了工作中的缺点，加上教条主义加以根本否定，不要教材，离开内容，不是成为笑话了。党章与团章都规定每一干部应学马列主义，根本上反掉了马列主义，培养出什么干部。

（3）理论教员问题——开展理论学习的关键要设专职教员，办好业余学校的关键。编制通知要各地编制，从行政编制划出九千名，成立讲师团，平时分散到各地，分配到浙江 205 名，业余学校 40 人，省委作出决定，五六年六月十七日组织部决定抽调干部，作为讲师团成员。[这是]中央与省委[的]决定，党一贯重视理论教员的配备。党中央一再指出不要要求太高，能讲一门就好了，要求高级干部[用]带徒弟方法指导马列主义进修。

（三）[陈]对青年理论教员的态度：

（1）一贯反对设置讲师团，不〈至〉止一次说行不通，调干部行不通。她是反对这个办法，[认为]行不通，一开始就认为行不通。党代会前争论要不要的问题，陈一定说不要。

（2）去年六月份钟儒从北京回来，[介绍]其他省部建立了讲师团，各省建立分团，部委同意这个办法，共同起草一个分配名额。通知经陈看过后，她不批，因此压下来，反对向省委报告。

（3）十一月中宣部会后要地方编制教员，十二月廿三日中央电报来了，中央不给编制，这个电报仍强调要教员。部委根据这个通知向省委写一个报告，陈也不同意发出，争论工作问题时，教员问题如何办？陈反对〈成〉设立专职教员。

她说："没有专职教员也可以搞理论教育。"根本反对有专职教员。反对向省委写报告，根本反对成立专职理论教员，是一贯的。检讨中说：因为业余学校不办，主张下放，采取不了了之[的态度]。去年三月份比较重视时，〈已〉仍坚决反对配备专职教员与讲师团。

不但反对建立讲师团，建立理论队伍，而且反对培养。她反对教学辅导，如财贸部门开过教员会议，教员很赞成（经济学）。我们打算开一个哲学会议，陈不同意开会讨论。〈才〉后勉强开会，陈没有参加。

供给教材与提纲也反对的，也不是积极支持的。今年八月教员要求发资料，她说：宣传部根本不管资料，你们有脑子去想，不同意见可以争。学校有困难，陈对同志们的要求[没听]就走了。对教员关心很少，可以看出[她]对培养与提高很无兴趣，理论教员说对陈没有希望。

（4）对理论教员要兼职，对兼职教员如何？大部分是兼职的（党校与负责同志），[陈对他们]实际上是打击的。陈参加过二次会议，去年五月份一次，内容有三种，[她]没有按内容开会，自己发表了意见，没有结果。另一次是各教育机构的会议，希望很高，教员都是新的，水平低。陈在会议上对教员好的一面讲得不多，批评缺点不少。一个教员讲主观主义引了孙定国的例子，进城找不到ブロ，找了一个贫民，陈就对教员大大批评一顿，[说是]"孙定国徒弟"。新生事物是不完善的，难免的，这样的错误态度对教员有打击，不再去上课，压力是批评。暴露对兼职教员的反映，也不是支持，是打击态度。

（5）提高教学质量，要教员有讲稿——讲课费可以有二样，办演讲，公开卖票，不愿听的可以提高内容。实际上已经把马列主义当作商品买卖，[来]对待教员。（这个主张是从那里来的？）

（四）根本反对马列主义，是支持还是反对的态度？

检讨中提到主张轮训，要干部到干校去学习，不是如此。

（1）中央都没有说过不要在职干部理论学习，[而是]如何学的问题。（这一点已检讨——陈注）

有了党校可以取消在职干部的理论学习。

（2）党校轮训干部不能包括这许多，县书、区书、县长、群众团体的负责人等。中级党校、省级党校也有规定，能够进党校的只有少数，广大干部没办法进去。

（3）[从]浙江省规划来看，一共是十九万人。组织部规划进党校的只有一万七千多人，2%，非党干部不能谈了。轮训不解决问题。

（五）[陈]对轮训工作从来不重视的，下乡时不去过问地委的工作，[到]宁波干校陈不去干部学校。地委干校房子成问题，要求解决困难，不是指做报告。

（1）中央派人检查党校工作，宋去吾同志不听陈的汇报，不能说重视党校工作。

（2）一贯反对办高干学习班。

（3）开一次哲学教师会议，陈也反对，八大学习还是吕部长做的。陈反对了一顿苏联教科书，根本没有提出八大文件要提目的要求。

八大干校汇报，到了会议[上]她不讲话。经过再三要求，随便说了一些，有什么理由重视轮训工作，[该]过问的也不重视的。

（4）不要讲师团，加强地市委轮训机构，实为反对讲师团。好像是反对具体问题，实际上是反社会主义。反对党的领导。表面上是反对教材，反对组织形式，不是空谈了吗？她没有公开反对过马列主义，实际上取消马列主义，产生了不良效果。她的检讨说不同意是修正主义路线，只因水平低，片面理解决定。能说[她]水平不高犯错误[吗]？

因同陈的错误观点，她不愿看中央指示，不听群众意见，现在还坚持自己的主张。

为什么要反对，自己解答这个问题。

高×(五个党委的代表)：

如何领导理论学习？

(一) 对业余学校理论学习态度问题。

正规的，考试，试办性的，发文凭。

五六年是掀起了高潮的，各级党委的重视，不能参加的引为遗憾。开办时下面同志有些意见，讲课范围大，教条主义现象，要求加强领导。

陈的态度：积极克服困难，还是找了缺点，缺乏经验，没有信心。你听了那些人的反映是少数还是多数，各级党委还是少数人反映？颠倒是非，对业余学校是抹杀态度的。有没有积极态度，对学生说不能要求太高，对教员没有鼓励他们的信心，相反是滋长消极，不敢上课。

理论学习还是发展的，各党委都开办了学校，对马列主义教育事业不是积极帮助态度，特别是八大文件学校，坚决主张停办。不执行部的决定。普遍办讲座，各级党委不同意。认为系统理论学习容易培养教条主义，爱学什么就设什么，认为要整风，不要办业余学校。运动与学习没有矛盾，部内也不同意，第一期办下去，第二期由各党决定。如不办，这个党委做什么？由于陈的主张，要我们放弃办学。各党委没有执行陈的意见，不放弃马列主义学习。

第一期不是按陈的意见办，要坚持下去，哲学三个月可以结束，经济学五个月结束，绝大多数人可以学习的，第一期退学的不多。

没有经验才造成工作不好，这是挡箭牌。认为苏联没有先进经验，只记得拿苏联东西散布自己的意见。

(1)《联共党史》学习。

二个半天学习制是违反八小时工作时的。(?)

举出苏联的一个决定，干部组织学习，考试是教条主义，他们自学是不可以的。

她宣传的是自由选择一门，都可当专家。对马列主义态度，没有钱是不做的，坚持什么路线？

如具体问题——讲课费，小时五元，太高。自己写小说为了钱。你〈的〉和一本书主义没有区别。为了钞票，写一本书。过去系统学习是不是错了？只办讲座，自由选一门，当成学术性研究，不要讲课。广大教员要求学习如何办？可学不可学。陈的态度给我们工作造成许多困难，不解决问题。事先没有准备，大家提了很多意见，没有解决，自己讲了一套。最后说：我说的不算。因此回去后没有支持。

(2) 第二期开办时，[说]过去事务工作包得太多，第二期你们办，教员要提名单，[说]大专学校有的是人材。一面说是教条主义，[一面]又是[说]人〈才〉材多，[说]有学问的是在党外。你指的是什么学问，一定要请知识分子来教吗？是说党外有人〈才〉材吗？

(3) 实际上后来是讲座性的，不督促，不检查，不少同志有意见，不如学《联共党史》，不是组织形式不好，也不抓，不领导有意见。

(4) 学习方法问题，出发下乡，都没有解决问题。

(二) 自愿学习问题。

中央指示是为了更好的学习，克服教条主义倾向，多样化，但陈谈时完全舍掉一门，物理、化学……党员学习，都要学马列主义，不一定在什么时候来学习，党内外可以完全自愿。根本不谈学习马列主义的重要性，放弃党的领导，不是因为形式要改变党课。她有兴趣的是搞演讲方式来代替，中央指示是辅助，[讲]时事政策问题，[她]认为有困难，不同意。陈想以此来代替。党员义务是什么？

公安厅就有些同志不学习，强调自觉自愿。

党外知识分子，他们是ブル知识分子，[有]改变世界观问题。陈的思想很支持学生的思想，理论工作完全强调自觉自愿。[这些人]找到了根据，助长了他们不问政治的倾向。有人退出学习的(国务院有指示，不阻止投考)，有的自由去玩，没有约束了，看《红楼梦》。

公安厅一个处三十多人退出了业余学校。陈说：[向]科学进军老年人也可以进军，我也要写小说，没有说马列主义也是科学。只是文学、艺术？实际上是取消，可以不学马列主义，[中央]从未谈过。

实际上执行不是如此，政治机关初中以下学文化，初中以上原则上学理论，业务进修同理论结合起来。

(三) 关于教学方针、系统化问题。

只听过第一次典礼上讲过方针问题，以后没有提过方针问题，因为没有讲过不要理论与实际联系。地市委宣传部会议上发言,[说]过去贯彻方针不够、不具体,而讲得太广,消化不良,不深不透,没有使学生独立思考,填鸭式的,不是一般性问题,好像方针不是中央提的方针。目的是说明反教条主义,不谈方针问题。会议上说要解开绳子,不要把讲课当作系统。[说]中国与苏联都不行,在各种书籍中找系统,推翻一切,主观战斗精神。

方针政策性问题——"百家争鸣",乱谈一通,不了了之,像公鸡一样的鸣也可以,不要领导吗?有没有标准呢?

党代会议四十条当作工作性的,肃反是业务性的。

(四)对处以上干部的学习问题。

[为]加强对他们学习问题,中央指示在职时间先学重大问题,方式内容不同。陈对此没有管,组织了几次学习《矛盾论》、《实践论》,以后没有领导过。自流进行的,《联共党史》为什么能统一地学,陈来了后没有办法学?陈说:是省委的事,在职干部没办法学,各党委很头痛,老问题没有解决,处以上干部无组织。在学习时间内没有东西学。为什么?是省委不给你权,还是你的问题。(金管的——陈注)

(五)成立分校问题——党支部不能领导。

基层班部在支部之上,没有强调支部领导,权力很大。请假要向班部主任批准,支部不能领导。班主任脱离支部,也不能执行任务,无领导状态,讲课很紧,理论教育处也认为组织形式要党支部直接参加领导。后来改变了。建立这一套组织发挥了什么作用。

结论:(1)积极推动学习马列主义吗?还是任其自〈流〉愿呢?要党的领导,还是不要党的领导。

(2)以反教条主义为名,还是借反教条而不要学马列主义?因为处以上干部归省委,一般干部又主张取消,加强还是削弱、攻击?

徐澄善:

(1)她不要理论队伍,不要讲师团,打击教员,不给子弹,[说]中央与苏联教科书是教条主义(作基本参考)。实质上否定马列主义,同胡风差不多。

(2)从中央提出自愿原则后,但实际上她借口中央原则,否定马列主义的〈话〉活动。陈只要自由兴趣、自由发挥,不要领导。而且[更]加助长自由倾向。自由发挥问题有根本不同的论点。

有一次干部会议上说：他们不愿学就让他不学，可学物理、化学……没有马列主义的指导思想，专家干什么？

张少庵：

反对宣传唯物主义及中央指示。

中央 1955 年批判ブル唯心主义思想指示，指出严重意义。

巡回讲课，各县进行宣传，团校讲哲学常识，张春台也号召，各县开展学习唯物主义。1956 年干部很迫切，全省四十一个县，9 040 人参加，地委干校试讲课，书店抢购一空。实际工作产生困难：教员水平不高，教材少。

陈在高潮下采取什么态度，不但没有支持，热忱解决困难，〈相〉想的是抓困难，千方百计的反对县与地委的学习。

第一阶段，去年三、四月。

(1)下令杭县停办业余学校。

(2) 写报告给省委。

杭县有三百多人，参加学习，到省级机关来参加。四月间派人到宣传部来请人讲重点课，畦中向陈汇报。陈说：你能去讲吗？没有教员力量还是[得]停下来。又请示黄逸宾，他要畦中去了解情况。何二中二人去杭县调查，情绪很紧张，没有叫他们停下来，[因为]与实际情况不符合。

四月底研究讲演草案时，陈找了杭县同志谈话，又叫他不要勉强，停了一个时期，后来又办。

五月初陈叫理论处写报告给省委，[说]看不出有什么收获，扩大了困难，问题看不到，听不懂，上马容易下马难，不必勉强办。主张七月去广播，普遍广播，这样做比较切实可行，来代替县级业余学校。

金部长不同意，争论：冒进还是保守？

六月到海宁去调查，摸清干部的要求，陈没有参加，张少庵去，情况汇报，有许多干部要求学习文化。她很有兴趣，摸了四个单位。[说]65—70%要求学文化，不是 80%要求学习，数字有出入。

合作社 90%。

人委 40%。

财贸 80%。

这个 80%数字从那里来?(钟儒)

60%—75%中也有要求学习理论的,没有分析的提出,为什么扩大?

材料她是没有看过[的],去海宁汇报的,回来后又汇报一次。

是为了反对县的学习,有了根据。

她主张:(1) 组织自学小组。(2) 演讲。不要上大课,中央指出以报告为主,不要讲课等于取消。

第二阶段:到金华、龙游去调查(张少庵、陈敏生)。(九月座谈会)她同意召开一次座谈会,表面上同意"在整顿基础上发展"。但她发言是否定的:"上马容易下马难",大家可以讨论,"百家争鸣"思想弄得很混乱。胡兴宣传部长说:是不是要我们下马?戏要不要唱。〈加〉嘉兴地委宣传科长也反对,我们解释。

总结时说:她歪曲了党外知识分子的自愿原则(九月份)。还说:要学习什么都可以,各县也可以,号召大家去唱歌跳舞,成名成家。表面是赞成的,实际上是反对的。号召退却。

会议以后,学八大文件,省委停止业余学习。

今年春,吕部长也表示可以转入,部委也有此打算,陈反对,抓住八大文件,反对复课。〈加〉嘉兴地区来指示,要求恢复,她布置继续[学]八大文件,没有具体指出如何学习。到〈加〉嘉兴地专支书会上,又提出学八大文件,反对学哲学常识。一贯反对学常识,不是她所说的,本质是取消马列主义哲学常识,反马列主义问题。

地委党校,她如何反对的?

去年也去过宁波地委,整理材料,介绍经验。陈在宁波,畦中向她汇报。她说:"这就是你们的理论根据。"又有理由地委干校学哲学常识。

今年地委(九月)(?)八大干部座谈会,她又反对,[说:]"农民可以学哲学的吗?"她认为根本不能学哲学。我们主张发宁波地委讲稿,她反对,说是绳子。

反对团校经验——她说是错误的经验。(高小初中以下的)

为什么反对?

她的看法。(论点)

(1) 认为基层干部文化低,不能接受哲学常识(区乡干部),主张是支部书记,首先是以文化为条件。[说]宋云彬可以学马列主义,ブル分子可以学马列主义。基层干部有实际工作经验,有朴素的实际工作经验,许多干部觉得学了哲学找到了老根——反主观主义,比吃肉味道还好。

中央[说]初中以下学文化,是指系统的学习系统的理论,我们指的是基本常识,通俗的讲。(所以我要办演讲会)。

初中以下语文程度的,学了文化可以不问马列主义。1953—1954[年]中央指示说,"凡文化程度不到初中者,以学文化为主,同时适当讲政策与理论常识",听大报告。陈反对报告,是不要宣传。

(2) 县的机关没有力量,最好是用录音,搬高级党校、省级机关笔记,杭州停办也是不能讲课出发的。当时力量是薄弱,教员讲课有缺点,[但]不是那样糟。放录音的只有一个县,大部是初级党校出去的,一部分是负责干部。一般能讲,武康、东阳也能自编写教材,而且他们还未发现在讲课中没有发现重大错误。

搬运省级机关笔记,讲课太广是有缺点的,因为没有教材,发生问题也可以理解的,省级机关也有这个问题。

理论教员积极性很高,陈没有积极支持他,相反的扩大缺点,从而否定讲课的可能。

(3) 这个学习方法是[从]〈令〉领导上主观主义出发的,张春台盲目号召起来,孙定国的风刮起来的。(部委没有这个决定,要县委办业余学校。)

领导上是符合中央指示,张在党校座谈会上有影响,正是有需要的。陈闭着眼睛瞎说,要我们承认,是错的。

要让唯心主义泛滥,有利于ブル,替她扫清道路。

胡国枢:

理论教育的根本分歧:党的方针提倡理论与实际相结合,十六个大字。先要学马列主义,有的放矢。

陈的态度:

(1) [对]宁波地委说:你们是来收缩的,因为陈是要下马,收缩。

(2) 教育内容:四门课,马列主义是活的,苏联教科书也是如此,不要一条条讲。如何讲,她没有提出,她根本不了解县的报告,她没有去听报告。马列主义是神秘的。

(3) 专业课的设置:三个组成部分是基本的,"光荣的孤立",因此轻淡描

[写]了。

1955 年底—1956 年初合作化思想战线是开展的,社会主义革命的组成部分,不站在全体同志一道,而站在另一方面去坚决执行。

所谓“活生生”、“战斗的”,如何?她在讲课中,讲了三次否定的否定,首先讲恩格斯的例子。问题在于她一系列的例子歪曲事实,如人民大会堂讲人民内部矛盾问题,[说]男的与女的有矛盾;[讲]量变到质变,[说]男人与女人不同,就是有无子宫的不同。[在]文化学校开学典礼,[说]马桶间不卫生,自己洗清爽,为什么吹嘘自己?[说]宣传部女同志公务员懒〈堕〉惰,[实际在]表扬自己。这样的联系实际。乱讲量变到质变,[说]党对我提拔太快。你说党有宗派主义,不是自己的思想。[拿]庸俗化问题向党进攻,如说苏联问题。

向什么战斗的党与苏联进攻。醉翁之意不在酒。

走出办公室——她很少深入实际,到下面去也是如此,从来不[深入]实际。以投入战争为名反对马列主义,〈檄〉缴枪如何去斗争?

(4) 对思想改造采取诡辩办法。

对地市委干校反对学哲学,想把马克思主义当作高级知识分〈子〉的点缀,不是当作工农的武器。她说:只要干部自愿,学什么都可以。把马克思主义降低为一般玩乐。

马列主义夜校,要分系组织,用意是什么?是为了联系业务,而不是从改造思想出发,强调与他们的科学、人生观与科学[相联系],[反而把]两者分隔起来。

而且〈把〉对工商界也讲:ブル是世界上最进步的,自觉自愿交出财产来,拍他们马屁。学的马列主义,讲的是右派言论。

有极为严重的意义。

眭中:

诗的问题,没有诗集。不少的诗,有的还有许多,不肯拿出来。还是抗拒,要拿出来,不应该抗拒。

梁通:

同意陈有诗,确实是有的,无时无刻不写诗,要求把所有诗拿出来。

庞正标：

陈在交代中说要马列主义的，他是反马列主义的。

反对业余学校。

(1) 去年九月间省委通知学习八大文件，干部要求恢复学习理论，为什么不要求省委批准，不愿意如此，反对宣传马列主义，说干部不要不符合情况[的学习]。

(2) [主张]办讲座可以自愿听，是贩卖自由主义。[说]不系统，干部不愿意，学习要自〈流〉愿，[讲座]只能作为辅导性东西。

(3) [提倡]自由原则，宣扬无政府状态，不发扬干部学习积极性。[说]自己愿学什么都可以，反对领导形式。根据需要，解绳子。"需要"二字很巧妙，业务第一，个人主义，专家思想，"否定的否定"——讲稿是要多一些，不是开玩笑。她说过要有讲稿费，[说]苏联人[也]可以自由挑选工作，也喜欢钱。

注意个人名誉地位，不要马列主义的自由组织。(于光远提倡组织小品文)

(4) 理论教育处三个摊子，好像是很关心干部学习的。

"我说你们不同意我的意见，没有办法。"

高级干部学校不管，《学习通讯》是不是管了许多？去年四月恢复的，陈做了什么？她的成绩唯一是写过一篇文章，今年写了二篇，一年多写过三篇文章。略谈政治课有问题。

有一次董其玮要她写稿，你给我最多的钱我也不愿写。她是为钱而写稿的。

审稿——用千里眼来审的，或拿笔一指，草草看一下，有时不看。这里看来是马马虎虎的，从未与处室同志研究过。

性质与内容是什么，都没有讨论过。(同睦中谈的)(工作方式有问题)，同样反对的，是反社会主义、反马列主义的，承认错误。

×××，李一之：

[陈]七次反修正主义的报告：

表示对托派有联系，《再论》发表后很重视反修正主义。

这几次报告是道地的修正主义，记录可以查对。医学院同志说：不当他是报告，记不下来，乱讲一〈起〉气。

例如：大部分骂教条主义，反修主义讲得很少，印象中教条主义比修正主义更危险。

人民大会堂报告：骂了一顿斯大林，后面讲了一些修正主义。

一月十二日宁波报告，讲教条主义，说王明敌我不分，斯大林敌我不分，哥〈木〉穆尔卡坐过牢，纳吉是农业家被关过，造红色广场，马〈耶哥〉雅可夫斯［基］，匈〈亚〉牙利教条主义的严重。

波兰问题，工人罢工一天，苏联报上登了〈报纸〉消息，讲得很具体，结果很严重。

对修正主义的态度简单化。［说］修正主义是共产主义的派别，不可怕。主观主义，只看树木不见森林。

医学院报告（教师）根本没有办法记录，只是最后讲［到］修正主义。

散布了许多修正主义对国际形势［的］看法。

宁波报告，［讲］二个矛盾，她说：不能说人民内部矛盾是主要的，否则要打起?打仗，国际危险性没有讲。不能说匈〈亚〉牙利问题是教条主义造成的。（不是事实，第一点不是这样——陈注）。

［在］省政协报告公开用民族主义否定十月革命，［主张］第三条经验，［反对］把地主ブル当作敌人，否定地主阶级是反革命。

中间革命与 CP——［说］中国工商业者没有什么了不起，大贫小贫而已。ブロ专政是消灭阶级，对ブル应有正确看法，作为人民内部来处理。陈的话，社会大大反映。她是第三条经验：ブル可以不作为专政对象，恶意歪曲，引起共鸣。

“中国革命与 CP”——竭力为ブル［说话］。

［说中央］“从来没有说过ブロ专政是一党专政”，干部不了解，不了解各党派。对孙中山很敬佩，国民党的民权不是为少数人所得而私。没有引证过领袖的话，一再引中山先生、康梁问题，旧民主革命的思想观点的人［的话］。

历次报告讲ブル进步，拍马屁，［讲］中国ブル特殊性。

［说］ブル可以和平长入社会主义。她说：今天还拿定息，同国家一条命，永久不移的方针，有共同的利益。“共同利益”。

ブル反映：生动愉快，入情入理，陈的报告亲切。丧失立场。

[陈举]庸俗低级东西,男女关系,夫妇吵架,[说]是人民内部矛盾。

[说]苏联妇女腐化。[在]医学院讲到:我同沙省长不是自由恋爱的,一钻进去就有兴趣了。割子宫是我的,为什么要割。

陈炳贤:

(1) 反教条主义可以有不同出发点,目的是什么?偷运修正主义。

[陈在]政协[讲]:“一党专政”要求许多党派参加,不是一个阶级专政,必须要各党派参加。党员干部不了解,糊涂。

(2) [把]“ブロ专政”同党的领导对立起来。

(3) 八大学习班上说,运动与静止,运动是绝对的,也是修正的。陈说运动与静止是相对的,冒进与保守是相对的。相对主义者,客观真理是绝对存在的。学生认为“冒进与保守”是相对的,布哈林只看到资本主义的相对稳定性,只讲关节线。

学员反映:

(1) 故作高深,使人不懂。对他们要谈工作问题。陈讲科学上问题,表现自己,如谈相对论,自然科学。

(2) 三段论,黑格尔哲学,卖弄自己。

(3) 无聊庸俗,〈表〉标榜自己。通俗化,[解释]质变量,讲妇女,如生孩子。

(4) 大肆放毒,反党反苏。

[讲]量变质变,[在]政协大放大鸣,[举]仙居问题,官僚主义,周总理谈话,同小孩子说我们如官僚主义,将来也要反对我们。

[说]小女儿不要到苏联去了,大女儿满脑子资本主义思想。

费〈大〉德林,学生偷〈车〉脚踏车。

资本主义高潮问题,只是简单的说“瓜熟蒂落”。

陈在大专学校会上说:“创造一套办法,遭到反对。”标榜自己。

11 月 17 日

杨源时:

传达省委七次会议决定:

黄源问题，一贯反党，同反革命分子勾结，经过多次帮助，愿意检讨，又向党发动提议。宣传部部委决定是右派分子，进行了讨论，一致通过为右派分子，撤〈消〉销党内外一切职务，党籍归监委处理，是右派分子，进一步检讨。

陈修良问题，经过讨论一致认为：[是]极右派分子。原因是：从她散布的言论、文章、行动来看，反党、反苏、反社会主义的反动论点，在浙江省内右派中[是]最严重的一个。反动言论最完〈正〉整，一致认为很严重。决定：

(1) 撤〈消〉销党内外一切职务。

(2) 反动言论影响很大，所以要宣传部把材料〈揭〉彻底整理，在党内开展讨论，[对]全党[进行]教育。

(3) 党外影响也很大，文艺界中影响很大，要在群众中开展批判，部委要组织，通过报纸开展批判。

过去涉及国家机密的[一些问题]，如苏波关系，赫鲁晓夫到波兰去，不许[传达]下来。类似问题还有，属于国家秘密，[应]向省委作交代。另一方面要求承认这个错误，自觉改造自己。

个人意见：陈对自己态度很错误，交代不能令人满意，躲躲闪闪。如〈对〉讲金[韬]的夫妇裙带关系，[明明说和]"二连襟"是一个东西，意味着裙带关系。在工商界的报告[中]不肯承认，抵赖，把自己洗得干干净净。[对]群众对她的〈污辱〉批评死不认账，态度不好。

[要]认识自己[问题]的严重，反苏[言论]最完〈正〉整，[应]向部委交代。

丁乙：

我们要求尊重事实，我们意见：

[检讨自己的]修正主义论点。

[对照]六条标准中第五条抓领导权问题。一般手法，[要求]CP下台。中国党是先进队伍，[陈]三张改良。

陈的言论：

党代会的报告与记录。

(1) 党的性质与领寻作用问题。

[在]省政协说："王明当选了中央委员是代表了小ブル，所以选他。"小ブル还有作用，修正党是先进[阶级]的队伍[的观点]，把党看为[普通政]党，不

是先进队伍。

性质与根源。

[对]党的领导成员——党代会上发言[说他们是]：丑角、小人、裙带关系，人云亦[云]……作风问题，[且]"上行下效"。

(2) 写了一篇党内宗派主义，没有事实引证。

毛主席讲六个表现：

陈：(1) 闹独立——如南京你不能审查，刘晓就不行，不能批评，不能审查我的历史。(2) [说]本地干[部安排]少，破坏党的团结，而且划了省委委员为几类。为什么对英雄人物看不到，是歪曲党的生活，说成党是各阶级联盟的政党。

反党要求——要有正派的人来领导，联系群众的人。表扬的二人是幌子，什么是正派人？像她那样坦率的人是正派的。

联系群众的人——她喜欢的是高光、陈学昭，与ブル分子([把]他们写上[候选名单]痛快)。[这]是ブロ还或ブル道路？

(3) 否定党的领导作用，ブロ领导。

专政——工人阶级领导通过党来实现的。

陈："党政分工"不明，"〈园〉圆印子吃得香，方印子吃不开"。政府吃不开，省人委只好除四害、绿化。

为什么？把党与政对立起来，把党放在从属地位。人民政府是傀儡，要求党放弃领导政府，她为什么？事实证明：党代会上说："每一个时期都有严重的原则性错误。"我们不是傻瓜，不要选举，[这是]肆意侮辱，从而否定党的领导作用。

(4) 组织原则——民主集中制。

她说：服从上级是服从林乎加领导，[服从]南京、上海〈负〉的领导人(南京市委)(刘晓)。传达赫鲁晓夫报告她要传达，要求修改这一条。

她要求发扬个性，涣散组织。

陷在修正主义泥坑。

目的：要求党交出领导权。

田尧人：

(1) 陈的态度不老实，昨天我到她家去时，[她在]抄诗，她要我们抄发言稿。诗集已经作了准备,〈从〉重新抄上去,本子是旧的,里面是新的,字不是自己写的,诗很少,大都是已经揭发的,不是全部的诗,一定很多。[为]应付我们,她说再也不写诗了。

(2) 她一定要抄发言稿,一定要抄,给我们来核对。她说记录不可靠的,对人家记录不信任,为什么?经过核对的。

把诗都拿出来。

(3) 彻头彻尾的修正主义者,关于党的学说。阶级斗争,ブロ学说。

第一,阶级斗争观点。

在政协报告中共党史:"孙中山说大贫小贫也有道理,小地主、小ブル也很贫,没有什么了不起。"谈不上阶级斗争。

第二,对民族ブル问题,最明显的要谈。她说:"中国的ブル比美国的工人进步。"[这]违反科学,[两者]不能比较,不是先天性的进步,是经过斗争〈中〉的。

她认为[是]自觉的改造,"自觉自愿交出了财产",不合中国情况。"ブル比美国的落后工人还进步",[这是]二个范畴,不能比较。通过特殊情况,说成自觉自愿的ブル,调和了二个阶级的对抗性。

"和平长入社会主义"——她否认了。自觉自愿的进入社会主义,和平长入。

第三,阶级斗争。

八大教材:"消灭"批语,"目前阶段已失去了决定意义",阶级斗争已无足轻重的意思。她说:"消灭"二字,"破坏"好,可笑的解释。

不能说已经失去了决定性的意义。阶级斗争很强烈,实际情况如此。她说认识模糊,是不是水平低了。不能说阶级斗争已不存在,进一步修改马列主义。

董其伟:

(1) 反ブロ专政?不但有理论,而且有行动,还反对兄弟国家的ブロ专[政]。

反对肃反审干工作——对党不满,她自己的被审查不满,党对她不信任,极〈下〉度仇恨,[到]对立地步。拒绝〈党〉看肃反审干材料,她拒绝不看。自己被审查她就不看。同陈学昭谈话时,散布很多[批评]肃反审干的言论。

[说]“人家对我诬告”，因此眼中有许多奸臣。丈夫倒霉，老婆也倒霉，说成宗派斗争。自己认为是忠臣，挑〈衅〉拨了党群关系。

（2）反对保卫保密工作，反对教条主义。（[说去]红场观礼要检查好多次）不分地点都讲，反对保卫工作，补鞋也找不到，大楼小山也不许上去，好像没有自由。[说]陈翰伯来杭时说，不许到刘庄，老百姓找船也不能去[那里]。保密工作——赫鲁晓夫报告为什么不能看？斯大林问题路透社也发表了，为什么我们不能看？看为干涉过多，“如临大敌”。事实都是扩大的，达到攻击党的领导[的目的]。

她专门收集这些东西，目的何在，高高在上的官僚主义者。北山街大饼是有的，油条没有。十时后不许进去，保卫首长应当的，一直没有碰到过[有人反对]。〈为〉对这些措施为什么反对，为什么反感，要回答！阶级立场已丧失了。对历史上有问题的[人]很同情，如沙孟海，〈说〉如施有光，说[人]生下来不知道生了那里。[把]布哈林看[若]同志。

对兄弟国家也如此。

（1）[对]苏联肃反不满，攻击斯大林扩大化。把党内秘密到处讲，[说斯大林]杀了十七次大会的代表。对匈〈亚〉牙利问题[的评论]改了字句，加上“破坏法制”，[说]匈〈亚〉牙利是斯大林影响的结果。

专政不好。

匈〈亚〉牙利事件与敌人言论是一致的。

（2）阶级斗争消灭，有一套修正主义。政协报告中[讲]，一个党搞不了，“我国家一个党历史上搞不了”，否认[为]党领导不了。阶级斗争熄灭，许多报告中都讲了。“中国ブル比美国落后工人还进步”，否认二面性。

人民——把右派也包括在内。对抗性矛盾已转为非对抗性，谁不承认是教条主义。完全非对抗性的了。还有对抗的一面。无怪说：“和平长入社会主义。”（有笔记本）

（3）全民自由

强调法制，为“全民自由”而强调的。民主与专政要结合在一起。

她要求“全民自由”，为了敌人，要求资本主义。

政协报告：“专政与民主不能固定的，反比例的发展。”[作]对立的东西看，与吴唯平一样，什么时候要多一些，[什么时候]要少一些。

畦中：

(1) 党的性质问题。

第一，王明当选为中央委员，代表小ブル，还有客观存在。（工商界）

党代会上发言，[把省委领导]分四类。

第二，方印[子]、〈园〉圆印子——起码要相提平论。

可见党是一般的政治协会，党的性质如此，不能领导。

[党]可以领导一切，她认为不应当，彻底根本的修改。

[说]“小地主也很穷，工商业者没有什么了不起，大贫小贫”——否认ブル。

第三，“和平长入社会[主义]”，中国为什么不同了！中国是和平的吗？比落后工人还进步，ブル是自动推出的，自觉自愿交出财产，工人与ブル“和衷共济”、“同舟共济”。强调形势变化——“〈交〉缴了械，没有斗争了”，起码可以熄灭了。否定阶级的存在，超过了修正主义。

(2) ブロ专政。

第一，毛一般的说“ブル是人民内部矛盾问题”。

第二，她说：“不作为专政的对象”，民主要扩大了，专政要缩小了。

第三，国家机密不要，赫鲁晓夫报告，对曹讲到波兰去的问题。

第四，公安人员与首长隔离开来。

她的言下之意是反革命分子不要隔离，骂杭州市公安局。

否定ブロ专政，每一报告讲孙中山，你连国都不爱了。

全面的修正主义者，偷偷摸摸地搞，如三轮车不许入内，方印〈园〉圆印问题，化〈正〉整为零，散布修正主义。

×××：

(1) 和[平]长入社会主义（量变到质变一课[①]）。

“苏联政权爆发的夺取的，中国ブル政权是渐进的，不是用暴力”——修正主义“和平改造”。

(2) 统治者，如果不抗拒者，和平解决他；如抗拒，用暴力消灭他——恩格斯话。

---

① 此处为陈修良整理时所加。

(3) 民主集中制——八大精神如何?

① 极端民主倾向——党代会发言,省委家长制领导,大部分干……

② 百〈花〉家争鸣——"过去不敢讲,现在也来鸣放一番"(高干学习班),你过去不讲的是什么,现在要讲什么? 党章也要争鸣。

③ 学习上——自由、自愿、自觉。

④ 行动上——不执行党的决定,如整党问题。

对部委决定不执行,而且煽动下面,在宁波说,你得不到部里支持的(下面同志不支持,指学习方法)。

⑤ 对下面意见不虚心,自己不民主,中途打断别人发言。

是不是醉翁之意不在酒? 诗的问题没有全部拿出来的,次要的还有什么严重问题,攻击领导还有什么?

⑥ 海宁县党代表会议,强调发扬民主,违反八大精神。

陈炳贤:

反苏问题:

一笔抹杀精神面貌,基本的经济建设。恶毒反苏。中山狼。

〈加〉嘉兴——同地委同志谈:苏联物价很费,学生要排队买东西,生活很困难,电影画报是典型,不要相信。

(我说:"苏联重工业发展得很好,轻工业不够,物价贵……"说从我的大女儿那里听来的(造谣!)是说物资供应不够,人民需要与轻工业生产的矛盾。从长兴煤矿问题谈起的。)[①]

单光新:

没有很好交代。

"就是要枪毙,也要喊苏维埃万岁。"

(1) 道德问题——大学生谈恋爱,穿花服,跳舞,大学生排队买东西。中国留学生〈车〉脚踏车被偷。

(2) 挑选工作,那里钱多就到那里去。腐朽,向苏联学习不需要。

---

① 此处应为陈修良整理时所加。

(3) 批评斯大林一钱不值,费多林拍照,苏联提拔太快。

赫鲁晓夫到波兰去,不管哥〈木〉穆尔卡[德]当选。

“伏老一人[有]朴素〈坚〉艰苦奋斗精神。”1950 年莫斯科妇女抹口红……不知道过去艰苦。“大女儿满脑子ブル思想,小女儿不要去了。”(二个地点讲的。)

为什么说是热爱苏联的?

你以为你的思想徦好吗? 海宁坐唯一车子,七分钱报销,吃饭搬到楼上,〈加〉嘉兴坐汽车,对苏联好的一面从来没有讲过。

马寿根:

态度不老实,同志们发言时委屈了她,一肚子不高兴,到处对证事实。

到学习班上课很失望,不能请她来讲,开始不满。但不讲理论联系革命实践,来讲反苏情绪。(主要的)

反苏没有疑问,幌子,在苏联学过。反教条主义更加险阴。

同修正主义者一样挑衅苏联的关系,事实做了结论,破坏中苏关系。死硬派。

(1) 对斯大林者看法——不自觉的犯错误。她看斯大林一无是处。斯大林事件没有公布前,就对斯大林看不惯。[说]肃反中杀了许多人,也杀了中国人。王明在斯大林影响下犯了错误,苏联科学也停止不前。从来没讲斯大林可学的地方。

(2) 对苏联的看法: 苏联生活困难,精神面貌不好,大国主义,教条主义严重。但看来没有值得学习的地方。

她说:“你们这些人公安工作有许多缺点,就是抄袭苏联的经验。”如警卫工作,是因为学习苏联的经验,经典著作也不要学习。到处讲的。四次都有这个内容。[说]是为了说明教条主义的危害,[实际]挑起对苏联不满,破坏中苏关系。一切修正主义者否定一切。

(《再论》发表后,我做了反修正主义的报告。完全是[讲]方法。是在《再论》发表后讲的,(五月)没有讲反修正主义。)[①]

---

① 此处应为陈修良在整理时所加。

学员说：斯大林没有一无是处，对苏不满情绪没有明显提出来，“破坏中苏团结”帽子应〈带〉戴[上]。五条经验，她坚决反对这个，说中国有特殊的情况，只学中国的，不要学苏联东西，不要学经典著作。（对张春后说）

第三条不适当于用于中国，地主要消灭，为什么不适用？

她只抓缺点大肆攻击苏联，与反动派一样，否定苏联经验。

中国有新的创造，有特殊经验，反对向苏联学习。基本东西，反马列主义。片面强调民族特点，解开绳子——典型的修正主义。

[苏联]《政治经济学》教〈课〉科[书]不要学，学八大文件。是不是要学？

你自己没有看，在小包车内翻了一下。到底了解如何？你没有看就反对，现反苏情绪很高。民族共产主义。

《政治经济学》没有看过，在汽车中看过，就是教条主义，“按八大文件来学”。宋克孟主张以此为线索，后来她也同意，记得很深刻。

（3）对斯大林看法。

否定态度——分歧，到处冒火，说斯大林，对功绩闭口不谈。

林家隼：

（1）对中国东西是不是很好学？《政治经济学》小册子她不要看，她连经典著作都不要学，对古典反动东西很有兴趣。如《聊斋》，[说]古人很伟大，[像说]沙孟海字写得好一样。[新书]宣传部买得很少，好像 为什么？买旧书干什么？买新书是错的吗？完全是借口。

（2）反苏问题没有交代，无中生有，造谣。

五月间上课——“波兰也吃过苦头”。（罗马山）

“情况简单”，对匈〈亚〉牙利看为受苏联受影响。

警告英、法不慎重，“奥妙”。

（3）她接触时都说了苏联不好，不喜欢迎接外宾。

许滕新到苏联去讲学，教授质问他。到苏联工厂农场，问中国有没有铁托。

（4）为什么说苏联人不相信我们？

（文件编号：E116）

对陈修良在理论学习问题上的批判要点

1957 年 11 月

1）违反部委决定，停办政治业[余]学校。

2）[对]讲师团消极，不干团长。

3）片面夸大缺点，取消理论学习。

4）第一阶段积极，要打问号。开过一次校务委员会，对业余学校组织领导没有兴趣，对校长问题——

第二阶段，提出自愿学习——介绍苏联经验，党委书记会议。

第三阶段，八大——至今。

十二月干部要恢复，四月份理论教育处到机关征求意见，干部要求，陈勉强答应，只恢复二所，其他不管，由放弃到坚决反对。

<u>一月份商报告要办，为什么不执行？</u>

论点：

① 多样化自愿，反对办学，无切实办法，处长以上实行多样化，结果如何——组织了几次会议，以后没有管。（照苏联的）

不要有组织领导

1955 年就反对集中学习，把高干看为小孩子

反对二个半天学习。

② 内容：——采用的教本基本对的。

陈的论点：

第一，反对几门课——教条主义（十一月就反对），是不是反对系统学习。

第二，自愿原则，强调学一门，要学什么都可以……文学、物理、化学。

① 对海宁县委建议挑拨党群问题。说工人生活太差。

② 宁波三轮车站，是反对合作社。

③ 知识分子改造，彻底肃清反革命，把落后分子减到最低数，“不能调动知识分子积极性”。

④ 高教小组发言。

⑤ 同意青年“先专后红”。

第三，不要理论队伍——编制问题，一贯反对设讲师团，省委同意，她反对。

十二月部委决定向省委多打报告要求编，陈不批，争论工作问题，教员问题为何办，反对有专职教员——主张“没有理论教员也可以教育”。

第四，反对培养教员，陈不同开哲学会议，主张请知识分子来上课，不供给教材。

对兼职教员如何？（党校与负责同志）实际是打击的。参加过二级会议，自说一通，批评多。

第五，要教员编讲稿，提高稿费——那里头的主张？（黄说）

第六，主张轮训，人数有限，不重视干校，与党校工作。

一贯反对办高干学习班，不去八大学习班讲话。

第七，不要讲师团，要加强地委干校。

第八，方针问题只听到第一次，地市委会议上发言，“公鸡啼”，填鸭式推翻一切。主张去各类书中找材料，主观战斗精神。

党代会，四十条当作工作问题学。

第九，组织形式，成立分校后，支部不能领导，部里经批准，班主任脱离支部不能领导，自流，还是不要党领导？反教条主义，不要学马列主义？

只要自由兴趣，不要领导。

第十，反对地县委学习哲学，1956 年四十个县办了学校，——下马上马，要杭县停办，写报告给省委？（五月间）主张办广播讲课（中央办法）。金不同意。

海宁要求学文化的 80%，（党代会上发言不确）60—75%。

其中还有一些人要学理论，不加分析，九月间她表面同意，开一个座谈会，“在整顿基础上发展”。

陈反对上大课——① 小组。② 演讲。

九月以后，主张学八大文件，反对备课，去加〈嘉〉兴批评教条主义，反对学哲学常识，对眭中说：“这又是你们理论根据。”——宁波调查。

“农民也可学哲学吗？”反对发宁波地委的讲稿，说是“绳子”。

反对团校经验，——高小也可以学哲学。ブル分子可以学，基层干部不可学。

“中央指示，初中以下的学文化为主，同时适当讲政策与理论常识。”

县的教员大部分是党教学回去的，不是听录音，不能讲课出发，文教也能自编教材，否定讲课的可能。

马列主义是神秘的。

第十一，反对理论教育处分工方式。

第十二，马列主义夜校，主张分系组织，用意是什么？

~~第十三，只要演讲会。~~

“苏联领导干部的特殊待遇，中国无论如何不能如此，ブロ专政是不是一定要发生贵族，中央认为可以避免。”（刘少奇）

“建设中要吸收东欧国家的经验教训，更要注意，中国的首长制，看戏分前排后排，等级制是封建社会的讲究。”

思想教育问题：

“匈〈亚〉牙利的党员没有整风，知识分子没有思想改造。”（陆[定一]）

“苏联对旧知识分子一脚踢开，巴夫〈甫〉洛夫是列宁保护下来的。”

“斯大林对马列主义丢了很多东西，绝对化了。”

“整风运动是好东西，只有中国独有，是好东西。”

“私有制消灭了，还有上层建筑问题，如分配制度、法制……可以影响生产力，分配的不好，就发生工人贵族，阻碍生产力的发展。”

“社会主义可以有斯大林的个人独裁，我们社会可以产生独裁，甚至比拉科西的权力还大。”

“上层建筑与生产力的关系有矛盾，机器与土地通过劳动者说话，生产关系不好，就要有劳动者起来讲话，共产主义社会没有武器，但还有拳头、石头，二个关系也会有革命。”

（文件编号：J419）

揭批陈修良在鸣放时期的右派言论

1957 年 11 月

鸣放时期问题

① 董太〈和〉龢广播讲话内容反动，请示陈，她直截了当的说："你们鸣放好了，还审什么稿。"

② [说]要拆清敌我矛盾与人民内部矛盾混淆不清的墙，不管什么都可以放，不需要分敌我，不需要分花与毒草的标准。如果要区别，就是"墙"。

③ 赞扬知识分子"士可杀不可辱"，[说]"知识分子是靠才德吃饭的，士为知己者死，不吃嗟来之食，有骨气"，竭力捧场。

④ [说]政协会议对我们教育很大，民主人士对我们党政不分作了很多批评，我们确实存在，而且相当严重。

⑤ 师范学院部分学生以不要考马列主义课程为名，反对政治思想教育，县派代表到省委宣传部请愿。陈说："发题考试是教条主义，要是这样考我也不及格。"立即答应把考试改为查考。

⑥ 对任铭善、董太〈和〉龢，都不认为是右派分子。

⑦ 宋云彬是十足政客，她说："你怎么知道，我是了解他的历史的。"

当报纸上揭发了宋云彬的反党反社会主义的罪行后，她还认为[宋]是民主人士，左派。龙泉拆塔案。

⑧ 理论教育处同志写了批驳吴听到反动谬论后，征求她的意见，她反而批评写稿的同志："光说人家的错处，不说人家的对的地方，不能令人信服。"

⑨ 机要秘书向她说："黄一贯对党不满，走上了反党的道路。"她立即接上去说："不是，只是在会上讲得难听一点。"

⑩ 反对中学毕业生参加农业劳动政策，说："高中毕业生参加农业生产，我的女儿就不去，考不上大学宁可请家庭教师。"他还批评"要中小学生参加城市服务性行业工作是不对的"。"城市学生到农村，在生活上不习惯"。在农村没有粮，站不住脚，"毛竹琴"典型一般的找不到。

⑪ 攻击保卫工作和保密工作制度都是"胡来"，"过多干涉"，"不自由"，[说]有些国际消息路透社早已发表，我们还不知道，这算得什么秘密？意思是

要把资本主义国家通讯社的消息在我国公开传播。

⑫ 嵊县批发文件没有下落,(学生闹事)开始后[说]要闹怕什么?

⑬ 不办业余学校,1955 年就开始反对集中学习。

⑭ [说]中国ブロ比美国落后工人进步。

⑮ 反对官僚作风——入红场被检查,对管制区讲波兰问题。

⑯ 王明为中央委员,是代表小ブル,客观存在。

⑰ 和平长入,"量变到质变"一课,渐进,和平长入。

⑱ 党章也要争鸣。

⑲《政治经济学》不要学,只学八大文件,反对向苏联学习,民族主义。

⑳ 平均主义——坐汽车。

㉑ 宁波三轮车问题,对新社会不满,反对合作化。

㉒ 为什么要到工厂调查整风问题,当时工资改革。

㉓ 历史学会问题。

㉔ 陈铭枢的信。

(从我的主观上说实在不是有意的否定县委的领导成绩,但客观效果很不好,这是一个很大错误。至于海宁党大会的决议,我给他们修改的是加上执行毛主席十大指示,团结与统一在决议原文中没有删去,只加上了发扬党内民主的字句。这个决议后经主席讨论过的,原文都可以查记录。我对县委书记说他"糟糕",不是指他这个人,是说大会决议在通过决议前几个区重点以前主席团没有把执行毛主席指示中心问题写进去。但我应当检讨的是不应这样随便对张少苍同志说这些话,散播对县委书记的不良影响。而其主要错误就在于我的骄[傲自]大思想,好表现自己。——陈注)

(文件编号:R131)

刘新的揭发材料

1957年11月

1）党代会听到的和攻击省委负责同志的话，就向沙、杨报告，大为痛快。

江华粗暴，摆老资格，糊涂，偏听偏信；林乎加蛮横无理，骄傲粗暴；李丰平固执，自由主义；陈伟达品质恶劣，是党内小人。并说陈、林把持省委，江华是傀儡。

2）宣传分团传出沙有历史问题，大为不满，对沙、杨说："是否有人在背后搞沙的鬼。"准备到大会上质问省委，沙、杨认为这样做不好，劝陈不要去讲，杨并说这样做对沙不利。

3）陈听了谭[震林]的报告气嘟嘟地回来对沙讲："不得了，现在骂开了，骂得一塌糊涂，牛克思也骂出来了。真气人。"

"审查历史在什么场合下宣布的，将来搞清楚后，结论也要在什么场合宣布。"还说谭是偏听偏信，听了书记处的汇报。

4）沙、杨是看过陈的发言稿的，他对杨说，我没有意见，莫干山会议情况我不大知道，沙还作了修改（这是沙对刘新讲的）。沙、杨还叫陈不要去大会发言，把稿子交给别人去发，最后还是陈去发言了。

5）知识分子问题提出后，陈修良对沙讲，这件事应该抓，沙没有表示态度。

6）陈从海宁回来说下面是圆印子吃香，沙说上面也一样。

7）陈铭枢给毛的信，沙看了后说：

"给毛主席提意见也好，可以给他警惕，毛主席有时没有考虑到自己的身份，常说俏皮话。"陈说："陈铭枢提得对，毛主席是有偏听偏信的。"

沙没有表示态度。

8）沙说费德林是安之的姘头。

9）党代会后，陈对沙说：对浙江党很悲观，朝中有奸臣，江华是昏君，吴仲廉不是个好内助。

10）陈的报告稿、小说、诗，沙大多看过、修改过。《不能遗忘的故事》，也看过。

11）大会发言稿沙也修改过。沙的发言稿陈也看过，还认为“不够有力”。

12）……[1]

（文件编号：R131）

---

① 原文缺。

海宁县区段抡锦批判发言

1957年11月

1）挑拨工人群众对党不满：

看到厂门口有的工人住在草房里面，说："这就是工人阶级住的地方吗？你们对工人真不关心。"工人正在吃饭来看省的部长，陈说："工人连个吃饭地方都没有吗？"她批评县委干部说："你们住在这里，没有工人［到］哪里去看看，真官僚呀"。

陈问："你们县委书记、县长来过没有？怎样管你们工作？组织部开会去不去？"孙景兰说："去。""宣传部开会呢？""去。工业部开会也是我去。"陈接着说："你一个人怎么吃得消呀！上面千条线，下面一根针。你真是木偶人，东拉西扯，你太辛苦了。"

2）在县委扩大会上放大制造紧张情绪，在主席团扩大会议上陈说："我在这里了解群众对你们意见很多，根据其他地方的经验，选举时委员要有两三人落选。你们要充分发扬民主，相信群众。"这一来本来对候选人有意见的打足了劲头，会议搞得紧张，也难以掌握。在这种情况下，他建议主席团晚上继续举行扩大会议讨论，晚上人已到齐，急待其帮助一下，他却去看戏了。

3）看见东山塔外一些破庙，就问我们：

"为什么不修理，坏了怎样不修？你们不懂可以找人管。你们不懂不管，又不叫人家管，人家要骂你们的。"我们不知道要什么样的人来管。

4）片面强调文化学习，对理论学习干部泼冷水，她开了个座谈会，说县级机关干部有80％的干部要求学文化。并批评了县委，干部学政治理论"是脱离群众，脱离实际的作法"。经他这一批评，对干部理论学习受到了一些影响。

她扩大事实说80％干部要求学文化。

5）在投票中，我们县的代表说没看到，除了她同意最多的三个人名下画了圈以外，其余都批上了"×"。

（文件编号：R131）

对于批判揭发意见的部分笔记[①]

1957年

……

3. 反对省委农业方针？必须继续以发展农业为重点，这种提法不够全面的，对我省工业化前途仍然是模糊的。

这里指是"不够全面"没有否定不要以"必须继续以发展农业为重点"，所以上面提出的是："发展工农业相互关系"。

孔鲁："工农业关系问题——工农业放在什么位子上，是非界限不清，工业化问题省委责任如何，一笔糊涂账要算清。"应有具体奋斗目标，不仅是可能发展。

宣传高级合作社问题：金×不同意，黄部长提出要宣传。我也同意这个意见，可见并没有反对省委农业方针。

工业化问题是中央提出的，要求省委提得明确一些也是应当的。"对农村工作应重视外，还应重视工业宣传工作，加强农民文化学习领导。"

谭震林同志报告："合作化问题是不是一贯右倾保守？一贯右倾是不对的，有右有左。如新登合作化运动是对的，新三反没有错误。后来大发展不是右倾，坚决收缩才是右的错误。一贯右的说法不够马列主义，掺了假马列主义，不是实事求是，这与山东一样不对。"(7月27日报告)

陈综合意见："目前党内左右倾向说的不清，从纠正坚决收缩以后，主要问题是什么不明确，这样提法片面，会助长左倾。"——"因大家不了解情况要求省委说明主要问题，如只说一贯来右倾，可能会助长左。"

左右问题是不是原则性错误？江华同志的答复(7月13日报告)："社会主义思想不明确，总路线执行上左右摇摆的错误。"

"ブロ专政经验教训也是根据斯大林一句话，到处乱套，浙江许多问题也就在产生……"

我要负主要责任，已经说过，经过情况如上次检讨，可以查记录。

---

① 原文无标题，且前页缺失。

黄逸宾修改过的原稿尚在我处可以核对。

同意发言稿的在分团上正式表示意见者。

孔鲁：发言稿基本同意，但有些问题要明确些。

顾耕初："我同意改的报告，几个主要问题，陈伟达肃反捕人他有主要责任。"（原始记录）

黄逸宾："肯定报告方面问题，措词要考虑。"

缺点——重点不突出。对省委意见——主观主义，官僚主义。

批评——主要对事，同时对人问题，举个例子，从工作上加以分析，人的份量应减少，热忱严格，避免讽刺，要政治化。主要倾向：不民主，主观主义，发展工业问题方针不明确，不重视宣传教育问题，系统讨论少。……集体领导问题为什么发生？

委员会内不民主，有些人积极性不高（详见我的记录稿）。

4. 候选人名单问题

（1）陈说要把档案材料拿出来，大家觉得麻烦。我当时只提出个别同志的历史结论，没有要拿出档案材料，其他同志也没有这个意见。

（2）我对候选人名单对谁提过意见。

1）说过江华、林乎加同志作风粗暴。

吴仲廉同志生活作风——据管理员讲：小孩坐车子要报销，吴仲廉同志，"能团结关心同志"，我听他说过去组织部时闹不团结，恐怕这样写法不完全，"恐怕这样不完全合于事实"。（原记录记有错，后来更正）

2）李林——也是听说的，不大做工作。

3）薛驹——有一个王兴华（东北）；过去和他在上海同学，据当时来人调查材料，王有政治问题，与薛有关系，所以要求有一个结论看一下，不是反对为候选人。

4）卜明——过去[在]根据地受过审查，我不知道他是否有结论，问一下是否已经明确下结论，不是反对为候选人。

金韬与陈伟达——对金的批评已如以前讲过，我的错误已检讨，是个人主义的意气作用，不同意他为候选人是事实，这是错误的。

5）陈伟达——当时有人问徐畹珍是谁，问是不是徐畹的姐姐，所以我说二姐妹，陈的爱人，我说了"陈与金是二连襟"。

是不是说：金到宣传部工作因为陈的问题，没有这个意思，我对陈的意见，是金的作用有毛病，他兼管宣传部，为什么不批评，金是……①

6）候选人分类问题

我的措辞错误已详见检查报告：我与分团同志对候选有意见的只是少数，也许给主席团的分团申明书，这里再补充一下讨论申明时的情况：

我在谭报告后，要修改发言稿与检讨，分团同志的意见，摘要如下：

黄逸宾："全团的意见绝大部分是同意的，一直是 90%。"陈对名单也没有这个意见，名单是有不妥当的地方，民主刚发扬，是不是妨碍大家意见。"（即指不是都不同意所有候选人）

7）发言稿检讨与申明问题：

申明问题有几种办法：

① 分团弄一个申明，陈检讨另搞。

② 可以结合或者用一个名义来写。

③ 三种人问题加以说明，以陈的检讨为主。

钟儒：个人问题应不应检讨，不讨论，分团声明，发言稿不必申明。

李佩南：加帽子不同意，本团讨论是好的，也有缺点，例如自我批评不够，……如金、陈问题，陈情绪有偏急，不够治病救人，因此总的精神有些问题。

申明问题，同意不符合事实应当申明，检讨部分可不写上，马上检讨影响不好。

顾耕初：① 文字上不要再作修改，全部文件都要收回，修正后有好处。

② 第一问题申明要讨论（即候选人名单问题），翻覆〈反复〉修改，初步意见有些字句不妥的没有修正，个人情绪有些冲动，应当提出，不仅措词问题，不够细致。

不是"有恃无恐"，但不是说他们是"宗派主义"。

"裙带问题"问题发生在别的分团，当时会场上有小广播的传说，我也听到过的。

谭震林报告："是大会过程中发生了很多流言蜚语，例如组织部传出候选

① 原文缺。

人名单中某人是因为什么裙带关系。”

我说“二连襟”的话是错误的，因为对金不满，是原则地不同意徐为候选人，应当检讨。

杨思一——表扬他是谁提出来的。

我确实没有提出，是高光与黄逸宾二人，见下面的记录：

黄逸宾：“对好的同志要表扬，如杨思一、吕志先，杨思一联系群[众]，表扬吕志先与金×对比，过去宣传部关系融洽，现在紧张恐怖。”

高光：好的同志要表扬，如杨思一。

钟儒：“杨思一表扬字句要改。”（原始记录）

行政学院代表：“对杨思一同志学习够了，不赞美。”（见原始记录）

表扬的人提到。表扬杨思一，会上还提到其他同志，如吕志先同志（原始记录）。

8）黄说我说他政治上模糊。

9）菩萨干部是高光，指刘、杨同志，其余的，我记不清还批评过谁，以上是影响〈印象〉比较深的。

六个负责人为什么要指名，是分团的意见。

徐儒：“对负责人品质问题不能删去，还要把事实摆出来。”（我的记录）

顾耕初：[对]江华、林乎加、吴宪、吴植椽、金韬的批评[无论]如何不能删掉，不批评今后会影响浙江工作，发展下去困难。我的意见充分反映会上讨论的意见，要相信同志们发表的意见是有分析的。

行政学院代表：对一部分省委同志要点名批评，没有被点名的人，也要挂一笔，要他们知道自己的缺点。“对主要负责人要严格批评，如吴植椽。”

黄逸宾：“批评几个人，对吴宪，觉得太粗暴，主要是骄傲，林缺点很多，但积极大胆能提出问题，因此批评他也要表扬，治病救人。”

10）候选人名单为什么是傻瓜？

候选人是下面提出的，这个是事实，分团当时为什么批评“傻瓜”。

① 有人提出（可能是黄××去西山医院对他一个同志说的）。因为陈伟达说开党代会是“听听报告打打圈圈”。② 候选人名单发下来太迟。③ 简历与鉴定没有准备。

因此代表们有意见。

党委会意见(司):"名单早已决定何必选举(7 月 5 日)。"

高光:"每人应有鉴定与详细的历史,否则不选。"

11) 你要选什么人? 我对大部分候选人都同意的。(已如上述)

我没有提出名单过,分团提我名单时,我也推辞过,另外我也知道自己有历史问题。

12) 菩萨干部([指]刘木易)。

高光:"他在温州时大家叫他菩萨干部。"

宗派主义、地方主义问题:

一、地方主义有没有? 是一贯的吗?

(1) 在南京问题上次已谈过,我因照顾地方干部多了,有地方主义,宗派主义情绪,整党问题,主要是把地下党看得过于纯洁,我主张分批到党校后,情绪有抵触,是错误的。后经市委书记指出后,我做了检讨。(当是〈时〉我是组织部长,不是书记,不是对于中央邓小平同志代表华东局来批评后,我就检讨的。)上海工作几年中并无地方主义,我是上海工作时间最久的,以前也在那里长期工作的地方,我没有想搞过什么宗派。

(2) "山东干部排斥地方干部"

这话我没有说过。有未经说过这样的话。

"头上有乌云"已如上次检讨,这个述语我很生疏。我怎样的不记得了,万一如果说过,我也不过是指自己历史问题怕搞不清,不会是说省委打击我,没有事实根据可以这样想。

举一例我是反对这样说法的。

"五月间浙江广播电台,播了一个专门学校党委书记'山东人解放浙江人'的消息,我听了后,即同顾耕[初]说,要他检查这件事,我说这个广播影响太坏,对党不利,他否认此事,我就告诉了商景才同志,要他去查明此事,如果我有这种思想,又为什么在大鸣大放时坚决反对呢?"

我在部委会议上对地方干部退社单干事,说过地方干部做起事来比外来干部坏,因为是"地头蛇"。

我的思想是对地方干部应适当提拔,特别是在县一级,这个意见是有的,我觉得省委在这方面还要注意,开大会时发言的干部地方干部少,我觉得地方干部提得不够,有这样意见。

至于我自己,认为是外来干部,因为长期不回浙江,没有想以地方干部自居,还想爬地位。我对自己的工作,一再想搞得范围少一些,因为多年来没有专门业务,工作时常调动,觉得空虚,搞理论工作一般说还是觉得安心的,虽然工作做得不好,这个意见对吕部长也谈过。

二、宗派主义。

同黄说,曹湘渠、高光、陈学昭是宗派——我不能承认(详见材料)。

对省委同志视为眼中钉:

(1) 今年夏天同陈伟达同志一起工作,我觉得有些对不起他。一般说我是尊重他的意见的,本来想对他抱歉,因自尊心强没有做。

(2) 江华同志,我的影响〈印象〉是人是正派的,刚直,只是有些火气,有点怕。对他是尊重的。

(3) 对林乎加,影响〈印象〉是大胆,能看出问题,对他的意见也是尊重的,但也觉得有些太敏感,怕说错了话。

(4) 对金韬,去年党代会后,我向他检讨过,也是对不起他,也没有什么恨的意思。

(文件编号:J31)

批判文艺界宋、陈、黄、陈、曹

1958 年 1 月 4 日

吴兴代表：

1. 反党退出学校。

陈与宋一唱一和。

陈关于高等学校问题：（政协高教小组）

要拆墙——人民内部矛盾与敌我矛盾的墙，否则就是对知识分子的不信任，1952 年派到学校去的干部，去整他们，粗暴的，帽子要还给他们，恶毒造谣。

宋云彬也这样说：工农干部不能起领导作用。

企图夺权领导权，千方百计污蔑干部。

2. 抗拒中央教学方针——培养身体康健的劳动者。

中学生参加农业生产问题。

陈不但不负责任说：她的女儿考不上就请家庭教师。

宋也这样说：高中学生不应参加农业生产。

“劳心者治人，劳力考治于人”——对立的，培养ブル知识分子。

3. 反对马列主义作为指导思想。

陈说：反对有组织有领导的学习，夜大学，业余学校。

宋反对设政治课。

宋反对ブル知识分子思想改造。

造纸厂工人：

陈高兴听就听，死样，这样不要党领导，那样不要党领导。

彭惠珍(绢纺厂)：

……①

① 原文缺。

王顾明：(宋、陈、黄、曹)

(1) 文艺方向——ブル个人名利的方向，不是为工农兵服务，[是]人民叛徒，是文艺为政治服务的分歧，[扣]“教条主义”帽子，[说]省委是教条主义的统治者，以黄源为首的反对文艺为政治服务。复古思想，反对新的艺术，加以排斥，对新社会创作没有兴趣。

挑起人民失去信心，斗争意志。

(2) 为谁服务？闭户创作。

田 X(中丝五厂)：

1956 去海宁，十天内，放了许多毒箭，阴谋破坏活动。

(1) 挑动工人对党不满，到工厂去参观，看到一个工人住在草屋，“这就是工人住的地方吗？”

中丝三厂——工人吃饭，她说：“工人吃饭地方都没有？”

(在[redacted]厂)中丝三厂正在修房子，因夏天工人在外走。

批评县委同志：没有到工人中去看“真是官僚主义”。(对县委讲)捏造事实，同过去反动时代一样。

(2) 挑拨中丝三厂党委与县委关系。

她问：“干部有几个？”“县委书记县长怎样估计你们工作的？各部门开会去不去？”县答复都去的。

陈说：“一个人怎样吃得消。”“上面千条线，你下面一根线，你是一个木头人，东拉东倒，你太辛苦了。”

放火，挑拨：这把火厉害，使孙景兰总支书记就产生对县委不满，对县委不满：“不加强领导。”

(3) 县委扩大会议上放火——制造紧张情绪，[说]县党代会上有一个经验，选举有一个经验，至少要落选二三个，群众对你们意见很多。根据其他地方经验如此。

选举时县委很紧张，她说：建议主席团举行扩大会议。其他同志都到会，她到外去看戏，火放好了，不问工作了。

(4) 强调学文化，反对学理论，[批评]对文物没管，搞坏了。(东山塔)

你们不懂可找懂的人来管。(他们说，我们不懂。)你不能不懂不管，又不叫人管。要什么人来管,要地主来管?

故意召开干部座谈会,很主观的说:县内有 80%干部要求学文化,你们不让他们学,单纯的要他们学理论。批评县委"脱离 M,脱离实际"。海宁干部就片面要求学文化,不要学理论了。学自然科学的多。为什么?

不要马列主义学习?机关总支要上党课,有些干部不去听了。

为什么?

(1) 反党反社会主义的,别有用心的。在省里搞宗派活动,乘机向党进攻。

(2) 企图拉拢 M,反动资本,进一步争领导权。

(3) 陈、宋歪曲事实,他们是穿连〈当〉裆裤,都说不懂文化的要人家来管。一模一样。

湖州师范教员:

右派企图[回]到反动统治上去。

(文件编号:E117)

围绕阶级斗争等问题对陈、黄的批判

1958 年 1 月 5 日

（1）阶级斗争——强调ブル的进步性——红色ブル，异曲同工。自觉自愿交出财产，ブル比美国落后工人进步。

扩大积极性一面，否定其反动性一面，抹煞与ブル的区别性。中外ブル一样，剥削关系还存在，ブル是被迫交出经济管理权。

还有抗拒改造的思想，杭州市的情况，开地下工厂，政治上是右派向党的进攻。

美化了ブル，为了篡夺领导权，丑化ブロ，因此认为不要改造，向ブロ学习，目的是拒绝改造。

（2）对抗性矛盾已经没有了，否定阶级斗争。

基本矛盾——ブル与ブロ的矛盾，抹煞对抗的一面，根[本]否定根本利益的冲突。八大教材[上]批示说："目前形势已不如此。"五月猖狂进攻为什么？是不是阶级斗争。

说是不知道这个的是"教条主义"（批评省委）

是和平转入社会主义的理论，同布哈林一样，不〈至〉止只一次说中国与苏联不同。

否定"又团结又斗争"，斗争要继续很久。资本主义不可能和平长入社会主义。

（3）第三条基本道路，她说："要容易引起怀疑。"加以否定。

麻痹阶级斗争，恨ブロ专政，以便进攻。

余中[redacted]：

"粮食不够吃。"（宋、陈等人）

畦中：

得出一个结论，走共产党道路。右派分子招兵买马，反攻，用修正主义，造成思想混乱，夺取领导。思想基础，宋与陈散布大量修正主义是必然的，目的是反共。

党的性质。

陈如何否定的？[说]“我这个人倒霉一辈子，二十多年背包袱”。得出一个结论，党是宗派集团，排斥老党员，党外排斥党外人士，“宗派主义比敌人还厉害，今后会知道”。他反宗派主义很积极，去年党代会也反宗派主义，因为他吃过宗派主义的苦头，他的逻辑很严密。

反党还是反宗派主义？借反宗派主义以反党，是幌子。新闻界叫做揭盖子，文艺界是反教条主义，陈反宗派主义是反共。

① ブロ利益没有私人利益，与劳动人民利益一致的。

② 党是一贯反宗派主义的，1935 年后党的路线是正确的，七大以后情况变化了。

她[把]党看为党的宗派集团——去年党代会议上表扬杨思一、沙文〈汗〉汉最好的人，党代会宣传分团到处活动说杨是能积极联系群众。

修正了 CP 是工人阶级的先锋队，战斗司令部，取而代之，〈共〉公开说：“中国这样大，几个人是搞不了。”

宋云彬说：“小知识分子不能领导大知识分子”，不能领导科学，学校农民意识，不懂技术。

要求全线撤退，让他们领导，如《东海》月刊。

×××：(农民)

否定党的成绩。

余从善：

陈学昭——否定党的成绩与新社会的言行。

4 月 30 日放鸣座谈会上与文艺界右派分子污蔑省委是盖子，透不过气来。不要党的政治领导，闹独立王国，等待时机向党进攻。省委是教条主义，反对马列主义为工农兵服务，“不懂装懂，完全是外行不能领导内行”。

黄源的小集[团]不仅是想取而代之，而且破坏领导与被领导关系，■以沙为首的右派。

(1) 你们说党的民主太少了！四十条〈翻覆〉反复讨论，还是少吗？政府是空架子？是党领导的结果，党政分工，是想自作自为。

(2)“外行不能领导内行”。陈修良说：“马列主义学死了……”

（文件编号：E117）

对文艺界宋、陈、黄、陈、曹的批判①

1958年2月4日

陈立：

陈说没有阶级斗争存在，农村反革命活动很多，地主、富农破坏合作社，吃16元钱1斤糖。

陈训慈：

态度不正常，驳斥右派，对知识分子有很大意义。

(1) 宋云彬、黄源、曹湘渠——在文艺界放火。

政协文艺组谁发动为扩大的，文艺座谈会的继续。沙文〈汗〉汉通过杨思一包庇宋云彬(杨是政协付主席)。

沙支持黄源路线(个人想法)，文艺小组可能得到沙、杨的默许与支持。党内外右派宋云彬等要交代。

(2) 黄源——公然批评农村工作是教条主义，"由党来搞，已经不合现在形势，各种学会可以搞起来，是不是唯心主义"。

黄说：党员有宗派主义，龙泉拆塔案，宋的态度非常恶劣，"欺上瞒[下]，党员尤应严办"。对监督员当众污辱。

(3) 史学会问题——"为社会主义服务"代替马列主义，坚持"百家争鸣"。

(4) 宋与沙在文艺上有共同观点，沙、杨二人长期没有思想改造，对我们有很大启发作用，不肯学习。

刘××：

1956年宋云彬在《浙江日报》写了一篇文章，保俶亭为什么改为公园，"春晖"改为"上虞中学"，有独特风格，"鲁迅路"不应改，——向党进攻。

---

① 原文无标题，系编者根据内容自拟。

×××：

陈修良——

(1) 阶级斗争——和平长入社会主义，反对肃反："粗暴手段，对干部没有爱护思想"(对陈伟达)攻击公安机关，不要民主专政。

否定二条道路的斗争。庇护右派——主张拆敌我与人民内部矛盾的墙，不要分香花与毒草，说任铭善、董太〈和〉龢、黄源、宋云彬，黄源不是右派，与陈学昭来往。

(2) 阻挠破坏学习马列主义学习。支持学生不考政治课，自由兴趣，自愿原则，反对党的政策，参加农业生产。

轻视劳动。

歪曲污蔑苏联领导人，挑拨中苏关系。

×××(农妇)：

陈说，农民是"草包"，"农村情况不好妇女不好"。

体育工作者：

否定成绩，推翻党的领导——宋是体委主任。

农村妇女代表：

粮食问题——宋云彬"外行不能领导内行"，CP 是内行，你们是ブル的内行，陈也说"外行不能领导内行"。

丝业女工代表：

"外行不能领导内行"？

(文件编号：E117)

宣传部党支部对陈修良处理问题的讨论记录

1958年2月6日

畦中：

传达中央指示：处理右派问题。

（1）情节严重，态度恶劣，实行劳动教养。特别恶劣的，还要开除其工作人员[职务]。如本人不愿，也可以自谋生活，由居民委员会管理。

（2）情节严重，但表示愿意悔过；或态度恶劣，情节虽不重，撤职，送农村或其他劳动场所，进行监督。生活上可以给以补助，不开除工作人员的职务。

（3）情况如一、二类相似，但由于本人学术有所专长，还有工作需要，或年老体弱者，不能作体力劳动者，降低待遇，留用察看。

上述二、三情况下，如本人不愿劳动，又不愿察看，也可以自谋生活，由居民委员会监督。

（4）情节较轻，愿意悔改，或情况与二、三类相同，如社会上有一定影响者，可以照顾，撤消原职，担任另外低的职务。

（5）情节较轻，[或]情节与一、二类相同，技术上学术有一定成就，需要特殊照顾的，降级降薪，撤消其大部分或一部分职务。

（6）情节轻微，确已悔改的，可以免〈与〉予处分。

×××、陈玉仙：

陈修良五毒俱全，态度是极恶劣，几次交代不好，属第一类。

处理到农村去改造。架子没有放下，人民代表大会时来回坐三轮车。

×××：

陈不但情节严重，出于老党员，现在利用她的资本，后果很大。理论队伍、政治业余学校都是她的罪恶。八大学习班同志听了陈的报告，受了坏的政治影响，问题严重，体会很深。[她]反党的罪恶更加明显。

态度非常恶劣，几次都是抗拒态度，抵抗不承认。人代会时还是摆架子，过关态度，不是改造态度，还是这样的态度，情节非常严重。[应]在劳动中改造，如再检讨不好，还要严重处理，只有[让她]到群众中去。脱离实际，留在机关永远改造不好的。

一方面检查自己，下决心到劳动中去。

×××：

情节严重，态度恶劣，放在一、二类不算重。[但]现在有表示悔改，再[她]身体比较差，如检讨好，确定好的，可以给以第三类处理。

胡玉清：

态度恶劣，不老实，傲慢，卖老资格，反党罪行严重。

不要理论队伍——不要马列主义，斗争后不到办公室来，不如黄源。

陈一直不来，干什么？人代会中开始表现也不好，后来在工人、农民当面指责下，态度表示老实一些，自己也认为大会对她有帮助，心里如何不知道。愿意悔改。最近除四害还是去的。情节是严重的，应该劳动教养或劳动改造，非常必要。[但]年老身弱，可以考虑机关内察看，应当有信心可以改造的。我们应有信心。

首先要看陈情节严重、态度恶劣合于第一条，处理办法用二、三类。根据态度，劳动教养。

巴一容：

学术没有什么可取，年老体弱，归于第三类。

目的是改造，从情节上看很严重，二次交代全部狡赖，全部否认。她不到机关来办公，人代会上反映不好，迟到，看在外面，态度不好，老油子，为什么不低头怕起来？[因为怕]到劳动中去改造。表现这样恶劣，[还]不愿走路。她不下决心，一点[点]做起来，不敢跳水塘。

畦中：

第一类还要开除公职。

[陈]态度毫无改变的表现，从开始到现在，[应按]第一类处理。来也不来，文件一塌糊涂，极不老实，非常恶劣。

最全面的右派，态度最恶劣的，中途打断别人发言。现在表示态度是欢迎的，在我看来，还要具体行动来看。具体问题上不承认，自我检讨到底如何？

同意按第一类处理，立场没有改造。

留用察看留在部门是不利的，接近劳动人民[内]更好。

巴一容：

[应]严〈重〉肃与宽大相结合。情节严重，态度恶劣，首先是严肃，但还要宽大相结合。但已经五十岁了，身体不好，[是否]彻底改造到工农中去。[应]先讨论她的检讨，一星期内交出来，给领导上看，是不是彻底交代，批准后再考虑一下。

抗拒从严，陈是长期坚持反动立场，人代会时还没有悔改，后来反映较好，今天检讨愿意接收改造。情况看是[向]好的方向发展。

另一方面：[她]身体是多病的，体力劳动有些问题。看最后表现，检查到什么情况，交代后再看。如再坚持抗拒，要严肃处理，要劳动改造，可按第三类，检查报告写好后再定案。

朱梅芳：

问题在于如何改造才好，态度分析现在已有开始转变。本人情况：年〈令〉龄已较大，要考虑。如向前发展放在第二类，在机关不合适。陈还在人代会上[怀疑]农民生活是不是已经改善了。[说明对]劳动意义不了解，[应]到农村中去或到基层中去。

放在第三类不好；留在机关内不好，态度不是极恶劣，但要考虑第三类，检讨如深刻可以放在第二类，劳动强度可以照顾，第二类也……①

放在第三类较适宜，机关内改造不行。[留机关是要]有特长的，她是没有的。

陈修良：

(1) 思想[是]逐步通的，一直是[在]写检讨，大家意见基本上都对，[自己]五毒俱全。

(2) 因为想挖根，事情多。

(3) [希望定为]第三类，愿意到劳动中去。

修正主义——

反党——党代会[的表现]是典型的。

反马列主义——[在]政治学校、理论队伍[问题上]，反对党的决定。

---

① 此处不清。

涂柏南：

放在第二类。

梁通：

她开始有所悔过，[建议]放在第二类。第三类对她没有好处，根本要在工农群众中去，搞轻的劳动，在机关内工作不能解决问题。

顾宝俊：

[应]放在第一类。情节非常严重，危害极大，理论队伍问题影响很大，与各省不同。如讲师团，就是因为她反对，就是因为她反对马列主义，非常大的损害。态度很恶劣，丝毫无悔改表示，今天才表示态度。不能凭这几句话，不能作凭[据]。从反右派斗争开始，到人代会的表现。

畦中：

右派分子的方向很明确，如黄源本人肯改，符合党的要求。群众眼睛很亮，只有诚心诚意改造自己。应子春态度很恶劣，对陈、王二人是深刻教育。

陈修良——

① 情节严重，态度不好，特别是第一阶段。

② 应当到劳动中改造，长期的实际去劳动，不统一是劳动教养还是监督劳动，由组织决定。留用察看，也由组织上决定。陈要挖根是好的，但不要说明不上班，态度还不好，虽不是大问题应注意。

王、应——第二类。

（文件编号：E117）

宣传部关于陈修良处理问题的讨论继续

1958 年 2 月 7 日

×××：

陈的问题影响很严重，在别的地区如在南京马列主义理论学习受了很大影响，相当长时期内抗拒态度，应放在第二类内。但现在开始表示悔改，重新做人，在写检讨报告，应考虑如忠诚老实，可以划为三类，因为身体较差。如虚假的检讨，[则]放在第二类。

×××：

陈的情节很严重，理论队伍，县委干部也砍掉了。她说：干部学校要不要值得考虑。到处反马列主义，应按第一类处理。但目前有一些转变，低头向党认罪，可放在第二类。主要是脱离群众与实践工作，到工农群众中去，监督劳动较好。

胡玉清：

情节恶劣，陈的态度在交代时不老实，态度恶劣，人代会时还未很好转变。她怀疑每个农民生活是不是都改善了，工农代表要她劳动改造，她就怕了，态度才好一些。

四级干部会议上她的毒素很广泛，许多代表贴了大字报，听过她的报告[的]，都揭发[她]修正主义与反苏的言行。本应放在第一类处理，或者放在第二类，在机关内工作不行。她因长期脱离劳动人民过久，ブロ思想没有了，[应]〈排〉派在工农生产中去，对她有利。陈还有个人主义，怕放在第一类，首先应考虑自己罪行，应当接受改造，放在那一类由领导决定。

她不愿做家庭妇女，也不对，同样是劳动，思想上还有想当官，还是ブル个人主义思想，劳动观念还没有树立起来。

陈修良：

① 五毒罪行十分严重，到劳动工农中去。梁上君子，任凭处理。

② 限一星期内交卷，修正主义、个人主义是关键。

陈可放在第三类，你过去没有悔过表现，但年老体弱，可以放在机关留用察看。降级问题，陈应更低一些，[降到]15—18[级]。

杨凤图：

情节恶劣。态度非常恶劣，从开始斗到人代会硬不承认自己的错误，表示不承认反党。现在还只表现初步悔过，还有一个问号，还没有放下部长架子。如[参加]人代会坐三轮车，除四害工具不肯放在外面，立场、出身，都不是问题，基本问题——ブル反党反社会主义本质问题。

对国家制度方针都有自己的看法，马列主义不应反，要从根本上检查，光写检讨还不解决问题，要从思想上解决问题，要求同志们帮助还不够，主要靠自己。

年老体弱的可以放在第三类，本人不应想这是应当的，按罪恶来说应放在第一类，党对你的宽大。

×××：

陈态度恶劣，一贯恶劣，一直到现在[才]表示悔过。她表示的态度：

① 自由散漫不是根本立场问题，骄傲自大。

② 想到工厂，因为生活条件好一些；怕到农村去，[想到]比较好的地方去，目的是改造自由散漫。

③ 反马列主义是反动立场，不是随便搞坏的，想到哪里就搞到哪里，是不是有悔改决心，我不能想像。检讨报告会不会深刻？

年老体弱到什么程度？不是不能劳动，不〈妥〉应当放在第三类。根本原因是长期脱离劳动人民，放在机关难改造好。

农民要他去劳动，她就〈嚇〉吓[坏]了，所以[更]要强迫她劳动。

×××：

我看她的态度还很顽强：① 她不要第一条。② 不要当家庭妇女。③ 不承认自己的效果，[说]不是主观原因，如反苏[问题]。④ 她表示虚心，写检讨，要求宽大，不是严格一些。

余从善：

中央处理指示，严肃与宽大相结合。陈对自己错误[认识]还不够，领导工作做久了，犯错误不对，这是立场问题。

对四个人不单纯是处理问题，也是教育问题。今后方向：接受教训，努力方向。

处理意见：各有不同看法，今天是争辩，领导小组根据群众意见与中央指示、情节、态度各方面进行研究，然后上报，再作决定。然后通知本人。

（文件编号：E117）

在宣传部支部大会上宣布陈修良等右派分子处理决定

1958 年 2 月 11 日

余从善：

党内右派分子处理问题省委已经决定，今天宣布。

整风问题：反浪费问题也是其中之一问题，大放大鸣。

省委决定处理右派：

陈修良——开除党籍，撤消一切职务，由部分配工作，由 9 级降为 15 级。

黄源——开除党籍，撤消一切行政职务，由部分配工作，由 9 级降为 14 级。

王参如——开除党籍，撤消一切行政职务，另行分配较低工作，13 级降为 14 级。

应子春：行政上尚未处理，先研究党籍问题。通过开除党籍，情节严重的从严，态度恶劣从严，相反的也如此。对犯错误的本〈造〉着教育精神，处理体现整个政策。

右派分子都个别谈了话，感激党对他的宽大，表示很好改造自己。

反浪费问题(邹青)：

也是二条道路的斗争，大是大非界〈线〉限要划清，用资本主义还[是]社会主义道路进行建设？人力浪费，积压物资，制度方面问题，跟不上社会主义形势发展。原因：(1)ブル思想影响。(2)本位主义对国家整个情况不了解，从个人角度出发。(3)对中央方针领会不全面。

（文件编号：E117）

关于我的错误检讨

1958 年 2 月 12 日

我上几次在宣传部检讨交代，当时还很不相信自己犯了非常严重的一系列的反党反社会主义的罪恶，还为自己的错误作了许多错误的解释。现在想来，这是更加觉得对不起党和人民。经过了许多时间的反省，我才逐步理清我的多种罪行性质的严重，确实我已经堕落成为ブル的代理人。同志们对我的批评是最大的帮助，现在把已经认识到的错误作检讨，担心的自己沉迷已久，怕还未能深透，希望党继续帮助，让我还能更多的理解自己的错误。我的问题太多，只能择其主要问题检讨与交代。因为已经写得太长了，次要问题或我已作口头交代过的，都不再在此重复了。思想界限划得不够清楚的地方，希望党指正，我决不愿意坚持自己的错误，确实想彻底改造思想，重新做人。这非但为了请罪，还是为了真正能够脱胎换骨改造自己，不再辜负党对我的教育。

省党代会反党问题检讨

1956 年省党代大会上我的综合意见发言稿是向党进攻的行为。对于这个严重罪行我长期来很不自觉，即在这次整风的初期，我还认为我不过是集中宣传分团大家的意见作一个综合性的发言，错误不过是言词偏激，措词不妥(如把候选人名单分为四类)，有些个人意气而已。这完全说明了我的个人主义的严重性，思想被其迷惑，根本认不清自己的错误。

我当时是宣传分团分付团长之一，同时又是这个发言稿的起草者，而且在文字上又加以夸大与渲染。不管这里有多少的意见是别人提出来的，但如果我不同意的话，自然也不会写进去了。所以这个错误的责任应由我来承担。何况我当时反领导的情绪又是格外的严重。我犯这样严重的错误是反映了我的个人主义的思想，其特点最突出的是目无组织，非常骄傲自大，个人意见第一。我的个人主义是有一贯性的，个人与党的问题常常摆在很不恰当的地位，不能无条件的服从组织的利益与意志办事。党的意见不合己意时就难过与不满，甚或加以抗拒，要求党迁就自己。历史上个人与党的集体关系上几度处于不正常的状态，其原因也就在这里。但还自己以为“正直”，以自欺欺人。因此长期不能正视自己的错误，加以改造。

在这样这个思想基础上，使我对人对事常常有很深的恩怨观点。对人的看法上很缺乏阶级与组织观念，常常从无原则的个人角度去衡量同志的好坏。对领导人不满时，很容易抛开组织问题而把领导人与组织割裂开来看。我的荒谬的逻辑是："反对个人不是反对党"。因此对同志、对个别领导人的批评，统统从个人观点出发，不顾大局，不顾组织原则，甚至尽情发泄私愤，加以攻击。

另一方面的表现是：自尊心极强，受不了党的应有考验，受不了丝毫"委屈"，只能顺受，不能逆来，自尊心一受挫折，就伤感倍至，抑郁难过，时思发泄，不然就消极对待。只有当党的意见与自己相符合，感受党对我信任时，才能心情愉快地去工作。

再则，在这种个人主义思想支配下，思想方法又是极端的主观主义，常常把局部问题误看为全面问题，以个别现象去代替一般现象。所以对工作上的看法，常常只看一面，不看全面；多看阴暗一面，少看光明一面，自骗自的主观理由是：多看缺点，可以改进工作。由于个人主义的骄傲自负思想，对自己则多看优点，少看缺点，对别人则要求很高。这种个人主义的表现，在不同的场合则表现不同的具体形态与不同程度，在这一次党代会议上则是特别明显地暴露了我的个人主义这一特色。

我这一次怎样因对党不满，而逐步踏进反党的泥坑，需要说明一个简单的经过。在党代会以前，我对领导上已有相当的不满情绪。如说省委领导宣传部工作"不正常"，尤其是对金韬同志的作风有很大的不满。

金来部工作后不久，就不允许台湾展览会的展出，批评宣传农业合作社。为了这二件事，黄逸宾同志被江华同志叫去批评了一顿。我认为是金片面汇报的结果，心中深为黄打抱不平，同时也怕自己也要挨整，深具戒心。继之，又因某些工作问题的看法不同，发生争执，我不虚心接受领导上意见，反而死抱成见，认为他的作风不好。例如，某次部县会议上，我批评省委对宣传部领导不正常，金对我批评时的态度没有照顾到我的自尊心，很感难堪，从此就认为难以〈同〉共事，离心离德。又例如，有些问题是如金要要取消宣传部各个处，改组成为一个大办公室等问题，部内意见不一致，而金 x 同志说是陈伟达同志的意见，要统一思想，好使我们就没有研究余地了。我对他更加深恶痛绝起来，妄以为他是"有恃无恐"。所以我后来说他们是"二连襟"关系，以发泄自己的愤激。

同时我又抱怨省委员负责同志，如江华同志对宣传部工作仅仅只找金一个人去谈，不找其他副部长一起商量。听了金的汇报，还要批评黄逸宾同志，因此对江有“粗暴”、“家长式”领导的武断印象，所以后来在背后说他像“暴君”，加以污蔑，说金像“奸臣”。这些事实都说明我的个人思想观念很深，以封建宗派主义的眼光来看党的领导人，是党内违反党的原则的。

总之，由于我的个人主义与主观片面的看人方法，在党代会议以前，从对金的不满，已经扩大到对江华、陈伟达同志等主要负责同志的不满。对个别负责同志的不满会发展到反党，我当时思想丝毫不觉察，反而在内心中强调“直言不讳”是“忠臣”，抱着极端错误的观念，继续对党的领导人进行攻击，就这样逐步发展到反党的地步。

在党代大会时期中，因又听了许多代表对省委的多种不正确批评意见，就更觉得省委的领导作风上、工作上存在着许多问题，所以在发言稿中集中了多种过火的不正确的意见，以此攻击省委。

发言稿中所反映出来的愤慨情绪，还包括了个人主义的思想因素。如对金×同志作鉴定时，他不肯接受大家对他的批评意见，对我态度不好，更是气愤，存心整他一下，以发泄私愤。再加上中途听到沙文〈汗〉汉说：他的历史要审查，主席团内部已讲过，我想到自己也必在被审查之列，在患得患失的个人情绪之下，不满情绪就更加激荡起来，一味偏听偏信对省委的意见，甚至于我所不知道的事情，如莫干山会议问题也信以为真。为了发泄个人不满情绪，就把多种错误意见集中起来，而加以夸大。所以在这个发言稿中充满了反党的情绪，向党进行了猖狂的进攻。

这个发言稿中几乎每一页都充满着对省委领导人的攻击之词，其中错误极严重的有如下几个方面：

第一，从干部政策上来攻击省委，特别是对金×同志的作风，表示最为不满。对省委领导作风荒谬地说：“省委的干部政策是从上来看干部，不是从下来看干部”，“偏听偏信是省委的主要的问题”。从而又集中了许多错误意见，加以具体化。特别是错误地妄把候选人名单分为四类，如说“这一名单有一些人……”，以证明省委在干部政策上的主观主义的严重性。同时又攻击省委在选举问题上是“形式的”，是“违反党章”的等等，加以无理的污蔑。

这种严重的错误是一方面对省委的候选人进行极大的侮辱，对领导机构的攻击是直接的反党行为；另一方面又写上了挑拨性的言辞，说：“把代表者为傻瓜”，来破坏大会的正常的选举工作，助长了大会对领导的不正常的情绪，破坏党的团结统一，这个罪恶是非常严重的。

第二，从领导作风和党的组织生活上攻击省委。在我的发言稿中，“对省委领导同志作风批评”一段，露骨地暴露了个人主义的立场。根据个别事例与个别现象上的缺点与错误，加以夸大，丑化省委的领导作风。比如说：

“省委每个时期各项工作上发生严重错误与某些主要负责人滋长个人主义、骄傲自满思想，没有充分实行民主集中制有密切关系。目前大多数干部的积极性不能充分发扬，与省委领导上思想作风分不开。不只作风所造成的恶果很大，最明显的是党内团结的不正常，对上负责，对下不负责，上下级造成隔阂，养成许多干部照命令办事，人云亦云作风。同志间缺乏亲切团结、互助友爱的气氛，有意见不敢说，怕打击报复，怕受排斥歧视，不敢负责，不敢批评等不正常现象相当普遍……”。“党内错误思想的发展，对党的事业危害性很大，上行下效，党内外关系不正常省委应负责任。”

这段话充分表现出反党情绪，即集中了多种对党不满意见，在文字上加以渲染与夸大了。这种恶劣的歪曲事实，把党内的正常生活和同志内的团结描写得黑漆一团，不用说这是向党疯狂的进攻。

此外又根据少数代表的错误意见，如说：“无论如何要写上对领导同志的批评”。又指名批评了六个负责同志的作风，也是污蔑与丑化领导人的。同时又指名表扬了杨思一与吕志先同志，说明我对领导人的爱憎看法是根本没有原则的。我心目中所谓“好人”，重要标准是“作风民主”、“态度和善”。特别是对杨思一，因为听了个别代表（高光首先提出要表扬他）的意见，说能“联系群众，能倾听他们的意见”，就即赞同表扬。

第三，根据个别工作上的缺点与错误，否定省委的工作成绩。我没有把省委的工作成绩积极加以具体地肯定，而在各个问题上则进行攻击式批评，实际上完全否定了省委的成绩。

当时的主要思想，因为省委的工作报告中有某些缺点，在讨论中大家批评不够全面。我却不加分析，对党的报告精神表示怀疑起来，尤其是对其中所说的：“主观与客观的矛盾今后长期内都存在的……”，觉得这是推卸责任，就对许多正确部分不加信任起来，从而集中多种不正确的片面意见，不管对与不对，甚至连自己根本不知道的，如工农业生产问题，也都写进了发言稿，并且还夸大其词地否定省委的成绩。所以发言稿内包括的多种批评与意见，应该承认基本上都是错误的。

否定成绩的方式是空洞地提出："七年来党的事业的成就与发展是辉煌巨大的"，但接着就说："所以获得了这样巨大的成绩……其主要的根本经验教训就是党强调群众路线，发挥了全党和全体人民的积极性"。这样说法实际上是完全否定了省委的领导功绩与作用，好像成绩获得是从中央领导的正确和全体党员和全体人民努力得来，而不是由于省委的直接正确领导所得来的。

更其错误地是片面强调"发扬党内民主与发挥干部积极性"的一面，而不强调党的集中领导与加强团结统一的一面，这就很明显是对党的组织原则进行歪曲。

发言稿中其他错误还有许多，但仅此数端也足见我的错误的非常严重，突出的表现在污蔑党的正常的组织领导作风，错误地批评党的干部政策，否定党的巨大成绩，严重破坏党的团结统一等。并且从思想上、组织上、政治上来看，也是完全反党的、反马列主义的。

从思想本质来看，则是严重的个人主义。如从个人的思想观点出发，为着发泄个人的私愤，对党的不满，不惜破坏与攻击党的领导。从表扬与反对某些领导人的思想来看，则是带着宗派主义情绪的。如把金×同志比为"奸臣"，无原则的把杨思一看为"好人"。

我犯了这样严重的反党反社会主义的错误，一直没有自觉，反而自命"忠直"，岂非自欺欺人？现在回想起来，不胜愧疚万分，深深觉得对不起党对我的长期培养教育。十分感谢党的整风运动把我从迷途中唤醒，除了向党请罪外，我还能说什么呢！

（文件编号：P546）

后　　记

刘建平、赵晋、刘彦文、徐进、于之伟、张放参加了沙文汉、陈修良工作笔记的编校工作。沙尚之先生参与了部分三校工作。杨奎松负责统编并终校。

图书在版编目(CIP)数据

中国当代民间史料集刊. 18,陈修良工作笔记:1957～1958/华东师范大学中国当代史研究中心编. —上海:东方出版中心,2016.1(2025.3 重印)
ISBN 978-7-5473-0876-9

Ⅰ. ①中… Ⅱ. ①华… Ⅲ. ①中国历史—现代史—史料—1957～1958 Ⅳ. ①K270.6

中国版本图书馆 CIP 数据核字(2015)第 246992 号

中国当代民间史料集刊 18

出版发行:东方出版中心
地　　址:上海市仙霞路 345 号
电　　话:62417400
邮政编码:200336
经　　销:全国新华书店
印　　刷:上海万卷印刷股份有限公司
开　　本:710×1020 毫米 1/16
字　　数:548 千字
印　　张:34.75　　**插　　页**:2
版　　次:2016 年 1 月第 1 版　2025 年 3 月第 2 次印刷
ISBN 978-7-5473-0876-9
定　　价:99.00 元
